BUILDING SUSTAINABLE COMPETITIVE ADVANTAGE

A COLLECTION OF
BENCHMARK SMART FACTORY CASES

打造持续竞争优势
标杆智能工厂
案例集

黄培 主编

武汉制信科技有限公司（e-works）组编

企业管理出版社
ENTERPRISE MANAGEMENT PUBLISHING HOUSE

图书在版编目（CIP）数据

打造持续竞争优势：标杆智能工厂案例集 / 黄培主编；武汉制信科技有限公司（e-works）组编 . -- 北京：企业管理出版社, 2025. 3.

ISBN 978-7-5164-2943-3

Ⅰ . F426.4

中国国家版本馆 CIP 数据核字第 20250SH499 号

书　　名	打造持续竞争优势：标杆智能工厂案例集
书　　号	ISBN 978-7-5164-2943-3
作　　者	黄　培　主编
	武汉制信科技有限公司（e-works）　组编
责任编辑	郑小希　杨向辉
出版发行	企业管理出版社
经　　销	新华书店
地　　址	北京市海淀区紫竹院南路 17 号　　邮　　编：100048
网　　址	http://www.emph.cn　　电子信箱：qiguan1961@163.com
电　　话	编辑部（010）68414643　　发行部（010）68417763
印　　刷	三河市东方印刷有限公司
版　　次	2025 年 3 月第 1 版
印　　次	2025 年 3 月第 1 次印刷
开　　本	710 毫米 ×1000 毫米　　1/16
印　　张	23.25 印张
字　　数	312 千字
定　　价	98.00 元

版权所有　　翻印必究　·　印装有误　负责调换

【编　委】

武汉制信科技有限公司（e-works）组编

主　编：黄　培

副主编：许之颖　张荷芳　孙亚婷

参　编：黄菊锋　吴星星　杨　培　梁　曦　李瑶嘉

　　　　杜文刚　张　洋　姚　强　王长兴　王丽伟

　　　　韩　涛　周　强　郑石凡　金　玲

【参编单位】（按照名称首字母排序）

安徽全柴动力股份有限公司

北京亚控科技发展有限公司

贝特瑞新材料集团股份有限公司

滨州渤海活塞有限公司

博格华纳汽车零部件（宁波）有限公司

长虹美菱股份有限公司

第一拖拉机股份有限公司

东方电气集团东方汽轮机有限公司

多氟多新材料股份有限公司

菲尼克斯亚太电气（南京）有限公司

烽火通信科技股份有限公司

蜂巢能源科技股份有限公司

共享智能铸造产业创新中心（安徽）有限公司

广西柳工机械股份有限公司

海南金盘智能科技股份有限公司

华新水泥股份有限公司

黄石东贝压缩机有限公司

杰克科技股份有限公司

联想信息产品（深圳）有限公司

良信电器（海盐）有限公司

玫德集团有限公司

南京奥托立夫汽车安全系统有限公司

南京华信藤仓光通信有限公司

南京康尼机电股份有限公司

南京南瑞继保电气有限公司

南京天加环境科技有限公司

日立电梯（中国）有限公司

山东电工电气集团新能科技有限公司

山东海科控股有限公司

山东中润液压机械有限公司

山河智能装备股份有限公司

深圳创维-RGB电子有限公司

四川亚度家具有限公司

苏州璨曜光电有限公司

卫华集团有限公司

武汉光迅科技股份有限公司

武汉天马微电子有限公司

厦门宏发电声股份有限公司

一汽-大众汽车有限公司青岛分公司

英业达科技有限公司

浙江恒逸石化有限公司

浙江双环传动机械股份有限公司

浙江天正电气股份有限公司

序　言

在全球经济一体化的大背景下，我国制造业正站在一个历史性的十字路口，面临前所未有的挑战和机遇。曾经依赖的低成本劳动力、资源消耗型和环境透支型发展的传统优势正在逐渐削弱，生产成本持续攀升、技术创新能力不足、资源环境约束以及国际市场竞争加剧，都对我国制造业构成了严峻的考验。在这样的形势下，制造业的转型升级不再是选答题，而是关乎生存和发展的必由之路，是培育新质生产力、应对各种挑战的关键所在。

新型工业化的浪潮席卷而来，以人工智能、大数据、5G 等为代表的新一代信息技术，正以前所未有的速度和深度与制造业融合，推动着制造业的深刻变革。智能工厂，作为智能制造的重要载体和表现形式，已经成为我国制造业转型升级的重要抓手和战略高地。众多制造企业纷纷布局，致力于打造数字化、网络化、智能化的生产环境，以提升企业对市场变化的快速响应能力。

然而，智能工厂的建设并非一蹴而就。制造企业在推进过程中，普遍面临着技术难题、投资成本高昂、数据安全风险、专业人才短缺、流程和组织变革等重重挑战。想要解决这些问题，需要企业、解决方案提供商、政府、研究机构等多方共同努力，形成合力。

在这样的背景下，自 2020 年起，e-works 通过举办一系列评选活动，挖掘和推广了一批批智能工厂建设的先进典型和优秀实践，照亮了智能工厂建设的前行之路。这些"领航"和"标杆"企业的成功经验，不仅树立了典范，更激发了广大制造企业的创新热情和变革动力，为整个制造业的转型升级注入了丰沛的活力。

2024年，e-works精心编纂了这本《标杆智能工厂案例集》。本书汇聚了众多智能工厂建设的成功案例，通过深入剖析这些标杆企业的转型路径，为更多制造企业提供了可借鉴、可复制的实践经验。它不仅指明了智能工厂建设的方向，更提供了具体的实施指南，对于推动我国制造业迈向更加智能化、绿色化、服务化的发展新阶段具有重要意义。

展望未来，智能工厂的建设仍将是我国制造业实现高质量发展的关键所在。让我们携手并进，共同探索智能工厂的奥秘，不断推动制造业的技术创新和管理变革，为加速新质生产力的全面释放，贡献我们的智慧和力量！

目　录

第 1 章　见证标杆智能工厂的卓越法则　　001

第 2 章　智能工厂业务应用场景能力构建　　013

2.1　柔性自动化产线　　015

　　案例 2-1　长虹美菱：基于 5G CPE 的自动化改造　　016

　　案例 2-2　东方汽轮机：叶片柔性加工产线　　019

　　案例 2-3　广西柳工：关键生产环节的自动化改造　　022

　　案例 2-4　玫德集团：玛钢管件的自动化包装　　026

　　案例 2-5　共享智能：砂芯成形智能单元　　028

　　案例 2-6　亚度家具：加工工艺和产线配比柔性单元　　031

2.2　数字化设计与制造一体化　　033

　　案例 2-7　共享智能：全流程虚拟铸造系统　　034

　　案例 2-8　日立电梯："销售-设计-制造"一体化流程管控　　036

2.3　车间布局与仿真　　038

　　案例 2-9　光迅科技：车间仿真实践　　039

　　案例 2-10　某装备企业：基于模型的车间虚拟化仿真和工艺优化　　041

2.4　生产计划与调度　　044

　　案例 2-11　英业达：以"APS+MES"为核心的柔性生产　　045

2.5 生产作业与控制　047
　　案例2-12　武汉天马：蒸镀加料管理　048
　　案例2-13　全柴动力：金加工三维可视化平台　050
2.6 物流与供应链　052
　　案例2-14　良信电器：创新型智能物流系统　055
2.7 过程质量控制　059
　　案例2-15　武汉天马：产品智能检测　060
　　案例2-16　卫华集团："质量云"平台创新模式　064
2.8 设备管理　066
　　案例2-17　宁波博格华纳摩斯系统：设备全生命周期管理　067
2.9 能源安环　070
　　案例2-18　菲尼克斯：智能楼宇管理　072

第3章　典型行业智能工厂能力构建　077
3.1 电子及通信　079
　　案例3-1　联想集团：踏浪数字化，谱写智能工厂"进化论"　081
　　案例3-2　烽火通信：打造柔性、可持续的智能工厂　086
　　案例3-3　璨曜光电：打造智能互联透明工厂　095
　　案例3-4　武汉天马：探索新型显示面板智能制造新模式　105
　　案例3-5　深圳创维：打造"5G+8K"柔性智能工厂　114
　　案例3-6　宏发：以质取胜谋长远，打造数字化智能工厂　122
3.2 机械装备　129
　　案例3-7　日立电梯：打造精细化管控的智能工厂　131
　　案例3-8　东方汽轮机：打造5G全连接数字化工厂，
　　　　　　　创世界一流能源装备制造企业　136
　　案例3-9　山河智能：打造智能制造示范工厂　143
　　案例3-10　揭秘轨道交通装备制造智能工厂的革新之路　148

案例 3-11　杰克科技：打造智慧工厂，实现协同制造　　153

案例 3-12　一拖股份：智能制造工厂建设实践　　158

案例 3-13　黄石东贝：打造绿色创新智能工厂　　163

案例 3-14　玫德集团：打造智能工厂，驱动制造转型　　167

案例 3-15　天加环境：打造中央空调设备智能工厂　　172

案例 3-16　中润液压：打造高端液压件生产智能工厂　　180

3.3　汽车及零部件　　187

案例 3-17　渤海活塞：追求卓越品质，践行智能制造　　190

案例 3-18　蜂巢能源：打造高标准车规级动力电池智能工厂　　195

案例 3-19　一汽大众青岛分公司：智能工厂决胜之道　　202

案例 3-20　奥托立夫：打造领先的汽车安全系统智能制造工厂　　208

案例 3-21　双环传动：引领齿轮智能制造的未来工厂　　217

3.4　电气设备　　223

案例 3-22　菲尼克斯：打造电气行业智能制造标杆　　225

案例 3-23　南瑞继保：电力保护控制装备领域智能工厂新标杆　　232

案例 3-24　金盘科技：打造数智制造样本　　238

案例 3-25　良信电器：对标工业 4.0 打造全球领先的
　　　　　　数字化制造基地　　245

案例 3-26　天正电气：解码低压电器智能工厂之道　　253

案例 3-27　新能科技：构建一二次融合成套产品智能工厂　　258

3.5　石油化工　　265

案例 3-28　多氟多：三智工程助力高质量发展　　268

案例 3-29　恒逸石化："两个中心"打造全流程智能工厂　　275

案例 3-30　海科集团：打造国际领先的高端油品智能工厂　　282

3.6　其他行业　　290

案例 3-31　贝特瑞：打造高效运营的智能工厂　　296

案例 3-32　华新水泥：树立水泥行业智能制造新标杆　　301

案例 3-33　　长虹美菱：5G 智能工厂探索冰箱智能制造新范式　　306

　　案例 3-34　　华信藤仓：打造基于 5G 的智能工厂　　314

第 4 章　智能工厂生态体系建设　　321

4.1　智能工厂生态体系　　323

4.2　典型的智能工厂服务商　　325

　　4.2.1　默佩德卫软件技术服务（上海）有限公司（MPDV）　　326

　　4.2.2　恩柏科软件（上海）有限公司（Epicor）　　329

　　4.2.3　北京虎蜥信息技术有限公司（Anoleintel）　　333

　　4.2.4　鼎捷数智股份有限公司　　337

　　4.2.5　武汉佰思杰科技有限公司　　340

　　4.2.6　北京亚控科技发展有限公司　　344

　　4.2.7　易盼软件（上海）有限公司（Eplan）　　351

　　4.2.8　无锡雪浪数制科技有限公司　　355

后记　榜样的力量　　359

第1章

见证标杆智能工厂的卓越法则

智能工厂是现代制造业转型升级的重要标志，它深度融合了信息技术与制造技术，通过高度自动化、数字化、网络化和智能化的手段，对传统生产模式进行根本性变革。

当前，我国智能工厂建设正处在快速发展阶段，技术应用不断深化，智能工厂水平也不断提高。然而，在智能工厂建设过程中，制造企业面临诸多问题和误区，例如，部分企业盲目购买自动化设备和自动化生产线，片面强调全自动化或高度自动化，追求"无人工厂""黑灯工厂"或者"机器换人"等；部分企业单纯强调技术的先进性，却忽略了设备数据的自动采集和车间联网，导致数据流通不畅，影响了智能工厂的整体效能。此外，还有些企业缺乏全局规划，盲目上云/上系统，导致出现信息孤岛、自动化孤岛、云孤岛以及信息技术（Information Technology，IT）与运营技术（Operational Technology，OT）系统断层等严重问题。因此，在智能工厂建设的道路上，企业需要审慎思考，科学规划，避免陷入"面子工程"和盲目追求速度的陷阱，确保每一步都走得稳健而明智。图1-1-1为智能工厂建设面临的挑战及发展趋势。

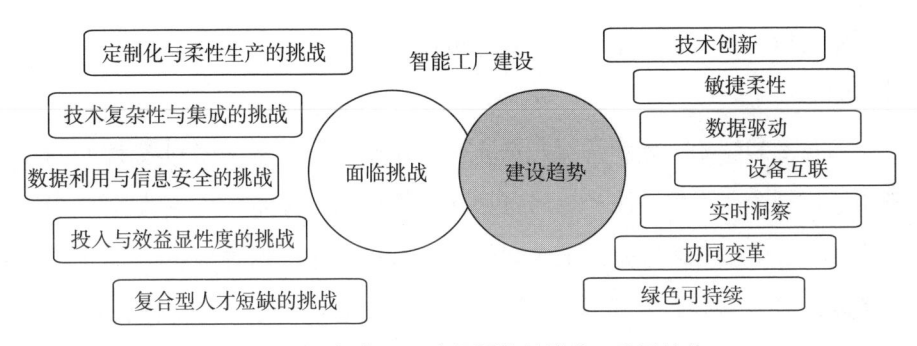

图 1-1-1　智能工厂建设面临的挑战及发展趋势

e-works 认为，智能工厂应该是精益、透明、绿色、节能、人机协作、少人化，先进性与实效性相结合，能够适应多品种小批量生产模式的柔性工厂。而且，智能工厂的建设并不能一蹴而就，而是一个循序渐进、持续改善的过程。在见证了 200 家中国标杆智能工厂的卓越实践后，我们看到了"标杆"的力量，他们积累的宝贵经验为更多制造企业照亮了转型升级的道路，也激励着他们迈入智能化变革的浩瀚征途。

1. 强调战略指引与全局规划，全面提升智能工厂建设效能

标杆智能工厂在建设规划方面都展现出了全局的思维和战略的眼光。他们在充分分析市场趋势、竞争态势和自身优势与特点的基础上，制定了符合自身实际的智能工厂建设规划，包括明确的发展方向、目标、架构、建设方案、路径以及核心通用场景，确保在项目实施过程中始终保持清晰的思路。

一是战略引领下的智能工厂创新定位。智能工厂建设不是技术的堆砌，而是基于企业长远发展目标的战略性部署。通过对市场趋势的深刻洞察和自身条件的综合分析，确立以技术创新为驱动、提升核心竞争力的战略定位，确保智能工厂建设有的放矢，避免盲目跟风。例如，浙江双环传动新能源汽车零部件未来工厂提出了"1+4+1"的智能工厂新模式，即建设一个企业智能大脑，打造数字化设计、智能化生产、绿色化制造、精益化管理四项能力，突出模型化发展模式，解决了汽配与机加工行业共性的高精度制造技术与柔性生产、高效网络通信与安全、产品质量全周期管理等问题。

二是全局规划、分步实施并建立动态调整机制。基于端到端全价值链视角，标杆企业不仅关注产线的自动化与智能化，更是将供应链管理、产品研发、客户服务等全链条纳入智能工厂规划之中。通过构建跨部门、跨业务的信息共享平台，实现数据互联互通，为决策提供实时、准确的支持，提升了企业整体运营效率。此外，标杆智能工厂在规划实施过程中，

采用分步实施、持续优化的策略，根据企业实际情况和市场需求，分阶段推进智能工厂建设。同时，建立灵活的战略调整机制，定期总结和评估，及时发现问题并优化改进，以保持企业的市场敏感性和战略适应性。例如，蜂巢能源车规级动力电池 AI 智能制造工厂发布"1441 数智化战略"，即打造一套灯塔工厂标准，打通"研发协同、供应链协同、运营协同、业财一体"四大数字协同，攻克"装备智能、数据智能、平台智能、运营智能"四大领域智能化，以及构建一套基础支撑体系，并将该战略在集团 12 个基地之间横展复制，打造蜂巢能源智能工厂示范集群，同时赋能行业上下游相关企业，快速推动锂电行业数智化转型升级。

2. 善于资源整合与精准布局，强调设备互联与柔性自动化

在智能工厂建设的过程中，企业需充分利用自身资源禀赋，包括人力、物力、财力、技术等，同时，布局要结合企业的产品特点、生产流程和市场需求，进行精确规划。通过优化生产作业、仓储物流等环节，减少浪费，降低成本，提高响应速度。此外，还要充分利用物联网、大数据等技术，实现生产数据的实时采集、分析和应用，为决策提供有力支持。

一是注重内外部全面资源整合。注重跨部门协同与资源整合，通过建立跨部门协作机制，打破部门壁垒，实现资源的共享和优化配置。同时，积极整合外部资源，与供应商、客户等建立紧密的合作关系，通过资源共享和优势互补，降低研发成本，缩短研发周期，共同推动智能工厂建设。例如，浙江恒逸石化有限公司通过微商城应用以客户自助下单自助服务为导向的供应链一体化系统，实现生产、物流、供应链管理和产品追溯的全流程智能化。

二是强调设备互联与数据驱动。通过车间联网与设备数据采集，实现生产设备、物流系统乃至整个工厂的互联互通，推进企业在生产制造和运营等环节的实时化、透明化管控；利用大数据分析、AI 算法等技术，对海量数据进行深度挖掘，实现生产过程的精准预测与优化，提升设备利用率

和生产效率。此外，基于数据驱动的决策支持系统，让管理层能迅速响应市场变化，灵活调整生产计划。例如，玫德集团高端流体输送产品智能工厂实现了数字化设备与工业机器人、智能传感与控制装备、智能检测与装配装备、智能物流与仓储装备等关键技术装备之间的信息互联互通与集成，实现了生产数据的自动采集。

三是开展柔性自动化与定制化生产。引入柔性自动化生产线，根据订单和市场需求，快速调整生产策略和工艺流程；通过机器人和自动化设备的灵活应用，提升生产系统的适应性和响应速度；引入模块化设计理念，增强生产系统的适应性和灵活性，缩短产品从设计到上市的周期；结合客户关系管理（Customer Relationship Management，CRM）、产品生命周期管理（Product Lifecycle Management，PLM）、企业资源计划系统（Enterprise Resource Planning，ERP）、制造执行系统（Manufacturing Execution System，MES）、仓储管理系统（Warehouse Management System，WMS）等系统，实现从客户需求到产品设计、生产、交付的全过程数字化，支持大规模定制化生产，增强市场竞争力。例如东方电气集团东方汽轮机有限公司突破加工设备单元式控制局限，应用行业首创全产线柔性智能协同集成技术，采用射频识别技术（Radio Frequency Identification，RFID）、柔性夹具和工业机器人，构建高精度双驱五轴数控加工中心以及六轴机器人的柔性产线，支持多种变型产品的生产、装配或检测。

3. 注重技术创新与应用能力，积极深化智能化技术的应用

标杆智能工厂普遍紧跟国内外智能制造技术的发展动态，关注前沿技术，并结合企业自身需求，研发和引进具有核心竞争力的关键技术，提高生产效率和产品质量。同时，在智能工厂运行过程中，不断优化和改进以适应市场和生产需求的变化。实现工厂的持续升级，是标杆工厂建设始终勇立潮头的重要保证。

一是积极探索和应用新兴技术。通过对海量数据进行采集、分析和挖

掘，企业可以实时掌握生产过程中的关键信息，为决策提供有力支持；通过 AI 技术进行自主学习和优化，实现故障预测、质量控制和生产调度等功能，能提高生产效率和产品质量；通过 5G 技术实现工厂内部各种设备、系统和平台的互联互通，为生产过程提供实时、准确的数据支持，还支持远程操控和实时监控，可以提高生产安全性；引入虚拟现实或增强现实系统（Virtual Reality/Augmented Reality，VR/AR）实现操作员仿真培训（Operator Training Simulator，OTS），提升操作员技能水平，降低培训成本，同时辅助设备运维；通过构建数字孪生工厂，利用数字化建模，模拟实际生产过程，实现对生产现场的实时监控和仿真预测。例如，安徽全柴动力股份有限公司利用数字化三维建模及虚实结合的信息集成与展示分析技术，构建了多个分厂的三维可视化数字孪生平台，实现企业级、车间级、设备级的多层三维可视化展示。将现场的各类生产、质量、进度、工艺等问题在三维场景中进行展示和分析，辅助生产过程中的信息透明和决策智能。图 1-1-2 是 2023 年标杆智能工厂百强的新兴技术应用情况。

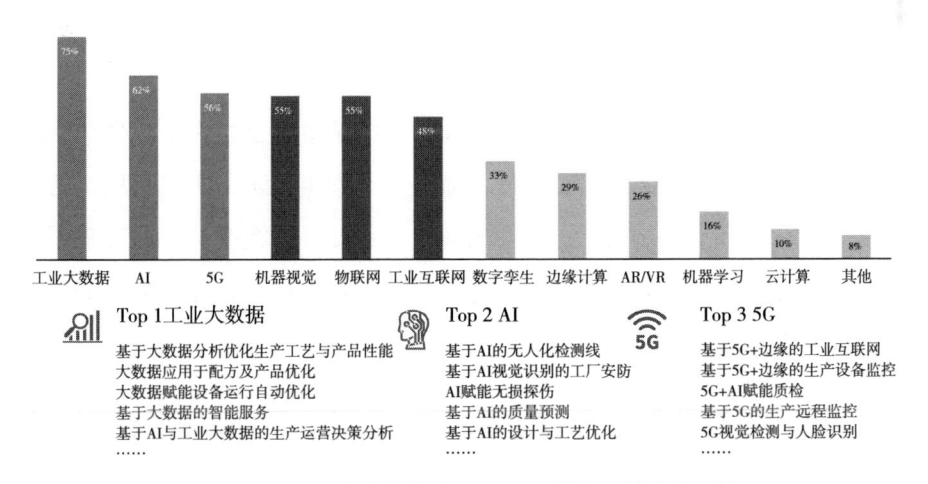

图 1-1-2　2023 年标杆智能工厂百强的新兴技术应用情况

二是开放包容与审慎选择并举。在对待新技术应用态度上，标杆企业普遍都采取了开放包容、审慎选择、持续创新的策略。他们普遍对新兴技术的重要性、潜力认识充分，对新技术保持敏感和关注，积极拥抱变革，通过跟踪前沿技术动态，及时调整自身的技术发展策略。同时，面对新兴技术，企业大都会结合自身实际情况评估适用性、投资回报和风险因素，审慎决策，不断探索和推动新兴技术在生产过程中的应用，保持企业在智能制造赛道上卓越发展。例如，南京奥托立夫汽车安全系统有限公司（NHA）在策划新技术、新项目时，通过"六图法"，借由战略地图、业务地图、需求地图、应用地图、算法地图和数据地图的梳理，指引数字化、智能化建设；企业应用任何一项新技术，也需要用六图法进行详细的分析和推演，确保能够满足需求，支撑业务和战略的落地。

三是注重系统深化应用与场景拓展。 标杆企业通过整合各种软硬件资源，构建高效的生产管理平台，实现生产流程优化和资源合理配置；利用物联网、大数据等技术，实施工厂智能巡检，实现设备状态监测和故障预警，提高设备运行可靠性，降低维修成本；利用自动化仓储、智能配送等物流技术，改进内部物流系统，降低物流成本，提高配送速度和准确性。在工业软件的应用方面，标杆智能工厂的显著特征是工业软件基本实现了业务全覆盖，并将生产、物流、仓储、供应链等各个环节紧密结合，实现了核心业务系统的集成。例如，武汉天马微电子有限公司为了减少产品的迭代次数和研发周期，在研发阶段，通过数字孪生技术，实现了从产品设计到工艺设计到生产制造的仿真及闭环优化；此外，在设备管理及服务的维度上，公司基于虚拟现实，为核心操作岗位提供作业指导，进一步提升工程师的处置效率。

4. 重视团队建设与人才培养，打造高素质智能化技术团队

智能化转型不仅是技术层面的革新，更是人才层面的变革。智能工厂的建设涉及多种复杂系统的集成应用，包括规划、选型、实施、运维等，需要具备较高技术水平和丰富实践经验的人才。与此同时，智能制造技术发展迅猛，也需要企业人员紧跟时代步伐，持续学习，更新知识，积极开

展产学研合作，拓展市场空间，助力企业智能化发展。

一是明确的人才发展战略、目标和路径。标杆企业将人才发展战略置于企业整体战略的核心位置，制定与企业智能化转型目标一致的人才规划，并根据当前和未来各个层面的人才及技能需求，为不同层次、不同类型的人才制定明确的培养计划和成长路径，确保人才培育与企业发展战略同步。例如，南京奥托立夫汽车安全系统有限公司基于"敏捷+灵活"的数字化组织构建思路，建立了自上而下、多层级的数字化组织，并结合企业数字化、智能化建设的需求，打造了完善的人才及培养体系，通过智学社、技术俱乐部等形式，逐步建立全员数字化的氛围。

二是多元化的人才培养体系。根据企业智能化转型的需求，确定所需技能和专业知识，制定针对性的人才培养计划；定期举办内部或外部培训，提升员工在智能制造、数据分析、机器学习等方面的专业知识和技能；针对关键技术和管理岗位，引进具有专业背景和实践经验的优秀人才，提升团队整体实力；通过绩效考核、晋升机会、薪酬奖励等方式，激励员工积极参与智能化技术的学习和应用；与高等院校、研究机构、行业领先企业建立合作关系，通过交流学习、联合研发、人才共享等方式，引进新的思路和技术，拓宽团队视野。例如，一汽-大众汽车有限公司青岛分公司成立数智化创变工作室，负责广纳企业一线智能制造人才，鼓励员工利用数字化手段自主开发解决企业痛难点，目前已培养一批数字技工，熟练掌握各项数字化开发技术，自主开发了透明工厂、材料数字化管理等系统，智能制造人才每年产出多项国家专利，在多项国家和省市级大赛中荣获佳绩。图 1-1-3 和图 1-1-4 分别为智能制造人才培养体系及 e-works 智能制造人才培养培训形式。

三是打造高效协作的团队文化和学习型组织。智能工厂的复杂性要求团队成员之间高度协同，因此需要鼓励不同部门、不同学科人员多交流，促进知识交融和技术创新；通过构建跨职能团队，促进 IT、OT 与业务部门紧密合作，确保技术方案与业务需求高效对接；鼓励员工不断学习新知

图 1-1-3 智能制造人才培养体系（来源：e-works）

图 1-1-4 e-works 智能制造人才培养培训形式（来源：e-works）

识，分享经验，通过团队协作解决问题，形成持续学习的文化。例如，广西柳工机械股份有限公司基于数字人力资源系统（Digital Human Resource，DHR）建立内部学习平台，通过"干中学、用中学、研究开发中学、组织间学习"的方式，重新定义数字化的学习体验。

5. 倡导绿色化与环境友好，实现智能工厂的可持续发展

推动工业向绿色化、智能化转型，降低工业能耗，已成为我国工业发展的必然趋势。制造企业在智能工厂建设的过程中也越来越关注绿色化与环境友好，积极探索利用新兴技术保障生产过程高效、环保、低碳。

一是绿色理念贯穿工厂业务全过程。在产品设计阶段，标杆智能工厂注重采用环保和可回收材料，减少对环境的负面影响，并通过优化产品设计，降低能源消耗和废物产生，实现资源的高效利用。在生产过程中，工厂优先采用环保材料、节能技术和清洁生产方式。同时，通过物联网技术实时监测与控制生产设备、生产线和产品，优化工艺，降低能源消耗和排放；运用大数据分析和人工智能技术优化生产过程，实现能源、材料和排放等资源的高效利用；通过仿真技术，企业可以预测和评估产品在生产、使用和废弃处理过程中的环境影响，从而优化设计，降低环境影响；利用先进的监测与控制系统，实时监测生产过程中的环境参数，确保排放达标，同时为企业提供优化生产过程的数据支持等。此外，很多标杆智能工厂的绿色理念已延伸至供应链管理，优选符合环保标准的供应商，鼓励供应商采取绿色包装、减少运输过程中的碳排放，共同构建绿色供应链。通过供应链的绿色协同，进一步提升整个产业链的可持续性。例如，杰克科技股份有限公司围绕生产过程的资源、能源、环境排放等开展数据采集，构建了相关资源使用/消耗模型、排放模型，实现数字化和精细化管控。

二是探索资源优化利用新模式。为积极响应国家"碳达峰"、"碳中和"等相关政策，制造企业除了积极探索利用数字化工具实现从能源采购、存储、加工转换、输送分配到终端使用的全过程精细化管理外，还应积极推动太阳能、风能等清洁能源的利用，减少化石能源的消耗，降低温室气体排放。此外，不少企业正在积极探索其他能源利用的方式，如建造自己的光伏电站、储能站、太阳能光伏并网发电系统等，在提高能源自给自足能力的同时也降低了长期运营成本。例如，诺力智能物流装备智能工厂利用联合厂房闲置屋顶安装了太阳能光伏并网发电系统，通过自发自用补偿建筑公共用电，既不占用额外土地，通过短距离输电缓解了用电紧张状况，又有显著的节能减排效益。

第2章

智能工厂业务应用场景能力构建

智能化技术已经渗透到制造业的各个业务环节，从设计、生产、物流到销售与服务，正在为制造企业带来重大的变革。在智能制造推进过程中，各业务领域都面临不同的挑战，由此也形成了对于智能化改造的差异化需求，如实现设计的优化与协同、柔性生产能力的提升、排产优化与灵活调度、质量的高效检测与严格把控、物料及时配送与库存优化、设备综合效率（Overall Equipment Effectiveness，OEE）提升、降耗与能源优化利用等。针对这些需求，各类智能技术提供了相应的解决方案，帮助制造企业逐个击破，从而实现转型升级。

2.1　柔性自动化产线

柔性自动化生产线是智能工厂的重要组成部分，是实现柔性化智能化生产的关键环节和有力支撑。柔性自动化生产线具备高度自动化、智能控制、柔性生产和数据驱动等特点，它通过集成先进的自动化设备、智能控制系统和数据采集与分析，不仅能根据产品规格、工艺要求、生产批量等的变化，实现快速调整和换型，快速响应市场变化和客户需求，而且对于智能工厂提高生产效率、提升产品质量、缩短交货周期也具有重要意义。在智能工厂中，柔性自动化产线建设包括以下几个方面。

工业自动化控制：通过应用可编程逻辑控制器（Programmable Logic Controller，PLC）、分布式控制系统（Distributed Control System，DCS）、先进过程控制（Advanced Process Control，APC）以及数据采集与监视控制系统（Supervisory Control and Data Acquisition，SCADA）等工业控制器及自动化系统，控制生产现场各种设备和生产过程，并实现生产过程的数据采集和监控等功能，使生产过程更加高效、安全、自适应。如，基于APC联控技术打造自适应生产体系。

自动化生产与高效人机协作：对于单调重复、劳动强度大或需在极端、危险环境中进行的工作，采用工业机器人等自动化设备来实现机器换人、机器代人，从而提高生产效率，降低工人劳动强度，并将工人从单调重复的工作中解放出来，转向更高价值的工作。应用案例包括基于"穿衣机器人"实现冰箱成品套袋无人化和全自动化等。同时，智能工厂建设并不盲目追求"黑灯工厂""无人工厂"，不应片面追求全自动化，而更应结合自身的产品特点和生产模式，合理规划智能装备和产线的应用，实现人机融合，充分发挥人的主观能动作用，以完成复杂多变的任务。因此，应用协作机器人、人机协作工作站等实现机器与人类的安全高效协作，也是工业自动化场景的重要建设内容。如，利用工业机械臂结合工业视觉和人工智能算法，实现物料识别、抓取与移动。

智能化柔性生产：应用柔性制造单元（Flexible Manufacturing Cell，FMC）、柔性制造系统（Flexible Manufacturing System，FMS），对机床及周边设备根据市场及产品变化灵活组合，构建快速加工多种产品的柔性化生产能力；基于数控加工中心、工业机器人、自动化上下料工作站、视觉检测设备等打造智能化柔性生产线，采用标准化、模块化的产线设计，使设备、工装和控制系统都具备高度的可重构性，从而实现产线的柔性配置和快速换型，满足多种产品混线生产以及定制化生产需求。如，基于模块化产线设计打造家电产品柔性自动化生产线，实现多种产品混线生产和一键快速换型。

基于行业或产品特定工艺的自动化设备或产线开发：针对行业特点或产品特定工艺特点，确定生产流程、质量标准、产能要求及瓶颈改善的具体需求，通过机电软一体化设计和集成测试等手段，开发自动化设备或产线，提高生产的自动化、智能化水平，提升生产效率。如，基于起重机行业特点及焊接工艺要求，开发大型结构件焊接机器人生产线，实现起重机钢结构的自动焊接及智能焊接工艺控制。

| 案例 2-1 | 　　长虹美菱：基于 5G CPE 的自动化改造

长虹美菱股份有限公司（以下简称"长虹美菱"）的主导产品为冰箱。为解决传统的冰箱制造过程中人力因素较多、效率低下和产线转换成本较高等问题，长虹美菱开展了基于 5G 客户终端设备（Customer Premise Equipment，CPE）的自动化改造。

1. 业务痛点

长虹美菱在冰箱制造过程中，虽然应用了 U 壳机器人[①]、穿衣机器人[②]等自动化设备，但仍有大量工序依赖人工。例如，在打 U（装配 U 壳）、套袋的过程中，需要人工手动换模，而且需要根据产品及零部件的尺寸手工套袋；在冰箱装配过程中，门体主要依靠人工搬运。这不仅导致生产效率低下、产线转换成本高，而且在人工搬运过程中，由于单个门体的重量最高可达数十公斤，容易发生门体磕碰和工人受伤事故。同时，这种低效的生产方式，也难以适应柔性化、智能化以及用户个性定制等需求。

2. 场景建设情况

长虹美菱通过 5G CPE 对穿衣机器人、U 壳机器人以及门体转运环节等进行了自动化改造（见图 2-1-1）。

U 壳机器人：通过 5G 网络对 U 壳下线机器人进行改造，数据经过多接入边缘计算（Mobile Edge Computing，MEC）引流至 MES 系统进行数据交互，使 U 壳下线机器人能够实时智能识别部件型号，并判别型号的工艺规格等，从而实现上料、冲切、辊轧、折弯、打 U 等过程的自动化、智能化。

穿衣机器人：通过 5G 低时延及移动边缘技术，自动穿衣机器人实现了在后台高速锁定产品及零部件规格，对不同客户的不同产品，都可以高速且精准地套袋。

门体自动转运：首先借助工业互联网平台，实现冰箱产线和产品的数字化；接着，通过工业互联网平台的数据中心得到产品的物料清单（Bill of Material，BOM）；然后，依据 BOM，结合先进的射频识别技术

---

① U 壳机器人：指自动抓取、定位并装配冰箱侧板与顶板（合称 U 壳）的机器人。

② 穿衣机器人：指为冰箱套上防尘袋的机器人。

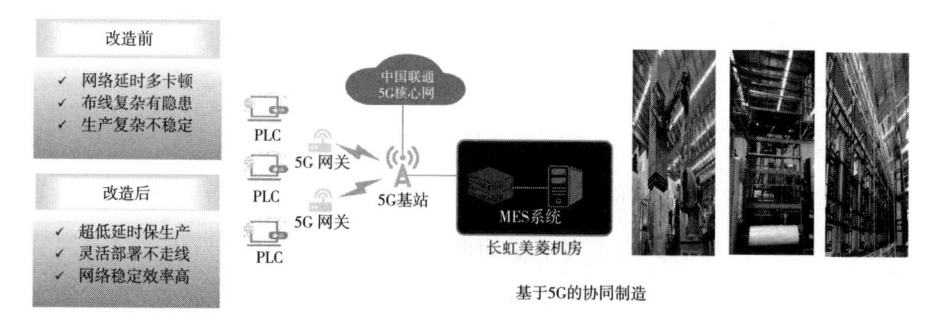

图 2-1-1　打 U 及套袋环节的自动化改造

（RFID）、多阶容错和摩擦传动技术，实现门体的无差错选取、智能配送、智能存储和精准供给，改造后的效果如图 2-1-2 所示。

图 2-1-2　门体自动配送

3. 实施效果

通过对 U 壳机器人的改造与应用，由原来的人工手动换模变为现场工业设备自动控制切换，打 U 过程也实现无人化，相对人工打 U，产能提升了 15%。通过对穿衣机器人的改造与应用，目前已实现了 3 种不同规格冰箱产品的无人化自动高效"穿衣"，为业内首创。门体搬运的自动化改造，则实现了 14 种门体的无人化存储转运，门体配送减少 6 人，钣金门运输零磕碰，实现了"门发—门总—配送"一个流。

点评

> 长虹美菱针对冰箱制造环节的业务痛点，借助 5G CPE 对 U 壳机器人、穿衣机器人和门体转运进行了卓有成效的自动化改造，不仅提升了产能与生产效率，降低了生产成本和安全风险，也适应了柔性化、智能化和个性化定制需求。

| 案例 2-2 |　　东方汽轮机：叶片柔性加工产线

东方汽轮机有限公司（以下简称"东汽"）是我国研究、设计、制造大型发电设备的高新技术国有企业。东汽积极推进智能工厂建设，建成业内首条叶片加工"黑灯产线"，在自动化物料管理配送、多品种小批量混线控制、加工过程监视和自动补偿技术、数字化生产运营管控等方面取得重要突破，实现在无人干预的情况下精准完成叶片加工，在提升产品品质的同时大幅降低管理成本。

1. 业务痛点

汽轮机、燃气轮机作为发电和驱动领域的核心设备，其关键零部件——叶片的生产具有典型的小批量、多品种特点。面对激烈的市场竞争和多样的客户需求，企业需要以更短的产品设计制造周期、更快的产品迭代速度、更高的生产效率与更灵活的生产方式来应对。同时，企业要改变以往加工过程过于依赖操作者经验与技能水平的情况，解决由此导致的整体制造效率低、质量不稳定、核心设备利用率不足等问题。

2. 场景建设情况

东汽建成了业内首个叶片加工"黑灯产线"（图 2-1-3），实现了从单机自动化到柔性自动化线与智慧物流深度融合的转变。叶片生产过程中，产线所需物料从立体仓库通过自动导引运输车（Automated Guided Vehicle, AGV）精准配送至线边，在产线柔性控制系统的指令下，机器人自动抓取物料，柔性装夹，加工中心协同运转，实现全自动加工。为进一步提升质量管控水平，东汽引入了三坐标自动检测、蓝光检测等技术替代传统的人工检测，提高了检测精度和效率。这一应用实现了生产过程的全流程自动化，打造了柔性、高效的叶片数字化产线。

图 2-1-3 国内首个叶片加工黑灯产线

叶片实现三维设计工艺一体化：东汽通过对三维软件进行深度开发，将三维产品制造信息与三维设计信息共同定义到产品的三维模型中，实现计算机辅助设计（Computer-Aided Design, CAD）和计算机辅助制造（Computer-Aided Manufacturing, CAM）等高度集成，同时搭建产品模型库、材料选型库、设计知识库，集成开发三维设计工艺一体化平台 PLM，共享产品设计、工艺设计等各阶段数据，开展产品多专业协同设计，以设计模型作为唯一数据源开展设计仿真，设计与工艺协同，为柔性化制造打下坚实基础。

基于产能最大化的工厂优化设计：针对叶片制造车间的复杂离散场景，东汽采用三维设计工具和仿真软件，对车间的系统建设效果以及生产节拍情况进行建模仿真分析，并基于工厂三维模型，完成了布局空间的干涉分析和物流优化布置。以产能最大化为目标，详细地测算立库、设备、物流布局以及库位，从而优化车间整体规划布局。

行业首个叶片柔性加工产线：东汽集成了 19 台五轴加工中心、8 台高精度双驱五轴数控加工中心以及 4 台六轴机器人，打造了自动化加工产线群。该产线群实现了全数字化、自动化生产，能够在无人干预的情况下，精准完成叶片的加工，并且实现刀具几何参数的机床内测量，还可以自动更新至机床刀具参数表，在线测量工件，并可根据偏差自动补偿再加工，直至产品合格。该产线群与 MES 系统、物流和 AGV 系统集成，实现了订单下发至完工入库全流程无人干预。此外，东汽还构建了黑灯产线的数字孪生模型，探索全场景数字孪生在叶片柔性加工产线中的应用。

复合作业模式下的精准动态管控：东汽搭建了多系统集成的数字化生产管控系统。该系统以 MES 为主线，通过其承接高级计划与排程（Advanced Planning and Scheduling，APS）的生产计划任务并下达执行。同时，生产管控系统与三维设计工艺一体化平台（PLM）集成，结合大数据、动态调度、知识库建模等技术，实现了在复杂工艺条件下的生产流程无人化、动态调度实时化，有效提高了车间生产的效率和资源利用率。

多系统集成的立体仓储及物料精准配送：东汽引入了统一物料箱和智能立体库，并通过 MES 与 WMS、AGV、自动化立库的协同，实现了物料从订单到智能立体库再到机床工位的自动化精准高效流转。智能立体库中的叶片产品在毫秒级时间内被定位，且仅需 40 秒就可以从任意货位出库，并借由二维码智能引导的 AGV 小车，向全车间所有工位精确供料。

3. 实施效果

东汽叶片加工"黑灯产线"突破了叶片加工设备单元式控制的局限，减少了物料在工序间的流转次数和频繁的上下料，取消线边库存，减少空间占用，实现了无人化作业，大幅降低了管理成本。此外，"黑灯产线" 24 小时不停机，实现了人均效率提升 650%，机床利用率达 90%。

> **点评**
>
> 东汽利用 AGV 小车、机器人、数控加工中心等一系列智能设备，融合 5G、工业互联网、数字孪生、机器视觉等先进数字技术，建成国内首条叶片加工黑灯产线，实现叶片加工设备大规模集群控制、叶片加工智能转运以及全价值链数据驱动。

案例 2-3　广西柳工：关键生产环节的自动化改造

广西柳工机械股份有限公司（以下简称"广西柳工"）是广西柳工集团的核心企业，形成了铲运机械、挖掘机械、起重机械、工业车辆、矿山机械等整机产品线。为加快推进装载机制造工厂智能化升级，广西柳工采用了多种自动化升级手段，从结构件下料、焊接、涂装到整机装配调试等关键生产环节，进行自动化改造，显著提升了企业的加工制造能力和生产效率。

1. 业务痛点

原有的装载机制造工厂在自动化方面相对滞后，特别是在下料、焊接、涂装、装配等核心工序，仍比较依赖人工，这种传统的生产方式限制了工厂生产效率和质量的提升。此外，工厂的现场环境不友好，人员工作负荷过重，加之现场设备无法实现互联互通，生产数据无法及时共享，生产过程中的协调和调度困难，也进一步制约了整体效率的提升。

2. 场景建设情况

广西柳工积极对装载机的结构件下料、拼搭、焊接、涂装、装配等环节进行深入改造和优化，成功提升了生产效率，缩短了生产周期，同时显著提高了产品质量，为装载机工厂的智能化升级奠定了坚实基础。

在结构件下料工序，公司推出行业首条智能化下料产线——等离子智能下料线。该产线通过集成物联网和监控技术，确保了生产过程全域可控。在原材料供应环节，智能行车将钢板精准地运送到指定位置，为后续的切割工序做好准备。在切割环节，自动切割机在无人操作的情况下，依靠先进的等离子技术，完成对钢板的精准切割。这一过程结合 RFID 托盘识别系统，确保钢板切割生产全过程追溯，为产品质量控制提供了支持。在分拣环节，分拣机器人（图 2-1-4）配备了 3D 视觉系统，包括 3D 相机、视觉软件和高性能工控机等，确保了零件的高精度实时检测与精准抓取。此外，工序间的物流转运由 AGV（自动导引车）完成，使物料准时、高效地从一个工序转运到下一个工序，实现了工序间的无缝衔接及全过程自动化生产。等离子智能下料线的应用，让产能提升 120% 以上，人员缩减 76% 以上，质量提升 50% 以上，材料利用率提高 10%，人工效率提高 162.5%。

在结构件拼搭、焊接工序，公司采用了先进的自动化改造技术，确保加工的高效与稳定。在拼搭环节，通过多机器人协作或人机协作模式，实现结构件的柔性液压自动化拼搭。在焊接环节，采用机器人自动化焊接技术，焊接站配备与现场柔性工装相匹配的卡具，能够自动紧固工件，保障焊接过程稳定，又能支持自动快速换型。为了确保机器人系统能够长时间连续无监视运转，生产线还配备了自动清枪喷油装置，该装置通过机器人

图 2-1-4　柳工装载机下料件机器人智能分拣

联动控制，定时清理焊枪喷嘴内的焊接飞溅，并喷射硅油防止飞溅物牢固粘附。该产线的构建，使得产能提升 20% 以上，人员缩减 36% 以上，产线自动化率提高 40%，焊接质量提高 50% 以上。

在涂装工序，公司采用集中供漆系统和喷涂机器人（图 2-1-5），深度融合物联网（Internet of Things，IoT）应用，并与 MES、ERP 等系统集成，实现涂装工序的自动化升级。在涂装环节，涂装机器人可根据上线产品的不同，自动调取相应的喷涂程序进行自动喷涂。并且，在工件前处理时，抛丸机根据 MES 系统获取的上线物料编号，自动调整抛丸工艺参数并自动表面抛丸。涂装线采用电动单轨悬挂输送机系统（Electric Monorail System，EMS）输送物料，并通过滑触线总线通讯控制方式及全线条码定位技术，实时显示物料信息状态。此外，为保证产线消防安全，涂装全线配置了高压细水雾自动灭火系统。这些改进使得该产线能耗降低 20%，工序质量反馈率降低 35%，重要安全风险下降 40%。

在装配工序，公司引入了多项自动化改造技术，旨在提升装配质量、优化装配流程，并降低员工劳动强度。公司首次应用整机在线台架试验，模拟实际装配过程，实现整机实时检测和调试。为提高装配精度，广西柳

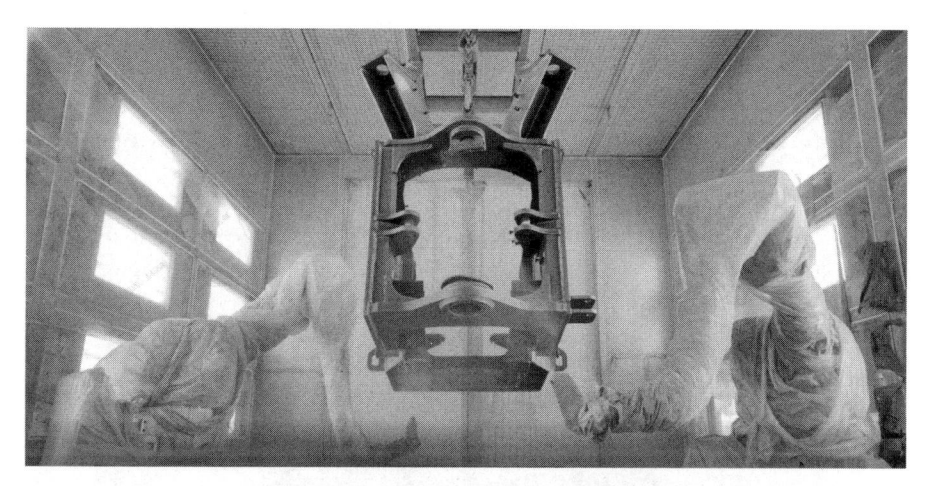

图 2-1-5　柳工装载机机器人智能喷涂

工引入了智能电动拧紧机，对关键紧固部位实施定扭控制，确保每个关键紧固部位都达到预设的拧紧力值。

在装配过程中，应用辅助机械臂完成一些繁琐、危险或高强度的作业任务，降低了员工的劳动强度。此外，公司还采用自动压装技术，确保每个部件都按照预设的参数来压装，保证了装配的质量和可靠性。通过这些举措，装配工序定扭覆盖率和关键工序定扭覆盖率分别达 78% 和 100%，装配噪声控制在 80dB 以下，工序产能提升 10%，一线工人减少 30%，250h 外反馈率降低 50%。图 2-1-6 是柳工装载机柔性智能装配线。

3. 实施效果

通过工业机器人、AGV、柔性化工装及 RFID 的升级改造，广西柳工实现了装载机下料、拼搭、焊接、涂装、装配的自动化、智能化，实现了产能提升、人员缩减、质量提升和能效改善等多重目标。

图 2-1-6　柳工装载机柔性智能装配线

点评

> 广西柳工通过集成先进系统与技术，在结构件下料、焊接、涂装、装配及物流仓储等环节进行了全面而深入的自动化智能化改造和优化，建设了装载机智能工厂，不仅提升了企业的核心竞争力和可持续发展能力，也进一步巩固了其在中国工程机械行业的领先地位。

| 案例 2-4 |　　玫德集团：玛钢管件的自动化包装

玫德集团有限公司（以下简称"玫德集团"）应用双工位伺服码垛系统、自动装箱系统、自动计数装袋系统等，完成了手工包装到智能包装的升级，实现自动开袋、自动缝包、自动码垛，大大降低了劳动强度，开创了玛钢管件自动化包装的先河。

1. 业务痛点

玫德集团的包装生产线包括码垛、装箱、计数等工序。在引入自动包装生产线之前，这些工序大量依赖人工操作，工作效率低，难以应对大规模生产的需求。此外，手工包装还可能导致包装质量不稳定，如包装不紧密、码垛不整齐等问题，影响产品外观和运输过程中的安全性。

2. 场景建设情况

为了降低包装环节工人的劳动强度，玫德集团大力推进包装生产线的智能化改造，采用先进的双工位伺服码垛系统、自动装箱系统以及智能计数装袋技术，成功实现自动化的开袋、缝包和码垛作业，完成了包装作业从传统手工模式向智能化模型转型。

双工位伺服码垛系统：该系统以伺服码垛机、可编程控制器（PLC）、变频调速控制器等关键组件为基础，实现了高速、稳定的码垛作业。通过PLC编程，实现纸箱排序堆垛层数、栈板供应及排出的自动化控制，使得码垛过程在正常运转时无须人工干预。此外，系统采用触摸屏操作，可快速调整堆垛方式，并显示生产速度、故障原因及位置。

自动装箱系统：该系统采用多轴伺服联动控制，能够保证纸箱定位和抓手定位精准，从而将装封好的小箱准确无误地装入大箱。

自动计数装袋系统：该系统采用触摸屏控制，将下料斗、夹袋装置、电控系统、自动上袋系统、自动缝包系统、输送系统等组合一起，形成一条自动化计数、包装、封口的生产线，确保生产过程高效、可靠、安全。

3. 实施效果

玫德集团应用自动包装生产线，使码垛工序在正常运转时实现无人化操作，显著提升生产效率。同时，该产线通过精确的系统控制和定位技术，在装箱工序大大降低了产品损伤率，有效保障了产品质量。此外，自动包装生产线应用以后，玫德集团能够灵活应对不同规格和需求的包装任务，显著提高了生产线的柔性化水平。

图 2-1-7　玫德集团自动装箱系统

点评

> 玫德集团利用双工位伺服码垛系统、自动装箱系统和自动计数装袋系统，攻克玛钢管件在立体包装、空间限制以及自适应码垛路径优化等方面的难题，打造了从物料输送至包装码垛环节的全自动包装线，成为国内首个实现全流程自动化包装集成的领先企业。

| 案例 2-5 | 　　共享智能：砂芯成形智能单元

共享智能铸造产业创新中心（安徽）有限公司（以下简称"共享智能"）主导产业为砂型铸造及化工、机械制造钢结构等。该企业打造成形智能单元，部署智能铸造装备，搭建了生产过程全流程一体化管控平台。平台通过人、设备、软件系统的协同，实现对设备、生产、质量、成本等维度参数的智能化过程管控，提升了砂型质量，降低了砂型废品率。

1. 业务痛点

在传统砂型铸造企业，砂型成形过程中普遍存在数据传递不及时、生产效率低、工作量大等问题。例如：砂型成形过程主要靠人工控制，工艺参数执行情况无法有效管控；生产计划执行反馈通过口头或手动记录报工，数据传递不及时、失真；生产设备、工序自动化程度低，生产效率低；生产数据统计过程繁琐，人工统计工作量大、易出错。此外，在铸造过程中，物料配比复杂，成分调整对生产成本和效率都有显著影响。

2. 场景建设情况

共享智能基于先进的制造技术和 IT 技术，打造成形智能单元，实现了砂芯成型生产过程中的提质、降本、增效。

成形智能单元由两大核心部分构成：单元设备、单元控制与管理系统。单元设备为整个单元的高效运行提供坚实的硬件基础，而单元控制与管理系统则通过 OPC Server[1] 与单元设备集成，同时基于 Web Service 数据接口与 MES、ERP、实验室管理系统（Laboratory Information Management System，LIMS）等系统实现无缝对接。在此基础上，系统根据工艺流程主导各工序自动运行，图 2-1-8 是共享智能的成形智能单元技术路线图。

成形单元设备：部署集中供液站、铸造砂型 3D 打印机、清砂站、微波烘干系统、桁架机器人、立体库等关键设备，并通过 OPC Server 采集单元设备数据并与单元系统互联，全面提升设备的自动化水平。

成形智能单元控制与管理系统：该系统打造了计划流转、过程控制、物料管理、设备管理、统计分析、成本核算等八大功能，从六个维度（生产、质量、设备、人力、成本、安全环境）采集数据并集成控制 5000 余

---

[1] 用于过程控制的对象链接和嵌入服务器。

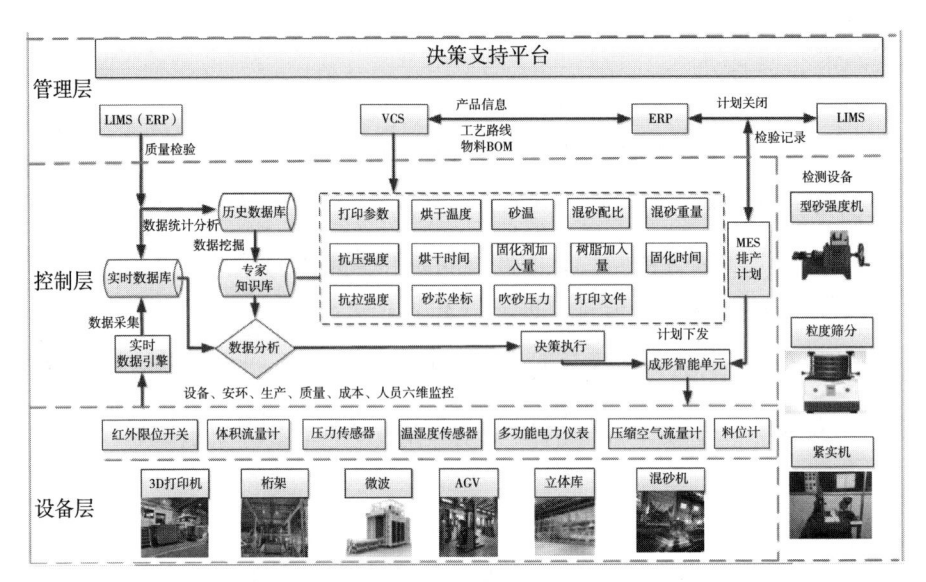

图 2-1-8　成形智能单元技术路线图

个关键参数,并与制造执行系统(MES)、实验室信息管理系统(LIMS)、工艺设计管理系统(VCS)等系统集成,打造生产自动化、智能化管控平台,实现了砂芯成型生产过程中的提质、降本、增效。

3. 实施效果

砂芯成形智能单元实现了软硬件全面集成,关键设备自动化率达到100%;设备关键运行参数数据自动采集率高达100%,实现了数据实时自动采集、统计分析等功能;在智能单元控制下,桁架自动抓取砂芯、施涂、表干、入库、自动组芯等制芯流程,控制AGV自动转运砂箱、托盘,实现生产工序自动衔接,提升了砂型质量,砂型成形不良品率降低28%。

点评

> 共享集团凭借打造成形智能单元、部署先进智能铸造装备,有效解决了砂型成形过程中数据传递滞后、生产效率低等问题,构建了生产过程的全流程一体化管控平台,实现了对设备、生产、质量、成本等多个维度参数的智能化过程管控。

| 案例 2-6 |　　亚度家具:加工工艺和产线配比柔性单元

四川亚度家具有限公司(以下简称"亚度家具")是集智慧家居产品、智慧康养产品、智慧办公产品的研发、生产及销售为一体的服务型制造企业。自 2017 年起,亚度家具积极推动"产品+服务"转型,自主建设工业互联网数字平台,实现了数字化营销、数字化管理、数字化制造和数字供应链协同,成为传统制造业向数字化、网络化和智能化转型的示范。

1. 业务痛点

长期以来,家具行业面临产品同质化的严峻挑战;与此同时,消费端对个性化、定制家具的需求日益增长,成为行业发展的新主题。每个定制家具的设计都是独特的,无法通过批量的标准化生产模式制造,传统的生产线难以满足多变的生产需求。在此背景下,亚度家具积极拥抱数字化技术,通过推行柔性生产,提高资源利用效率和生产灵活性,在激烈的市场竞争中脱颖而出。

2. 场景建设情况

为更好地应对市场的多样化需求,亚度家具致力于提升柔性生产能力。通过工业互联网平台(图 2-1-9),亚度家具实现了对生产运行参数的实时采集、监控、预警和综合管理,并构建了高度定制化、柔性化的生产制造系统。该系统不仅实现了生产计划的精准排程和资源达到最优配置，还使亚度家具在保持规模经济的同时，能够为客户提供极具个性化的产品。

为了最大限度地提高个性化定制产品的原材料利用率，并缩短加工在制周期，亚度家具在柔性生产的实践过程中，进行了细致的划分，形成加工工艺柔性单元和产线配比柔性单元两大核心模块。加工工艺柔性单元以其灵活的加工工艺方案，适应了多品种、小批量的生产模式，确保每个定制家具的制造过程高效、精准，从而保证产品品质。产线配比柔性单元则更加注重生产线资源的合理配置，通过集成多个待产产品类型，进行相同或可集合路径的批次生产计划派发。这种灵活且高效的产线配比方式，不仅大幅降低了成本，也显著缩短了加工周期，确保产品能够按时交付。

图 2-1-9　亚度家具工业互联网平台

3. 实施效果

柔性生产使亚度家具得以迅速匹配不同产品生产工艺与产线，不同种类产品也能够集中生产，有效达成了产销之间的动态平衡。这不仅显著提升了企业的生产效率，大幅缩短产品交货周期，更在深层次上解决了长期以来困扰家具行业的个性化定制难题。

点评

亚度家具构建以加工工艺柔性单元和产线配比柔性单元为核心的柔性化生产制造体系，采用灵活、高效的产线配置策略，有效解决了定制家具无法批量、标准化生产的问题，实现了生产计划精准排程和资源最优配置，缩短了加工周期，并显著降低了生产成本。

2.2 数字化设计与制造一体化

在智能工厂建设中，数字化设计与制造一体化是加快产品创新的关键手段，对于塑造企业核心竞争力以及满足市场多样化需求具有至关重要的作用。通过结合物联网、云计算、人工智能、VR/AR、数字孪生、数字主线、基于模型的设计（Model-Based Design，MBD）等技术，引入集成产品开发（Integrated Product Development，IPD）、模块化设计、基于模型的系统工程（Model-Based Systems Engineering，MBSE）、面向产品生命周期各环节的设计（Design for X，DFX）、创成设计等先进方法，数字化设计与制造可以更高效、更智能，不仅大幅提升研发效率，有效缩短产品上市周期，还能快速响应市场日益个性化、多样化的需求。在智能工厂中，数字化设计与制造一体化场景建设主要包括以下几个方面。

个性化定制设计：构建模块化设计平台，依托标准件库、设计知识库和配置规则库等，打造模块化、参数化设计的能力，进而根据个性化需求快速配置形成产品的设计方案和工艺方案。还可采用三维实时引擎、虚拟现实、增强现实等技术，为顾客提供沉浸式体验，让消费者亲身参与选配或设计，提高个性化定制设计的效率。如，基于产品模块化的变形设计，基于 VR/AR 的产品设计互动。

设计优化：应用虚拟仿真技术，在产品开发的早期阶段对产品性能进行模拟，指导设计迭代和性能优化，实现仿真驱动设计；构建产品的数字孪生模型，在实物样机上安装传感器，在样机测试时将传感器采集的数据传递到产品的数字孪生模型，通过对数字孪生模型的仿真和优化，改进和提升最终定型产品的性能；半实物仿真，即部分零部件采用数字孪生模型，部分零件采用物理模型，进行实时仿真和试验，验证和优化产品性能；基于物联网收集产品运行数据，实时监控产品性能和质量，明确在以往产品研发过程中的问题，在下一代产品研发时改进设计；通过集成人工智能技术，利用智能算法辅助设计决策，实现设计参数优化等。如，基于数字孪生的设计仿真优化，基于 AI 的设计优化。

协同研发：利用云计算技术，建立跨地域、跨组织的协同工作平台，共享研发设计资源，优化资源配置，提高团队协作效率；基于 PLM 构建协同设计平台，开展复杂系统的多专业协同数字化设计，分析优化和虚拟验证，实现跨部门、跨专业的工程师实时协作。如，基于云端的广域协同研发，基于 PLM 的设计工艺协同。

全三维设计：应用 MBD 技术，将产品所有相关设计定义、工艺描述、属性和管理等信息附着在三维模型中，并将其作为产品设计与制造过程中的唯一依据，实现设计、工艺、制造、使用维护等环节的高度协作。如，基于 MBD 的设计工艺制造一体化。

智能研发：应用数据分析和人工智能算法，自动生成多种可行性设计方案，综合对比，筛选出最优设计推送给设计者；分析市场趋势、消费者行为和历史销售数据，预测新产品的市场需求，帮助企业在产品研发早期做出更明智的决策。如，AI 驱动的创成式设计、基于 AI 的配方设计等。

| 案例 2-7 |　　　　共享智能：全流程虚拟铸造系统

共享智能铸造产业创新中心（安徽）有限公司（以下简称"共享智能"）打造全流程虚拟铸造系统，形成了一体化的设计管控模式，涵盖难

点识别、方法策划、方案策划、工艺设计、仿真分析等关键环节，显著缩短新产品研发周期，提升工艺设计质量，并有效解决了人才培养的难题。

1. 业务痛点

传统铸造工艺设计业务长期面临研发周期长、质量不稳定、人才培养难等问题。不同人员的工艺设计质量差异较大，工艺设计经验和实践数据难以积累和传承；工艺设计过程中大量的关键参数（如工艺参数、性能参数等）需人工手动查表和计算，导致设计效率较低、出错率高；传统工艺设计方案通过纸质作业指导书在生产中执行，不能做到精细化管控，问题在生产过程中累积，导致产品质量异常；工艺技术人员需全面掌握铸造基础理论、三维建模、不同工艺方法案例等大量知识，人才培养周期长、难度大。

2. 场景建设情况

为解决新品铸造工艺的业务痛点，共享智能构建全流程虚拟铸造系统，以数据流驱动，重构铸造工艺设计流程，实现了专业化、参数化、协同化设计，全方位提高工艺设计质量和效率。

全流程虚拟铸造系统建立了涵盖难点识别、方法策划、方案策划、工艺设计、仿真分析等关键节点的一体化设计管控模式。共享智能建立具有铸造行业特色的标准库、典型工艺库、典型缺陷库等核心知识库，深入开展智能设计的研究应用，来满足工艺设计持续创新的要求，持续提高工艺设计质量和效率，为铸造工艺设计提供决策支持；构建铸造过程关键控制参数的闭环管控模式，将传统的工艺设计进一步延伸，并借助可移动应用终端及其他智能控制系统，实现关键控制参数自动获取、有效执行、实时反馈、统计分析等。同时，借助三维仿真模拟技术，工厂搭建了与现实制造一致的虚拟制造环境，实现对工艺设计的全面验证。

3. 实施效果

共享智能的全流程虚拟制造系统通过信息技术实现参数化设计，并对关键工艺参数进行自动调用、自动判断、自动计算等，大幅降低了设计阶段的产品缺陷，使产品质量提高 30% 以上，一次投产成功率提高 20% 以上。此外，该系统的应用最大程度地优化工艺设计，提高了新产品研发效率，缩短了研发周期，降低了新产品研发成本，使产品生产周期缩短 1/3，工艺设计效率提升了 30% 以上。

点评

> 共享智能基于自主知识产权打造全流程虚拟铸造系统，利用该系统优化铸造工艺设计流程，创新铸造工艺设计方法，解决了新品铸造工艺研发周期长、质量不稳定等业务痛点，实现铸件工艺数据全生命周期管理。

| 案例 2-8 | 日立电梯："销售—设计—制造"一体化流程管控

日立电梯（中国）有限公司广州工厂（以下简称"日立电梯广州工厂"）是日立集团在海外最大的电梯生产基地。日立电梯广州工厂以技术研发为核心驱动力，依托高效的参数化设计平台，实现了跨部门业务流程的深度整合与优化，并通过系统集成技术实现了"销售—设计—制造"一体化流程管控。

1. 业务痛点

日立电梯广州工厂在订单下达、产品设计、生产制造的管理过程中，经常面临订单需求变化、产品设计发生更改的情况，这样一来，研发

BOM、制造 BOM 也需要随之变化，极大增加了销售、研发、工艺等部门之间的协同难度。企业需要推动销售、设计、制造一体化流程管控，进一步提升协同效率。通过平台化技术将销售、设计、制造环节所需信息自动转换、准确传达，有助于减少信息传递的延迟和误差，加速产品开发周期，加快市场响应速度，提高生产管控效率。

2. 场景建设情况

日立电梯广州工厂通过系统集成技术实现了合同参数录入、产品定制选型、数字化产品建模、设计 BOM 发放、制造 BOM 转化、钣金展开图与 NC 代码[①]生成的全链路自动化管理。

合同中销售参数的转换是整个自动化管控流程的起点。日立电梯广州工厂通过参数化设计平台，实现销售参数的录入和转换，并确保每一项参数准确无误，为产品定制化选型提供坚实的数据基础。在产品逻辑选配环节，通过智能化的配置工具，客户可以根据自己的需求，快速而准确地完成产品的定制选型，极大缩短产品从设计到生产的周期。

设计 BOM 的传递是连接设计与生产的重要环节。参数化设计平台能够根据选型结果自动生成详细的设计 BOM，并确保设计意图准确传达。设计 BOM 在发布到 ERP 的同时自动转换为制造 BOM。这一过程的自动化不仅提高了设计 BOM 到制造 BOM 的转化效率，更能够确保信息准确传递，降低了人为错误的可能性。

在生产准备阶段，生成钣金展开图和编制 NC 代码是关键步骤。参数化设计平台能够根据设计 BOM 自动生成精确的钣金展开图，以及相应的 NC 编程代码。这一自动化流程不仅大幅提升了生产准备的效率，也为生产线的顺畅运作提供了强有力的支持。

---

① 数字信息控制机械控制器能识别的代码，全拼为 Numerical Control，数值控制。

3. 实施效果

全流程自动化极大提升了日立电梯广州工厂设计和生产的协同效率，减少了人工干预，同时提高了对市场变化的响应速度，使得日立电梯能够更加灵活地应对激烈的市场竞争。此外，全流程透明、可追溯，也为持续改进和优化提供了数据支持，为企业的长期发展奠定坚实的基础。

点评

> 日立电梯通过系统间的高效集成，打通销售订单、产品设计、生产制造全链路，并实现了合同销售参数到产品定制选型、设计BOM到制造BOM、设计BOM到钣金展开图和NC代码等环节的自动化处理，有效支撑了企业的销售、设计、制造多部门协同和一体化管控。

2.3 车间布局与仿真

车间布局与仿真在智能工厂建设中起到了事半功倍的作用。应用三维建模、建筑信息模型（Building Information Modeling，BIM）、数字化工厂仿真、数字孪生等技术，可以高效进行工厂规划、设计和仿真模拟，实现合理的车间布局，大大缩短设备调试和验证的时间，优化资源配置，降低风险和成本。在智能工厂建设中，车间布局与仿真场景建设包括以下几个方面。

工厂布局规划：在新工厂建设之前，借助数字化技术，对车间进行三维建模，模拟车间的物理布局，并应用数字化工厂仿真技术对厂房设计、产线布局、物流路线规划、生产节拍、仓储布局等进行事先仿真，通过虚拟场景判断规划是否可行，识别可能出现的矛盾、缺陷、不匹配，及时在虚拟环境中调整与优化，减少后期的调整与返工，从而有效降低工厂建设成本，缩短工期，提高效率。如，基于数字化仿真的车间和产线设计布局。

生产线虚拟调试：在虚拟环境中，对生产线的数字孪生模型进行机械运动、工艺仿真和电气调试，包括分析加工的路径与工艺参数，以及机器人或机床设备编程验证等，让设备/产线在未安装之前预调试，从而减少现场调试时间，提高交付效率。在虚拟调试阶段，将控制设备连接到虚拟站/线，使其可以快速切换到实际生产线。此外，还可根据需要，在虚拟调试环境中对已经正常生产的产线进行分析、修正和验证，避免长时间且昂贵的生产停顿。如，基于数字孪生的设备虚拟调试。

生产线优化：采用数据分析技术，应用仿真软件，结合生产线各项数据，模拟生产线在各种设定参数下的实际运作情况，如生产节拍、工艺流程、停机状况等，识别生产线的瓶颈环节，对生产线进行改进和调整，包括重新布局生产线、调整工艺流程、优化设备配置、改进人员安排等。如，基于仿真的设备布局优化。

厂内物流优化：集成物流装备及仓储管理系统等，并利用物流系统仿真优化软件，结合生产节拍，进行模拟分析，优化物流路径、运输工具、仓储管理等，以提高物流效率，降低物流成本，确保生产物料及时供应。如，基于仿真技术的物流配送路线优化。

| 案例2-9 |　　　　光迅科技：车间仿真实践

武汉光迅科技股份有限公司（以下简称"光迅科技"）是国内首家上市的通信光电子器件公司，专注于光通信领域40余年，具备光电子芯片、器件、模块及子系统产品的战略研发和规模量产能力，其产品涵盖全系列

光通信模块、无源光器件/模块、光波导集成器件、光纤放大器等。

1. 业务痛点

光电子器件的生产对制造精度与质量控制的要求极高，生产过程中的微小误差都可能导致器件性能不达标。然而，在传统生产方式下，产线工序之间衔接不畅，导致生产效率难以提升，对产品质量也构成了潜在威胁。同时，生产线的管理依赖人工经验和现场观察，缺乏数据支持和可视化展示，使得管理难度加大，难以精准掌握生产状况。为解决这些痛点，光迅科技针对光电子器件的生产车间和线体，进行数字化建模，通过三维仿真分析，对既有生产线进行了全面的改造与布局优化。

2. 场景建设情况

光迅科技积极引入先进的工艺仿真软件，对光器件生产车间和产线线体（包括COB[①]与混合集成产线）进行了深度的数字化建模。此举旨在通过三维仿真分析，对既有生产线进行全面的改造与布局优化，从而实现车间与产线的精益设计。

在数字化车间和产线建模过程中，光迅科技收集了大量现场素材，包括COB车间的照片、设备照片、设备CAD布局图等，确保能够精确还原车间的实际状况。随后，进行等比例建模，将车间和设备精确无误地呈现在三维场景中，为后续的仿真与优化工作奠定了坚实基础。

在完成车间三维数字模型的基础上，光迅科技进一步引入数字孪生技术，打造了虚实融合的智能车间，使得工作人员能够在三维场景中直观地观察到车间内的每一条产线和每一台设备。同时，通过物联网技术，车间

---

① COB，Chip On Board，即芯片直接粘贴于电路板上，常见的LED封装技术之一。

的整体数据、工单数据、预警数据等实时信息实现了可视化展示。更为重要的是，工作人员可以通过对虚拟产线或设备输入指令，实现对产线中设备的反向控制，大大提高了生产管理的灵活性和效率。

此外，针对制造过程中产生的动作浪费、成本上升、质量下降等问题，光迅科技进行了科学分析，找到最佳解决方案，最终实现精益数字化生产模式贯通全制造过程。

3. 实施效果

光迅科技通过对光器件生产车间和产线进行数字化建模，全面改造并优化了生产线布局。同时，利用数字孪生技术构建的智能车间，实现了生产过程的可视化与反向控制，提高了管理效率。这些车间仿真实践，为光迅科技的持续发展和市场竞争力提升注入了强大动力。

点评

> 光迅科技利用三维仿真与数字化建模技术，识别生产过程中的瓶颈，实现车间与产线的精益设计。并在此基础上，进一步引入数字孪生技术，构建虚实融合的智能车间，精准掌握生产现状，有效防范了生产风险，提高了管理的灵活性。

| 案例 2-10 |　　某装备企业：基于模型的车间虚拟化
　　　　　　　　　　　仿真和工艺优化

某装备企业根据自身现状及未来规划，结合多品种小批量的生产模式，采用仿真软件，通过搭建虚拟生产环境，最大限度地模拟实际生产场景，并开展定制化仿真实验，完成了部件 A 总装流水线的场景建模，多级装配顺序与零件装配路径的规划，以及多个工位的线平衡规划。

1. 业务痛点

过去，该公司在生产制造过程中面临诸多问题，给企业的生产管理带来了巨大挑战，具体包括：车间布局和产能优化主要依赖个人经验，无法应对生产波动；装配流水线的线平衡问题一直未能有效解决，导致生产效率低下；工时不合理问题也时常困扰着现场操作，不仅降低工作效率，还增加了不必要的生产成本；操作干涉问题频发，不仅影响了生产进度，还可能引发设备损坏和人员伤害等严重后果；传统的培训方式由于难以直观展示操作过程，效果不佳，操作人员难以快速掌握技能；三维工艺的数据源与设计时常不一致问题，严重影响了工艺路线和 BOM 的准确性。

2. 场景建设情况

为了应对这些挑战，该公司提出在收集与分析各项数据的基础上，运用仿真软件开展仿真实验，以验证生产制造中车间布局与工艺规划的可行性和效果。通过一系列的仿真分析，公司能够评估现有车间的布局和工艺规划，为后续的车间布局优化和工艺改进提供有力支持。图 2-3-1 为三维工艺仿真流程图。

按照产品族分类，该公司建立了虚拟化车间模型，用于模拟不同产品族在同一条生产线上的共线仿真，并通过模拟仿真产能、人力、设备等生产要素，输出仿真结果，找到优化点，用于指导现场进行作业排产、布局调整以及人力资源配置优化。基于这些虚拟模型，管理者可以看到物理工厂的运转状态，更好地管理与决策。

在多级装配顺序、零件装配路径的规划方面，实现了装配工艺文档的处理以及三维装配工艺的可视化输出。同时，精细化规划使得装配工艺流水线的平衡率高达 85% 以上，显著提高了人力资源配置的合理性。

在部件 A 总装流水线场景建模方面，完成了工装、工具以及环境资源的模型建设，共搭建产品零件模型 370 余件，机器人、夹具、焊枪等工装

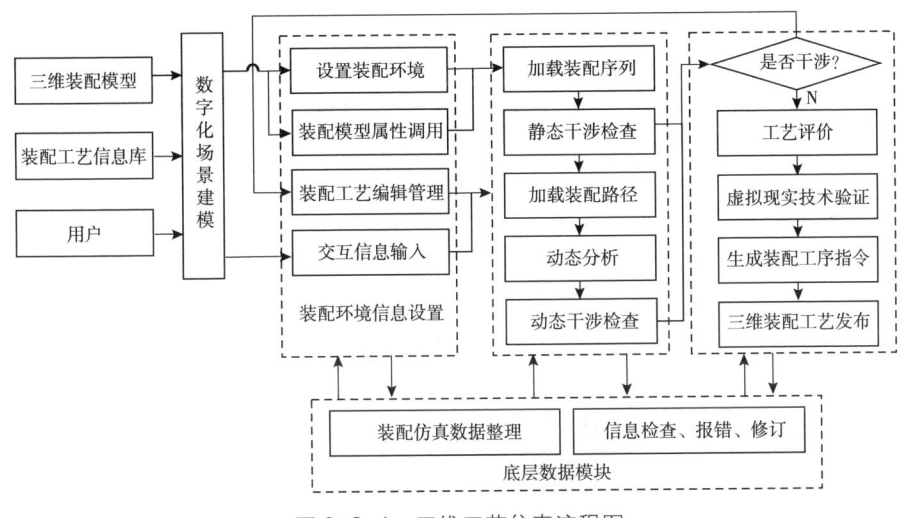

图 2-3-1　三维工艺仿真流程图

设备模型 30 余件，操作台、栅栏等环境模型共 50 余件。

在关键工序工艺仿真方面，针对装配流水线、钣金、焊接等关键环节的工艺仿真进行优化。通过建立 MBOM 和三维工艺路线，进行了线平衡分析，有效提升了生产线的平衡率和整体生产效率。其中在装配工艺仿真方面，通过在三维空间中验证产品装配可行性、工装夹具模具使用性、机器人工作站运动轨迹合理性，大幅度提高了工艺验证的效率。

3. 实施效果

运用仿真技术，该企业在车间布局与工艺仿真方面取得显著成果，不仅实现了生产车间的合理布局与优化，还实现了生产相关过程的仿真分析与优化，切实提升了生产效率，降低了生产风险。

点评

> 该企业根据自身现状及未来规划，通过基于模型的车间虚拟化仿真和工艺优化技术，提供真实、高效的仿真环境，并帮助优化生产过程，提升工艺流程。此举不仅有助于减少生产中的变更和浪费，提高生产效率和产品质量，更有助于推动企业转型升级。

2.4 生产计划与调度

生产计划与调度是智能工厂建设的核心环节之一。通过集成物联网、大数据分析、云计算和人工智能等先进技术，生产计划与调度可以更加自动化、智能化，从而快速响应市场变化，合理分配资源，提高生产效率。在智能工厂中，生产计划与调度场景建设包括以下几个方面。

数据集成与共享：构建一个高度集成的信息系统，实时获取并分析处理来自各系统的各类数据，如订单信息、设备状态、物料库存等，为生产计划制定与调度提供全面、准确的信息支持。如，打造基于制造运营管理（Manufacturing Operations Management，MOM）与ERP的一体化计划体系。

智能排产与优化：采用人工智能、机器学习等技术，利用先进的算法和模型，结合历史生产数据、市场需求预测、库存水平及产能约束等，自动生成最优生产计划，包括生产批次、顺序、时间安排等，以最大化资源利用率和订单交付效率。如，基于深度学习算法的订单一键排产。

协同资源与调度：通过物联网技术实时采集生产现场数据，实时监控生产进度、设备状态及物料消耗，当遇到紧急订单插入、设备故障、原料短缺或其他偏离计划的情况时，立即触发预警机制，快速调整生产计划与调度策略，确保生产活动连续、高效，同时也可以通过模拟仿真功能预估调整影响，辅助决策。如，基于大数据的生产实时监控与远程智能调度。

可视化监控与分析：通过可视化技术，实时展示生产计划与调度的执行情况，便于现场管理人员直观地了解生产情况，并及时发现和解决问题。同时，利用大数据和人工智能技术分析计划与实际执行的偏差，不断优化算法模型和生产流程，为企业提供改进生产计划与调度的建议。如，应用数字孪生进行动态生产计划安排。

| 案例 2-11 |　　英业达：以"APS+MES"为核心的柔性生产

英业达科技有限公司（以下简称"英业达"）成立于 2004 年，是英业达集团服务器事业部在中国的唯一生产基地。其主要从事服务器、存储设备、网络设备的研发和生产制造，产品包括主板、板卡以及整机设备等。

1. 业务痛点

随着消费结构升级和买方市场定制化、时效性要求的步步紧逼，满足多样化、小规模、周期可控需求的柔性制造，成为企业未来生存和制胜的关键。特别是在高科技电子行业，产品更新换代速度极快，新技术的不断涌现和消费者需求的快速变化，都要求企业具备快速响应的能力，能够迅速调整生产计划，灵活调度，更有效地利用生产设备和人力资源。因此，对于英业达而言，增加柔性制造能力、提升效率、缩短交期迫在眉睫。

2. 场景建设情况

为了应对市场需求的快速变化，英业达深入践行柔性制造理念，推行混线生产，通过 APS 系统优化订单排产，并利用 MES 系统精准管控生产备料与工艺流程（图 2-4-1 为英业达柔性制造流程示意图）。同时，英业达工厂运用换线看板引导生产人员完成快速换线，确保生产资源高效部署和自动切换，从而满足多样化、小规模和周期可控的生产需求。

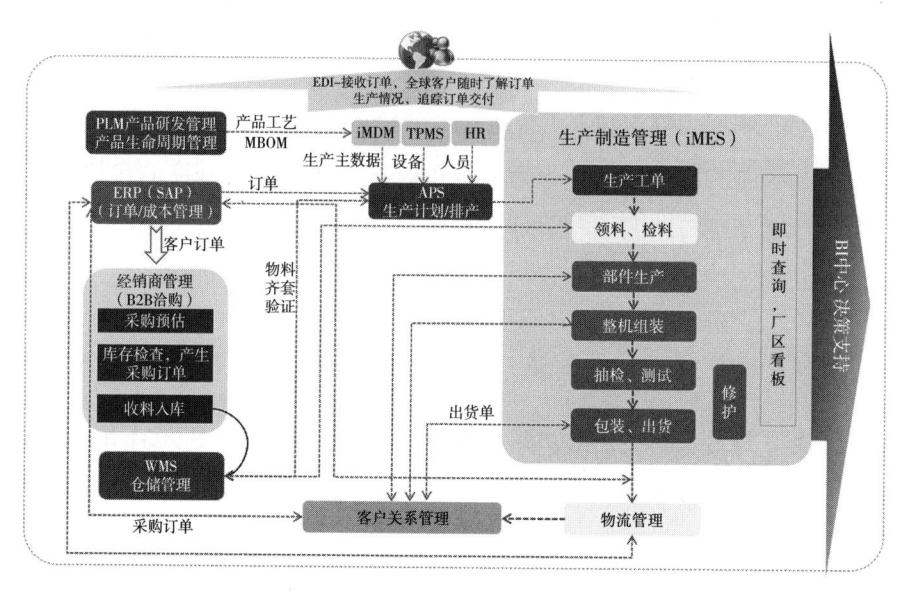

图 2-4-1 英业达柔性制造流程示意图

英业达的生产排产分为两个阶段，第一阶段在 ERP 中完成，集中调度材料采购、保证满足生产要求的库存、满足订单交期的要求，排产准确度精确到一周以上。在一周之内的排产（或更长时间周期的排产）则依赖 APS 完成，在 ERP 完成原材料齐套验证的前提下，结合排产规则及排产目标、生产任务实时执行情况，以及工厂建模中的资源数据、产品工艺配置数据、排产时间数据、工厂日历和作业班制数据，生成工序级可执行的生产计划、物料和模具配套计划，指导生产和资源配套。同时，英业达的 APS 系统能够智能地重组合并 BOM 相近、交期相近的订单，统一安排生产，从而确保排产高效，灵活应对紧急插单的情况，使产线生产更加平稳，更充分利用产线资源和产能。

在备料环节，英业达采用精益化管理模式，每次仅准备最近两小时生产所需的物料。借助 MES 系统中的料况看板和仓库备料看板的协作，精准拉动仓库备料，以保证生产线的连续稳定运行。

此外，为了确保生产敏捷、高效，英业达还采用了快速换线策略，通过换线看板监控换线过程，并实时反馈换线状态，指导生产人员高效执行换线动作。这确保了生产资源（包括人员、设备、治工具、原材料等）在计划时间内完成部署，迅速开始生产新型号产品。同时，产线上的每个工艺站点会识别产品的唯一标识 ID 来确定产品型号，进而在 iMDM（生产主数据管理系统）中查找预定义的工艺流程、管控逻辑、材料清单、过站信息等数据。MES 系统利用这些数据对生产过程进行精细化管控，确保每个环节都符合既定标准。

3. 实施效果

英业达以 APS 和 MES 为核心，通过智能排产、精准备料、工艺管控、快速换线及混线生产等柔性制造实践，有效提升了生产效率与灵活性，不仅能够高效应对紧急订单插单，还能快速调整生产资源以适应产品型号的快速切换。同时，柔性制造也确保了生产过程的稳定性和产品质量，从而降低生产成本，提升客户满意度，使英业达在市场竞争中占据有利地位。

点评

> 英业达采用精益化管理模式，通过 APS 系统优化订单排产，以 MES 系统精准管控生产备料与工艺流程，灵活应对紧急插单的情况，确保生产线运作更加稳定，成功构建了一个满足多样化、小规模、周期可控等需求的柔性制造体系。

2.5 生产作业与控制

生产作业与控制是指对生产过程中的作业情况进行监控和调度，以确保生产计划准确执行，生产资源得到优化利用。生产作业与控制贯穿整个生产过程，通过智能化生产作业和精细化生产管控，实现资源动态配置、工艺过程精确控制与优化等，可以有效降低生产成本、提高生产效率和产品质量。在智能工厂中，生产作业与控制场景建设包括以下几个方面。

生产数据采集：通过传感器、RFID、条形码、PLC 采集等方式，实时采集生产过程中涉及人、机、料、法、环、测、能等方面的关键数据，如生产过程中的工艺参数、设备状态数据、库存数据、质量数据以及能耗数据等，为企业实现制造智能分析及实现生产全过程追溯提供全面、准确的数据支持。如，应用 5G 技术实现现场数据的动态实时采集。

生产过程监控：采用 SCADA、组态软件等实时监控生产进度，实现生产过程可视化，应用数字孪生、大数据等技术，构建设备、产线、车间、工厂等不同层级的数字孪生系统，通过物理世界和虚拟空间的实时映射，实现基于模型的生产监控和远程控制。如，应用数字孪生技术实现制造过程实时监控。

生产过程控制与优化：应用制造执行系统，实现对生产全流程的管控；通过大数据分析与人工智能技术，对生产实时数据进行挖掘与分析，实现智能决策；应用先进过程控制系统（APC），实现精准、实时和闭环的生产过程控制；应用工艺机理分析、流程建模和机器学习等技术，识别生产过程中的瓶颈和问题，实现工艺流程及参数的动态优化调整。如，基于 AI 技术实现生产工艺优化。

| 案例 2-12 |　　　　武汉天马：蒸镀加料管理

武汉天马微电子有限公司 G6 工厂（以下简称"武汉天马"）主导产品为移动智能终端领域和专业显示领域的显示面板。基于多年蒸镀工艺的成熟经验，武汉天马采用"移动应用 APP+IoT+大数据"技术，量身打造了结合设备、材料、工艺的全方位数字化管理整体解决方案，有效解决蒸

镀工艺难点。

1. 业务痛点

在 OLED 面板行业，蒸镀工艺不仅是核心工艺之一，也是一个技术难题。其难点主要体现在有机材料的成本极高，几乎与黄金相当，而且蒸镀过程对材料的品质、操作流程和技术工艺要求极为苛刻，任何微小的失误都可能导致价值百万的损失。目前，业界尚缺乏一款能够有效管理蒸镀工艺的成熟软件，以降低材料浪费，提升产品良率，从而有效解决成本高昂和工艺要求严格的痛点问题。

2. 场景建设情况

武汉天马蒸镀加料管理解决方案涵盖蒸镀坩埚使用管理、有机材料生命周期管理、自动领退料、蒸镀坩埚加料、下机、刮料、提纯、品质分析、成本分析等9大功能。武汉天马的蒸镀加料项目设计围绕设备、材料、工艺三条主线展开。

在设备维度，所有设备全部通过一物一码的方式管理，确保从坩埚入储位到埚盖上/下机都通过智能校验进行精确控制。这种管理方式把坩埚设备的埚与盖、盖与机、机与料，以及委外清洗等环节紧密相连。

在材料维度，结合 ERP、MES 等系统，构建了材料的发退料、生产用量、刮料提纯、使用周期到账务成本全链路的数字化管理，从而在用量上实现弹性供给，在材料使用上实现可视、可控、可追溯、可分析。

在工艺维度，结合大数据手段，分析历史工艺数据，实现备料信息智能推荐、用料自动匹配、加料量科学计算、提纯度智能核算的功能。系统结合 IoT 技术，利用移动终端、智能电子秤、扫码枪、打印机、智能氮气柜等设备，完成加工链各环节全要素泛在互联，为使用者提供移动化、智能化和数字化的应用场景。

3. 实施效果

本项目不仅解决了工厂蒸镀工艺所面临的难题，还为基地带来了每年数千万元的收益。目前，该项目的年度总效益为 1323 万元。其中，加料模块通过材料结余实现 282 万的年度节省，异常时间有效结余达到 693 万元，整体结余高达 975 万元；自动发料模块通过系统直接计算出年度结余为 108 万元；回收模块通过减少人员纸档记录时间和提高设备稼动率，每年可产生 240 万元的结余效益。此外，本项目的成功实施也为基地开展的数字化转型工作奠定了坚实基础，项目成果已经推广到天马集团上海天马有机发光显示技术有限公司和厦门天马显示科技有限公司产业基地。

点评

> 武汉天马通过采用移动应用 APP、IoT 和大数据等先进技术，构建了一套涵盖设备、材料、工艺的数字化管理解决方案，确保材料精准投放，降低了人为错误，有效提升了生产效率和产品良率，为整个 OLED 显示行业的发展提供有益的借鉴和参考。

| 案例 2-13 |　　全柴动力：金加工三维可视化平台

安徽全柴动力股份有限公司（以下简称"全柴动力"）是国内专业的发动机研发与制造企业，其发动机产品广泛应用于商用汽车、农业装备、工程机械等领域。为提升制造能力，全柴动力积极应用数字化技术，通过可视化软件等比例建立设备三维模型，打造三维可视化平台，并使智能化设备与新一代信息系统全面融合，为全柴动力高品质的产品制造打下了基础。

1. 业务痛点

全柴动力生产模式以少品种、大批量为主。产线自动化程度较高，设备处于各自独立运行状态，设备信息与生产信息分由不同部门管理。随着公司数字化转型的持续推进，信息共享对协同工作的重要性日益凸显，同时在生产决策中发挥着重要的支撑作用。在此情况下，全柴动力积极应用数字化技术，打造三维可视化平台，加强各部门之间的数据交互，提升生产过程中的信息透明度，提高生产运营的管控效率。

2. 场景建设情况

为进一步提高生产效率与决策水平，全柴动力利用数字化三维建模及虚实结合的信息集成与展示分析技术，打造了金加工分厂的三维可视化平台。该平台对设备布局与产线进行仿真，及时发现瓶颈工序并优化，并实现了企业级、车间级及设备级的多层三维可视化展示（如图 2-5-1）。在三维场景中，车间现场的各类质量、进度、工艺等问题都可进行展示和分析，实现了虚拟数字场景和真实物理场景动态信息的 1∶1 还原。

图 2-5-1　车间全景三维建模及热点关联

三维可视化平台除了具备对车间、产线、站位、设备、物料、环境等场景的三维可视化实时展示和漫游功能外，还可以针对现场的各类问题和数据进行统计分析，实时反映生产现场的异常，为生产线正常运行及监控调度提供支持。

3. 实施效果

通过三维可视化平台的深入应用，全柴动力实现了对设备运行状态与效率的实时监控。同时，平台能实时记录设备的保养和维护信息，并形成完整的设备履历，为设备的全生命周期管理提供了数据支持。三维可视化平台的构建，不仅提升了全柴动力金加工生产过程的信息透明度，还更好地辅助管理层进行智能决策。通过该平台提供的数据，管理层能够更科学地制定生产计划、调整生产策略，实现资源的优化配置，从而提高企业的整体竞争力。

> **点评**
>
> 全柴动力利用三维可视化平台，对设备布局与产线进行仿真，能够有效识别并优化瓶颈工序，并通过虚拟数字场景和真实物理场景的1∶1精确映射，实现了从设备层到企业级的多层三维可视化展示。此外，该平台还具备对现场数据统计分析的能力，为企业的资源优化配置和生产运营决策提供了坚实的数据支持。

2.6　物流与供应链

物流与供应链贯穿智能工厂运营的各个层面。通过集成智能物流设备与物流管理软件，打造智能工厂物流系统。利用人工智能、物联网、大数据、仿真等先进技术，不断优化物流与供应链作业，实现资源的合理利用与拉通联动，从而提升智能工厂整体的运营效率。在智能工厂中，物流与供应链场景建设包括以下几个方面。

数字化采购与供应商管理：建立或使用第三方数字化采购平台，实现采购需求、供应商报价、合同电子签署以及订单处理等业务的电子化，并与 OA、ERP、CRM、WMS 等内部系统集成，实现采购业务线上化、数字化、全流程可视化，提升采购效率与管理水平；利用大数据、人工智能、机器学习等技术，挖掘和分析供应商绩效、市场趋势和价格波动等信息，并结合对采购、库存、销售等数据的分析，预测价格走势，优化采购批量，降低采购成本；应用供应商管理系统，对供应商实施资质审核、绩效评估、风险监控等全生命周期管理，并通过实时更新的供应商状态和绩效数据，优化采购决策；引入区块链技术，确保采购交易透明、可追溯，防止欺诈和数据篡改。如，基于数字化采购平台的全流程数字化追溯。

仓储与库存管理优化：通过自动化立库、智能货架、机器人、AGV 小车等自动化物流设备，实现物料自动入库、存储和出库，提高仓储空间利用率和作业效率；应用条码/二维码识别技术，快速准确地识别货架、货物等信息，提高出库、入库以及盘点的效率；利用传感器、RFID 等技术，实现仓库内物品的自动识别、定位和追踪，提高仓储效率；通过建设与 ERP、MES、供应商关系管理（Supplier Relationship Management，SRM）等集成的仓储管理系统，实现物料出入库信息无缝对接与共享，确保数据一致、实时；基于物联网、大数据、机器学习与人工智能等技术，实现对库存实时监控和动态管理，并结合智能算法等，开展库存的分析、预警及预测，帮助企业制定科学的库存及补货策略；引入数字孪生技术创建虚拟的仓库模型，模拟真实仓库环境和操作过程，直观地呈现仓库运营状态并优化调整。如，基于数字孪生的仓储可视化，基于 BI 的数字化库存管控平台等。

智能物料配送：引入智能料架、AGV 等自动化设备，实现与 ERP、MES、WMS、仓库控制系统（Warehouse Control System，WCS）等系统的互联，实现从原材料、半成品到成品的全流程智能化配送与管理，从而提高物流配送效率，保障产线持续稳定生产；利用大数据分析和智能算法，通过对生产需求的分析，预测物料需求趋势和配送情况，并动态调整物料配送计划，优化配送路径和时间安排，实现物料配送智能规划和车辆自动调度；基于物联网、条码、RFID、全球定位系统（Global Positioning System，GPS）等技术，追踪物料和运输设备的位置，实时监控物料的配送状态、配送进度以及配送过程中的异常情况，并及时预警和处理，确保配送准确、及时；通过数字化看板等，使配送任务和进度信息实时可视，实现智能缺料预警与补料指引，便于快速响应和问题追溯。如，建设集成智能料架、AGV、智能优化算法的即时配送系统。

智能运输管理：引入运输管理系统，实现运输计划制定、路线规划、车辆调度、货物跟踪、费用结算等全流程管理；利用人工智能和大数据技术，根据不同的物理位置、仓库属性、车辆装载情况、车型符合度及配送区域等，自动完成线路到车到司机的匹配，优化运输路线和资源配置；基于GPS系统对接地理信息系统（Geographic Information System，GIS）地图，实时监控车辆运输轨迹，并结合电子围栏技术记录车辆进出特定地理区域的信息，实现时间计算、在途管理和预警通知。同时，通过实时监控车辆状态，遇有停车超时、未按规定路线行驶、车速异常等情况则实时告警，增强企业应对异常突发事件的快速反应能力，提升货物准时交付能力。如，基于运输管理系统（Transportation Management System，TMS）与全球定位系统GPS的数字化物流。

智能供应链协同：构建连接供应商、制造商、分销商、承运商和最终客户的集成化供应链协同平台，实时共享需求预测、订单信息、库存状态、生产计划、质量检验、物流数据等，实现供应链的可视化和协同决策；应用大数据、物联网、电子数据交换（Electronic Data Interchange，EDI）、区块链等技术，实现物流与供应链全链路透明可视，并通过对供应链数据进行分析和挖掘，发现潜在的优化机会和风险点，且在出现异常情况时自动发出预警信号，实现资源的合理利用与协同配置；通过算法和模型预测供应链的未来趋势，为企业决策提供有力支持。如，建设一体化物流/供应链平台，实现端到端可视的智能供应链协同。

| 案例 2-14 |　　　良信电器：创新型智能物流系统

良信电器（海盐）有限公司（以下简称"良信海盐工厂"）是上海良信电器股份有限公司在 2019 年按照工业 4.0 标准在浙江海盐建设的"未来工厂"及行业内全球领先的数字化制造基地。为了实现工厂物流的标准化、信息化、自动化、智能化，良信海盐工厂创新、前瞻地打造了规模大、功能全、应用技术先进，基于"中央立库+货到人工作站+连廊输送线+线边缓存库"的创新型智能物流系统。

1. 业务痛点

随着经济发展和技术进步，市场对低压电器的性能和质量要求越来越高，企业需要投入更多资源进行研发和升级，提升生产效率和产品质量。良信海盐工厂是典型的多品种小批量定制化生产模式，产品种类繁多、体积各异、客户需求多样，对仓储管理、物流配送的效率和成本提出了较高要求。传统的"人到货"模式在拣货效率、准确性、劳动强度、空间利用、成本投入以及作业灵活性方面都存在一定劣势，良信海盐工厂根据自身的业务特点和需求，着力推动"人到货"向"货到人"模式转变，并积极引入智能物流设备和技术，打造智能化物流系统。

2. 场景建设情况

良信海盐工厂通过中央立库、连廊输送线等硬件设备来完成货品的存储和移动，同时结合信息系统、移动终端、灯光指引、电子标签等技术辅助，让拣货人员站定原地即可分拣货物，拣选效率显著提升。

（1）智能化物流装备应用

基于"中央立库+货到人工作站+连廊输送线+线边缓存库"创新型智能物流系统的构想，良信海盐工厂以托盘立体库、多穿立体库为中心，通过自动输送设备连接各个车间，在库前作业区根据不同功能需求，在各个楼层配备相应的机器人拆码垛系统、货到人工作站、箱缓存系统等。同时，根据生产需要，车间配套线边库，完成原材料的精益配送。图 2-6-1 为良信海盐工厂立体仓库整体规划布局。整个智能化物流系统几乎涵盖了所有主流的物流装备类型（图 2-6-2），包括双工位高速堆垛机托盘自动化立体库系统、箱式多层穿梭车系统、货到人拣选系统、AGV 搬运系统、机器人拆码垛系统等先进自动化设备，集自动存储、自动分拣、自动包装、自动搬运、自动拆码垛、自主决策等功能于一身。系统规划了 11 巷道 14500 货位托盘库，4 巷道 108000 箱位多穿库，实现托盘库总出入量 650 托/时，多穿库总出入量 2400 箱/时，采用安装与测试迭代并行的方式稳步向前推进。

中央立体仓库：货架高度约 21 米，10 余台双工位高速堆垛机，约

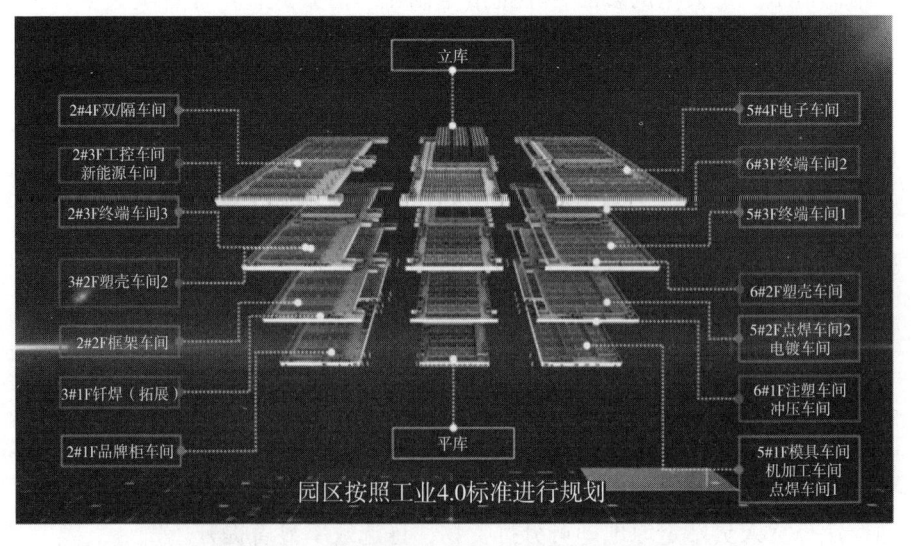

图 2-6-1　良信海盐工厂立体仓库整体规划布局

a）双货叉堆垛机 　　b）多穿小车 　　c）货到人拣选站

d）拆码垛机器人 　　e）连接输送线 　　f）线边库

图2-6-2　良信海盐工厂部分智能物流装备

15000个托盘货位，完成成品及原材料托盘的存储作业；

托盘输送系统：千余台输送机完成托盘的自动化搬运输送作业；

箱式输送系统：约5000米长的输送线贯穿整个工艺流程，其中包含多套货到人工作站、在线缓存及快速分拣系统，完成原材料及成品的拣选、缓存排序及分拣作业；

自动化拆码垛系统：10余台机器人完成原材料及成品自动拆垛、码垛任务；

AGV系统：20余台AGV，实现物料在车间与库房之间的自动搬运与周转。

（2）物流配送软件系统应用

物流相关数字化系统应用方面，良信海盐工厂以WMS为核心，辅以SRM、ERP、MES、质量管理系统（Quality Management System，QMS）、APS、TMS，以PO平台为支撑、辅以仿真建模和数字孪生验证（图2-6-3），高度集成托盘库、箱线、多穿库、AGV等多套WCS系统，打造自动存储、自动分拣、自动包装、自动搬运、自动拆码、自动提示、自主决策的智能化物流系统。

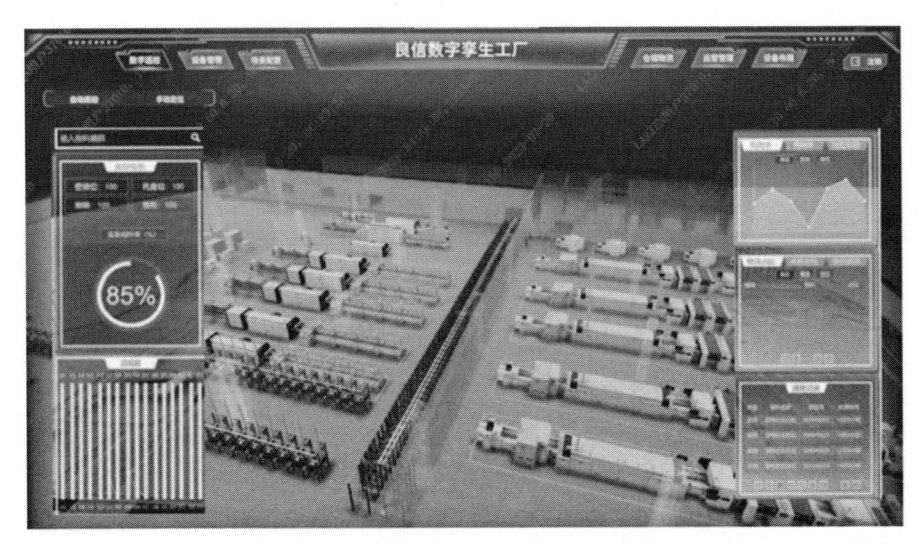

图 2-6-3　良信海盐工厂立体仓库数字孪生界面

3. 实施效果

基于"中央立库+货到人工作站+连廊输送线+线边缓存库"的创新型智能物流系统,由过去的"人到货"拣选转变为"货到人",也成为良信海盐工厂智能制造迈向新台阶的标志性项目。从库存管理方面看,通过条码化管理,发货准确率提升至 99.99%;产品精准定位,拣货效率提升 25%;货位精细化管理后,货位存储效率提升 15%。

点评

良信海盐工厂依托智能化物流装备和以 WMS 为核心的物流数字化平台,打造了规模大、功能全、应用技术先进的"中央立库+货到人工作站+连廊输送线+线边缓存库"生产物流配送系统,实现了"货到人"的模式转变,成为工业企业智能物流建设的典范。

2.7 过程质量控制

过程质量管理是指对生产过程中的产品质量进行检测、控制与优化，确保产品质量符合标准要求。这是提高生产效率、降低不良品率的关键环节。在生产过程中，企业可通过部署智能检测装备，应用质量管理软件，融合机器视觉、人工智能、工业大数据等技术，实现质量检测、质量分析、质量追溯和闭环优化，进而提高产品合格率，降低质量损失率。在智能工厂中，过程质量管理场景建设包括以下几个方面。

质量数据监控：通过部署传感器、自动化检测设备，应用云计算、物联网等技术，采集并实时监控、记录生产过程中的各项关键数据，如温度、湿度、压力、尺寸、外观缺陷等，确保生产参数稳定在设定范围内；运用统计分析、机器学习等技术，利用预设的算法和模型，对实时采集的数据进行异常检测，识别生产过程中的质量异常。如，应用实时监控软件实现质量可视化监控。

过程质量检测：在生产线上设置检测点，对半成品进行实时检测，及时发现并处理质量问题；对成品进行全面检验，确保产品质量符合客户要求和国家标准。通过搭建质量检测平台，部署智能检测装备，融合 5G、机器视觉、AR/VR、缺陷机理分析、物性和成分分析等技术，开展产品质量在线检测、分析、评价和预测。如，应用机器视觉实现 AI 质检。

质量精准追溯：聚焦产品全生命周期，通过数字化手段采集产品原料、设计、生产、使用等全流程质量数据，依托质量数据平台或质量管理系统，打通各环节质量数据；基于 5G、区块链、标识解析等技术，精准追溯产品全生命周期质量。如，基于标识解析实现产品正反向质量追溯。

质量分析与优化：定期收集和分析质量数据，识别质量趋势和潜在问题。依托质量管理系统和质量知识库，集成质量机理分析、质量数据分析等技术，进行产品质量影响因素识别、缺陷分析预测和质量优化决策。

如，应用统计过程控制（Statistical Process Control，SPC）系统分析生产质量问题；应用 AI 与工业大数据实现质量根因分析及自动判定。

| 案例 2-15 |　　武汉天马：产品智能检测

武汉天马围绕改善产品检验浪费，重组并建立了分层级的智能检验精益单元，实现 AI 辅助的智能检验，提升了检验效率及检出能力。

1. 业务痛点

一直以来，OLED 面板的产品检测过程存在显著痛点，严重影响了企业的生产效率和产品质量。一方面，产品需由质检人员手动检测，不仅效率低下，单调的工作也易导致人员疲劳，影响检测结果。另一方面，对关键工艺的调整依赖人工，存在遗漏风险，影响产品良率。

2. 场景建设情况

为提升检验效率及检出能力，武汉天马全面梳理了现场检验流程，重塑检验作业流程，消除不合理环节，简化人员检验判断步骤。同时，针对不同风险产品，给到最合适检验的人。此外，在人员检验过程中，公司增加电测程序、AI 等技术手段辅助检测，提升人员检测效率，减少重复检验带来的检测浪费；采集实时检验数据，以备持续分析与改善。

在画面检测方面，公司将人工岗与电测程序合二为一，消除了精简程序与工艺卡程序频繁切换所造成的大批量治具搬运问题，确保产品质量始终符合客户要求。电测程序画面从原来的混乱排序改成由暗到亮，降低了画面亮度变化大使检验员眼睛感到的不适（图 2-7-1）。同时，通过优化程序，将电测整体画面检测数优化 5~15 个，检测时间优化 5~20 秒，减少临时切换 1 个班。此外，通过数字化手段提升了检出及时性，变滞后检为实时检。

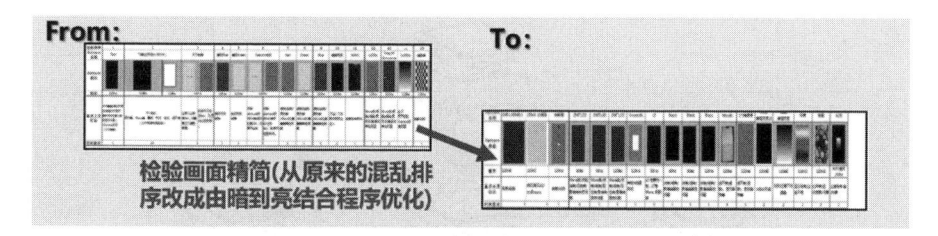

图 2-7-1　检验画面精简

在防错防漏方面，武汉天马通过优化流程，简化了电测与出货检查的连线生产，取消了批退逻辑，采用数字化分析精准锁定漏检人员账号及风险批次（如图 2-7-2 所示）。当人员漏检或过检率异常时，系统会自动暂停对应人员的作业权限，需待重新培训通过后，系统才会重新授予其作业权限。同时，发现风险品时，系统会按规则自动标识相关异常批次，并停止这些产品的后续流程。这不仅显著提升了异常品的拦截能力，还完全消除了批退交接过程中的人力浪费，实现了 100% 的改善幅度。

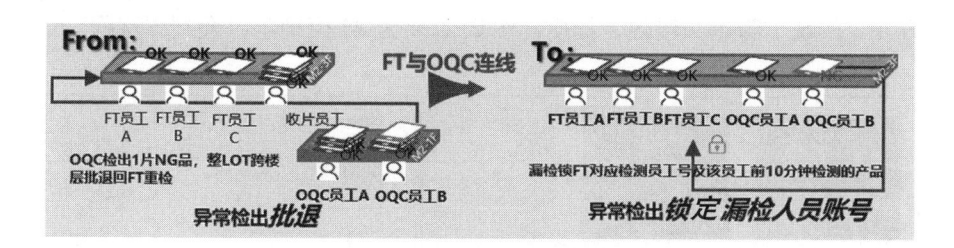

图 2-7-2　精益单元重组

在数字化/智能化技术应用方面，公司通过整合工作内容实现了流程简化，并利用设备检测结果和信息化系统信息联动，实现从"人找货"到"货找人"。该方法为行业首创，能够精准地将高风险产品推送给有经验的检验人员，并辅以智能判断工具，大幅提升检验能力（如图 2-7-3 所示）。数字化/智能化技术应用包括基于 AI 的智能判图和"优化设备流片方式+AI 检测"两个方面。

①**基于 AI 的智能判图**。AI 技术在缺陷检测中突破难点，通过深度学

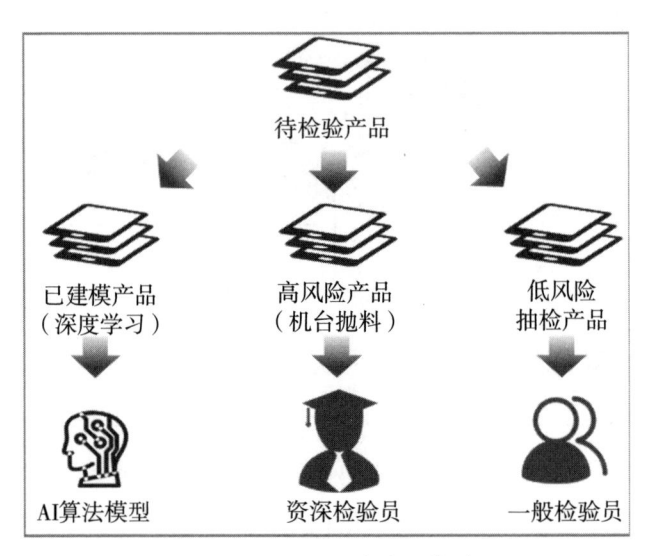

图 2-7-3 AI 助力产品检测

习和图像处理，融合多种算法和多源数据，实现了大张面板 90% 图片的自动 AI 缺陷分类，显著提升良品率，降低客诉，每年节省检测人力成本上百万元，实现了降本、增效、提质。图 2-7-4 为 AI 模型学习及判图流程。

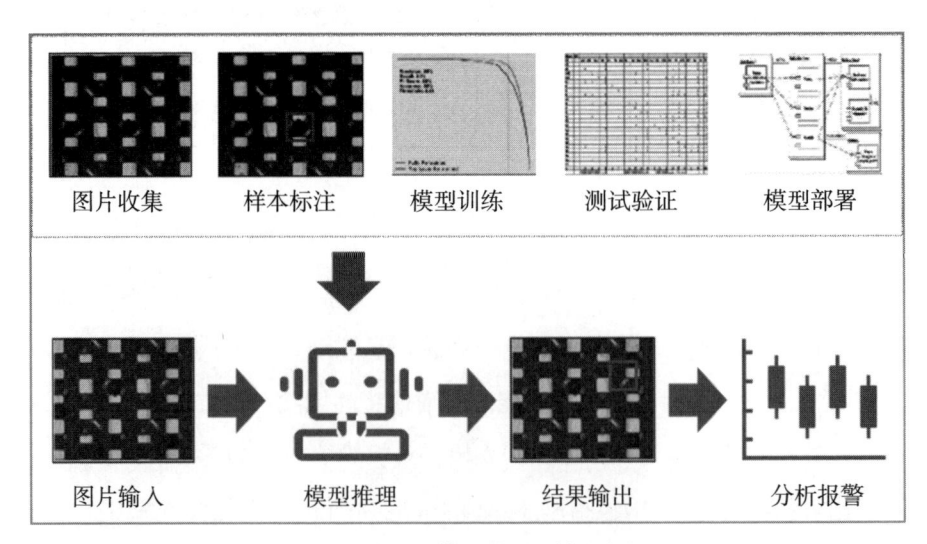

图 2-7-4　AI 模型学习及判图流程

②**优化设备流片方式+AI 检测**。通过优化设备流片方式，采用横纵摆

放区分良品与不良品，精准推送高风险产品给资深人员检验（如图 2-7-5 所示），避免漏检，提高检出率。同时，系统提供直观画面智能辅助缺陷位置识别，极大提升检测准确率。

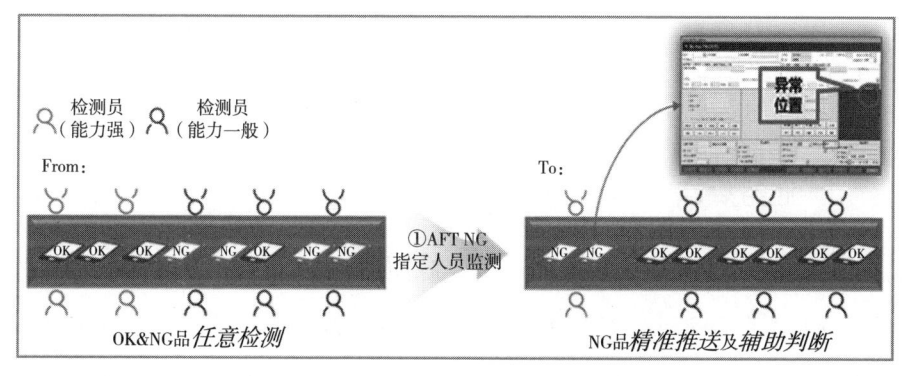

图 2-7-5　产品风险等级分类推送

3. 实施效果

武汉天马通过引入基于 AI 的智能检测技术，大幅提升检测效率，有效解决了过检和漏检问题，确保产品质量稳定，节省大量的人力成本，大幅降低了质量损失成本。

点评

武汉天马针对自身业务痛点，通过引入高精度传感器、AI 算法与自动化控制系统，实现了生产流程中的无缝监控与精准检测，不仅大幅提升了产品质量与生产效率，还降低了人力成本与错误率，为其他企业提供了可借鉴的产品智能检测路径。

| 案例 2-16 |　　　卫华集团:"质量云"平台创新模式

卫华集团有限公司(以下简称"卫华集团")是以研制桥门式起重机产品为主的大型装备制造企业。该企业结合完善的质量管理体系与方法,建立起对产品整个生产链的质量管控系统,并通过应用先进的机器视觉检测机器人等工具,显著提升了质量管理效率与产品质量水平。

1. 业务痛点

起重机产品定制化程度高,研发周期长,零部件复杂,生产过程离散,导致生产效率低,差错率高,产品质量一致性也不易保障。卫华集团前期因缺乏高效的质量检测工具与方法,难以有效控制生产过程质量,产品质量不稳定,使得售后服务面临压力与挑战。

2. 场景建设情况

卫华集团为满足客户定制化需求,确保产品符合国家和行业标准规范,基于创新工具和方法,建立了涵盖业务层、系统层、管控层、数据层、安全层、决策层在内的"质量云"平台(图2-7-6),形成了覆盖起重机全生命周期的质量管理模式。

一是建立了基于全流程及抗疲劳特性的可靠性检测体系,包括关键结构件的抗疲劳设计、来料检测、备料件检测、焊接质量检测、机械加工质量检测、涂装检测及型式试验等,形成全流程、全要素的可靠性检测方法;同时,在大型结构件精加工环节创新地应用了七级验证法逐级验证,保证产品质量稳定可靠。

二是应用视觉引导机器人自动规划大型结构件焊接轨迹,实时检测焊接过程热变形量,并利用三维建模进行焊接仿真计算与优化,避免起重机结构件在焊接过程中变形,保证了结构件的焊接质量;在焊缝质量检测环节,建立焊接熔池动态过程模型,并采用带有 CCD(Charge-Coupled De-

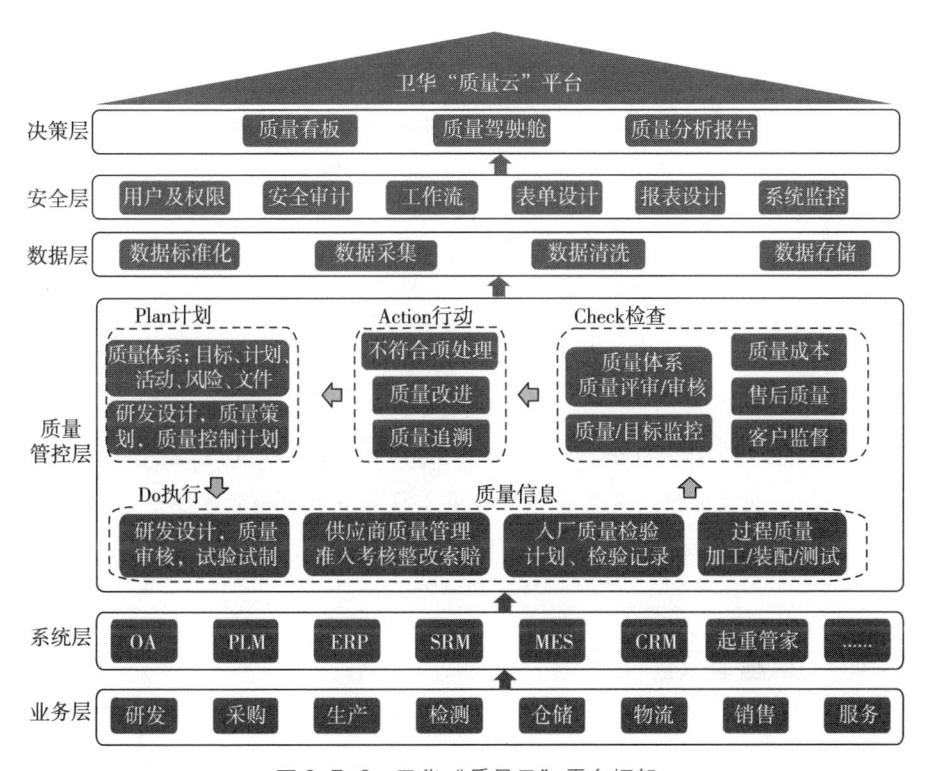

图 2-7-6　卫华"质量云"平台框架

vice，电荷耦合器件）摄像机的微型计算机控制系统对焊接熔池凝固动态过程进行实时观察和图像识别，从而判断焊缝质量是否存在缺陷，有效解决了焊缝质量检测的技术难题，减少了结构件的返工返修。

三是基于工位终端信息跟踪技术，采集每个工位的产品检验信息，建立起面向产品生产链的全过程质量在线管控系统。通过实时记录各工序的质量状况并及时传递至看板，实现了可视化的过程质量监控。同时，通过分析历史数据对可能产生的质量问题进行预警，追溯不合格品信息，确保产品质量稳步提升，减少了因产品质量引起的售后问题。

3. 实施效果

基于起重机全生命周期的质量管理模式，卫华集团建立了全流程、全要素的质量管控体系。同时，创新应用先进的机器视觉检测工具进行产品质量检测作业，并应用基于工位终端信息跟踪技术，建立了全流程可视、可控的质量管理体系，生产效率提升30%，产品质量不良率也降至0.5%。

点评

> 卫华集团通过建立基于全流程及抗疲劳特性的可靠性检测体系，应用视觉引导机器人自动规划大型结构件焊接轨迹，打造面向产品生产链的全过程质量在线管控系统，实现了精准、高效、稳定、可视的过程质量管理，显著提升了质量管理效率与产品质量水平。

2.8 设备管理

智能工厂的构建和运维，离不开高效的设备管理。发挥设备的效能是智能工厂生产管理的基本要求。设备综合效率（OEE）提升，标志着产能提高和成本降低。而且，工厂设备是否安全稳定、连续运行，也是生产流程能否高效运转的关键，将直接影响到企业的生产产值。在智能工厂中，设备管理场景建设包括以下几个方面。

设备实时监控与分析优化：通过应用5G、物联网、传感器、边缘计算、数字孪生等技术，在实现工厂车间设备联网的基础上，实时采集设备的运行工况、环境参数及工艺参数等数据，并通过仿真建模、大数据分析、数据可视化等技术对数据进行展现和分析，使设备运行状态可视化，并优化设备性能指标。如，基于设备的数据采集与故障机理分析、基于数字孪生技术实现生产设备/产线的实时监控与优化。

设备智能点巡检管理：采用物联网、手持终端、智能巡检机器人、设备点巡检管理系统等，以数字化、智能化的方式实现对目标区域内设备的巡检、盘点和检查。针对发现的设备故障，由系统自动实时派单处理，并对超时未处理的故障实时提醒，必要时自动发给管理部门监督，做到设备故障早发现早处理。如，通过智能点巡检管理系统进行设备点巡检、故障自动派单、超时提醒。

设备远程监控与运维：采用 5G、物联网、云计算、扩展现实（Extended Reality，XR）等技术，对车间设备进行远程监控，及时发现设备故障和生产异常并干预，实现设备故障诊断与及时维护等，提高设备的稳定性和生产效率，保证生产连续、稳定。如，基于云平台实现设备远程故障监测、基于 AR/VR 技术实现设备远程运维及维修作业培训等。

设备预测性维护：利用物联网、人工智能、大数据等技术，分析和挖掘设备运行数据，预测设备故障的发生概率和时间，并提前维护，最大限度地减少因设备故障停机对生产造成的影响，确保设备在其生命周期内的最大可用性和性能，从而提高生产效率，降低维护成本。如，基于深度学习建立刀具寿命智能预测模型。

| 案例 2-17 | 宁波博格华纳摩斯系统：设备全生命周期管理

博格华纳汽车零部件（宁波）有限公司（以下简称"宁波博格华纳摩斯系统"）是汽车零部件产品供应商，主要产品包括涡轮增压系统及摩斯系统、排放系统和贝鲁系统等。该企业结合科学的设备管理理念，积极应用智能化技术，部署数字化管理系统，建立了设备全生命周期管理模式。

1. 业务痛点

宁波博格华纳摩斯系统生产过程自动化水平较高，设备自动化率达 90% 以上，但大量设备未联网，设备运行状态无法实时监控，设备故障难以快速响应。同时，由于 OEE（设备综合效率）采用手工统计，数据不统一、不透明、不准确，难以有效支撑生产管控决策，影响了生产效率与产能的提升。

2. 场景建设情况

宁波博格华纳摩斯系统深入践行全面生产维护（Total Productive Maintenance，TPM）理念，应用物联网、AR/VR 等技术，并对设备加装传感器，配置软硬件网关，部署 PLC 和 MES 系统，实现了对设备的实时数据采集与远程运维，从而提高设备维修维护效率，降低设备运维成本，全面支撑生产计划正常运行。

自设备购入后，宁波博格华纳摩斯系统就开始利用 MES 系统的设备管理模块对其工厂进行管理（图 2-8-1），登记设备编号、启用日期、投产日期、购买日期、设备类别、重要等级等参数，并将设备 AM 点检、PM 巡检、PM 保养、技术规格、相关文件以及设备工艺参数进行设置和关联，通过系统化的程序完善并监督员工的日常设备管理工作。

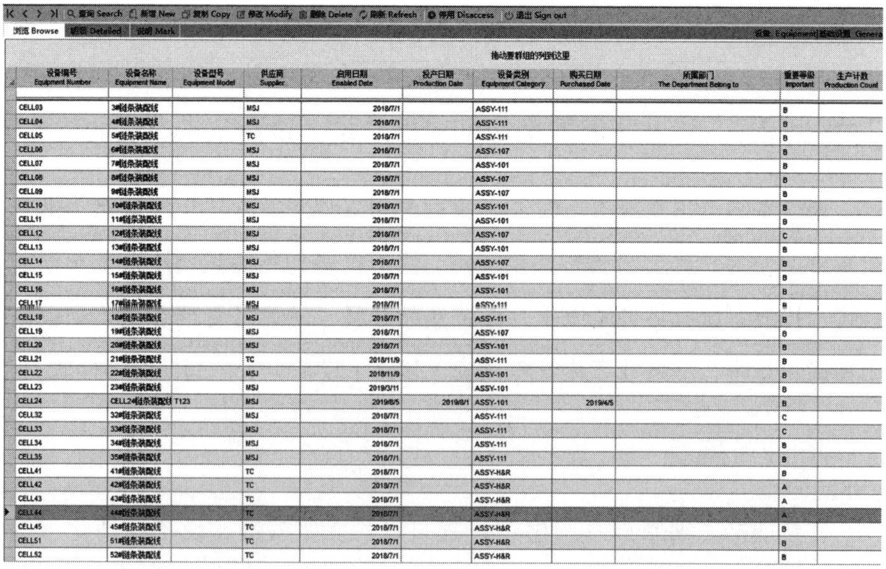

设备编号 Equipment Number	设备名称 Equipment Name	设备型号 Equipment Model	供应商 Supplier	启用日期 Enabled Date	投产日期 Production Date	设备类别 Equipment Category	购买日期 Purchased Date	所属部门 The Department Belong to	重要等级 Important	生产计数 Production Count
CELL03	3#链条装配线		MSJ	2018/7/1		ASSY-111			B	
CELL04	4#链条装配线		MSJ	2018/7/1		ASSY-111			B	
CELL05	5#链条装配线		TC	2018/7/1		ASSY-111			B	
CELL06	6#链条装配线		MSJ	2018/7/1		ASSY-107			B	
CELL07	7#链条装配线		MSJ	2018/7/1		ASSY-101			B	
CELL08	8#链条装配线		MSJ	2018/7/1		ASSY-107			B	
CELL09	9#链条装配线		MSJ	2018/7/1		ASSY-107			B	
CELL10	10#链条装配线		MSJ	2018/7/1		ASSY-101			B	
CELL11	11#链条装配线		MSJ	2018/7/1		ASSY-101			B	
CELL12	12#链条装配线		MSJ	2018/7/1		ASSY-107			C	
CELL13	13#链条装配线		MSJ	2018/7/1		ASSY-101			B	
CELL14	14#链条装配线		MSJ	2018/7/1		ASSY-107			B	
CELL15	15#链条装配线		MSJ	2018/7/1		ASSY-101			B	
CELL16	16#链条装配线		MSJ	2018/7/1		ASSY-101			B	
CELL17	17#链条装配线		MSJ	2018/7/1		ASSY-111			B	
CELL18	18#链条装配线		MSJ	2018/7/1		ASSY-111			B	
CELL19	19#链条装配线		MSJ	2018/7/1		ASSY-107			B	
CELL20	20#链条装配线		MSJ	2018/7/1		ASSY-101			B	
CELL21	21#链条装配线		TC	2018/11/9		ASSY-111			B	
CELL22	22#链条装配线		MSJ	2018/11/9		ASSY-101			B	
CELL23	23#链条装配线		MSJ	2019/3/11		ASSY-101			B	
CELL24	CELL24链条装配线 T123		MSJ	2019/8/5	2019/8/1	ASSY-101	2019/4/5		B	
CELL32	32#链条装配线		MSJ	2018/7/1		ASSY-111			C	
CELL33	33#链条装配线		MSJ	2018/7/1		ASSY-111			C	
CELL34	34#链条装配线		MSJ	2018/7/1		ASSY-111			B	
CELL35	35#链条装配线		MSJ	2018/7/1		ASSY-111			B	
CELL41	41#链条装配线		TC	2018/7/1		ASSY-H&R			B	
CELL42	42#链条装配线		TC	2018/7/1		ASSY-H&R			A	
CELL43	43#链条装配线		TC	2018/7/1		ASSY-H&R			A	
CELL44	44#链条装配线		TC	2018/7/1		ASSY-H&R			A	
CELL45	45#链条装配线		TC	2018/7/1		ASSY-H&R			B	
CELL51	51#链条装配线		TC	2018/7/1		ASSY-H&R			B	
CELL52	52#链条装配线		TC	2018/7/1		ASSY-H&R			B	

图 2-8-1 数字化工厂系统（MES）设备信息界面

设备投入应用后，宁波博格华纳摩斯系统基于 PLC 实时采集设备运行参数和产量等数据,并通过数字化工厂系统(MES)实现数据的可视化(图 2-8-2),便于现场管理人员对低于标准节拍的产线及时干预。同时,PLC 数据还将长久保存在数据库中,便于后期的质量追溯和设备维护。

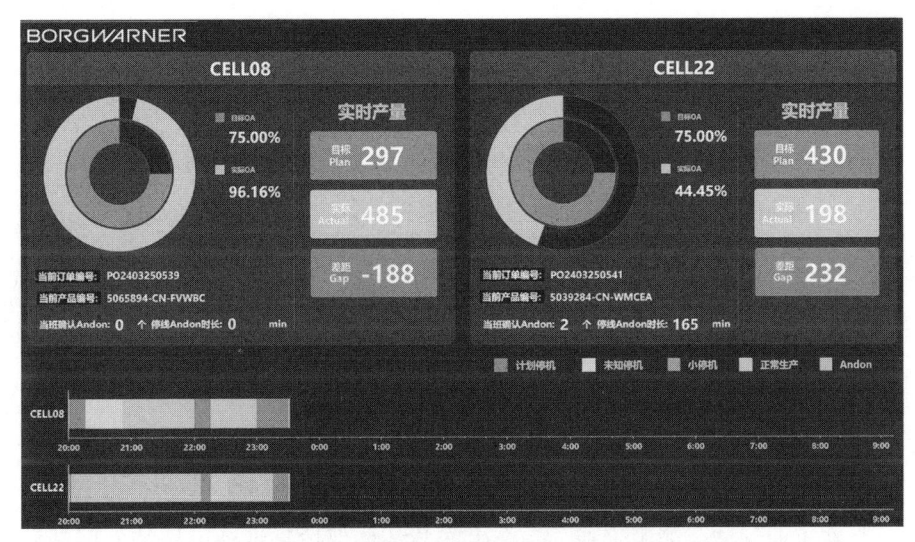

图 2-8-2　MES 系统实时反馈 OEE 和甘特图

此外,宁波博格华纳摩斯系统还应用安灯系统,将设备异常信息以邮件提醒和看板展示的方式通知现场管理人员,以便及时安排专业人员进行设备故障检测与维修,缩短设备停机时间。同时,公司对设备状态持续监测,并结合安灯系统的数据进行分析,帮助识别出设备的潜在故障或性能下降趋势,提前维护,从而避免设备故障导致的生产中断或安全事故。在设备远程运维方面,公司建设了 AR/VR 远程协助系统,辅助维修人员远程开展设备维护与培训,有效提升了设备维护的效率。

3. 实施效果

依托全面生产维护理念,在智能化技术和数字化系统的辅助下,宁波博格华纳摩斯系统建立了对设备全生命周期的数字化管理模式。这不仅帮助企业实现了对设备运行状态的实时监控与分析,提升了设备故障响应速度，还减少了因设备故障造成的等待时间，降低了设备维修维护成本，设备 OEE 水平也显著提高。

> **点评**
>
> 宁波博格华纳摩斯系统基于全面生产维护理念，通过应用物联网、AR/VR 等技术，对设备加装传感器，配置软硬件网关，部署 PLC 和 MES 系统，实现了对设备的实时数据采集与远程运维，成功构建了设备全生命周期的数字化管理模式。

2.9　能源安环

在工业领域，能源管理、安全生产与环境保护是推动可持续发展的核心要素。利用智能传感、5G 通信和信息化系统等技术手段，制造企业能够实时采集并监控能源消耗、污染源以及安全生产风险的相关数据；通过大数据和深度学习技术，深入分析能耗、排放及风险数据，用以优化能源管理策略，制定精准的减排措施，并提前预防潜在的安全隐患，助力环境、健康和安全（Environment，Health，Safety，EHS）的建设。在智能工厂中，能源安环场景建设主要包含以下几个方面。

能耗数据监测与预警：基于能源管理系统，应用智能传感、大数据、5G 等技术，开展全环节（从能源的输入、转换、分配到最终的使用消耗全过程）、全要素（包括电力、水、燃油、天然气、热能等）的能耗数据采集、计量和可视化监测，深入分析数据，生成统计报表，精准识别能源使用过程中的潜在问题，并据此实现能耗异常预警。如，能耗实时监控与可视化、能耗超标预警等。

能效平衡与优化：采用能效优化机理分析，结合大数据和深度学习等先进技术，深入分析生产过程、设备性能、能源使用等情况，精准调整设备运行参数或工艺参数，实现关键设备、关键环节能源使用的综合平衡与优化调度。如，基于 AI 的能耗优化。

能源存储与利用：通过整合太阳能、风能等可再生能源，结合先进的储能技术，构建起一套智能化、信息化的能源存储与利用体系，从而减少对传统能源的依赖，确保企业拥有稳定、可靠的能源供应。此外，富余电量还可以进行市场化交易，为企业带来额外的经济收益。如，利用厂房屋面及空置土地建设分布式光伏发电，利用废气余热发电实现储能微电网的合理利用。

安全生产与员工健康：利用物联网技术，实时监控生产设备的运行状态，对温度、压力、振动等相关参数设置预警阈值，及时发现并处理潜在的安全隐患；部署智能视频监控、感应器和穿戴设备，监控生产过程中的人员行为，确保操作规范与安全；利用机器人执行高风险任务，降低人员受伤害的风险；利用数字化工具进行安全风险评估。如，通过数字孪生技术模拟工厂环境，提前识别和规避安全隐患。

环境监测与合规性：依托各种传感器和检测设备，结合相应的数据处理系统，实时监测工厂排放的颗粒物、有害气体、温室气体、废水、噪音等，监控固体废弃物的处理，预警环境污染风险，确保符合环保标准。如，污染源的在线监控与预警。

应急响应与处置：充分利用数字化工具，对潜在的安全隐患进行全面、系统地排查，记录、分类并细致评估这些隐患，制定针对性的治理措施；建立智能化的应急指挥系统，集成事故预警、疏散指示、救援资源调配等功能，快速响应紧急情况，降低事故影响；利用 VR/AR 技术进行安全培训，提高员工安全意识和应急处理能力，减少人为失误，确保 EHS 管理有效、实用。如，智能应急调度系统。

案例 2-18　　菲尼克斯：智能楼宇管理

菲尼克斯亚太电气（南京）有限公司的 IC 新工厂（以下简称"菲尼克斯 IC 新工厂"）在建设中，通过自研的 Emalytics 智能楼宇管理系统，将楼宇控制技术与互联网技术相结合，实现了建筑楼宇设备的信息交互、综合与共享。

1. 业务痛点

传统楼宇管理实践常面临多方面的挑战。首先是系统集成难题，各专业管理系统（如空气、照明、安全系统等）通常来自不同的供应商，导致系统间的集成和协同作业变得复杂；其次，能源管理通常仅限于基本的能耗计量，缺乏智能感知机制使设备按需运行，导致增加不必要的楼宇能耗；此外，信息采集与整理的任务繁重，通常依赖人工处理，既耗时耗力又容易出错。总体而言，传统的楼宇运维管理效率低，缺乏有效的可视化管控工具，楼宇信息与业务信息割裂，没有实现有效融合，这些缺陷都会影响整体楼宇管理效率和效果。

2. 场景建设情况

菲尼克斯 IC 新工厂建设时，全方位部署了 Emalytics 智能楼宇自控系统（图 2-9-1），实现了对楼宇能源、空气调节、智能照明、智能遮阳百叶、气象监测、安防监控、光伏发电、门禁安全以及充电设施的综合管理。

菲尼克斯 IC 新工厂在智能楼宇管理方面主要实现了如下功能。

能源管理：应用 Emalytics 系统，工厂实现了水、电、气等全面的能耗监测、报警、精细化管理与数据报表可视化，直观展现了建筑的基本情况和能耗关键指标。同时，系统还具备精准诊断能源供应中断、事故跳闸、故障原因、能源数据分析和管理的能力，针对楼宇能耗实施精准调控，为

图 2-9-1　智能楼宇自控系统基础设施信息

工厂建筑与工业设施能源系统设计和节能改造提供了依据，有效优化能耗成本结构。

空气调节系统：通过应用空气调节系统（Heating，Ventilation，and Air Conditioning，HVAC），工厂可以根据采集到的温度、湿度、空气洁净度、风量等实际数据，实现智能调控设备，以达到理想的空气标准。在生产场所和办公区域，工厂实现了环境温度分区域可监、可控、可调，并将采集到的数据传输至上级管理和运行设备，实现整个楼宇基础设施互联，提升楼宇的能源利用率。

智能照明及遮阳百叶：采用数字可寻址照明接口技术（Digital Addressable Lighting Interface，DALI）和 EnOcean（能量采集无线通信技术）存在感应探测器实现了智能照明控制。工厂生产场所和办公室的照明可以依据时间表和班次按需调节；节能 LED 灯可根据具体环境情况调节亮度，员工也可在其工作区根据特定需求调节照明条件；百叶窗则可根据天气预报和太阳位置自动调节。

EnOcean 系统气象站：该气象站采集的环境数据被用于建筑遮阳系统、HVAC 系统和 DALI 照明系统的智能调控。气象数据通过 EnOcean 无线传输至各控制终端和 Emalytics 生态系统中，以实现智能化管理和优化。

安防监控：工厂的安防监控通过视频联网监控管理，融合了数字视频处理、自动控制与网络传输等技术，统一接入各类监控设备，实现跨区域、跨部门的视频图像信息整合与互联互通互控。

光伏发电：工厂采用了 500kW 太阳能光伏发电系统，具有可靠性高、使用寿命长、不污染环境、能独立发电又能并网运行的优势。但太阳能电池板的转换效率取决于电池板与阳光的夹角，为此，Emalytics 系统将一年中每个时刻的太阳位置存储下来，并据此计算电池板移动的角度，以使光伏发电的效率达到最高。

门禁管理：通过在楼门口、电梯处设置门禁控制器、密码键盘器或生物识别等，菲尼克斯实现了门开启以及关闭的管理，确保授权人员自由出入，同时限制未授权人员进入。此外，出入监控信息可以生成报表，并能连接办公管理系统中的考勤记录，当异常情况发生时也可以触发报警，如监控到非法入侵、门超时未关等。门禁系统数据信息也集成到 Emalytics 生态系统中，若在系统中触发了火灾报警等重大报警，门禁系统会迅速反应，方便人员迅速撤离，减小突发事件所带来的伤害。

充电设施：利用 Emalytics 生态系统，将工厂的智能交流充电桩及直流充电桩接入了能源管理系统，并将电池储能与光伏发电结合起来，进一步优化了能源消耗，降低了运营成本。

3. 实施效果

菲尼克斯 IC 新工厂应用 Emalytics 智能楼宇管理系统，融合物联网技术，在一期就超过 2 万个数据点，整合了 HVAC、遮阳系统、光伏发电与气象信息，同时实现了制冷机、风冷热泵、空压机、风机水泵变频器等核心设备的智能化管控，实现了工业建筑与工业设施的能源精细化管理。

点评

　　菲尼克斯通过部署先进的智能楼宇管理系统，实现了空气调节、照明控制、安全监控等多个子系统间的深度融合与协同运作。在此基础上，高效整合楼宇运行数据与业务信息，确保能源设备根据实际需求智能调节，有效降低了楼宇的整体能耗，达到了节能减排的目标。

第3章

典型行业
智能工厂能力构建

随着新一代信息技术不断演进，智能工厂建设已在全球各行业得到更为广泛的推广和应用。无论是机械装备、汽车及零部件、石油化工还是其他制造行业，企业在构建智能工厂时，普遍采用了机器人、自动化设备、传感器、物联网大数据、人工智能等先进装备和技术，以实现生产过程的自动化、数字化和智能化。然而，不同行业的企业智能工厂，其建设目标、技术应用、实施路径和发展趋势等都不可一概而论。因此，在智能工厂建设中，根据行业特点制定针对性的规划与实施方案显得尤为重要。

3.1　电子及通信

电子及通信制造业是典型的技术密集型产业，具有产品更新换代速度快、市场需求多样、产业链复杂、产品生产周期较短以及品质要求严格等特点。因此，在智能工厂的建设过程中，电子及通信行业企业需要不断提高产品研发创新能力、生产的智能化水平、定制化与柔性生产能力、供应链协同与整合能力以及质量管控能力等，以适应不断变化的市场环境。

在标杆智能工厂中，电子及通信行业企业普遍关注以下几方面。

一是数字化集成产品协同研发。 通过CAD、EDA等设计工具，结合工艺设计、工艺仿真、制造仿真等，实现研发与工艺的数字化，提高新产品导入效率；推行标准化、模块化设计，基于模块化设计基础和知识库搭建，实现产品可配置，加快面向订单的设计速度；依托IPD（集成产品研发）理念搭建协同研发平台，支持跨地域、跨部门和跨学科的协同；利用深度学习和自然语言处理等AI技术，高效处理分析大量数据，加速研发进程，降低研发成本。

二是精细化智能化生产。 广泛应用自动化设备和智能机器人，针对核心或瓶颈工艺研制专用的自动化生产装备，搭建柔性化生产单元或产线，提高生产效率；通过传感等识别技术，识别订单、调用不同控制程序，调整设备的工装状态，实现快速换型；深度优化生产流程，以精确调度生产计划，高效利用资源，降低生产成本；借助大数据分析和人工智能技术，挖掘和分析生产过程中的海量数据，实现对生产状态的智能监控和预测；通过智能调度系统，实现生产资源的动态分配与生产过程的优化调整；实时调整生产计划和设备参数等，提高生产效率，降低生产成本。

三是产品质量管控。借助物联网技术，将生产设备、生产线和物流系统等连接起来，实现对产品原物料供应商以及生产过程（操作设备、工序、关键工艺参数、生产日期等）的全程追溯；通过引入先进的检测设备、共享的测试设备和智能监控系统，实现对生产过程中产品质量的实时监测；利用大数据分析和人工智能技术，提升质检效率，分析和挖掘产品质量数据，并学习历史数据，预测潜在的质量问题并提出预防措施；构建基于智能制造的质量管理体系，实现质量控制与改进的系统化与标准化，并通过持续改进，提高企业的质量管理水平，确保产品质量可靠。

四是供应链协同。利用物联网和大数据等技术，实现仓储与物流智能化管理，提高仓储管理水平和物资运输效率；通过对物流、库存等环节的实时监控和调度，降低库存成本，缩短交货周期；通过构建供应链信息平台，实现企业内部及与供应商、客户之间的信息共享；推进企业内部供应链协同，实现精准配货、库存动态调整，优化供应链资源配置；利用大数据、人工智能等技术对供应链风险进行实时监控和评估。

五是绿色制造。在产品研发阶段，应用数字化技术（如CAD）和可持续性评估工具，优化产品结构、材料选择和生产工艺，实现产品全生命周期绿色环保；建立绿色供应链，采购环保原物料，满足环保法规要求，减轻对环境的影响；采用清洁生产技术，降低生产过程中的能源消耗和污染物排放；通过节能减排、废弃物回收等手段，实现生产过程的可持续发展；通过能源管理系统，实现能源消耗的实时监控和优化，降低生产过程中的能源消耗和排放。

在标杆智能工厂中，电子及通信行业的典型应用场景如图3-1-1所示。

第3章 典型行业智能工厂能力构建

电子及通信行业智能工厂典型应用场景		
数字化工艺	基于数字模型实现三维工艺仿真	大数据应用于配方及产品优化
设计仿真制造一体化	基于数字孪生的设计仿真优化	基于MBD的设计工艺制造一体化
基于知识库的敏捷产品研发	基于DFM的可视化设计交互	DFM设计提升产品设计质量
虚拟IE工程师优化产线平衡	基于5G+边缘的生产设备监控	AI质检与根因分析
基于AR的透明化车间	关键工艺与设备运行实时监控与分析	AI赋能在线监测
仿真建模软件用于工厂布局规划	测试仪表云	设备远程点检与预测性维护
智能排产	智能化物料配送	设备预测性维护
智能化自动排产	智能灯光拣选	设备数字化运维管理与故障预警
智能化一键排程	物料流转状态实时监控与追溯	设备故障预警与诊断
基于MOM与ERP的一体化计划体系	数字化精准配送	基于虚拟现实的设备寿命预测预警
基于APS的交期精准预测	软硬集成支撑物料按需自动配送	基于多技术融合的智慧检修
多品种在线混流生产	基于5G通信的车间物流体系	大数据分析辅助决策
生产实时监控与关键参数验证	智能自动化"货到人"配送	数字孪生用于产线自动巡检和远程技术指导
基于5G的数据动态实时采集与分析	全程无人化物料配送	智慧安防
关键数据感知和拟合预测	基于机器视觉的质量检测	AI用于工业安防及精准动态作业
生产过程实时监控与可视化	基于机器视觉的在线检测	5G融合定位用于人员安全保障
基于APC联控技术的自适应生产	基于大数据分析的质量追溯	5G视觉检测与人脸识别
基于AI的贴片机自适应参数调整	AOI自适应视觉检测	
基于AI的生产防错	5G+AI赋能质检	
端到端订单可视化	数字化供应链	基于大数据的采购预测与补货
高韧性供应链	基于5G的智能仓储	
成品仓库的数字孪生	基于工业互联网平台的供应链协同	
数字化客诉系统与产品优化协同	云营销智能化提升	基于物联网的售后服务与追溯
VR设备远程运维服务	数字化售后服务管理	
AI赋能数字化能源管理	5G+AI赋能碳足迹的跟踪	智能化能耗平衡与优化
智能化垃圾固废管理	数字化能源管理	能源在线监测与用能优化

图 3-1-1　标杆智能工厂中电子及通信行业典型应用场景

案例3-1　联想集团：踏浪数字化，谱写智能工厂"进化论"

联想集团有限公司（以下简称"联想"）是一家成立于中国、业务遍及180个国家和地区的全球化科技公司,在全球拥有30多个生产基地,为全球用户生产个人电脑、智能设备、手机和服务器。目前,联想正式完成了在中国"东西南北中"的智能制造全方位布局。其中,联想南方基地是联想全球智能制造母本工厂,也是联想生产复杂性最高的智能制造工厂,基地生产产品品类超过50种,研发生产近10万种配置,此外还涵盖台式机、个人工作站、服务器、高性能计算集群、显示器、选件、FRU等传统业务,承载孵化各类智能产品,如智能模块、智能终端、智能穿戴设备、智能家电等新兴业务。

1. 应对市场变革,塑造电子制造智能新标杆

作为典型的电子制造企业,联想不仅面临产品升级换代迅速、生命周期短、变更频繁、版本控制复杂、极为严苛的高品质要求以及劳动力成本逐年上升等电子行业普遍面临的生产管理痛点,同时,深耕行业四十载,为更好地服务客户,确保按时交付,联想正逐步从传统的大批量生产模式转型,以适应能够同时处理大批量和小批量、多机种的小订单的灵活生产模式。为了应对上述挑战,联想南方智能制造基地以集团多年积累的丰富制造业经验和实践为基础,集成自动化、智能化最新成果,通过应用AI、物联网、数字孪生、大数据分析等先进技术,实现了人、机、料、法、环等多个场景的全面数字化管理,打造了自动化和数字化深度融合的智能制造新标杆。

2. 以智驭变,打造联想全球"母本工厂"

作为集团先进制造的"集大成者",联想南方智能制造基地以客户为中心、KPI为驱动,依托"端—边—云—网—智"新兴IT技术,进行业务标准化与数字化,同时结合联想十八般武艺,建设一站式数字化解决方案,达成智能决策、卓越质量、精准交付、客户定制四大目标,实现卓越运营、全球制造能力领先、创新与赋能三大业务价值,打造集智能制造、

创新孵化、产业赋能为一体的业界领先、面向未来的产业生态平台。

联想南方智能制造基地的整体规划架构如图 3-1-2 所示。

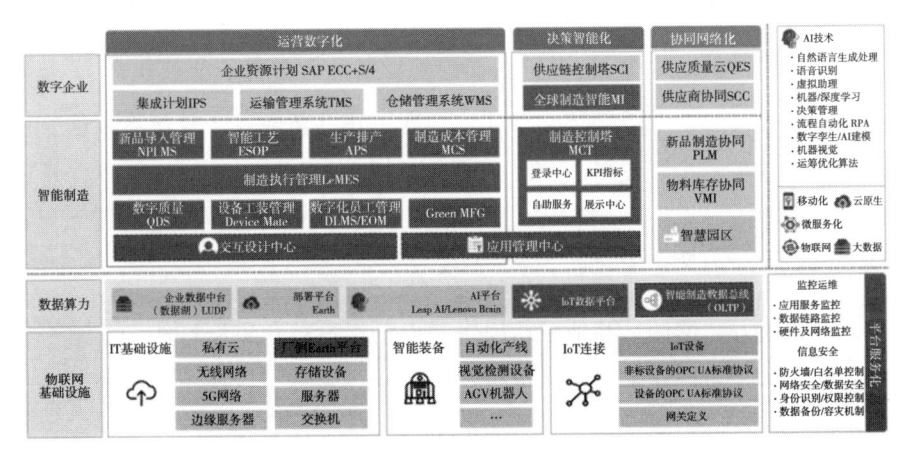

图 3-1-2 联想南方智能制造基地整体规划架构

在构建数字企业方面，联想南方基地整合了集成计划（IPS）、企业资源计划"SAP ECC+S/4"、运输管理系统（TMS）、仓储管理系统（WMS），实现运营数字化。同时，为了进一步提升决策的智能化水平，基地构建了供应链控制塔（SCI）和全球制造智能（MI），确保决策过程更加精准高效。通过打造供应质量云（QES）和供应商协同平台（SCC），实现了供应链协同的网络化。

在智能制造领域，联想南方基地搭建了数字化 NPI 管理系统、智能工艺平台、智能排产系统、数字化制造成本管理系统、智能生产 LeMES 系统、数字化质量管理系统、智能设备管理平台以及智慧人员平台，显著提升新品研发阶段的项目管理效率，实现了工艺设计的数字化与仿真、定制化排产、质量管理的数字化闭环与自动分析预警，达成设备的实时监控、预警及预测性维护及员工绩效和考勤的自动化管理。此外，基地打造智能制造控制塔，绿色制造管理平台，实现 MFG 端到端控制的实时可视，各项绿色制造指标实时监控/预警。

在数据算力方面，联想南方基地打造企业数据中台 LUDP、部署平台

Earth、AI 平台 Leap AI、Lenovo Brain、IoT 数据平台、智能制造数据总线，满足不同场景下的数据处理和分析需求。

在物联网基础设施方面，联想南方基地部署私有云、无线网络、5G 网络、边缘服务器、厂侧 Earth 平台、存储设备、服务器、交换机等 IT 基础设备，同时自主研发端到端、自动化、数字化、智能化多技术融合的智能产线，配备视觉检测设备、AGV 机器人，以支持高效、智能的生产流程。

3. 深耕场景，探索"智"造新典范

联想南方智能制造基地成功构建了六条高自动化率标杆线和十多个智能制造系统，实现覆盖多个场景的全面数字化管理，打造自动化与数字化深度融合的标杆智能工厂。

（1）集成创新，打造柔性智能高效智能化产线

联想南方基地自主开发的智能产线融合了端到端、自动化、数字化和智能化技术，通过协调和优化资源使用，满足供应链需求。这一产线集成了多个系统，支持复杂的多渠道履行流程，并采用高度定制化和模块化的设计理念，结合完整的产品工艺，实现了信息化、柔性化和智能化的生产方式。通过自动化设备和软件系统的紧密协作，不仅提高了生产流程的自动化和标准化水平，还通过计算机视觉和 AI 技术实现了物料的智能识别和管理，有效避免了物料浪费和短缺。此外，产线还利用摄像头和图像处理系统对产品进行智能检测，通过机器视觉辅助人工检测，提升了产品质量和稳定性。同时，产线能够实时收集生产数据，进行分析和优化，支持快速准确的个性化定制服务，并通过远程控制中心监控和管理。针对设备管理，通过传感器协作，实现了设备的实时监控、预警和预测性维护，既提高了设备使用效率，也降低了维护成本。

（2）智能排产，实现订单快速处理与精准交付

联想南方基地借助真实数据构建的仿真环境，结合深度强化学习算法引擎，能够在数秒内找到全局最优的排产方案，实现智能实时的生产调度，并通过高级计划与排程能力，动态、柔性地响应市场需求。同时，南方基地的生产管理以 KPI 绩效数据为驱动，将需求计划、S&OP、生产计划与作业排程、采购计划、配送计划等紧密集成于 IBP（集成业务计划）中，形成自适应调整的闭环系统，实现无边界的沟通与协调。此外，南方基地能够对不同订单产品实现完美兼容，不同机型零秒切换。比如，对于少数需要人员作业的工序，南方基地运用 ESOP（智慧工艺系统），并根据订单切换调取数字化 3D 作业指导书，从而实现不同产品作业的精准无缝切换。传统制造业需要 10~20 天才能满足的定制化需求，在先进制造体系下，一两天就可以实现订单交付。

（3）构建 ESG 管理系统，实现绿色制造

联想南方基地推出的 ESG 管理系统，融合环境、社会、治理三方面，为企业打造一个统一、高效的 ESG 管理平台。该系统支持在线、可追溯、数据驱动的管理，实现流程自动化、数据采集高效化、指标执行智能化。其绿色制造设计考虑数据结构的高度抽象、自服务数据采集功能及多视图组织设计，满足多维分析需求。系统运用 IoT 技术，优化文件管理，聚焦审核与风险管理，实现 ESG 数据互联互通与实时监控，通过自动化、数字化和智能化手段提升管理效率，精确计算产品水电消耗，促进可持续发展。

（4）数字驱动，打造高效敏捷的全球人员管理标杆

联想南方基地依托平衡计分卡和人员画像技术，打造了智慧人员管理系统（EOM）。该系统不仅实现了流程标准化、数据自动化和决策智能化，更涵盖基础信息、班组、人力、技能、考勤、绩效和看板管理七大核心模块。EOM 系统拥有详尽的员工数据和技能数据，能够智能地根据员工技能信息，实时调度员工，进行人员补充或工位调整；还通过平衡计分卡，将员工的绩效葡萄图与绩效 I 值紧密关联，实现了绩效自动采集和核算。同时，EOM 系统与考勤系统联通，能够实时抓取员工考勤数据，自动计算 OT 信息，大大提高了出勤数据计算的准确率和时效性。这一系列优化措

施使得人员调配更加合理，岗位匹配更加智能，绩效实时可视化，整体工作效率提高了 40%，UPPH（单位人员每小时产量）和 OEE（设备综合效率）分别提升了 25%。

4. 关键指标改进效果

联想南方智能制造基地凭借智能工厂的构建，实现了设计、生产、管理等关键环节的全面智能化升级，显著优化了各项运营指标。

- 生产效率提升约 10%；
- 质量不良率降低 10%；
- 质量损失率下降 10%；
- 单位产值能耗降低 15%。

点评

> 作为联想集团先进制造的"集大成者"和全球"母本工厂"，联想南方智能制造基地以客户需求为指引，以 KPI 为发展动力，全面实现数字自动化，并应用联想核心的五大智能化技术——端、边、云、网、智，成功实现了消费电子行业大规模个性化定制与高效量产的完美结合。该基地不仅构建了全面数字化、高效柔性、智能绿色的制造体系，更成为支持新产品业务孵化的智能柔性敏捷示范工厂。通过数字化、智能化技术的深入应用，联想南方基地有力推动全球智能制造的升级与可持续发展，成为行业引领者和赋能者。

| 案例 3-2 |　　烽火通信：打造柔性、可持续的智能工厂

烽火通信科技股份有限公司（以下简称"烽火通信"）成立于 1999 年，是国际知名的信息通信产品与解决方案提供商。作为全球唯一集光通

信系统、光纤光缆、光电子器件三大光通信核心战略技术于一体的科研与产业综合体，公司于2001年在上交所上市。公司在东南亚、南美、欧洲等地建立了生产基地和研发中心，产品和服务覆盖100多个国家和地区，为全球40亿人口提供服务。

1. 迎接通信行业挑战，传统制造向智能制造升级

通信产品长期面临着多品种、小批量、客户定制化程度高、工艺复杂、产品更新迭代快的挑战，行业内存在诸多亟待解决的问题，如新品导入周期长、产品换线效率低、过多依赖人工操作、工艺频繁变更以及质量检测效率不高等。在全球供应链危机和人口红利消退的双重压力下，通信制造行业还面临原材料价格上涨和人工成本大幅增加的重大挑战。因此，烽火通信迫切需要通过智能制造升级来提高通信核心产品的柔性制造能力，提升生产效率，降低制造成本，从而在激烈的市场竞争中稳固地位，持续稳健发展。

基于此，烽火通信在数字化新园区的建设中，致力于推进智能制造升级，持续探索新技术、新场景、新模式，通过运用5G、工业互联网等先进技术，塑造出柔性、可持续的标杆智能新工厂，助推以5G为代表的数字技术与制造业融合发展走深向实。

2. 分环节突破，实现高效协同与个性化定制

烽火通信积极响应政府的号召，规划数字化转型蓝图（图3-1-3），年均投入4亿元，并作为专项资金投入公司数字化转型，专款专用。烽火通信还组建了公司级数字化转型团队，从规划战略蓝图、实施计划，到成效检查，逐层推进。烽火通信总体建设思路遵循"1套方法、4类场景、3个平台"，制定转型框架，并定期审视，解决了企业"三高"问题（高频度、高能耗、高风险），最终成为"客户实时可视，运营集成敏捷，产品智慧创新，生态智能互联"的卓越数字化企业。

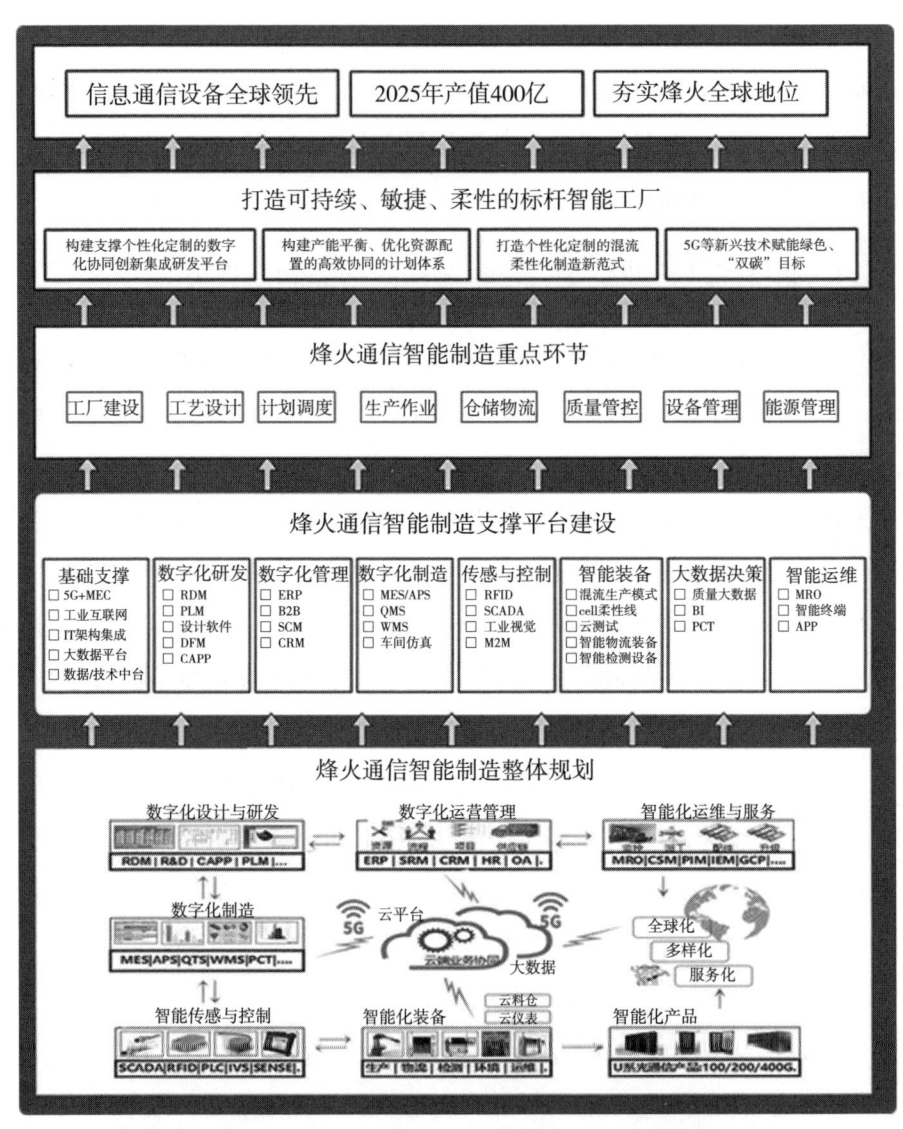

图 3-1-3　烽火通信数字化工厂建设总体方案图

基于整体规划，公司进一步构建支撑个性化定制的数字化协同创新平台——烽火通信数字化转型支撑平台，建设了多个数字化场景，以推动实现总体目标。据此，公司围绕工厂建设、工艺设计、生产作业、仓储物流、能源管理等关键环节，开展了工厂仿真、工艺数字化、柔性产线、云测试、智能仓储以及智能直流电监控系统等数字化场景建设。

3. 亮点纷呈，透视烽火通信智能工厂建设场景

烽火通信在智能工厂建设进程中，围绕工厂设计优化、工艺研发创新、产线柔性改造、测试资源动态配置、仓储物流效率提升以及能源管理与节能减排等多个关键领域，全面推行数字化策略，打造了一系列标志性亮点场景。

（1）工厂数字化设计

烽火通信在转产过程中，由于在布局方案规划阶段未进行整体模拟仿真，导致运营投产之后物流配送路径堵塞，产生大量的等待时间，车间实际产能仅为规划方案的73%，公司不得不投入近60万元用于场地改造。

在智能工厂的建设中，烽火通信针对IE布局，用系统仿真代替人工经验，不断优化人、机、料、法、环五个要素的最优解，一次做对，避免返工。建立新工厂仿真模型与实际WCS仓库控制系统之间的数据交互通道，在虚拟模型中，模拟现实场景下AGV自动导引车、堆垛机、穿梭车等的作业调度。基于厂区布局图、生产线设备规格、物料及产品三维模型、工时定额、物流配送模式、物流动线等详尽资料，烽火通信构建了多种厂区布局规划方案。通过整体的虚拟设计和模拟仿真，复现智能仓库自动化设备装卸、搬运等全流程作业，形成了AGV、传送链、人工运输的协同物流场景，从而识别并显著减少了运输过程中的瓶颈点和物流交叉拥堵点。据统计，新厂区物流效率提升15%，空间利用率提升30%，新工厂建设工期缩短10%，项目投资费用节约8%，生产效率较原来提高12%。

（2）数字化手段革新工艺研发模式

在应对多品种、小批量、高度定制化和工艺复杂的生产模式时，传统手工管理工艺文件暴露出多个问题，包括：产品设计阶段可制造性问题拦截率低，平均每个产品在实物验证阶段出现3~5个问题；新产品导入严重依赖个人经验，直通率水平不达标，首单转量产率仅6%；工艺问题重复错误达28%；工艺评审不精准，易误判、漏判等。

烽火通信采取了以下措施对生产工艺的研发模式进行革新。

建设计算机辅助工艺规划（Computer Aided Process Planning，CAPP）**系统**。基于统一的产品设计数字模型，将工艺过程中的关键要素，如物料、工艺装备、制造装备、工艺规程、工序/工步等，转化为数字模型，确保零部件和装配制造工艺的一致性，并实现多工厂工艺统一管理。

将可制造性设计软件（Design For Manufacturing，DFM）**集成到产品开发流程中**。从概念阶段到设计、试产，直至量产，对产品同步验证，确保产品设计符合工程要求，并且与制造能力相匹配，避免在试产或量产阶段的设计返工，缩短研发周期。

构建工艺知识库和数字化标准作业程序（Standard Operating Procedures，SOP）。有效地沉淀、共享、复用工艺知识，避免重复的工艺设计问题，提高新工艺的识别精度。

通过上述举措，构建基于知识库的"工艺技术大脑"，烽火通信形成了一致化工艺能力，实现了自动输出数字化SOP，形成了工艺数据关联网和灵活的数据共享与互用机制，使其新工厂的工艺编制效率提升了50%，新品导入周期大幅缩短，支持全球的工艺管理体系。

（3）打造Cell混流产线提升柔性能力

烽火通信的小批量订单多，生产线转产次数多。据统计，单线每天换产可达20次，这对生产线的柔性能力提出了极高的要求。在传统串行的生产模式下，由于生产断点多、产品无法混流生产，频繁换线造成线体生产中断，会产生20%~30%的人员效率损失。

为解决这一问题，针对多品种小批量的产品，打造敏捷交付，烽火通信导入了柔性智能产线替换批量流水线。针对高度定制的服务器产品，首先将其进行分类分组管理，再针对同类型产品的生产工序按照单个Cell单元进行规划，打造柔性产线（如图3-1-4）。该柔性产线包含物料分拣线、空中输送线、物料缓存机、Cell智能柔性线、自动下线机、AGV等六个部分。其中，Cell智能柔性线含插件Cell、波峰焊、检查单元、生产缓存架以及装配 Cell 五个子部分，并通过设置缓存区域平衡生产节拍及生产异常，同时，利用智能调度输送线将各个部分及缓存单元连接起来，实现产品加工过程和位置的实时跟踪。产线能够根据加工需求，自动将在制品输送到对应的 Cell 单元，从而将分散的生产环节整合为一个连贯的整体流程。

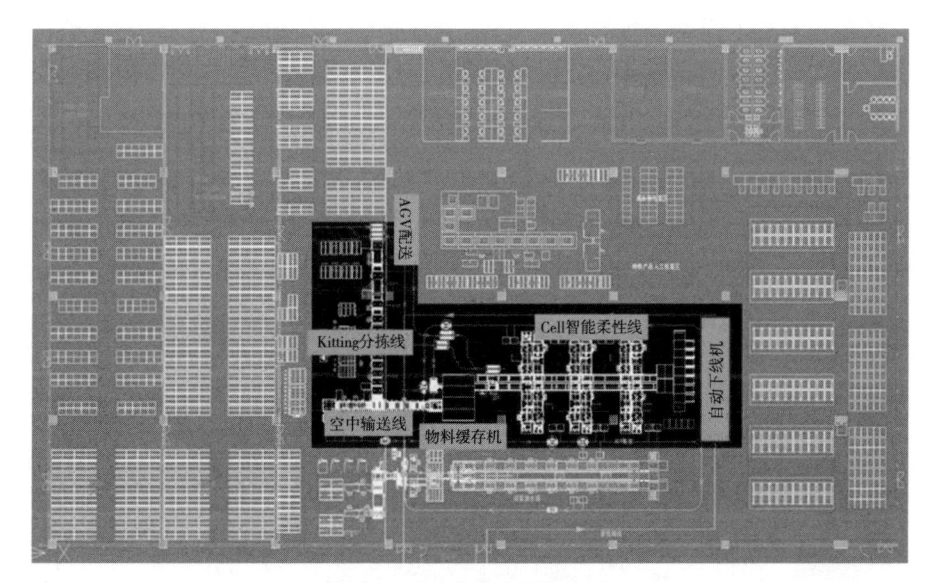

图 3-1-4　Cell 布局方案图

该柔性产线可适应多种类型的服务器生产，并可同时生产 4 类不同类型的产品，生产效率 UPPH（每人每小时生产的单位数量）提升 20%，生产线单线产能提高 35%。此外，单线减少了 10 辆周转车的使用，降低了 50% 的在制品（WIP）库存，小批量订单的交付周期由 3 天缩短至 1 天。

（4）云技术支撑测试资源动态配置

烽火通信拥有超过 100 台测试仪器仪表，总资产价值超过 2000 万元，并且每年因业务需要仍会购置新的测试仪表。这些仪器仪表分散应用于车间各个生产环节，无法集中管理，测试过程中，仪器仪表独占使用，其他端口及测试功能却属于资源闲置状态。经统计，仪器仪表整体利用率不超过 10%，且常因领用、借调等原因造成设备损坏。

为解决测试仪表资源利用率低的问题，烽火通信运用互联网、云共享技术，通过自主开发软件，实现仪表资源统一管理和分配使用、测试流程自动化、测试结果数据化，提高了仪表资源和生产场地的利用率，并保障了测试过程的可视化和可追溯，云测试系统功能如图 3-1-5 所示。

利用云计算及虚拟化相关技术实现测试资源池化管理，根据需求对测试资源进行实时分配，简化测试流程，提高仪表利用率；自主开发自动化测试脚本，利用软件测试代替手工测试，同时将测试过程数据保存至数据库，实现测试过程透明化、测试结果数据化；自主搭建仪表代理池，构建测试资源堡垒机，实现测试仪表及测试软件远程共享，减少固定资产投入。

该方案实施后，自动化测试仪表的利用率提升至 30.9%，节省仪表资源 24.9%，节省仪表端口 34.59%，并且每年因此节省的仪表、PC、耗电量等各类费用超过 200 万元。

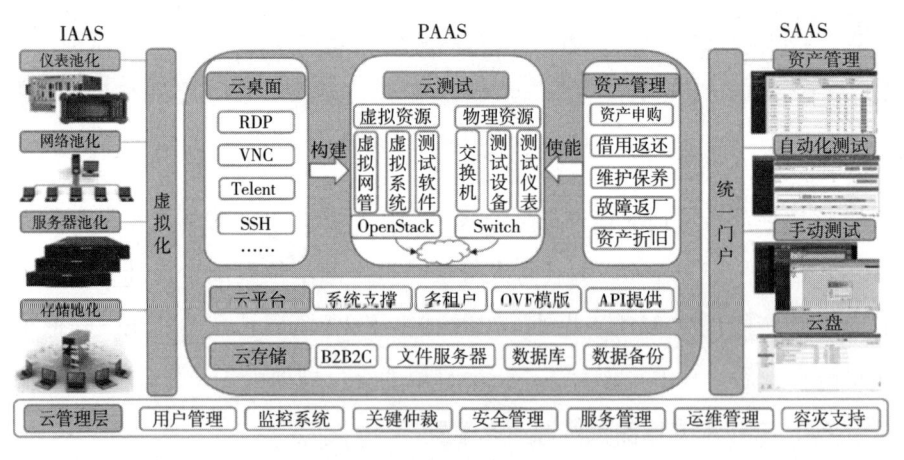

图 3-1-5 云测试系统功能图

（5）多技术融合助力仓储物流效率提升

烽火通信原有的仓储管理主要依托 MES 系统的仓储管理模块，侧重于对物料信息追溯，无法解决效率、质量、成本方面的痛点与改善需求，对仓储管理策略的变化适应能力较弱，新需求需要通过编写代码实现。此外，仓库作业依赖人工，效率低下且错误频发。

为解决上述痛点，烽火通信通过 WMS、WCS、电子标签、AGV 技术的融合实现了货到人的配送模式。在技术方案上，通过模块化的功能设计，利用 5G 技术连接系统与设备间的通信，灵活应对仓储管理策略的变化，实现物料自动出入库与配送。智能仓储技术方案如图 3-1-6 所示。

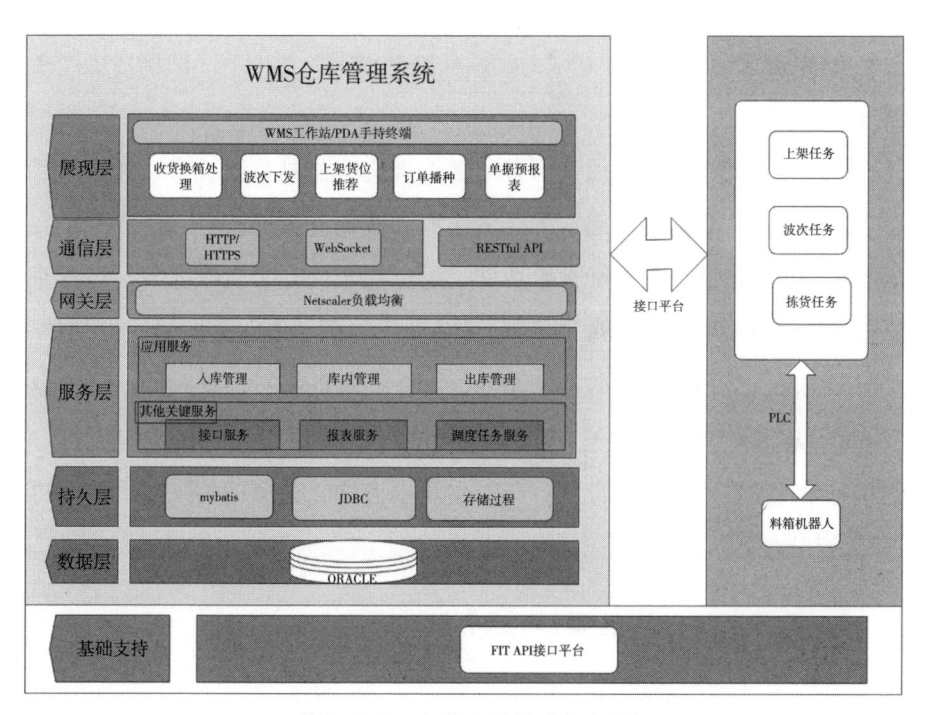

图 3-1-6　智能仓储技术方案图

入库时，CCD 视觉扫码、条码识别、三维运动平台配合自动存取快速存储，AGV 通过 5G 通信根据入库指令自动搬运入库。出库时，CCD 视觉扫码系统识别任务需求，机械手根据指令抓取物料出库，结果反馈给 WMS 衔接配送指令，并利用 5G、电子标签拣选技术实现货到人拣选完成出库作业，AGV 进行定点配送。

方案实施后，烽火通信物流交付效率提升 30%，入库效率提升 50%，出库效率提升30%，账实一致率提升至100%，存储容积率提升40%。

(6) 智能直流电监测系统助推节能降耗

通信网络传输设备在测试时需要采用-48V直流电源，而在高功率工作状态下，电流需求可超过1000A，因此，生产车间采用了桥架铜排的供电方式。然而，由于直流电流的隐蔽性，这种供电方式既容易造成能源浪费和用电安全隐患，也使得排产不够灵活。据统计，每年由此产生的直流电费用高达约300万元，而平均实际使用率不超过50%；此外，平均每年发生10余起因直流电接入超限而烧断保险的情况，影响产品的正常生产与测试。

针对这一问题，烽火通信部署了智能直流电监测系统。该系统采用三层架构设计，集成智能传感、无线传输和大数据分析等技术，实现了对直流电使用状态的实时监控和预警功能。通过在车间安装直流电表、霍尔直流开合式互感器、终端信息采集器、DC-DC电源、中间继电器、指示灯、透明配电箱、无线信号接收器（AP）、云终端及液晶看板等设施，直流电资源信息采集率达到100%，在PC界面和手机APP上均可实现实时监控，同步时延控制在秒级内。此外，在安全用电方面，系统的超限报警功能可以预防超额用电，有效避免了断电事故。

4. 关键指标改进效果

通过智能化、数字化建设，烽火通信生产效率提升了30%，运营周期缩短了20%，企业"三高"问题明显改善，五年人均利润翻番；同时也获得国家级智能制造试点示范工厂、工信部优秀数字化转型案例、工信部5G全连接工厂、武汉标杆智能工厂等一系列的荣誉。

点评

在打造通信产品智能工厂的过程中，烽火通信坚持自主创新，致力于突破通信设备制造的核心技术难题，补齐短板装备，同时，自主研发工业软件等关键工具，以提升生产效率，降低制造成本，有效支撑公司高质量发展。此外，为确保转型成效，烽火通信成立数字化转型委员会，并设立业务领域工作组和数字化技术专家组，共同推动数字化转型落地实施。烽火通信智能工厂建设不仅提升自身智能制造水准，还作为标杆工厂发挥行业引领示范作用，推动了上下游产业链乃至整个光通信产业和电子制造行业的转型升级。这些成效进一步增强了烽火通信发展智能制造的决心，未来，公司将继续加大智能制造投入力度，对标数字领航企业的要求，补齐短板，重点建设信息化系统的集成应用，扩大5G全连接工厂的建设场景。

案例 3-3　　璨曜光电：打造智能互联透明工厂

苏州璨曜光电有限公司（以下简称"璨曜光电"）成立于2017年，是全球第一家液晶背光制造商——中强光电集团的全资子公司，也是该集团在中国大陆液晶显示器五大生产基地的总部中心。璨曜光电拥有先进的OLED/LCD智能产线，是目前苏州市乃至江苏省光电显示行业产能规模前三的工厂之一，也是江苏省内首家OLED新型显示大尺寸量产示范工厂。公司主要业务涵盖液晶屏、背光、TP贴合、防窥屏、OLED、Mini LED等液晶屏及关键零组件的研发、加工生产和销售，终端产品主要应用于计算机、电视、手机、医疗、拼接显示器等。

1. 突破传统模式，向智能制造转型升级

长期以来，液晶模组制造业面临诸多挑战。劳动力密集型生产模式导

致用工成本较高、员工流动性大、劳动强度重；同时，由于微小尘埃颗粒的控制要求严格，产品品质不稳定、不良率高也是行业普遍问题；此外，传统笔记本背光模组的零组件工艺设计复杂，难以实现自动化，也加剧了行业面临的挑战。单纯运用经验管理，已不再适应现有的发展。

基于此，璨曜光电构建先进智能产线，综合应用工业互联网、人工智能和云计算等新技术，实现工厂的互联互通、分析决策及可视化打通全业务链，实现了液晶显示器模组全流程、全产业链、产品全生命周期的智能化管控，打造行业内领先的智能工厂。图3-1-7是璨曜光电可视化平台。

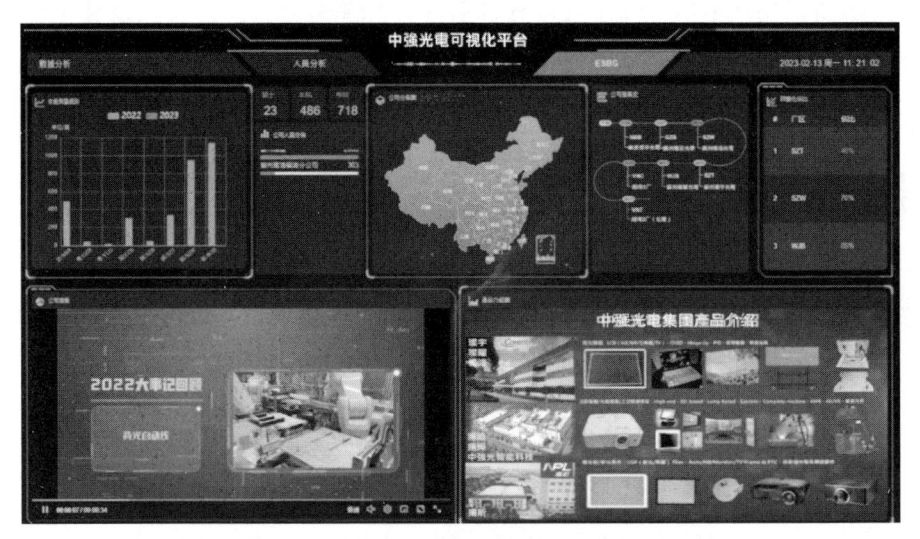

图3-1-7　璨曜光电应用的中强光电可视化平台

2. 全局规划，构建智能互联透明工厂

璨曜光电自工厂规划之初便综合考虑了自动化、数字化、智能化及绿色环保等方面的建设需求，自主开发及搭建各类应用系统，建设自动化智能产线。通过数据采集、资料串联、数据建模、智能监控和预测预判等环节的建设，工厂实现了车间设备互联、物料配送自动化、车间环境智能管控和产品信息的可追溯等。

璨曜光电智能工厂的整体规划架构以及智能工厂数据流如图 3-1-8、图 3-1-9。

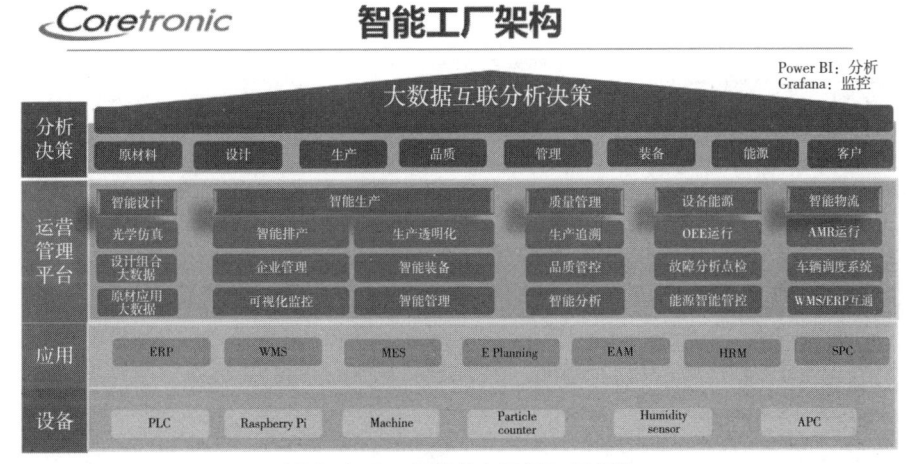

图 3-1-8　璨曜光电智能工厂架构

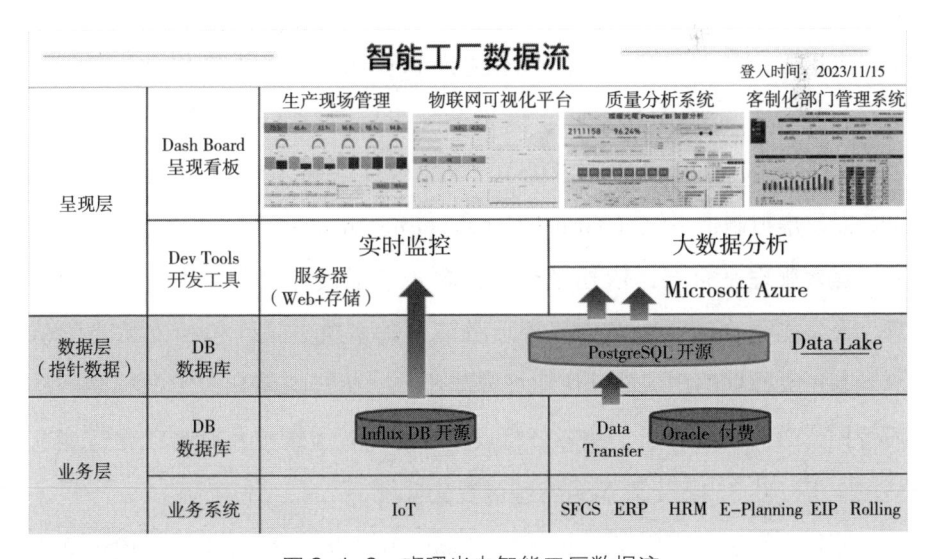

图 3-1-9　璨曜光电智能工厂数据流

设备与数据采集层：主要包含 REF&LGP 自动组装机、ST 贴附机、OC 组装机、自动锁螺丝机和 Cell Tape 贴胶机等智能化装备，均自带控制系统。此外，生产线安装了总计近上千个传感器，可动态监测和自动采集关键工艺参数及设备运行数据,并对采集的位置、压力和扭力等数据在线分析,发现异常后及时自动纠偏。图 3-1-10 为基于 IoT 的 Cell 视觉定位组装的自动纠偏应用实例。

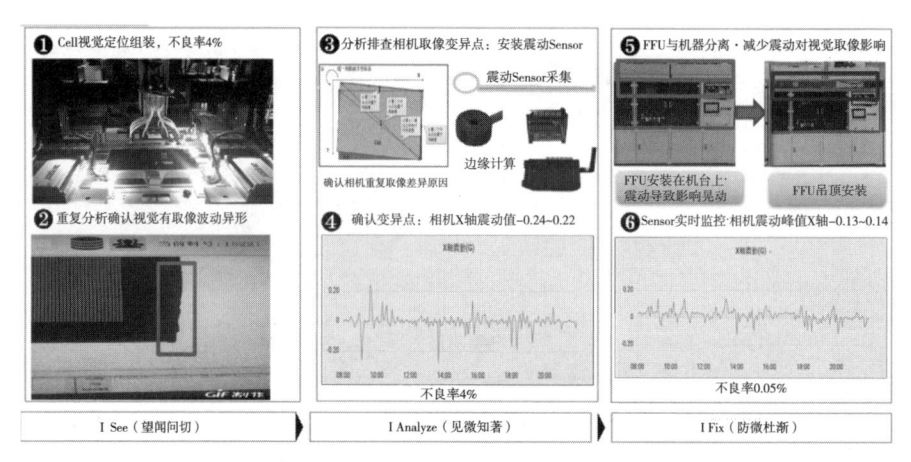

图 3-1-10　IoT 采集应用案例

应用层：自主开发并应用各类生产和管理软件、系统及辅助网络设备,并实现系统的集成互联。核心系统主要包括 ERP、车间控制系统（Shop Floor Control System,SFCS）、智能排程系统（e-Planning）、PLM、SPC 以及虚拟制造系统（Virtual Manufacturing System,VMS）等。

运营管理平台层：依托平台提供覆盖智能设计、智能生产、质量管理、设备能源管理及智能物流等业务流程的解决方案,包括支持光学仿真、基于大数据的产品设计优化、智能排产、生产透明化、生产追溯、品质管控、OEE 运行分析、故障分析点检、能源智能管控及全自动化智能仓储系统等。图 3-1-11 为运营管理可视化系统。

分析决策层：应用基于云端的 Power BI 大数据互联分析系统；基于 Power BI 的建模分析,实现产品设计、品质、设备、生产、环境等各环节的交互分析,提升管理决策能力。

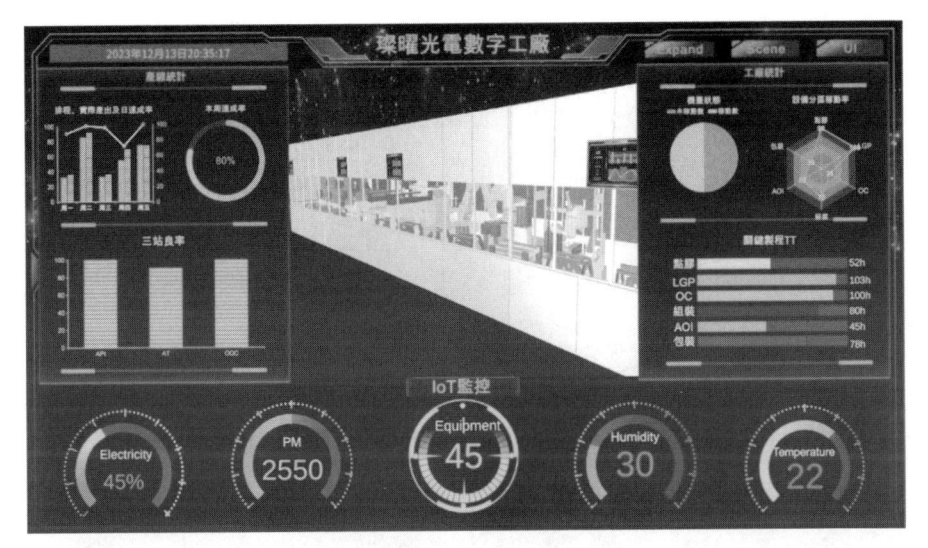

图 3-1-11　运营管理应用场景

3. 典型应用场景，透视璨曜光电智能工厂实践

璨曜光电作为液晶背光制造的领先企业，在智能工厂的推进过程中积累了丰富的建设经验，为行业打造了极具创新的应用场景。

（1）构建行业领先的智能产线

璨曜光电智能工厂建立了 2 条 LCD 智能生产线和 3 条 OLED 大尺寸自动生产线。其中，OLED NB 产线集成了 REF&LGP 自动组装和组 Film 生产等关键工艺环节，拥有搬运机器人 42 台、CCD 视觉检测设备数量 86 台，技术达到国际先进水平。

作为江苏省内首条背光模组智能生产线，OLED NB 生产线融合了在线视觉（Automatic Optical Inspection，AOI）技术和 AI 算法，通过液晶屏搭配视觉系统，做到自搬运及视觉自动计算居中组装。同时，基于 AI 算法自动修正背光尺寸并进行贴合调整，自动化率达到 90% 以上，解决了行业采用人工组装和贴合的痛点。图 3-1-12 展示了其应用人工智能前后的情况对比。此外，针对材料波动搭配组合的难点，璨曜光电依据 CCD 视觉自动补偿居中组装，有效解决行业笔电精度组装中公差配合的痛点，实现了

"减员、增效、提质、保安全"的目标。

图 3-1-12　人工智能应用前后对比

（2）用数据说话，驱动运营模式变革

璨曜光电全面引入 Microsoft Power BI 作为其大数据可视化的统一开发平台，并由专业团队负责各种互动、分析以及可视化 BI 仪表盘的应用开发。同时，借助 Microsoft Azure 的 PaaS 层服务，将 Power BI 架构于云端，为使用者提供易用的使用环境。目前，璨曜光电已完成 40 套模型的构建，为运营分析与决策提供了支持，例如，通过 Power BI 系统实时展现经营指标、生产状态、质量分析、设备运行、环境感知以及 ESG 能源等数据。系统不仅可以按岗位等级提供不同的数据，而且能按地域显示不同工厂的运行情况，并实时显示生产现场的画面。此外，基于实时上传至 SFCS 系统的检测数据，利用大数据分析技术，系统能精准分析异常发生时良率与参数的关联，为产品品质管控提供决策支持。

（3）基于 AMR 打造全自动化智能仓储系统

作为智能仓储物流示范工厂，璨曜光电打造的全自动化智能仓储系统，采用了自主移动机器人（Autonomous Mobile Robot，AMR）。AMR 利用 3D LiDAR 技术实现 360 度扫描，无需改造环境即可完成定位与 3D 建构，通过自主导航技术、独家开发的感测融合演算法和惯性陀螺仪感测技术，解决了行走累计误差的问题，定位准确度达到 10mm 以内，业界领先。同时，通过 AI 栈板辨识功能，透过 3D 深度相机即时对比栈板特征点，辨识栈板在空间中坐标，精准计算其最佳路径后驱动车体叉取栈板，再结合车辆控制系统（Vehicle Control System，VCS）掌握叉车状况、分配任务及调度车辆，从而有效管理多车协同作业。

此外，璨曜光电将自主开发的 iMEC 智能仓储系统与条形码自动识别技术相结合，实现了物料入料、生产叫料、AGV 物料调控、成品入库以及成品出货的智能化监控。同时，通过车辆管理系统（VMS）调度 AMR 自动到相应的货架库位取料，全程无人参与。AGV 与 iMEC、VMS 的集成应用，不仅取代了人工收发搬运，还引入了 3D 导航新技术替代二维码，实现了物料的自动派送与先进先出管理，如图 3-1-13。

在车间管理方面，璨曜光电采用条形码和二维码对原辅料、产品进行标识，并根据不同物料、不同产品以及客户的不同要求，标识不同的信息。通过扫描物料、产品上的条形码/二维码，即可查到所有标识信息，包括产品名称、型号、物料名称、供应商、料号、批次、生产时间、加工机台、主要工艺参数、质检和入库信息等，实现产品全流程信息追溯。

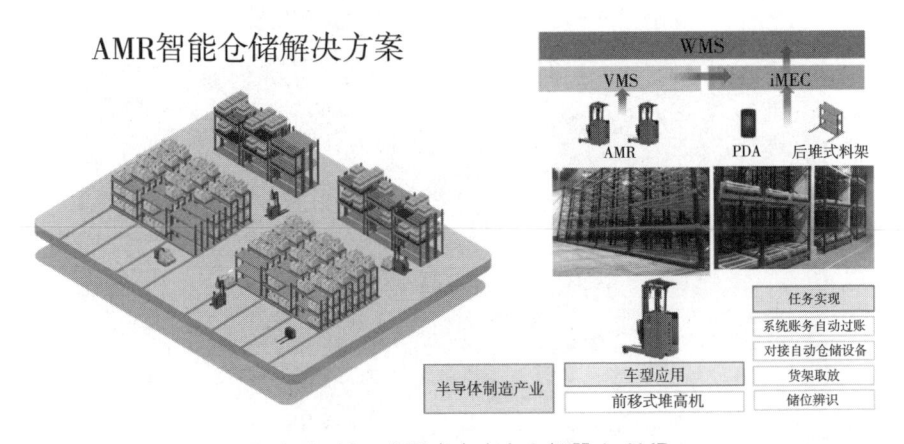

图 3-1-13　璨曜光电全自主机器人 AMR

（4）应用 AI 算法、SPC 等实现智能质检与质管

璨曜光电在生产制程的组装、贴附等关键环节，均引入 AOI 光学检测、API 光学检测机等 CCD 智能化检测设备。这些设备可实时在线检测产品在各工序的性能参数，并将检测结果上传至自带的控制系统。同时，通过 Microsoft Power BI 对采集数据进行统计、展示和分析等，指导生产质量管控。值得一提的是，AOI 自动检测机可检测产品缺陷，并利用 AI 算法和大数据分析，将收集的缺陷数据传输至神经网络进行深度学习，持续优化 AOI 检测结果，使其更准确、更全面。最终，系统会输出相应的管理图表及可视化看板，为管理者提供决策支持。图 3-1-14、图 3-1-15、图 3-1-16，展示了 AOI 智能检测的不同应用场景。

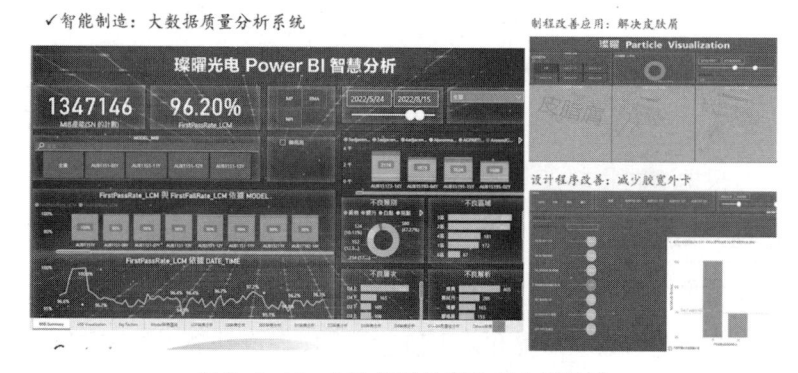

图 3-1-14　AOI 智能检测数据应用场景

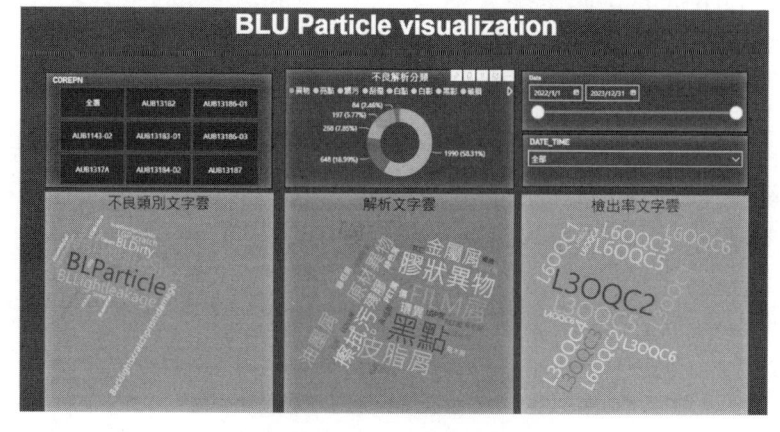

图 3-1-15　产品检测不良分析

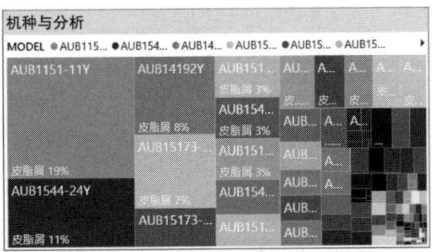

图 3-1-16　AOI 智能检测应用分析

另外，璨曜光电自主开发了 SPC 质量管理系统。该系统与 MES 系统互联，能够自动搜集检测信息，并运用统计抽样方法对数据进行回归分析及变异分析，同时结合管制图和制程能力指数（Cp、Cpk）的评价方法，确认产品或制程的稳定性。若检验数据超过管制界限，系统会及时通知工程相关人员并采取相应的措施。

（5）注重节能减排，能耗智能监控

璨曜光电在各车间安装了智能电表，可实时采集主体车间（包括组装段和检测段）的用电量，并将用电数据实时上传至"厂务自控系统—电力系统"。该系统可以实时采集、监测能耗数据，并根据需要（如按时间段、工序段等）输出 Excel 格式的用电数据文件，便于统计、分析计算每月能耗数值（如图 3-1-17）。此外，璨曜光电建立了能源综合管理监测系统（如图 3-1-18）和产耗预测模型，实时监控并自动分析水、电、气等消耗，实现能源资源的优化调度、平衡预测和有效管理。环境监测方面，生产车间安装了温湿度感应器，自动、实时地采集与监测车间环境温度、湿度数据，当数值超标时，系统会自动调整，以降低能源损耗。

（6）全方位进行工控安全防护

璨曜光电成立了由信息整合中心牵头的信息安全小组，以 ISO27001 信息安全管理体系、《信息安全技术信息系统安全等级保护基本要求》（GB/T 22239-2008）和 IEC 17788：2014《信息技术云计算概述和词汇》等为指导，建立起一套符合中强光电集团要求的信息安全管理体系。同时，信息

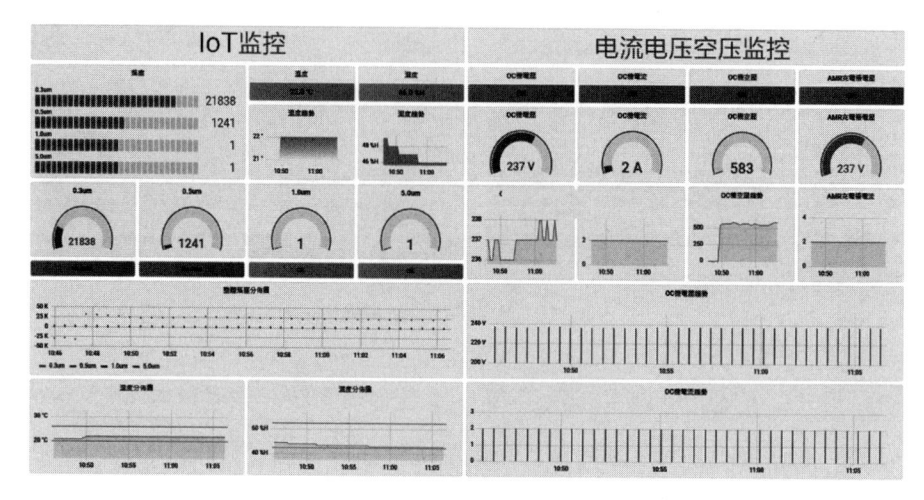

图 3-1-17 能耗 IoT 监控

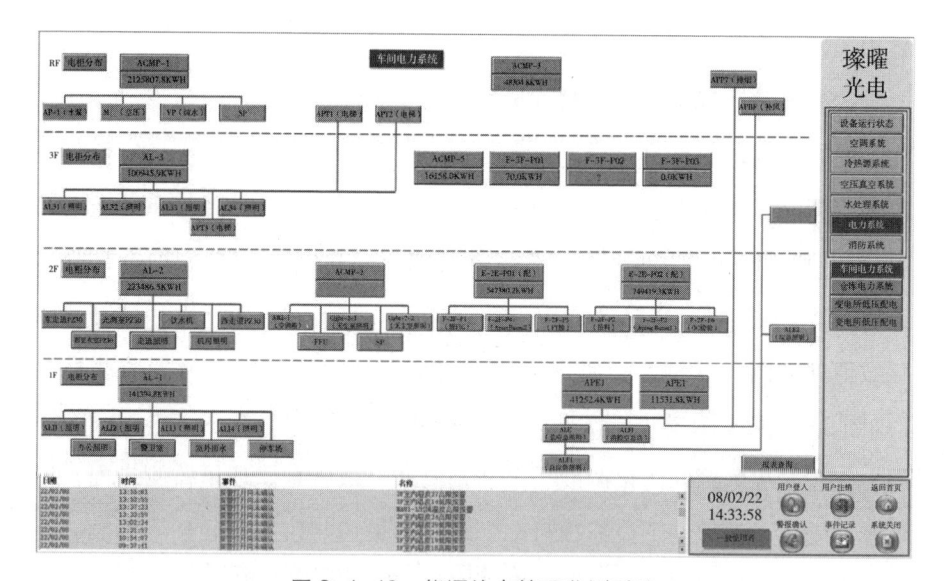

图 3-1-18 能源综合管理监测系统

安全小组从网络安全和信息安全两个维度出发，全方位进行工控安全防护，提高了工业控制网络边界防护能力，并对控制设备远程访问实施了安全管理与加固，具体做法包括采用自动网防环机制，只允许经过工业企业自身授权和安全评估的软件运行，以及部署资安风险与防御措施等。

4. 关键指标改进效果

璨曜光电智能工厂建成后，各项指标均有明显改善。

- 生产效率提升约 30%；
- 产品直通率提升至 97%；
- 能源利用率提高 20.59%。

点评

> 璨曜光电在推进智能工厂建设的过程中，注重生产与制造的技术突破，积极推进数字化系统的应用开发与整合，形成了多项引领行业的创新应用。更重要的是，璨曜光电在不断夯实数字化能力的同时，正将自身在大数据采集应用、无尘室监控、能源管理等方面的成功经验输出并对外赋能，以此带动江苏省乃至全国光电显示产业链的智能化和数字化转型。

| 案例 3-4 | 武汉天马：探索新型显示面板智能制造新模式

武汉天马微电子有限公司（以下简称"武汉天马"）为第一家落户湖北省的新型显示面板企业，也是湖北省新型显示产业的龙头企业。自成立以来，武汉天马主要面向移动智能终端领域和专业显示领域，提供显示面板的设计、制造与销售。目前，武汉天马通过持续投入智能化改造，基本完成了生产自动化布局，成功打造了全球第一条同时点亮刚性和柔性显示屏的第六代 OLED 产线，实现了国内 OLED 产业从 0 到 1 的突破。

1. 内外交困，呼唤显示面板智能制造新模式

近年来，国内新型显示行业得到了长足的发展，但在数字化制造领域

仍然处于长期探索的过程中。从外部环境来看，一方面，随着互联网的崛起，新型显示产品制造需求逐渐从标准化演变为个性化、定制化；另一方面，全球智能手机市场相对成熟饱和，行业竞争加剧，消费者对产品品质的要求进一步提高。如何探索可推广的新型显示面板智能制造新模式，适应市场的快速变化及国际化竞争，成为新型显示面板智能工厂建设的重要发展目标。从内部环境来看，在传统的制造业工厂模式下，企业自身管理也面临重重困难。例如，产品设计协作难度大，研发周期长；工艺流程复杂，良率提升难度大；人力成本高，现场管理难。

内外交困之下，制造企业面临巨大的转型压力，智能化改造是企业发展的必由之路。武汉天马 G6 工厂从自身发展痛点出发，建立、完善、扩展企业在研发设计、生产制造、物流仓储、质量管理、产品服务等环节的智能制造能力，最终形成完整、高效、科学的智能制造体系。

2. 全面规划，引领显示面板智能工厂转型升级

武汉天马致力于实现经营效率最优化，以安定生产为核心，回归业务主线，并从实际业务场景出发，建立改革示范试点。通过业务流程梳理，同时依托信息化技术底座，实现敏捷迭代，助力企业高质量发展。图 3-1-19 为武汉天马智能工厂规划。

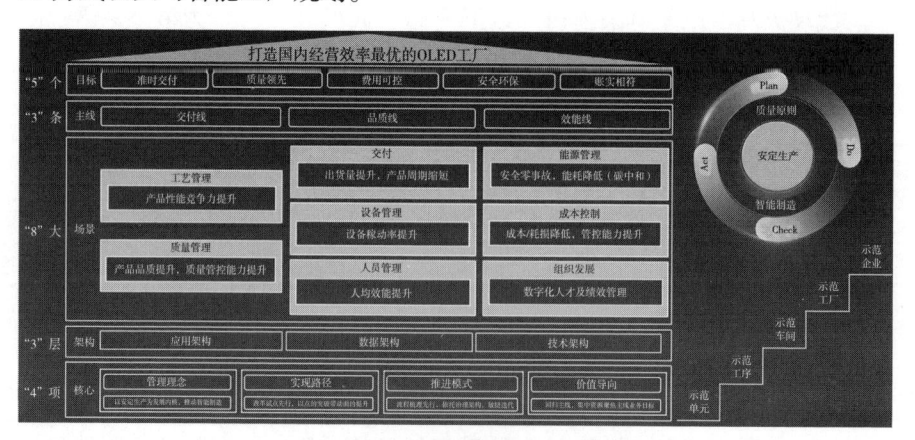

图 3-1-19　武汉天马智能工厂规划

武汉天马 G6 工厂从以下几个方面进行了总体建设。

以需求为中心的数字化需求管理模式：客户需求管理的数字化是一个重要的建设方向。以五大业务指标及两大体系为核心，基于互联网平台实现从市场管理到订单执行的业务流程数字化管理。

以数字孪生为核心的数字化研发模式：工厂通过数字孪生的手段，实现了从产品设计到工艺设计再到生产制造的仿真及闭环优化。同时，在设备导入前也会进行生产制造设备的仿真，模拟生产流程，提前预知产品风险。

以自动化设备为基础的柔性制造模式：工厂以全自动化设备为基础建立了柔性制造体系，成功导入了自动化生产设备和搬运设备；利用高效、敏捷、快速交付模式，实现了包括 PLM/ERP/MES/RTM（Real-Time Manufacturing，实时制造系统）等系统在内的生产信息化架构互通，大幅提升了管理效率。

通过算法模型驱动的数字化决策模式：通过自动化设备及系统产出的数据，搭建了数据仓库及数据治理体系。从绩效指标、经营指标两个维度，拆解数据应用功能，实现管理目标五大核心要素（即 Quality 质量、Costing 成本、Deadline 交付期、Safety 安全、Morale 士气，简称 QCDSM）以及各职能领域的数据智能化分析展示，同时，通过数据模型固化经验，提升整体决策效率。

基于虚拟现实的管理模式：在设备管理及服务的维度上，目前工厂基于虚拟现实进行核心设备的寿命预测及预警，以及核心操作岗位的作业指导，进一步提升工程师的处置效率。

3. 创新应用，推动武汉天马 G6 智能工厂整体落地

基于行业特点和自身探索，武汉天马构建了 G6 智能工厂的新模式，涵盖了设备技术改造和工业自动化应用、制造过程管控、车间物流、制程质量提升、绿色制造和 HSE 以及产品设计与工艺数字化等应用场景。

（1）基于自动化改造，实现产线柔性高效交付

在OLED面板的生产过程中，原有的工艺涉及Array、OLED、TPOT、模组四大段的100多道复杂繁琐的工序，装配设备有600多台，工序耗时较长，管理难度极大。武汉天马围绕柔性高效交付的目标，打通了产品从订单到入库的全流程节点，实现了柔性管控。通过应用自动化、信息化和数字化技术，公司成功部署了智能制造管理中心，并导入了智能排产、精益仿真、智能调度等系统，以及AGV等智能调度设备，成功建成了数字化、柔性化生产线（图3-1-20）。

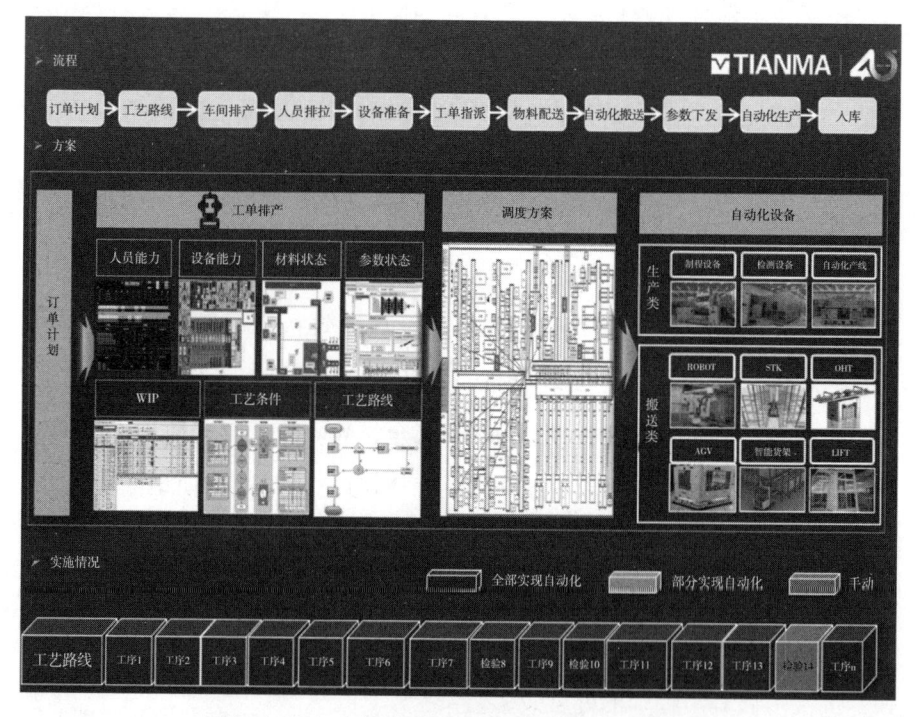

图3-1-20　多品类OLED显示器产品柔性生产线

经过改造后，武汉天马实现了自动化排产、智能调度、数据集成与生产可视化，成功转型为"以销定产"模式，达成"多快好省"的制造目标。并且，工厂的自动化率提升近30%，人力减少超40%，产能增长15%以上，同时支持柔性定制与快速交付。

(2) 基于生产过程数字化管理平台，实现生产全过程追溯

为了解决生产状态监控不足、信息互通不畅的问题，武汉天马围绕产品流，利用物联网、大数据等技术，整合了交付、产能、费用、质量等全维度数据，成功建立了过程管理体系和顶层应用体系。公司基于"目标→指标→现象→原因"的结构化方法论，搭建了 SPC 监控中心，实现了对生产过程中关键因子波动的监控，并利用大数据技术分析因子的一致性。同时，通过智能推荐能力改善专项，实现了针对异常的预警、分析、改善和闭环全流程管理，支撑产品经营管理效率提升。

武汉天马建立运营决策中心，实现了产品从投入到产出过程的全维度数据的监控及分析，业务流从上到下贯通。通过这些举措，核心运营指标统计效率提升 90% 以上，资源综合利用率提升 20% 以上，运营成本降低 25% 以上，单位产品成本下降 50% 以上。同时，运用基于产品流的生产过程数字化管理平台（图 3-1-21），武汉天马极大地提升了决策效率，也使得经营决策更科学。

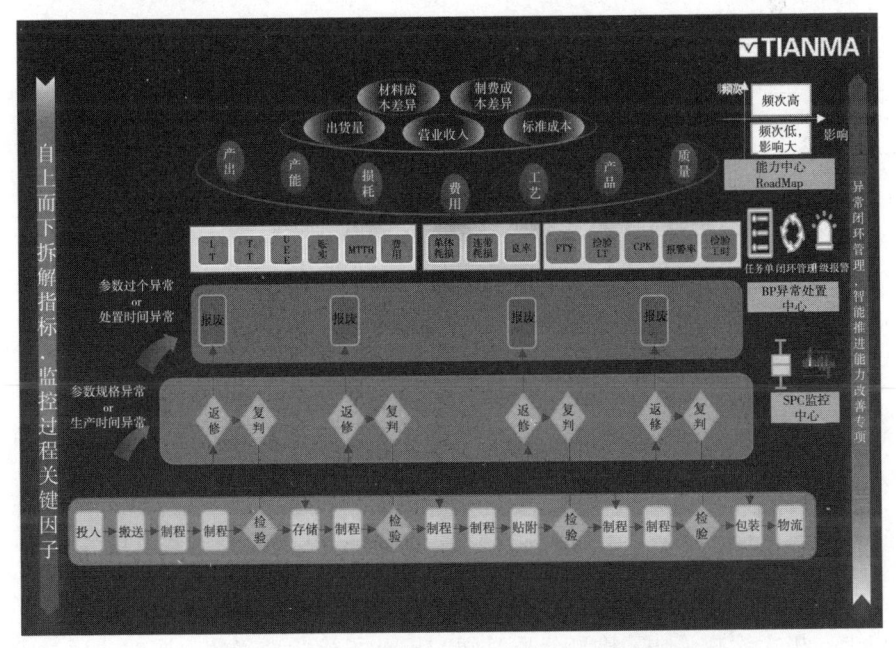

图 3-1-21　基于产品流的生产过程数字化管理平台

(3) 导入自动化搬运设备，精准实现物流配送

面对需求多变、小订单多品种且自动化程度相对较低的模组制造，武汉天马打破现状，在模组厂构建了行业首创的物流搬运系统（图3-1-22）。通过自动化搬运设备和MES、MCS、WMS等软件系统的导入，武汉天马G6工厂生产车间构建了一套完整的物流搬运系统。目前，武汉天马已基本完成精准配送场景的建设，在人力相对较多的模组工厂，已实现自动化配送率98%，达到行业领先水平，生产周期压缩33%，单线人力降低40%，单线优化76人，部分区域已实现"黑灯"生产。

图3-1-22 自动化搬送体系

(4) 构建智能化质量管理系统，显著提升产品质量

武汉天马围绕智能品质管理的目标，确保良品条件、严格执行标准作业、迅速处理异常情况，并结合AI、大数据等手段，成功搭建了产品缺陷智能检测、设备参数智能调优、良率大数据分析等系统，不仅打通了产品研发与制造环节全维度数据，也将异常管理前置，大幅提升产品异常处置效率和产品良率。

从实施成果来看，武汉天马建立了质量全维度智能化管理系统（图3-1-23），不良检测效率提升近40倍，人力节省超80%，准确率提升至99%以上，极大缩减了缺陷检测分类时间，提升了检验准确率。同时，通过大

数据技术，顽固不良排查时间缩短 95% 以上，大幅缩短不良因子定位周期。此外，通过 R2R 的动态调优，关键参数调整准确率提升至 100%。这些项目的成功实施，使得产品不良降低近 10%，质量损失率下降 65% 以上。

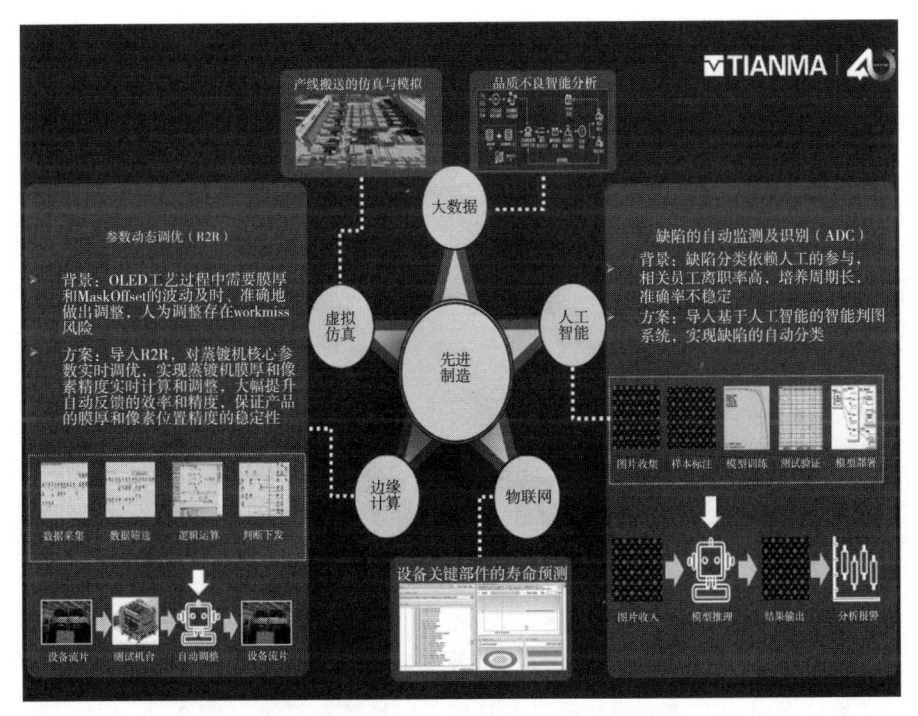

图 3-1-23　生产线质量全维度智能化管理系统

（5）重视 HSE，提升污水和能耗管理水平

利用智能网关技术，武汉天马的污水在线监控系统实现了对 PLC、传感器、仪器仪表等设备的向下连接和数据采集。同时，该系统还能够向上连接触摸屏和上位机，实时处理和展示设备信息，提供工业组态、数据监控、自动报警、设备管理等多项功能，确保在线获取设备运行状态。此外，在废水总排口及车间排口的监管方面，该系统可针对 pH 值、化学需氧量、氨氮、总磷、总银、氟化物及车间排口的总银等关键指标实时监控。管理人员通过系统查看现场实时画面，并借助物联网系统实时发送预警，确保相关人员能够及时采取措施，保证污水处理系统稳定运行。图 3-1-24 为污染源管理与环境监测体系。

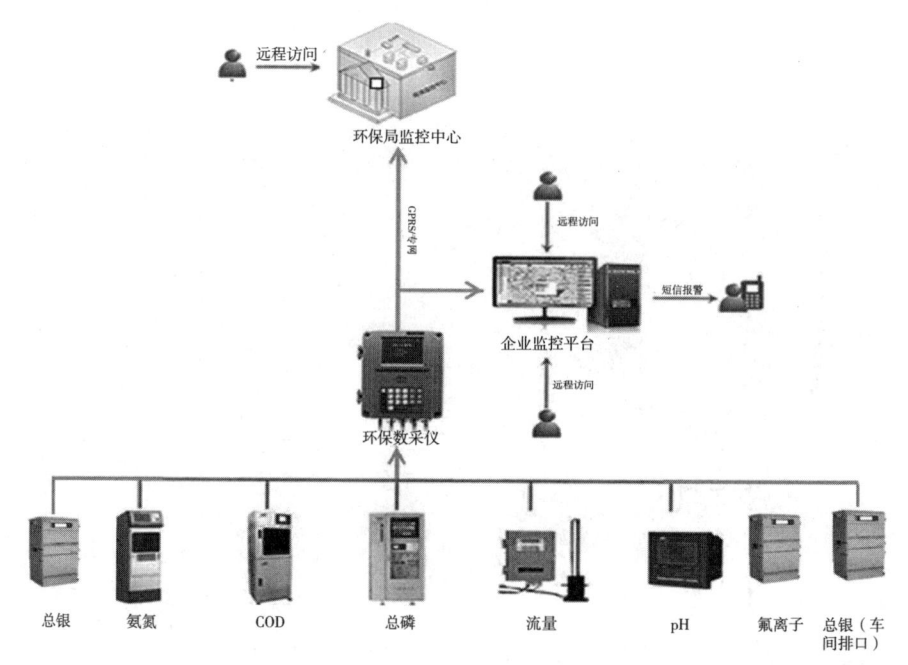

图 3-1-24　污染源管理与环境监测体系

为实时了解供电设备的运行状态及实时预警响应，通过自动化控制技术管控能源供应设备运行，武汉天马导入能耗管理系统（图 3-1-25），监测全厂水电气能源的消耗量以及设备工作状态，并进行对比分析，有效指导节能降耗工作。目前，每日巡检人员由 8 人降至 4 人，人效提升 50%，员工工作效率、企业的能源管理水平均得到明显提升。同时，即时故障预警使得设备运行故障率降低 10%，保障了生产稳定。

（6）利用数字化技术，驱动产品设计与动态优化

为解决设计数据离散管理、格式转换频繁、效率低、沟通成本高等问题，武汉天马基于研发管理平台，横向从销售端及内部规划的市场商机开始，对研发过程中的三大阶段开展完整的项目管理工作；纵向聚焦在研发设计，将主流的工业设计软件工具与设计协同平台集成，实现设计模型数

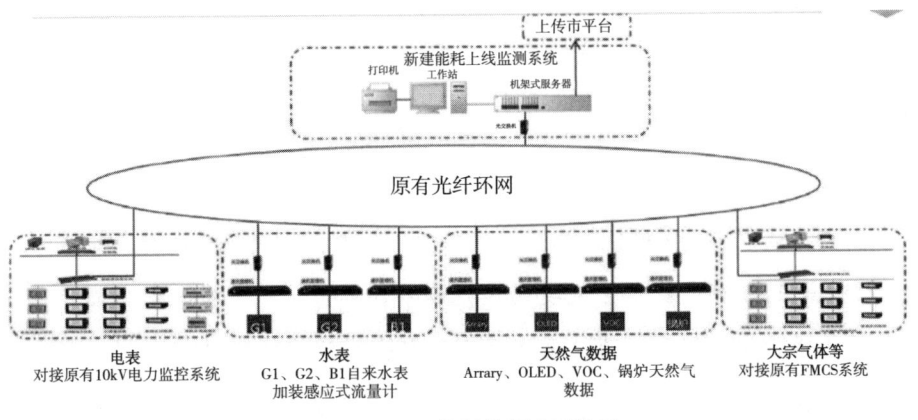

图 3-1-25　能耗数据监测体系

据从离散管理到集中管理，线上传递到线上实时查看等设计工作。此外，通过设计参数与仿真工具集成，打通设计与仿真的数据交互，不仅实现设计协同，还能通过平台实现设计仿真一体化。

为解决工艺参数数量多、调整周期长、人员失误多、计算公式复杂等痛点，武汉天马以提升工艺稳定性为核心，优化工艺机理模型，拉通生产前、生产中、生产后的工艺监控手段，实现产品工艺参数全面监控、风险自动拦截以及调整方案自动执行。

4. 关键指标改进效果

武汉天马工厂 G6 智能工厂建成后，各项指标均有明显改善：

- 生产效率提升 45.4%；
- 产线换型时间减少 61.5%；
- 设备 OEE 提升 34.2%；
- 设备无故障工作时间提升 32.3%；
- 质量不良率下降 65%；
- 单位产值能耗下降 24.2%；
- 订单准时交付率达 95%；
- 库存及库存周转率下降 46.9%。

点评

> 当前，国内 AMOLED 产品良率普遍较低，但武汉天马依托"三步走"战略支撑管理体系建设，布局新技术，提升管理及运营效率，构建了武汉天马 G6 智能工厂。该工厂为国内显示面板制造行业推广智能制造新模式提供了重要的示范和带动效应，也为有机发光显示在未来数字化健康产业、柔性显示、智能穿戴等方面的应用提供了有力支持，催生了新的终端产业和市场。此外，该项目还有助于推动显示面板行业的革新换代，促进国内显示企业技术升级和产品拓展，增强国际市场综合竞争力。

案例 3-5　　深圳创维：打造"5G+8K"柔性智能工厂

RGB 电子有限公司石岩智能制造工厂（以下简称"RGB 石岩工厂"）成立于 2009 年，是深圳创维集团的生产基地之一。创维集团作为具有全球竞争力的智能家电领军企业，其生产的创维彩电、数字机顶盒等终端产品畅销国内外，市场占有率名列前茅。RGB 石岩工厂作为创维集团打造的智能工厂，为创维集团的发展和增强其全球市场竞争力提供了强有力的支撑。

1. 应对新时代挑战，家电制造的局限与困境

家电制造行业面临着利润压缩、国内市场渐趋饱和的双重压力，同时还要应对产品多样化、个性化和快速迭代的挑战。在此背景下，行业对柔性化生产的需求日益增长，迫切需要适应小批量、多品种的混线生产模式，以提升对市场的响应速度。然而，创维集团的传统工厂难以满足全球市场对个性化产品的高需求。特别是，小订单高频转机生产模式下，SMT 贴片物料用量大、体积小、种类多且难以区分，导致物料分拣效率低下、

错误率高，物料配送效率不尽如人意，"人等料"现象频发。另外，制程环节缺乏系统化监控，难以对计划、生产、工艺、质量、设备以及能源等实施精细化管理。此外，全球不同工厂在制造过程中的质量管控存在显著差异，设备和人员水平参差不齐，加剧了产品质量一致性的挑战。

针对这些挑战，创维集团在RGB石岩工厂启动了转型项目，通过部署5G融合专网和工业互联网平台，工厂实现了全生产要素的互联互通。同时，结合人工智能、机器视觉以及云计算等前沿技术，工厂也成功实现了生产、检测、仓储、质量、运维以及能源等环节的智能化管理，为RGB石岩工厂向柔性化、定制化生产转型奠定了坚实的基础，最终构建了"5G+8K"的柔性智能工厂。

2. 创新技术驱动，构建"5G+8K"柔性智能工厂

创维集团致力于实现"智能化、精细化、国际化"的战略愿景，以"5G+8K"柔性智能工厂作为核心理念，打造RGB石岩工厂。该工厂遵循"一张全面覆盖的5G融合网络、一个高效协同的工业互联网平台、五大核心应用落地场景"的建设思路，形成了完整的建设框架（图3-1-26）。

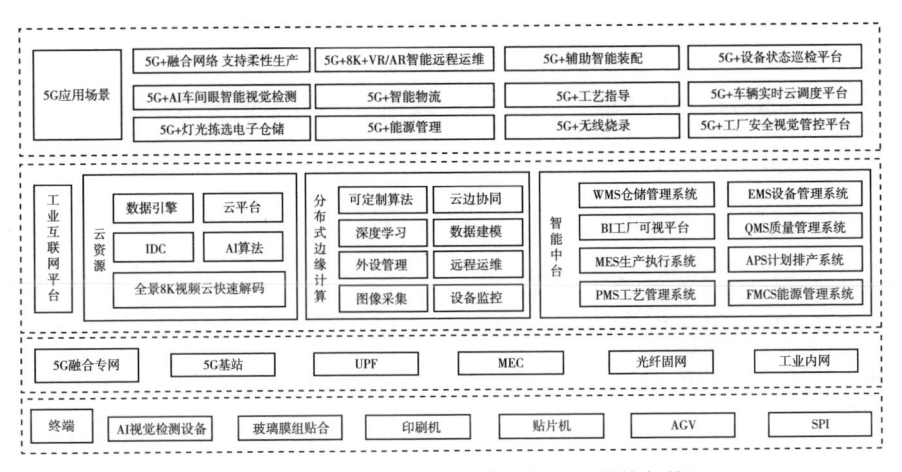

图3-1-26 "5G+8K"柔性智能工厂总体架构图

一张全面覆盖的 5G 融合网络：通过部署 5G SA（Standalone 独立组网）基站，RGB 石岩工厂实现了工厂级网络全覆盖，并将专用园区级用户面功能（UPF）和移动边缘计算（MEC）下沉，确保极低时延的数据传输和边缘云存储、计算能力。这一网络架构为 5G 全连接工厂提供了支持工业互联网、企业私有云与边缘云整合的基础。5G 融合网络建设示意图如图 3-1-27 所示。

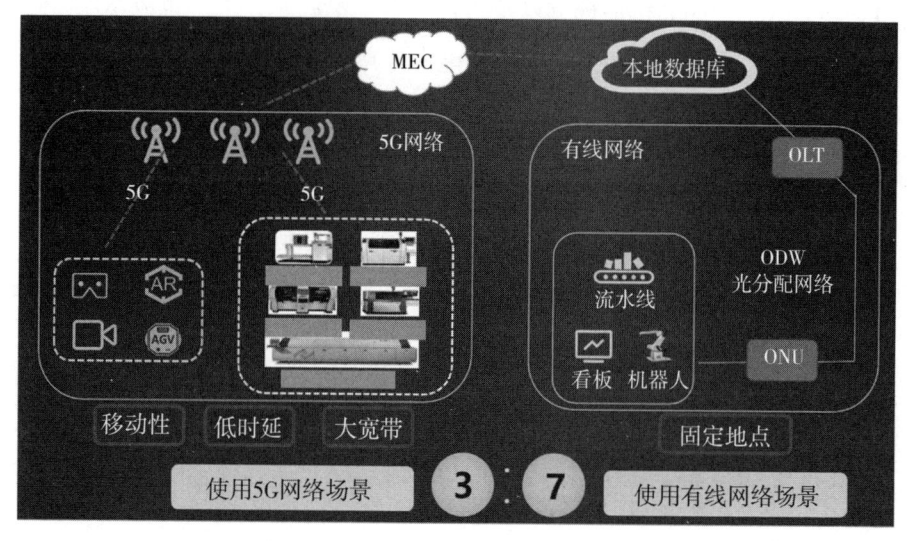

图 3-1-27　5G 融合网络建设示意图

一个高效协同的工业互联网平台：创维自主开发的数字化制造系统平台（Digital Manufacturing System Plat，DMS Plat）实现了一体化的高效协同。该平台向下无缝连接各类执行系统，向上则与工业软件系统集成。在 SaaS（SaaS，Software-as-a-Service，软件即服务）层面，DMS Plat 提供了一系列智能应用服务，例如生产可视化（BI）、制造管理（MES）、仓储管理（WMS）、工艺管理（Process Management System，PMS）、质量管理（QMS）、设备管理（Equipment Management System，EMS）以及移动办公自动化（OA）等。这些服务覆盖了彩电机芯工序、模组工序及整机组装工序的所有生产线体。DMS Plat 平台架构图如图 3-1-28 所示。

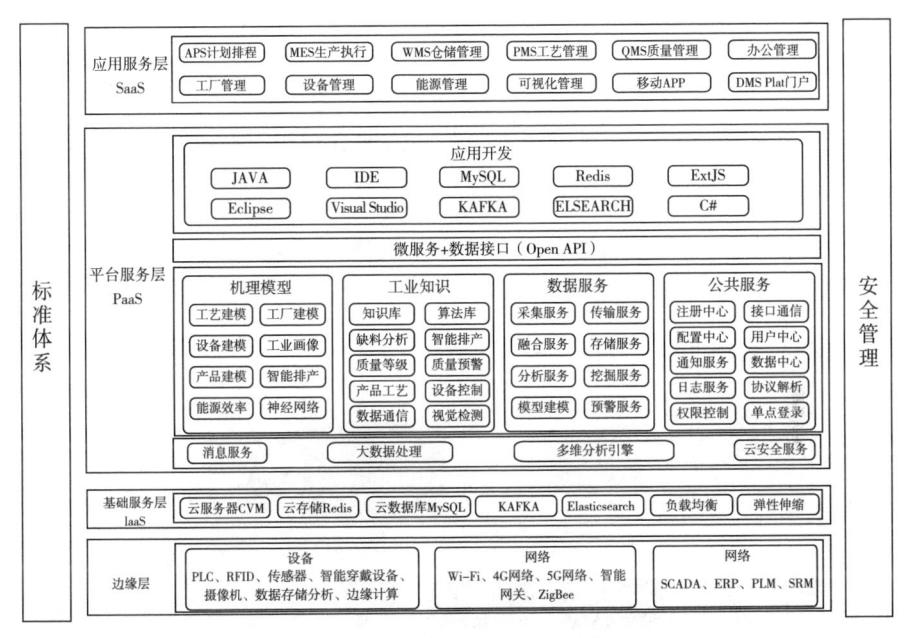

图 3-1-28 DMS Plat 平台架构图

五大核心应用落地场景：RGB 石岩工厂聚焦 "5G+融合网络支持柔性生产"、"5G+AI'车间眼'智能视觉检测"、"5G+8K+VR/AR 智能远程运维"、"5G+WMS+灯光拣选"以及"5G+能源管理"等五大核心场景创新应用，覆盖了设备管理、质量检测、远程运维、物流仓储管理以及能源管理等关键业务领域，实现了提质降本增效的目标。

3. 五大核心应用场景，透视创维智能工厂实践

基于创维的战略愿景和柔性智能工厂的建设理念，RGB 石岩工厂致力于以 5G 等前沿技术为动力，大力推进智能工厂的创新发展。在此基础上，以下归纳了几个具有代表性的创新应用场景。

(1) "5G+融合网络"支持柔性生产

基于 5G 工业网关，RGB 石岩工厂对机芯、模组和整机车间的一系列关键设备（包括 SPI、印刷机、贴片机、回流焊、AOI 光学检测设备、模组贴合设备、内观视觉检测以及整机自动包装等）进行协议解析，进而实

现实时数据采集。生产设备连接架构如图 3-1-29。此外，借助边缘计算对制造过程中的多源异构数据进行本地解析，再通过 5G 网络将数据接入 DMS Plat，实现设备的有效监控、深度分析和直观可视化。DMS Plat 对数据进行处理后，快速生成相应的数据配置信息，再通过工业网关，将配置信息下发到核心关键设备，大幅提升转产时数据配置下发的速度和灵活性，实现小批量混线生产。现已辐射十余条线体，连接单线核心设备近千台，转产时间降低至 1 小时左右。

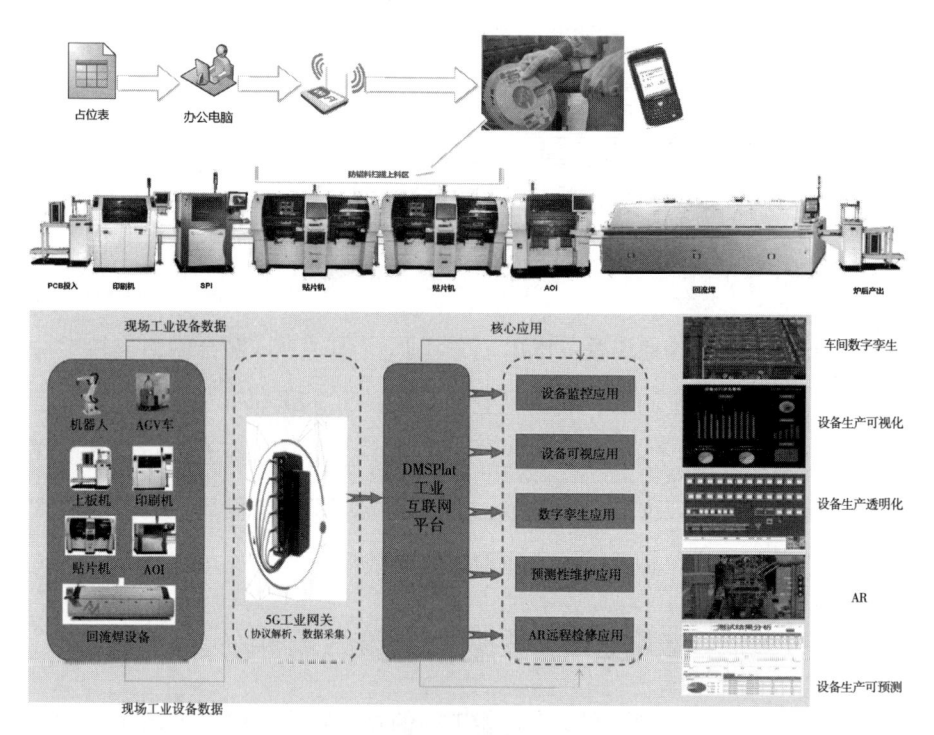

图 3-1-29　生产设备连接架构图

（2）5G+AI"车间眼"智能视觉检测

RGB 石岩工厂的产品线具有显著的多样性，涵盖了不同的工艺、部品、配件、外观和包装等，质检工作量大且复杂。传统的质检作业主要依赖于人工和单机设备，这不仅检测效率低下，精度不足，而且很难保障产品质量的一致性。为应对这一挑战，工厂自主开发了核心的视觉质检技术，并将其广泛应用于包括附件视觉检测、多品类流测采集、LOGO 铭牌检测、后壳标签及条码视觉检测、纸箱标签及条码检测、TV 综合界面功能检测、注塑 LOGO 视觉检测、整机内观检测、整机易错后壳及支架检测、机芯 Wi-Fi 质检核数、后壳螺钉有无视觉检测、"5G+机器视觉" AI 质检、高精 AI 视觉定位模组点胶、贴合设备等在内的多个大品类核心生产质检关键工序。智能视觉检测流程如图 3-1-30 所示。推广后，检测工序的检测准确率大幅提升，而且作业节拍时间大大缩短，从 15 秒/台缩短至 3 秒/台，人均产出效率比传统产线提高 17%。该系统目前除了在 RGB 石岩工厂应用外，还已覆盖深圳、广州、南京、内蒙古、成都、印度、印尼七大生产基地，确保产品出厂品质一致。

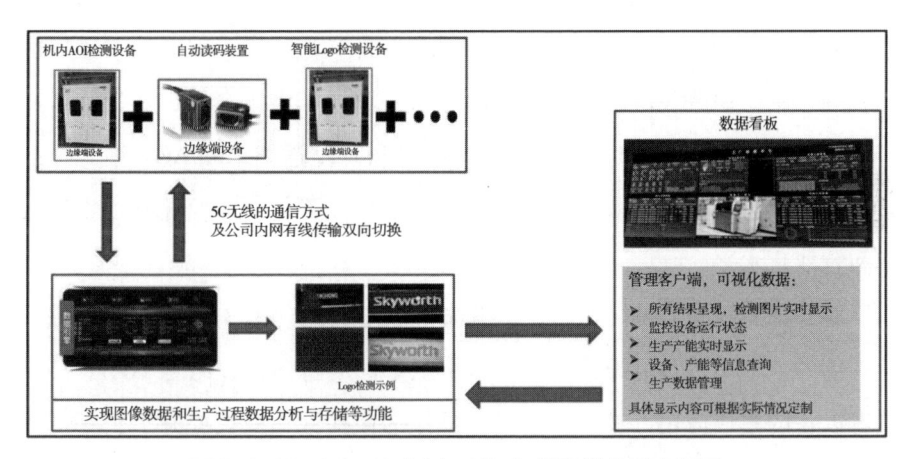

图 3-1-30 5G+AI "车间眼" 智能视觉检测流程图

(3) "5G+8K+VR/AR" 智能远程运维

彩电制造采用了大量的高精尖设备，这些设备的运维和检修工作具有高度的技术要求。为应对这一挑战，RGB 石岩工厂给现场检修人员配备了 AR 眼镜，能够实现设备参数的现场自动获取与推送。同时，后台技术专家通过操作员的 AR 眼镜以及现场的 360°全景 8K VR 摄像机提供的清晰画面，能够在平台上进行 AR 实时标注，指导现场作业；现场检修人员根据 AR 眼镜收到的标注指示，按照后台技术专家的指导调整参数设置，从而实现协同检修。此外，后台技术专家还能通过 VR 眼镜对现场进行 360°大场景直播观察，全面监控设备的整体运行状况。这种远程运维模式的创新，实现了多对一的检修，不仅提高了工作效率，也提升了整体的运维质量。图 3-1-31 是现场人员与中控室技术专家协同检修。

图 3-1-31　现场人员与中控室技术专家协同检修

（4）"5G+WMS+灯光拣选"引领仓储物流创新

通过整合 5G、WMS 和视觉导航 AGV 智能物流技术，RGB 石岩工厂成功实现了多品规、大流量存储技术的创新，部署了密集存储方案，使得库容量提升了 2.5 倍。同时，采用 JIT（准时制）配送技术和 AGV 激光导航技术、自然导航技术，实现了物料配送的全程无人化，大幅提升了物流效率和智能化水平。

此外，工厂自研的"5G+灯光拣选"电子仓储（图 3-1-32），采用行业首创的六色单控顶灯设计，支持六个工单同时拣料，并结合 5G 云 AIOT 语音设备的集成应用，进一步增强了操作的便捷性，极大提升了仓管员找料的速度，订单发料时间缩短了 50%，工作效率翻倍。此外，结合 WMS 系统，该电子仓储解决方案不仅有效确保了物料准确性以及先进先出原则，还优化了存储空间的使用效率，并提高了存储配置的灵活性。

图 3-1-32　灯光拣选电子仓储车间现场

在 RGB 石岩工厂，一座占地 5000 平方米的智能物流仓配备了大量的托盘存储位、穿梭母车和穿梭子车。这些设备共同协作，保证了物流运作的高效和顺畅，满足了大量货物的快速流转需求。此外，件箱库采用了搁板式存储货位，同时结合 SMT 灯光拣选等技术手段，节省了 40%的仓储面积，使其拥有充足的库位，有效满足了多品规、大流量货物的存储和拣选需求。图 3-1-33 是 RGB 石岩工厂智能物流仓现场。

图 3-1-33　RGB 石岩工厂智能物流仓

（5）"5G+能源管理系统"实现能源高效监管

RGB 石岩工厂基于 5G 技术部署了能源管理系统，实现了对整个工厂能源使用数据实时采集和高效监管。该系统由一个软件平台和超过 500 个智能采集硬件组成，硬件通过有线以太网进行连接，确保了数据传输的稳定性和可靠性。系统还设有独立的服务器机房，保证了数据的安全和系统的稳定运行。该应用减少了人工抄表，降低了能源管理成本，优化了管理流程，显著提高了工作效率。

此外，该"5G+能源管理系统"与市级能源管理平台系统实现了无缝对接，使得企业的能源管理数据报表能够直接上传和报送。上述举措不仅完善了能源信息的采集、存储和管理流程，还加强了能源数据分析、处理的效率。通过清晰直观的图表展示，数据的应用变得更加便捷，进一步增强了对管理决策的支持。

4. 关键指标改进效果

RGB 石岩工厂的"5G+8K"智能工厂建成后，各项指标均有明显改善。

- 转产时间减少了 75%；
- 生产效率提升约 20%；
- 质检效率提升 3 倍；
- 产品合格率提升至 99.6%；
- 异地维护效率提升 5 倍；
- 运营成本降低 5%。

点评

> 在智能工厂建设的征途中，创维 RGB 石岩工厂积极拥抱 5G、AI、AR/VR 等新一代信息技术，致力于开发和创新数字工厂的应用场景，形成了多项引领行业的创新应用，极大提升了柔性制造能力。更重要的是，创维 RGB 石岩工厂将自身设备联网、视觉检测、远程运维等方面的成功实践和宝贵经验也已推向其在全球范围的生产基地，从而推动了家电制造行业智能化和数字化转型的浪潮。

| 案例 3-6 |　宏发：以质取胜谋长远，打造数字化智能工厂

厦门宏发电声股份有限公司（以下简称"宏发股份"）成立于 1984 年，经多年发展，现已成为集继电器产品、电气产品、模块/控制器、电

容器及自动化设备等于一体的产品和解决方案提供商。目前，宏发股份拥有40余家子公司（含欧洲宏发、美国宏发、美国KG、印尼宏发等境外经营型和制造型企业），全球雇员16000余人。其继电器产品年出货量超过30亿只，是全球继电器行业营业规模和市场占有率最大的企业。宏发股份于2017年获得了工信部授予的"制造业单项冠军示范企业"称号，并于2024年成功通过工信部复核。

1. 持续推进智能制造，扩大市场领先优势

宏发股份早在二十多年前便开始布局精益生产和自动化，先后成立了厦门精合电气和厦门宏发工业机器人等自动化公司，致力于打造国内领先的元器件装配设备研发生产能力。至今，宏发股份已建成成品自动化线270多条，整体制造自动化率达到80%以上。公司秉承"以质取胜"的经营方针，在"好的产品要有好的零部件，好的零部件要有好的模具，好的模具要有好的设备"的指导思想下，持续进行高质量、大规模的投入，确保产品质量达到国际一流水平。这也为宏发推进数字化转型和智能制造打下了非常坚实的基础，但也意味着对后续推动数字化和智能化的方式、技术路径以及价值效果提出了更高的要求。

宏发股份董事长、总裁郭满金强调："一定要加强信息化、数字化、自动化及智能化制造的推进工作，在管理上拉大与竞争对手的差距，扩大领先优势。"为此，宏发股份近年来专注于通过数字化推动管理创新和流程优化。同时，以精益思想为基础，加强自动化和数字化的融合，不断提高管理水平，降本增效，并持续推进数字化智能工厂建设。

2. 遵循十六字方针，开展数字化智能工厂建设

宏发股份以"统一规划，强化集中，纵横结合，分块实施"的十六字方针作为数字化建设管理原则，遵循公司数字化"十四五"建设规划（图3-1-34）既定方针和各核心业务领域的发展思路，以"管理数字化、开发

集成化、工厂智能化、平台一体化"为数字化建设目标，着力构建包括数字化核心能力、稳健运维体系、信息安全保障体系和数字化团队的数字化转型与保障体系，并持续推动数字化运营、数字化交易、数字化工厂、数字化办公和数字化创新，支撑业务高效运作，促进企业发展。

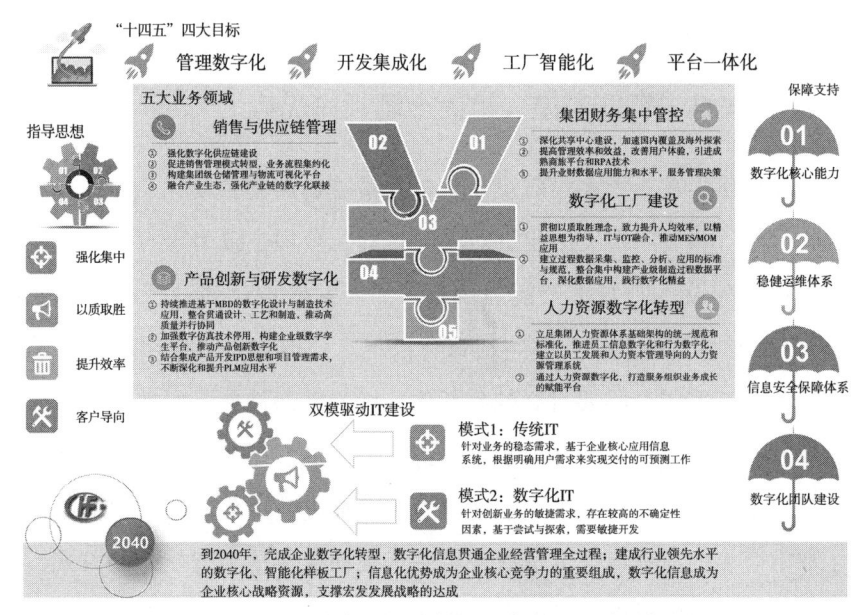

图 3-1-34　宏发股份数字化"十四五"建设规划

在数字化研发上，宏发股份持续完善技术创新平台，构建了集成产品开发（IPD）体系，健全了项目管理与协调机制，并持续通过数字化转型支持产品研发的协同创新，从而有效提升技术创新能力。

在数字化运营上，宏发股份贯彻"以构建和完善销售网络体系为主"的营销管理指导思想，借助客户关系管理（CRM）系统建设来夯实营销管理基础，加强渠道管理。同时，强化财务集中管控，并推进人力资源数字化转型，实现对员工信息和行为的数字化管理。

在智能工厂建设上，宏发股份从设备规划设计阶段起，覆盖了完整的数据信息生命周期，以推动设备/产线的原生数字化及规范，从而服务于产品质量和运营效率的提升。同时，公司整合构建了产业级制造运营管理（MOM）/制造执行系统（MES）平台，深化和完善生产制造过程的自动化、数字化和精益化，并通过高级计划与排程（APS）系统优化生产计划和排程的自动化，以实现人、机、料、法、环的协同管理和过程追溯。此外，宏发股份还持续推进立库建设和仓库管理系统（WMS）应用，并与企业资源计划（ERP）和制造执行系统（MES）等系统集成，实现了仓储自动化和智能化。另外，在具备关键价值或显著效益的生产制造和检验环节，宏发股份积极评估、推动和引进AI视觉、人工智能以及机器学习等新技术，试点新应用，不断朝着智能化方向迈进。

3. 宏发数字化智能工厂建设实践

近十多年来，宏发股份立足于全产业链的质量控制及生产效率提升，在前道的零部件和模具制造，以及后道的装配产线等方面建立起了自身的核心优势。同时，公司还大力推进信息化和数字化建设，并通过建设智能工厂，建成了以MOM/MES为核心的数字化制造体系。这一体系推动了计划排程、生产执行、工艺管理、质量管控、设备管理、模具管理与监控、数采及统计分析等各制造业务的数字化转型，形成了一批富有创新性的行业实践和场景应用。

（1）构建柔性自动化产线，实现工艺参数一键式切换及快速换型

宏发股份通过深度融合自动化与数字化技术，在柔性化自动产线开发方面取得了新突破（如图3-1-35）。公司新开发的光伏新产品自动化生产线，通过对总线控制、伺服驱动、多规格重复定位工装和软件参数化等技术的攻关，可兼容多个系列的十余款产品，实现了工艺参数一键式切换与产线生产快速换型，满足了柔性化生产需求。而且，宏发股份还在部分业务场景中积极探索应用边缘计算、边缘智能网关，致力打造统一的开放式设备及产线底层控制平台，推进设备和产线的原生数字化。

图 3-1-35　宏发自动化产线

（2）基于 MES 及机联网，实现设备数字化管理

在实施制造执行系统（MES）的同时，宏发股份通过应用机联网、数据采集与监视控制系统（SCADA）和其他数采软件，实现了对大量数据的采集。此外，通过与全检的智能影像 AI 系统、环境监控系统、AGV 物流系统以及自动化设备/作业单元等集成，宏发股份实现了零部件车间生产设备、自动化产线等的机联网，并实现状态监控、维保管理、备品备件管理、关键参数管控、模具及机台的预防性维修、寿命管理及停机反馈等。

其中，宏发股份通过对关键模具等进行使用时间及次数的管控，实现了预测性维护和使用寿命管理。当关键模具和零部件等达到使用寿命时，制造执行系统（MES）会自动预警并到期触发停机。同时，设备监控看板（图 3-1-36）可实时展现运行状态、时序图监控分析、预警及手环消息推送。此外，系统还能汇总分析停机损失、速度损失、停机原因、时长和频次等数据，从而帮助生产部门改善优先顺序，并根据原因分类明确改善责任人。通过 MES 实施以及设备数字化监控与管理，宏发股份降低了零部件车间换型时间，并显著提升了零件制造设备的 OEE。

（3）基于 MBD 为核心的设计制造一体化，实现模具智能制造

宏发股份已实现基于计算机辅助设计（CAD）/计算机辅助制造

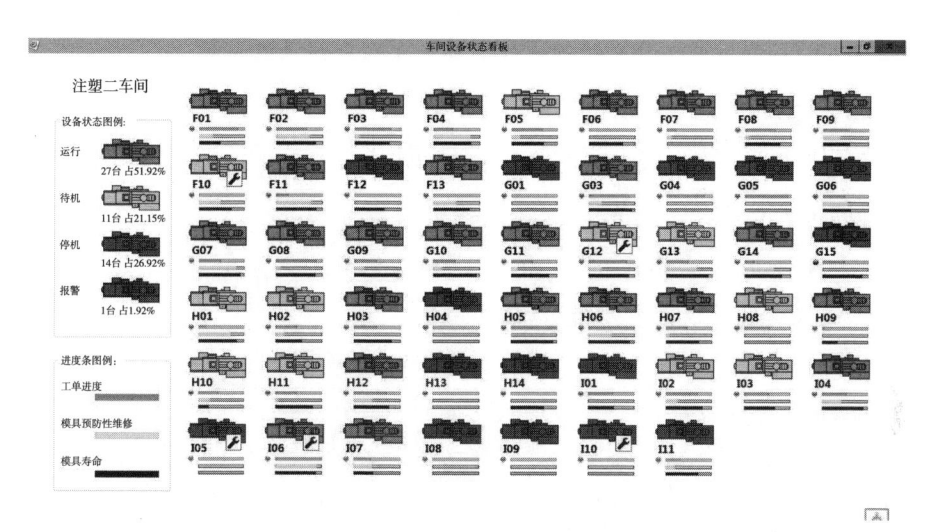

图 3-1-36　宏发股份注塑车间设备监控看板

(CAM) /计算机辅助工程（CAE）技术的三维模具设计，并通过产品生命周期管理（PLM）、MES 以及 ERP 等系统集成，实现了信息高效顺畅流转，并基于模具设备的自动化和柔性化，打造了模具设计制造一体化的新模式。

宏发股份在模具设计环节引入了基于模型的定义（MBD）技术，促进了模具数字化设计与制造的业务流和数据流构建。模具设计人员利用 PMI 工具将制造工程信息以三维标注的形式标注在三维主模型上，这些信息包括几何公差、注释和材料规格等；通过 PLM 与模具 MES 集成，实现模具三维模型向工艺环节的无缝传递，工艺人员可通过浏览器工具浏览和查询模具的三维模型或装配模型，不仅直观明了，也减少了对图纸的解释和因理解错误造成的损失。同时，工艺人员利用定制的 CAM 工具，基于 PMI 信息实现了对加工特征以及精度要求的自动识别，快速完成数控代码的编制，从而缩短了模具工艺规划的周期。在模具制造环节，宏发股份通过 PLM 与 MES 的深度集成，将准确的模具数字模型版本抛送至 MES，提升了作业的准确性。

（4）基于多系统及产线的信息交互，实现仓储物流自动化

为建设自动化、高效化、精益化的现代仓库，弥补库容的不足，提高仓储管理水平，宏发股份在宏发开关、漳州宏发、电力电器、营销中心等多地建设了立体仓库及 WMS 系统，并实现了与 ERP、MES 及机器人控制系统（Robotic Control System，RCS）等的互联互通，提升了生产效率。图 3-1-37 为宏发某仓库系统集成架构示意。

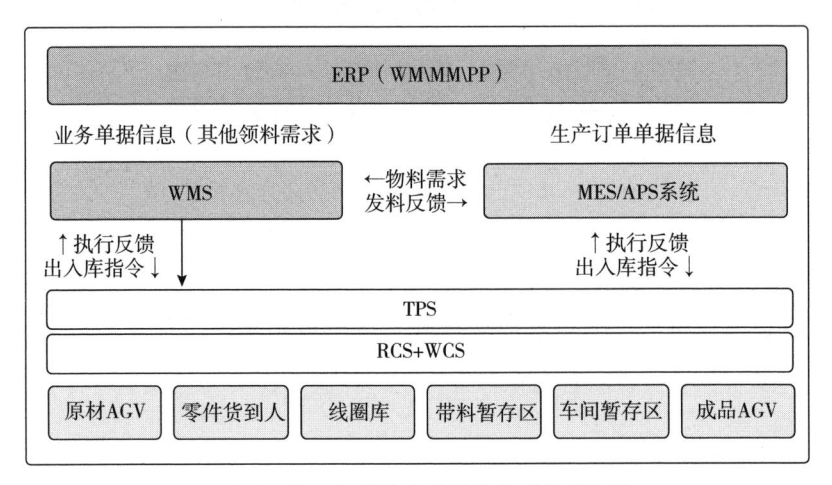

```
┌─────────────────────────────────────────────────────┐
│              ERP（WM\MM\PP）                         │
└─────────────────────────────────────────────────────┘
  业务单据信息（其他领料需求）          生产订单单据信息
  ┌───────────┐    ←物料需求     ┌───────────┐
  │   WMS     │    发料反馈→     │ MES/APS系统│
  └───────────┘                   └───────────┘
  ↑执行反馈                        ↑执行反馈
  出入库指令↓                      出入库指令↓
┌─────────────────────────────────────────────────────┐
│                      TPS                             │
├─────────────────────────────────────────────────────┤
│                    RCS+WCS                           │
├──────┬──────┬──────┬────────┬────────┬──────────────┤
│原材AGV│零件货到人│线圈库│带料暂存区│车间暂存区│成品AGV    │
└──────┴──────┴──────┴────────┴────────┴──────────────┘
```

图 3-1-37　宏发某仓库系统集成架构示意

值得一提的是，宏发股份还通过应用 AGV、无人叉车等硬件设备，实现了材料收货上架、生产配送、成品入库上架和发货出库全流程、多品类的物流自动搬运；通过物流调度平台对工单、任务分配、配料、AGV 配送全过程进行实时监控、异常防呆和快速响应；通过 MES 与 WMS 系统集成，在 MES 系统执行零件条码和料盘的绑定后，以料车为单位调用 WMS 接口，并在 WMS 系统中执行自动收货。经过这一系列措施，宏发股份实现了仓储物流的自动化和智能化。

4. 关键指标改进效果

宏发股份数字化智能工厂试点建成后，核心指标均有明显改善。

- 订单准时交付率提升0.2%，达到99.95%；
- 质量损失降低9.23%；
- 客户投诉率降低24%；
- OEE提升10%~15%。

点评

> 宏发股份通过数字化转型，实现了研发/工艺/制造一体化，构建了产销协同的自动化物流体系，推进了业务的数字化以及数据的业务化。公司的数字化应用能力达到行业领先水平，数字化转型进一步巩固了企业核心竞争力，并强化了继电器产业的领先优势。此外，宏发股份还建立了可复制的业务数字化管理成功实践，延展适配，支持扩大门类和制造国际化战略。这些举措促进了以集团企业为主体的产业链成长为先进制造业集群，并驱动了价值增长、运营优化和可持续发展。

3.2 机械装备

机械装备行业是国家经济的重要支柱，具有客户需求多样化、产品结构复杂、制造周期长且管控难度较大等特点。此外，对加工精度的严苛要求也使得机械装备行业高度依赖高端装备和先进工艺。为应对这些挑战，机械装备行业在智能工厂建设过程中，必须紧跟科技发展的步伐，积极引进和应用先进的智能制造技术，通过不断提升企业的相关能力，以适应行业发展的需求，并推动机械装备行业的持续健康发展。

在标杆智能工厂中，机械装备行业企业普遍关注以下几方面。

一是加强数字化设计和仿真、协同研发能力。企业采用先进的设计仿真工具、拓扑优化技术以及基于深度学习的智能设计等方法，致力于开发高端、智能、轻量化的产品，以增强市场竞争力；通过数字化仿真和数字孪生技术，企业能够在产品全生命周期内进行性能和可靠性的验证与优化；通过建立基于集成产品开发（IPD）的数字化仿真、基于模型的研发协同、基于产品生命周期管理（PLM）的研发协同平台促进不同地域、专业和产业链环节之间的合作，提升研发效率。

二是重视柔性自动化生产的实施与应用。通过模块化、标准化设计，提高生产线灵活性和可扩展性；利用人工智能等技术，实现生产过程的自动化调度、故障预测与维护、生产优化、质量检测等。同时，广泛连接生产资源，实时感知生产状态，制定精准的生产计划、物料需求计划、车间排产，柔性配置和组织生产资源，并实时根据订单状态和异常变动，动态调整计划排程，调度生产资源。

三是数字化产供销一体化供应链管理。通过建立统一的供应链管理系统，实时监控库存，合理规划采购、生产和销售活动，从而降低库存成本并提高资金周转率，促进与合作伙伴的信息共享和资源整合，支持协同研发和制造，推动产业链的技术创新和产品升级。同时，与供应商和客户的高效协同使得企业能够迅速响应市场需求，减少订单处理和交付时间，提升客户满意度。

四是智能运维服务。通过产品租赁、融资租赁等模式提供一站式增值服务；利用5G、AR等智能网联技术及产品，为客户提供远程监控、故障诊断和运维服务；通过基于智能网联产品的信息服务，构建智能服务生态系统。这些转型举措旨在帮助客户更好地管理产品，提升服务体验，从单一产品销售转向提供"产品+服务"的综合解决方案，进一步推动机械装备行业向更高级的服务模式发展。

在标杆智能工厂中，机械装备行业的典型应用场景如图3-2-1所示。

机械装备行业智能工厂典型应用场景		
基于IPD的数字化仿真	基于深度学习的智能设计	数字化设计工艺协同
基于PLM的设计工艺协同	基于数字孪生的产品研发仿真	数字化装配工艺设计与仿真
基于VR的产品研发仿真	基于统一数字模型的全生命周期管理	数字样机
基于三维参数化设计实现设计工艺一体化	数字化研发工艺制造一体化平台	
数字化仿真应用于工厂建设	智能技术协同赋能柔性制造	基于5G+AI的工业视觉检测
基于数字孪生技术的制造仿真与优化	智能化柔性生产线	数字化赋能产品全过程质量追溯
基于数字孪生的车间建模与工艺流程仿真	数字化生产防错	面向产品全生命周期的质量闭环管理
基于数字化仿真的车间和产线设计布局	柔性自动化产线支撑快速换产和在线检测	来料智能检测
基于仿真技术的产线布局与物流配送路线优化	集成化的黑灯生产	基于数字孪生的关键工序质量管控
基于仿真的设备布局优化	基于双目视觉技术的物料抓取智能控制	基于标识解析的质量追溯
智能排产	基于数字孪生的生产管控	基于AI的外观检测
设备远程故障诊断与预警	基于数字孪生的车间动态调度	AI赋能无损探伤
设备实时监控与故障报警	机器视觉保障精准装配	3D视觉检测
基于实时监控与知识库的设备智能化运维	机器人的智能产线	数字化物流与配送
基于设备互联的全过程数字化控制	基于数据采集的生产可视化	拉动式智能物流配送
基于5G+MEC设备实时监控	端到端的订单闭环管控	基于抢单模式的物流任务调度
基于5G+AR的设备远程运维	5G+AI赋能安全生产	基于AI的AGV车辆智能调度
工业互联网赋能设备故障诊断与预测性维修维护	基于大数据分析平台的运营管理	基于AGV的物料自动化转运
5G赋能设备调机与工艺远程调优	智能产品与网络协同制造	基于AGV的无人化配送
5G+MEC赋能设备互联		
智能化仓储配送	智能无人仓储	数字化产供销一体化
5G赋能智能仓储物流	标准件智能立体存储	
基于工业互联网平台的数字化服务	产品智能运维	产品远程诊断
基于远程诊断的售后服务	基于工业互联网平台的农牧行业服务	产品智能服务
数字化能耗监控	绿色智能涂装	VOC排放口在线监测
数字化能源管理	基于数据采集的HSE监测	基于云技术的智慧能碳管理
能源在线监测与平衡利用	环保改善的涂装工艺	

图 3-2-1 标杆智能工厂中机械装备行业典型应用场景

| 案例3-7 |　　日立电梯：打造精细化管控的智能工厂

日立电梯是全球领先的电梯及楼宇生态解决方案服务商。日立电梯（中国）有限公司广州工厂（以下简称"日立电梯广州工厂"）是日立集

团海外最大的电梯生产基地,占地面积21.1万平方米,主要制造各类型电梯、扶梯、自动人行道等,集产品研发、制造、销售、进出口贸易、安装、维修、保养工程服务于一体。迄今为止,公司综合实力多年稳居国内行业三甲,跻身中国外商投资企业500强。

1. 解决发展痛点,向智能工厂转型升级

日立电梯广州工厂在发展过程中,面临以下管控难点和待优化的改进需求:首先,由于传统 ERP 系统无法全面覆盖工厂业务,工厂内存在生产过程不透明、生产计划不准确等问题;其次,由于生产现场设备与信息系统之间缺乏必要的互联互通,智能化装备未能全面发挥作用;再次,部门之间的业务协同效率不高,信息传递不及时、不准确的现象需要改善;最后,日立电梯广州工厂亟需进一步缩短产品生产周期,提高箱头齐套率与产能,同时创新产品服务模式,以快速响应市场需求,提升市场竞争力。以上痛点和需求直接推动了日立电梯广州智能工厂建设的步伐。

2. 结合自身实际,构建多阶段、多层面智能工厂规划

日立电梯广州智能工厂建设总体方案可概括为"三个阶段,三个层面"。

"三个阶段"是指日立电梯广州工厂从传统制造走向智能制造经历的"数字化改造"、"网络化联接"和"数据化交汇融合"三个主要阶段。在数字化改造阶段,数字化一切可以数字化的生产要素,让设备、产品、生产与管理模式实现数字化转型,夯实智能制造的基础;在网络化联接阶段,联接一切可以联接的数字化事物,使 CPS 空间与物理实体间通过数据流动而深度融合、相互促进,让联接产生价值并催生新的商业模式;在数据化交汇融合阶段,通过各系统间的数据交互,激发出更多的智能挖掘潜力,为日立电梯创造更大的价值,真正实现智能因人而起,为人所用。

"三个层面"是指智能工厂的建设内容分为三个部分:企业层——基

于产品全生命周期的管理；管理层——基于生产过程的管理；底层——基于自动化系统集成管理。其中，企业层对产品研发和制造准备进行统一管控，与 ERP 集成，建立统一的顶层研发制造管理系统；管理层及底层（操作层、控制层、现场层）通过工业网络（现场总线、工业以太网等）组网，实现从生产管理到工业网底层的网络联接，满足管理生产过程、监控生产现场执行、采集现场生产设备和物料数据的业务要求。

日立电梯广州工厂针对智能工厂整体架构规划如图 3-2-2。

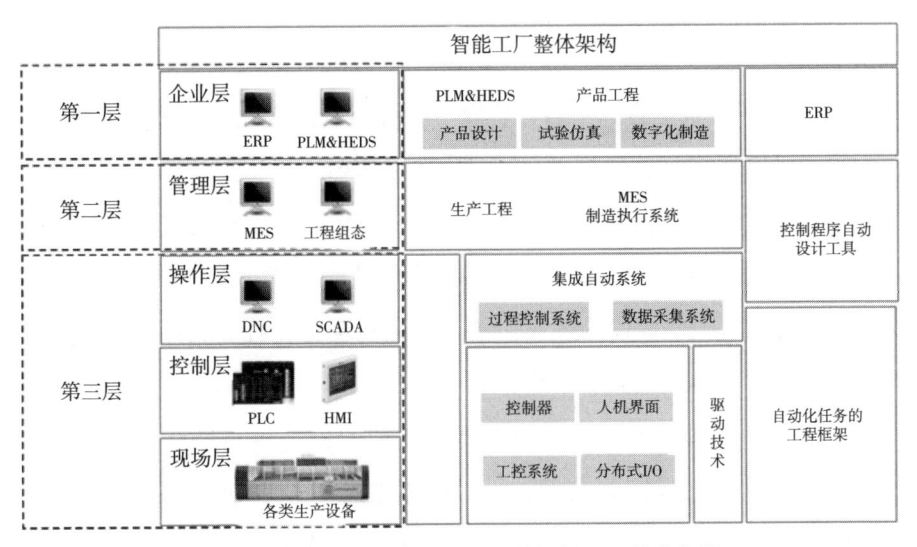

图 3-2-2　日立电梯广州工厂的智能工厂整体架构

3. "软硬"结合+新技术创新应用，引领行业智能工厂建设

日立电梯广州工厂在引进先进制造设备与工艺的同时，重视其与数字化技术的深度融合，以确保业务流程全面信息化。通过系统集成、平台化应用，增强各部门之间的业务协同效率。同时，利用物联网等新兴技术推动服务模式的创新。

（1）引入先进制造设备与工艺，实现柔性自动化生产

日立电梯广州工厂的生产以钣金加工、机加工、喷涂和装配为主，为了快速响应市场需求，以最短的交货期向客户供货，工厂引入了诸多先进制造装备与工艺。例如，钣金车间引入多条国际知名的FMS钣金柔性自动化生产线、电泳喷涂线，以及数控折弯机、数控刨坑机和多工位冲床等设备；构件车间引入多工位冲床、冲剪中心、焊接机器人工作站以及激光切割单元等；安全部件车间引入数据加工中心及超声波清洗机，通过改造实现全自动生产方式；电气车间引进全自动裁线和压着设备，可实现两端剥皮、两端压着的线材制作工艺。此外，工厂还应用线材测试仪，具备了较高的线材测试水平，实现生产轻劳化，配线质量也显著提高，确保了产品质量。

(2) 基于参数化设计平台，实现"销售-设计-制造"一体化管控

依托高效的参数化设计平台，日立电梯广州工厂实现了跨部门业务流程的深度整合与优化。同时，通过系统集成技术，工厂也实现了"合同参数录入—产品定制选型—数字化产品建模—设计BOM发放—制造BOM转化—钣金展开图与NC代码生成"的全链路自动化管理。例如，通过参数化设计平台，录入和转换销售参数，为产品的定制化选型提供坚实的数据基础；在产品逻辑选配环节，通过智能化的配置工具，客户根据自身需求，快速准确地完成定制选型；平台根据选型结果自动生成详细的设计BOM，并简化了制造BOM的转化过程；平台根据设计BOM和制造BOM，自动生成精确的钣金展开图以及相应的NC代码。以上自动化流程管控大幅提升了工作效率和协同效率，并确保信息准确传递。

(3) 利用物联网等技术，打造按需维保的个性化服务体系

日立电梯广州工厂通过采用IoT物联网大数据检测系统，打造按需维保的个性化服务体系，实现了对电梯产品的远程监控和预诊断服务。基于物联网、互联网和云计算技术的融合，系统可以捕获并分析超过300个电梯运行的关键数据点，实时监测电梯运行状态，采集的数据实时传输至电梯云服务中心，形成强大的数据联动网络。基于采集的数据，日立电梯广州工厂利用先进的数据分析技术，实现了超过600项电梯预诊断服务，包

括配件寿命预测、多发故障预警和自动派发故障处理工单等。这些智能化的保养服务不仅能够调整保养项目和频率，确保电梯正常运行，还大幅提升了保养作业效率。

（4）推行精益生产方法，助力实现基于供应链贯通的"2+2"交付模式

日立电梯广州工厂推行精益生产制造方法，通过整合生产全过程（包括计划排产、作业执行、数据采集、在制品管理、库存管理、质量管理和决策管理等），使产品制造过程更加合理，并在保证质量的前提下进一步降低了成本。此外，日立电梯广州工厂还在车间推行 JIT、现场看板、标准作业、全面生产维护和 7S 管理，践行精益化生产理念。

通过推进精益生产，日立电梯广州工厂的运营业绩大步跃进：按需定产，实现了基于供应链贯通的"2+2"交付模式（2 周设计+2 周制造）；完成了从按箱号理货的传统模式到按工号理货的新模式变革；精准排产、精准产出、精准发货。这些改进为工厂创造了巨大的经济效益。

4. 关键指标改进效果

日立电梯广州工厂通过智能工厂的建设，借助先进制造设备与工艺，以及数字化系统的集成应用，在作业排程、生产制造、物流管理、质量管理等环节实现精细化、可视化、透明化管控，减少了成品库存及管理成本，提升了箱头产出准时率和物流作业效率，提高了物料周转率与质量追溯效率，为实现产能提升提供了强有力的保障，稳固了公司的行业领军地位。并且，通过服务模式创新，日立电梯引领了电梯维保服务的新革命。具体效益方面，从降低不良费用、流程单纸质费用、直接人员费用和物流费用等角度统计，日立电梯广州工厂每年直接节省管理成本 300 万元以上。

点评

> 日立电梯广州工厂在推进智能工厂建设的过程中，注重软硬结合，在引入先进制造设备与工艺的同时，加强信息系统、平台技术的应用，通过两者结合和相互赋能，来推动生产过程的精细化、可视化管控，以及销售、研发、制造的一体化管控，并积极开展工业互联网、大数据等技术的创新应用，打造按需维保的个性化服务体系，改变传统的定时、定量保养和质量监管模式，推动电梯维保服务模式创新。

案例 3-8　东方汽轮机：打造 5G 全连接数字化工厂，创世界一流能源装备制造企业

东方汽轮机有限公司（以下简称"东汽"）隶属于中国东方电气集团公司，是我国研究、设计、制造大型发电设备的高新技术国有企业，也是全国机械工业 100 强企业和我国三大汽轮机制造基地之一。东汽产品涵盖气电、清洁高效煤电核电、工业透平、电站服务、新能源工程、储能业务、特种装备、新兴产业等多个领域，公司主要产品产量累计超过 5 亿千瓦，产品遍布全国 31 个省、市、自治区，国内市场占有率超过 30%。

1. 以数字化转型为驱动力，构建企业数字时代核心竞争力

在当前全球"退煤"及国家"双碳"背景下，能源体系面临变革求发展的局面。汽轮机、燃气轮机作为发电和驱动领域的核心设备，生产具有单件小批量、多品种等典型特点。随着企业竞争日益激烈，客户需求多样，制造工艺复杂，市场对于质量与效率的诉求不断提升，给传统制造业带来了巨大挑战。企业需要以更短的产品设计制造周期、更快的产品迭代速度、更高的生产效率与更灵活的生产方式来应对，迫切需要依托新一代

信息技术与先进制造业融合的新型生产方式，来实现数字化、智能化转型。通过智能工厂建设，能够提升企业在资源配置、工艺优化、过程控制、产业链管理、质量控制与溯源、节能减排和安全生产等方面的智能化水平。

为此，东汽以构建企业数字时代的核心竞争能力为主线，促进业务变革与发展的持续适配，推动东方汽轮机产业结构全面升级，建设5G全连接数字化工厂，向着打造"世界一流的能源装备制造企业"的目标迈进。

2. 全局规划，打造行业领先的数字化标杆工厂

东汽智能工厂建设深度融合工业化与信息化技术，涵盖销售、设计、生产、物流、服务工业化全生命周期，按照端到端的整体架构，将智能工厂划分为数字化设计、数字化制造、数字化供应链、数字化服务，通过企业的数字化管理和智慧园区建设，形成数字化工厂的工业架构，按照企业数据从设备、单元、车间、企业、协同流通5个层级，构建了数字化工厂的信息构架，如图3-2-3所示。

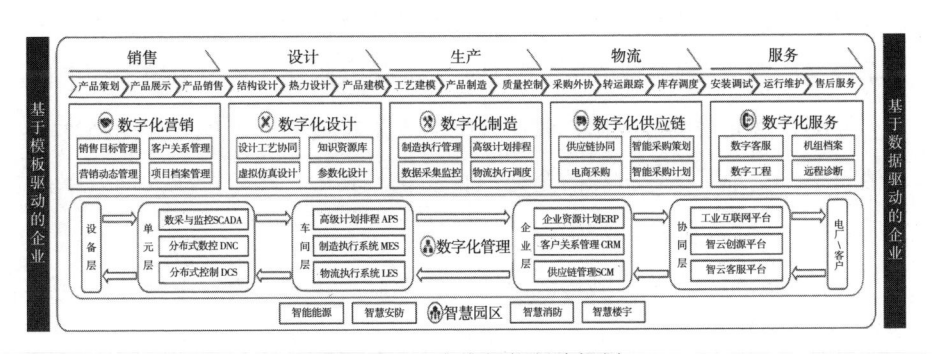

图3-2-3 东汽智能制造规划

目前，东汽以27个宏基站和240个微基站构建5G专属网络，在园区部署30余万个数字测点；建设9个数字化车间共计21条数字化产线；打造自主研制的工业互联网平台底座，搭建9个生产制造系统、5个研发设计系统、3个管理决策系统等63个工业应用系统；建立供应商、企业、客

户相互协同的数字化供应链；开展产品远程监测和智能运维服务，实时监控园区安全、能源、环境数据，实现人员、技术、资源、制造、产品全领域数据互联互通，使生产效率大幅提升，制造成本不断降低，产品质量持续改善。

3. "点线面"结合，凸显东汽智能工厂建设亮点

结合行业特点与自身痛点，东汽积极应用先进智能制造技术，自动化、数字化、智能化建设成果显著，从单机自动化加工单元到黑灯产线再到无人车间，"点线面"结合，东汽搭建了高效的智能工厂。

（1）设备技术改造，搭建柔性、高效、绿色的数字化车间

传统的加工过程依赖操作者的经验与技术水平，存在人工成本高、误差大、高风险等问题。针对痛点，东汽建成了国内首个叶片加工无人车间，行业首创叶片加工全产线柔性智能协同集成技术，改变了行业传统的单元式制造方式。应用产线柔性控制系统，工厂实现了机器人自动抓取物料、柔性装夹、加工中心协同运转以及全自动加工。同时，运用 RFID、柔性夹具和工业机器人，构建柔性自动化产线，支持快速换产；应用柔性制造系统（FSS）实现典型产品工序加工无人化。此外，东汽采用了三坐标自动检测、蓝光检测等技术，改变传统的人工检测方式，提高检测精度和检测效率，实现了生产过程的全流程自动化。其中，黑灯产线人均效率提高了 650%，设备利用率达到 90%。

在焊接车间，东汽突破传统焊接工艺限制，建成国内首个绿色高效焊接数字化车间，实现了行业首创的无限回转窄间隙焊接机器人高效焊接技术应用，可覆盖 250mm 超深窄间隙和常规窄间隙复合焊接，机头可灵活多角度调整，焊接过程中辅以狭小内部空间焊缝熔池视觉技术，保证了稳定的焊接质量。并且，一线人员只需操控焊接设备和监控焊接过程，劳动强度和工作环境得以改善。此外，焊接车间实现了焊接参数的实时采集分析，数据互联驱动生产，焊材通过 AGV 一键精准配送，从而实现产能提升

35%、焊材消耗减少 80%。

(2) 实现三维参数化设计与工艺一体化

汽轮机核心产品通过三维设计软件的定制开发,实现三维设计工艺一体化,并将结构化数据与 PLM 平台集成应用;基于参数化设计与大量的设计工艺知识库、模板库的联动,实现核心产品快速三维建模;在工艺端集成设计三维模型的属性信息,通过工艺模板的快速匹配,实现工艺快速设计和知识积累、复用。通过三维设计软件开发智能设计工具,实现了叶片产品的快速设计,设校审环节效率提高 2 倍以上;以往采用二维制图方式完成一套图纸平均需 3 天,现在只需 1 天即可完成,叶片设计效率提升 50% 以上。

(3) 以 MES 为核心,构建工厂"智慧大脑"

东汽构建了基于数据驱动的"智慧大脑",以 MES 系统为核心,并与 ERP、APS、WMS、SCADA、QMS 等九大系统集成,形成了"1+9"协同管控平台,实现全业务数据贯通,如图 3-2-4。该平台有效解决了生产等待、反复装卸料、生产物流资源浪费等问题。通过无纸化生产排产,系统自动完成物料的齐套检查和预警,并将任务自动下达到班组和机台,拉动配套准备并实时反馈状态,形成了物料、设备、人员、检验、工艺流程指令等工厂资源的闭环管控,生产制造与生产管理实现了高度数字化集成,保障车间稳定运行。

APS 快速响应个性化制造需求:结合汽轮机产品制造个性化需求,东汽应用 APS 系统,快速实现了多维计划排产、生产计划实时重排,对计划变更、紧急插单、产能超负荷能够快速响应,并提出资源异常预警。APS 上线后,基于标准化工艺的排产效率提高了 400%。

打造全方位智能化仓储与物流体系:在叶片数字化车间,东汽建立的全方位智能仓储物流中心占地 2700 平方米,拥有 2240 个智能货位,可存储叶片 6 万余支。应用"5G+智能仓储物流"的应用,叶片能在毫秒级时间内定位,仅需 40 秒就可以从任意货位出库,库位周转效率提升 8 倍。无

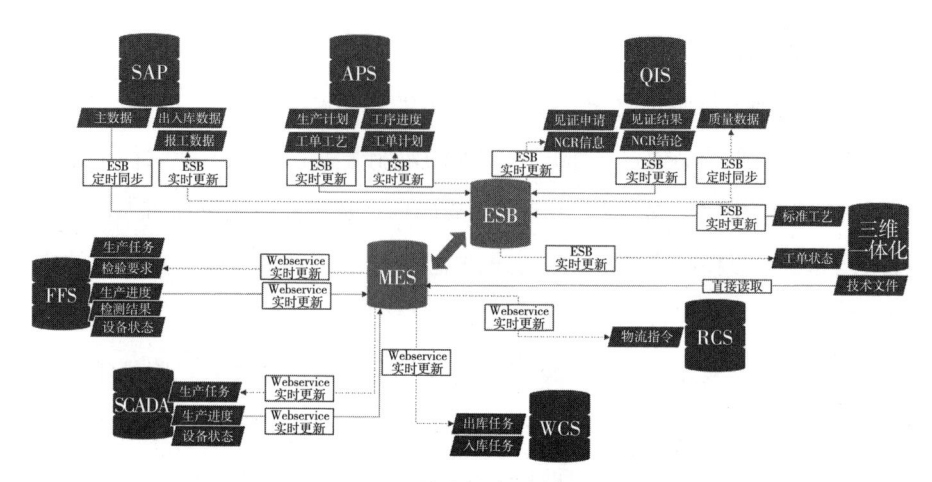

图 3-2-4 多系统集成的数据交互

人驾驶的 AGV 小车在二维码的智能引导下，可向全车间所有工位精准供料，如图 3-2-5 所示。

图 3-2-5 车间自动物流

基于模型化配置实现异常闭环：通过对相关数据和规则进行配置化建模，实现对车间异常情况的流程化闭环管控。系统可自动发布、推送、预警、升级和关闭各种异常，同时，使过往异常处理知识可查，并将异常知识固化为流程。图 3-2-6 为车间异常监控看板。

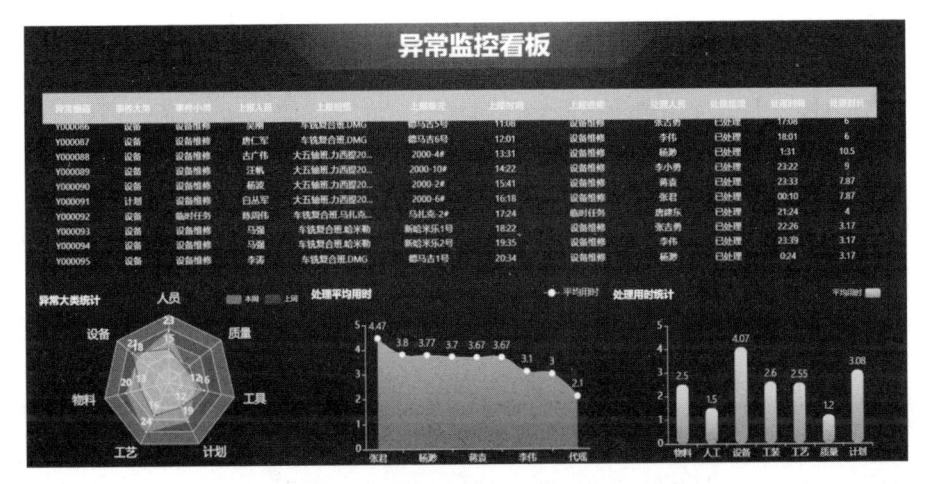

图 3-2-6　异常监控看板

（4）应用虚拟装配缩短制造周期

汽轮机制造完毕后，会通过装配对产品进行一次完整的检测（图 3-2-7）。检测内容包括各部件间的位置精度、间隙测量、配合等，以保证通流间隙和装配尺寸，满足机组设计性能。一次完整的装配耗时长且过程复杂，装配结束后还需要将零部件拆解后发运客户现场安装。

图 3-2-7　汽轮机机组数字测量

为提高装配与检测效率，东汽运用激光扫描、关节臂、激光跟踪测量与点云技术，在行业内首推不落转子装配技术，实现了在产品实物装配之前，利用实物的三维模型进行虚拟装配并验证。通过数字化虚拟装配，东汽解决了大型零部件精密测量和数据协同计算的难题，大幅提升总装阶段尺寸超差、变形等问题的识别和防控能力。此外，这一技术辅助了大型部件定位及校准，提高了装配质量与产出效率，使新制机组总装周期缩短了20%，改造机组总装周期缩短30%。

（5）**打造智慧产品及服务**

东汽结合智能传感、大数据和工业互联网等技术，为用户提供产品预警诊断、设备检修指导及延长机组使用寿命、后期升级改造指导等服务。通过机组远程运维系统（图3-2-8），实现机组性能分析、异常诊断、控制优化以及售后服务管理等，为电站运维提供一体化、系列化技术支持服务，全面提升发电设备智慧化水平。

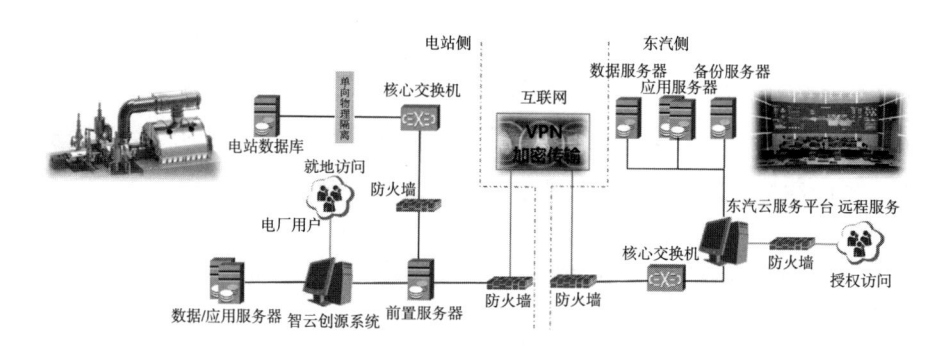

图3-2-8 远程运维系统结构图

（6）**实现综合能源平衡利用**

东汽建立了国内最大的钒液单电堆综合能源示范区。该示范区集光伏、储能、充电于一体，实现了多能互补和综合能源利用，打造可持续发展模式，构建清洁低碳、安全高效的新型能源体系，有效降低了园区能耗水平和碳排放水平。

光伏发电：分布式光伏装机容量1.14MW，采用"自发自用"运营模式，每年可给东汽提供80万度清洁绿电，降低二氧化碳排放797吨，节约标煤 312 吨。

光储能： 储能端采用了公司钒液流电池研发团队最新研究成果，也是国内投入商业运行的单电堆功率最大的钒液流电池组。

充电： 建设充电桩 66 个，提供充电车位 132 个，单充电桩最大充电功率达 60kW，有效满足了东汽职工新能源汽车充电需求，鼓励职工低碳绿色出行。

4. 关键指标改进效果

东汽智能工厂建成后，核心产品厂内制造各项指标均有明显改善。

- 生产效率提升 30%；
- 产品研制周期缩短 30%；
- 产品生产周期缩短 20%；
- 设备综合效率提升 20%。

点评

> 东方汽轮机依托 5G、数字孪生等技术，深度融合工业化与信息化，推动智能工厂建设。智能装备与产线、工业物联、数字化设计与工艺、智能生产、能源管理、工业智能、智能运维等建设成果显著，成为同行业乃至整个制造业推进智能工厂建设的标杆。

| 案例 3-9 |　　山河智能：打造智能制造示范工厂

山河智能装备股份有限公司（以下简称"山河智能"）成立于 1999 年，是世界 500 强企业——广州工业投资控股集团有限公司旗下子公司。公司聚焦装备制造业，在工程装备、特种装备、航空装备三大领域全面发展，研发、生产、销售建设机械、工程机械、农业机械、林业机械、矿业

机械、起重机械、厂内机动车辆和其他高技术机电一体化产品及其与主机配套的动力、液压、电控系统产品和配件等，现已成为国内地下工程装备头部企业、中国智能制造50强、全球工程机械制造企业50强。

1. 突破困境，向智能制造转型升级

当前，机械装备行业企业普遍面临以下困境：生产能力难以满足用户多样化需求，传统作业模式与先进制造能力存在差距，生产管理方式传统、粗放，劳动力缺乏以及人工效能不高等。为解决这些问题，行业企业需要提高核心竞争力，提升生产力与产品质量，降低产品成本；推进智能制造建设，成为企业实现高质量发展的重要途径。

基于此，山河智能围绕生产过程管理、仓储物流、设备管理、能源管理和售后服务等重点环节，引入数字孪生、AR/VR、物联网、人工智能等新兴技术，在网络协同制造、柔性制造、预测性维护、基于数字孪生的制造等新模式上积极探索，构建了高效柔性、敏捷响应、人机协同和动态调度的装备制造业智能制造示范工厂，为机械装备企业推进智能制造建设积累了经验，有助于增强机械装备企业的核心竞争力。

2. 全局规划，构建行业领先智能工厂

山河智能的智能工厂建设以实现数字化转型和生产效益化为目标，通过全局规划和分阶段实施，全面推进数字化和智能化发展，将智能制造打造为公司的核心竞争力，提升制造质量和效率，降低制造成本，建设行业领先的智能工厂。

山河智能积极应用各类使能技术打造智能工厂。

设备层：通过应用AGV、自动化立库、大型数控机床、自动焊接机器人等智能装备，并通过互联和智能传感，实现了生产制造、仓储物流作业自动化，并实时采集设备及能耗数据。

应用层：建设了仓储管理系统（WMS）、制造执行系统（MES）、能源

管理系统（Energy Management System，EMS）等信息化系统，并使各系统集成互联，实现了各核心业务的数字化管控。

运营管理层：实时采集生产运营数据、业务管理数据，支持与优化生产管理、仓储物流、设备运维、质量控制的决策，助力转型升级。

3. 典型应用，解析山河智能智造实践

山河智能结合机械装备行业的特点，充分应用工业互联网、大数据、人工智能等前沿技术，改造内部业务系统，加速制造环节智能化升级，推动企业高质量发展。山河智能通过智能工厂的建设，塑造了以下典型应用场景。

（1）应用数字孪生驱动生产管理优化

山河智能采集了备料、焊接、机加、热处理、涂装、装配、精饰产线上的工艺流程数据，以及生产设备的生产数据和设备能耗数据，并应用5G实现设备和设备之间的通信、设备和云的通信，为建设数字孪生车间提供基础数据与技术支撑。以自研的"山河祥云"工业互联网平台为基础，山河智能通过模型仿真技术进行数字孪生建模，构建虚拟车间，实现了实时生产数据、工艺流程数据、环境数据从物理实体到虚拟模型的实时映射。基于此，山河智能利用数字孪生技术构建的生产过程监测系统，全面实现了车间设备和生产执行情况的集中监测、预警管理，使得生产过程、产品质量透明可控并可以实时优化，为生产流程价值分析、生产设备故障预测、生产全周期决策等提供支持。

（2）打造集成自动化的仓储物流系统

为了解决物流仓储环节与生产环节信息脱节、仓库不了解生产线实际情况、零部件流动过程难以追溯、生产线易产生呆滞物料，占用生产作业空间等问题，山河智能开发了WMS和WCS系统，并应用条码识别等技术，集成了AGV、智能立体仓库、MES系统等，实现了仓储出入库管理及装配线物料自动配送。WMS根据物料属性，驱动AGV进行智能立库上架、

下架等操作，实现物料的自动出入库管理；同时根据 MES 下发的物料配送指令，驱动 AGV 向生产号机精准配送物料，使物料自动、高效运转。

此外，山河智能在物料出入库以及流转过程中，通过条码与 PDA 监控物料流向，实现了原材料入库、在制品流转、成品入库出库的全流程跟踪，降低了资金占用和呆滞库存，提高了仓库利用率和存货周转率。智能化仓储物流作业将基础数据的录入工作由人工输入转变为自动采集，作业流程也由人工判断转变为系统决策。通过系统智能化手段优化流程，基于策略驱动作业管理，山河智能提升了物料流动反应速度和生产服务质量，确保作业准确、高效。

（3）构建智能设备管理新模式

设备是生产的基础，也是企业重要的核心资产。为解决设备报修维修时间长、效率低，设备运行状态无法实时感知，报修过程不透明等问题，山河智能以可视化和数字化为抓手，构建了全面、高效的智能设备管理新模式。

山河智能通过搭建 DNC（Distributed Numerical Control，分布式数控）系统、制定数据采集标准，实现了对所有关键数控设备的联网监控。此外，车间通过 MES 系统对设备故障报修、维修进行信息化管理，实现了完好率和故障率统计，并能评判设备故障周期，为计划性维修提供依据。同时，基于"山河祥云"工业互联网平台，山河智能实现了设备的在线运行监测与故障诊断，并可根据设备历史运行数据，分析故障原因并实施整改措施，从而逐步减少设备非计划性停机，提升设备利用率。

（4）贯彻 HSE 理念推进绿色制造

为响应环保国策，山河智能积极开展能源与环保管控工作，应用物联网、人工智能等先进技术，对设备能耗进行采集、分析和优化，实施节能改造项目，监控和管理工厂危险源和污染源，有效降低了公司的环保风险。

山河智能依托能源管理系统（EMS）、能效优化机理分析、大数据和深度学习等技术，优化设备运行或工艺参数，减少了设备故障和落后工艺造成的能耗，提高能源利用率。在环境监测方面，山河智能搭建挥发性有机化合物（Volatile Organic Compounds，VOC）实时在线监测平台，并在工厂的主要 VOC 排放口安装监控设备，实时掌握排放浓度、作业过程环保设施运行情况等，杜绝了排放不达标问题。同时，山河智能构建了环保管理平台，进行污染源管理。平台结合了机器视觉、智能传感和大数据等技术，通过全过程环保数据的采集、监控与报警，有效监控危险源和污染源。在固废处置与再利用方面，山河智能搭建了固废信息管理平台，该平台融合了条码、物联网和 5G 等技术，全过程监控、回溯固废处置与循环再利用。在碳资产管理方面，山河智能开发了碳资产管理平台，并集成了智能传感、大数据和区块链等技术，实现了全流程碳排放管理。

（5）打造智能售后创新服务模式

机械装备产品售出后会产生大量的设备维修、保养需求，售后服务的质量与效率直接关乎企业的口碑与产品的二次销售。山河智能为解决售后服务响应不及时、产品体验差、客户黏性不高等问题，打造了智能售后创新服务模式。

山河智能建设行业专用客户管理系统（Dealer Management System，DMS），利用"山河祥云"工业互联网平台，集成大数据、知识图谱和自然语言处理等技术，实现了对客户需求的智能分析与精细化管理，并且提供主动式客户服务推送和远程产品运维等服务，提升了用户服务质量与用户体验水平；应用 AR 技术远程指导现场维修人员进行诊断维修，提升了远程运维效率；通过 WEB 或 APP 远程监控设备状态，实时采集设备作业工况，实时呈现各指标数据，提供异常预警提醒等，进一步增强了主动式服务的能力，并增加了二次销售的机会。

4. 关键指标改进效果

山河智能智能工厂建成后，各项关键经营指标均有明显改善。

- 生产效率提升约 30%；
- 资源综合利用率提升 29%；
- 运营成本下降 47%；
- 物流成本降低达 30%；
- 库存周转率提升 22%；
- 设备综合利用率提升 15%；
- 订单准时交付率提升 20%。

点评

在推进智能工厂建设的过程中，山河智能积极应用 5G、物联网、数字孪生等先进技术，以及 AGV、自动化立库等智能装备，贯彻绿色制造理念，深度探索生产管理、仓储物流、设备管理、能源管理、售后服务等智能工厂应用场景，形成了众多引领行业的创新应用。基于长期在资金与技术资源上的投入，山河智能不断深化数字化、网络化和智能化技术的应用，实现了内部数字化运营能力和运维管理能力的阶段性提升，打造了引领行业的智能制造示范工厂。

| 案例 3-10 | 揭秘轨道交通装备制造智能工厂的革新之路

当前，我国轨道交通装备制造业已经形成较为完整的产业链和产业体系，具备较强的自主研发和生产能力。凭借强大的研发实力和市场份额，G 公司成为该细分行业的领军企业，专注于机电核心技术研究和应用，产品畅销全球多个国家和地区，并与众多国际知名轨道车辆制造商建立了战略合作。通过不断创新和拓展市场，该企业为轨道交通装备制造行业的发展做出了重要贡献。

1. 抓住机遇，全面提升企业智能制造水平

轨道交通装备制造业是展现中国高端装备国际竞争力的核心力量。随着行业的发展，市场对列车核心部件性能要求不断提高，传统的制造模式已难以满足产品高精度和复杂性的要求。作为全球细分行业的领军企业，G 公司在打破国外垄断的同时，也面临智能制造升级、质量与成本优化、品牌影响力提升等多重挑战。为此，G 公司加速构建智能工厂，全面提升智能制造水平，不断增强产品的安全可靠性和稳定性。

2. 四层覆盖，构建智能工厂新范式

G 公司智能工厂构建以《国家智能制造标准体系建设指南》为指导，涵盖智能设计、智能装备与制造、智能供应链、智能产品与服务、智能管理和智能决策等领域，贯穿了产品全生命周期的智能化应用，不仅满足了产品生产加工中的协同设计、项目式管理、制造精度高等需求，还全面提升了企业在自动化、数字化、互联化、绿色化和智能化方面的水平。

G 公司智能工厂的总体建设围绕四个核心层面展开，如图 3-2-9。

应用层： 以构建工业模型和知识库为核心，通过 APP 形式为业务用户提供生产、财务等一系列应用服务，实现价值的挖掘和提升。

平台层： 采用大数据组件、微服务组件等关键技术，汇集资源层的核心数据，确保资源互联互通，构建面向业务的灵活应用。

资源层： 从六个方面推进，支撑核心业务的数字化运营，实现核心业务的自动化、数字化、智能化管理。

网络层： 建设高效、安全、稳定、低延时和大带宽的基层基础网络，实现所有物理实体的联网与数字化识别。

3. 多元场景，打造智能工厂新标杆

G 公司在构建智能工厂的过程中，积极探索数字化设计、生产计划排

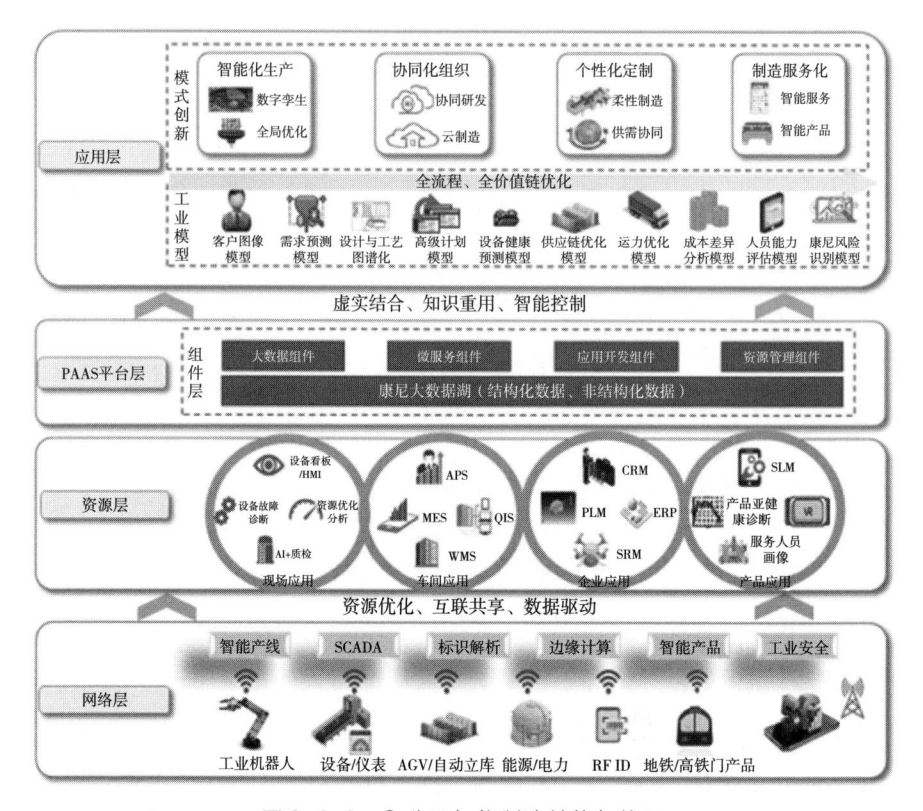

图 3-2-9　G 公司智能制造总体架构图

程、产品远程运维等关键业务场景的数字化应用，使得生产更高效、更智能，为产品的制造带来了革命性的变革。

（1）采用工艺数字化设计，提升工艺设计整体效率

借助三维工艺设计软件和仿真软件，该企业实现了三维工艺建模，对装配流水线、钣金、焊接等关键环节完成了工艺仿真优化。通过建立 MBOM 和三维工艺路线，进行了线平衡分析与优化，有效提升了生产线的平衡率和整体生产效率。在部件 A 的总装流水线，企业为工装、工具以及环境资源建模，共搭建产品零件模型 370 余个，机器人、夹具以及焊枪等工装设备模型 30 余个，操作台、栅栏等环境模型共 50 余个。为进一步提升工艺验证的效率，企业引入了虚拟仿真技术，在三维空间中验证产品装配是否可行、工装夹具模具可否使用、机器人工作站运动轨迹是否合理。

此外，在多级装配顺序和零件装配路径的规划方面，企业不仅规范处理了装配工艺文档，包括详细记录装配过程中的细节、确保装配的每一步有据可查，还实现了三维装配工艺可视化输出，便于员工理解装配过程。

(2) 引入 APS 系统，实现生产计划排程的高效与准确

在生产计划排程方面，企业引入 APS 系统，设定三天为排产周期，将物料库存、工艺、设备可用性以及订单优先级等作为约束条件，每天滚动更新一次。在完成生产计划排程后，系统直接将生产计划下发到车间的设备上，减少了中间环节和人为干扰。同时，企业按照产品的工艺路线，运用模拟仿真技术辅助排产，进一步确保生产过程顺畅、高效。

此外，企业还采用了双向的实时调度。一方面，当市场需求、订单量或库存状况发生变化时，APS 可根据预设的规则和算法重新生成生产排程，确保了生产计划灵活、可适应；另一方面，车间现场的工作人员也能根据设备故障、物料短缺等实际情况，实时更新生产计划，确保生产过程稳定、连续。通过这些措施，企业不仅使生产计划更可行、更有效，也能够及时下达制造任务、合理派工，提升了生产排产和生产执行的效率与准确程度。图 3-2-10 是工厂排产设计方案。

(3) 基于产品远程运维，重塑产品服务模式

为解决因产品维修滞后导致的运营效率和客户满意度低的问题，同时减少客户定时全检的繁琐工作，该企业在产品核心部件中加装了智能传感器，实时采集电机转角、转速、电流、温度、控制器关键 I/O 信号以及控制器故障代码等核心参数，并基于大数据技术构建了产品专家管理系统和亚健康管理系统，实现了在线故障诊断和预测。通过这些措施，G 公司改变了产品的服务模式，为客户提供了更加全面和精准的服务。

值得一提的是，利用网关节点设备、数字服务器集群和 4G/5G 通信技术，G 公司将传感器采集的数据迅速传输到远程的数字服务器集群，并且建立了产品运行大数据中心，专门用于存储、分析和展现产品的运行数据。同时，企业开发的智能产品专家系统，对产品运行故障进行准确判断

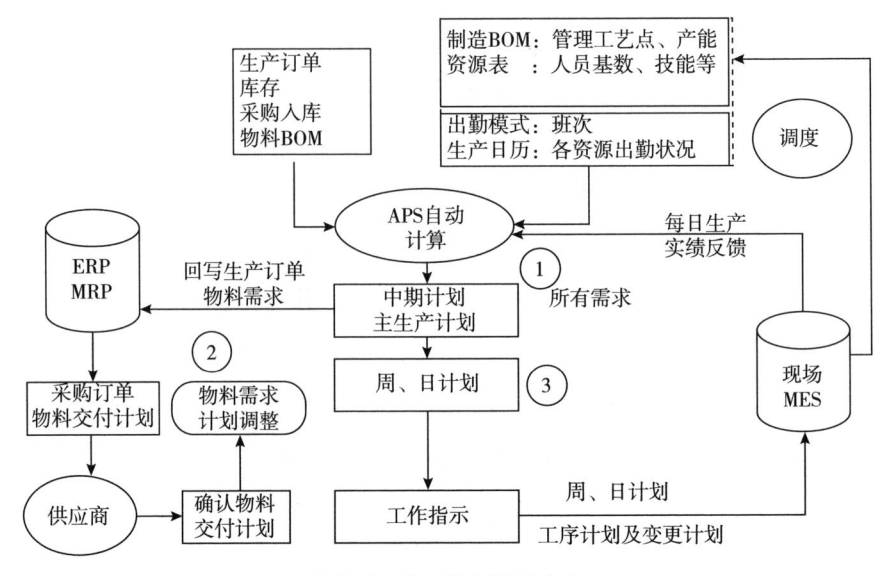

图 3-2-10　排产设计方案

与预测，指导售后维护人员对产品快速维修。此外，企业还研发了运行维护系统，使得产品在出现问题时能够迅速定位，相关信息及时推送给售后和维护人员，确保问题及时解决。

4. 关键指标改进效果

企业智能工厂建成后，各项指标均有明显改善。

- 生产效率提升 50% 以上；
- 设备 OEE 提升 10%；
- 运营成本降低 15%；
- 订单准时交付率达 98%；
- 质量损失率下降 22%；
- 库存周转率提升 40%。

> **点评**
>
> G公司作为轨交装备细分行业龙头企业,深度挖掘数字化、智能化技术的潜力,将其融入生产制造的每一个环节,生产效率与智能化水平显著提升,走在了行业智能工厂建设的前列。不仅如此,G公司智能工厂的成功构建,在推动企业自身数字化转型和创新发展的同时,更为整个行业的进步和发展注入了全新动力。

| 案例3-11 |　　杰克科技:打造智慧工厂,实现协同制造

杰克科技股份有限公司(以下简称"杰克科技")是全球缝制设备行业产销规模大、综合实力强的全球化企业,也是服装智能制造成套解决方案服务商。其产品销往全球160多个国家和地区,服务于服装、鞋业、箱包、家具、皮革、汽车、航空等多个领域。

1. 直击痛点,拥抱数字化转型

缝制设备行业是以生产缝纫机为主,裁剪、熨烫及粘合等机械设备为辅的专业设备制造业,是劳动密集型和技术密集型相结合的产业。长期以来,缝制设备制造行业面临生产流程不规范、生产计划不合理、企业员工技术水平参差不齐、产品质量不稳定和售后服务不及时等诸多问题。

杰克科技作为缝制设备制造行业的典型代表,也面临多重痛点困扰。在生产环节,企业数据采集难,生产过程不透明,同时,生产过程中大量的能源被消耗,但能源利用率却不高;资源利用方面,由于缺乏有效的资源管理,资源浪费增加了企业的成本压力;此外,来料零件种类繁多,检测标准各异,导致检测过程复杂且耗时。

为了提升企业竞争力,提高生产效率,降低生产成本和资源消耗,杰克科技应用了先进制造技术,以缝制设备的数字化设计、智能化生产、安

全化管控、数字化管理和绿色化制造为核心，积极推进智慧工厂建设，实现数字化转型升级。

2. 全局规划，构建智慧工厂

杰克科技积极探索缝纫机制造全流程智能化的智慧工厂建设方案，建成了智能化绿色铸造车间、无人化机加工线、机器人涂装线、数字化装配线和全自动打包线等智能产线及车间。其中，无人叉车、AGV小车、输送线等智能物流设备贯穿制造全流程。

此外，杰克科技利用MES、CRM、DMS、PLM、ERP等系统，实现精准研发、精准交付、精准营销和精准服务，构建了国家工信部认证的行业唯一一家智能缝制产业工业互联网平台，其智慧工厂也被评定为"省级未来工厂"。多年来，杰克科技着力推动生产设备和管理系统的智能化创新、改造和引进工作，积极开展工业流水线、生产单元、工作中心和工业机器人的应用和优化，致力于实现智慧制造。

杰克科技智慧工厂的整体规划架构如图3-2-11。

设备层：工厂配备了机器人、AGV、控制器、执行器等工厂中所需的物理设备，并通过各种通信协议与上层系统相连。

链路层：涉及工厂内部和外部的通信网络，包括工业以太网、无线网络、物联网设备、服务器和云基础设施，确保数据的安全传输和处理。

数据层：搭建数据处理仓库，用于集中存储和管理企业在生产、运营等业务环节中产生的海量数据，从而更好地辅助决策。

应用层：积极应用数字孪生、视觉检测等新一代信息技术，全面布局缝制设备从数字化设计、智能化生产、安全化管控、数字化管理到绿色化制造的全生命周期，构建先进的智慧工厂。

3. 创新驱动，杰克科技典型应用场景

针对行业特点与自身痛点，杰克科技引入自动化生产与物流装备，建

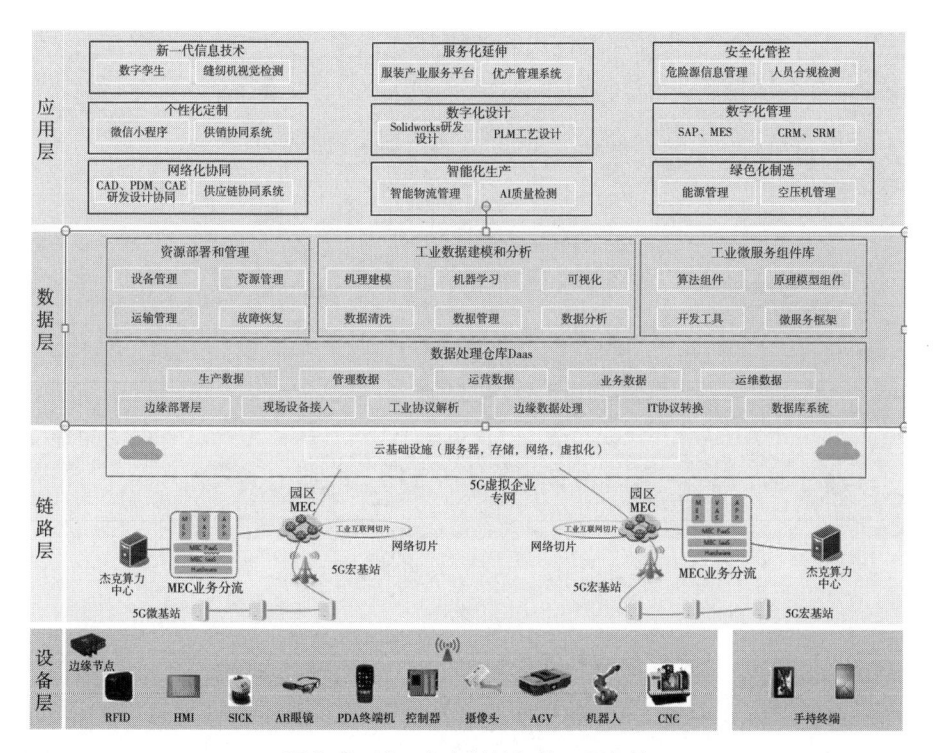

图 3-2-11 杰克科技智慧工厂架构

设覆盖核心业务的数字化系统，融合先进的新兴技术打造智能工厂，形成了以下创新性的应用场景。

（1）利用数字孪生技术构建虚拟工厂

通过数字孪生技术，杰克科技在虚拟空间里建立了工厂模型（如图 3-2-12），仿真生产现场，实现在虚拟环境中设计、制造、检测产品，用数字模型控制生产过程，并与现实工厂进行映射与交互，使产品设计、作业指导、设备运维等生产活动更加便捷高效，实现全要素、全业务流程的集成与融合、迭代运行和优化改善。

同时，以生产线数据为基础，杰克科技建立了工业过程数据中心，为企业管理提供数据支持，将传统的 MES 系统与数字孪生、工业大数据、云平台、增强现实技术等有机融合，建成数字化、信息化、智能化更上一个新台阶的企业智能制造管理系统。

图 3-2-12　杰克科技数字孪生应用

（2）以 AI 技术赋能来料零件检测

杰克科技基于 AI 的自动化图像获取、检测、分析与计算技术，将 AI 自动化检测设备用于来料零件检验车间，对零件外形和尺寸等参数进行自动化拍照检测。相较于传统二次元影像设备，AI 检测设备无需人工手动标记孔洞等轮廓信息，检测效率及检测精度大幅度提升。

杰克科技对 AI 检测的应用主要包括以下两方面。

高清视觉采集系统：负责采集零件边缘、孔洞和尺寸等的光学投影图像，通过图像差值运算，检测精度达到亚像素级。此系统自动化程度高，操作简单方便、安全高效，适用于高效率、高精度自动化检验的场景。

AI 图像算法软件：主要包含图像预处理、边缘检测、模式识别、图像滤波、卷积运算和坐标尺寸计算等核心模块。该软件支持零件孔洞边缘自动提取、空心平面坐标（x，y）自动测量以及多孔心角度自动测量等功能。

（3）基于数据模型实现能源数字化管控

在能源管控方面，杰克科技围绕生产过程中的资源利用、能源消耗、环境排放（包括三废、噪声、温室气体等）等核心环节，开展了一系列计量数据采集工作，建立企业相关资源使用/消耗模型、排放模型，并基于模型调整生产参数、改进工艺，实现了能源管控的数字化和精细化。

为了实现能源管控的数字化，杰克科技还积极引入物联网、大数据、人工智能等技术，对生产流程进行智能监控和管理。此外，杰克科技还采用先进的清洁能源技术，优化生产工艺流程，开发环保产品。

通过以上改造，杰克科技实现了能源使用的高效化和智能化，并实现对危险源和污染源的实时监控和管理，确保生产过程安全、环保。同时，还能精确采集单台设备的能耗数据，并深入分析和优化，提升设备的能效水平。

4. 关键指标改进效果

杰克科技智慧工厂建成后，各项指标均得到改善。

- 生产效率提升约 7.5%；
- 运营成本降低 4.69%；
- 订单准时交付率提升 12%；
- 产品质量不良率降低 20%。

点评

在推进智慧工厂建设的过程中，杰克科技注重数据的收集、整合与分析，利用大数据的力量为企业决策提供了有力支撑。同时，通过积极应用数字孪生技术，构建物理实体的虚拟模型，杰克科技实现了实体状态监测、诊断分析和预测维护等功能，提高企业生产效率，提升了核心竞争力。

| 案例 3-12 |　　一拖股份：智能制造工厂建设实践

第一拖拉机股份有限公司（以下简称"一拖股份"）的前身是第一拖拉机制造厂，其创建于 1955 年，是我国"一五"期间兴建的 156 个国家重点项目之一，是中国农机行业的特大型企业。一拖股份拥有强大的锻件、机械加工、装配和测试的全套生产能力，流水生产线近百条，公司主导产品涵盖"东方红"系列履带拖拉机、轮式拖拉机、柴油机等多个品类。

1. 顺应趋势，深入推进智能制造转型

随着国家政策及产业升级的推动，大功率、大马力农业装备的市场需求不断增长，而农机行业柴油发动机受缸心距、齿轮系位置、缸盖螺栓及发动机缸体、缸盖生产线等固有结构尺寸及生产条件的限制，功率密度提升已达技术极限。与此同时，与国际先进水平相比，国内柴油机的工艺制造水平相对落后，叠加国四、国五排放标准的更高要求，农机行业亟待通过工艺规划、设备调整、技术改造来提升柴油发动机制造的工艺水平，保障产品质量稳定可靠。

基于此，一拖股份通过综合应用新一代信息技术与集成的柔性化产线，将柴油机工厂升级为智能制造工厂，实现生产制造全过程的自动化、数字化、智能化，打造了行业智能制造工厂的典范。

2. 全局规划，打造先进智能制造工厂

一拖股份规划了智能制造工厂总体布局与信息化运营架构，以工厂信息基础设施互联互通为基础，搭建了"现场层—管控层—企业层—平台层"的智能工厂信息化架构，实现了工厂内、外网络的互联。具体来说，企业建设了集成柔性生产设备、工业机器人、自动装配工作站、AGV 小车的智能产线；通过 CAD、CAE、PLM、MES、ERP、SCM 等系统信息平台

的对接和数据交互，形成了研发、制造、服务等运营全过程的信息共享，实现装配工艺管理、生产计划管理、关键零部件质量追溯、过程质量管理、产品装配过程数据与防错管理等，形成了完善的产品制造数据档案；同时，结合5G、AI、边缘计算、增强现实、大数据、物联网等数字化技术，将不同生产环节的设备、企业各类信息系统关联起来，并对全公司的生产运营数据加以处理，实现经营活动可视化。

一拖股份智能制造工厂信息化运营架构图如图3-2-13。

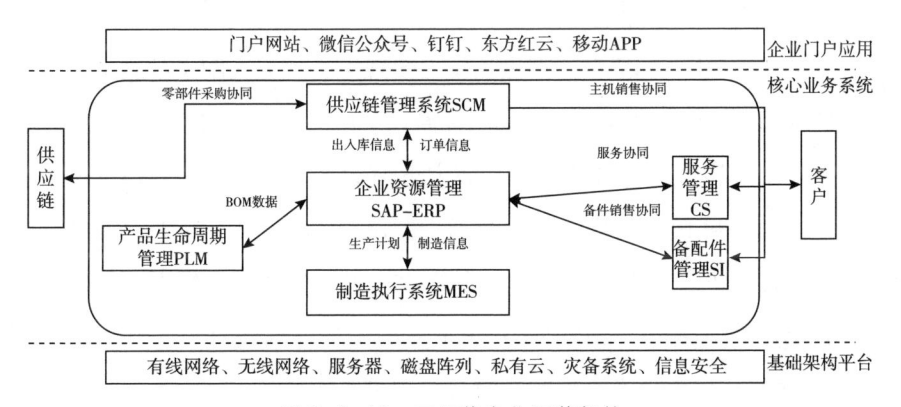

图 3-2-13　工厂信息化运营架构

3. 典型应用，全面解析智能工厂实践

基于上述智能工厂架构，一拖股份结合先进的自动化、数字化、智能化技术，务实推进智能工厂建设。一拖股份智能工厂的典型应用场景梳理如下。

（1）构建行业领先的智能产线，助力生产提质增效

一拖股份智能工厂建设了由缸体自动化加工线、缸盖自动化加工线、智能化装配制造生产线、柴油机热试线组成的零部件加工与装配生产线，并综合应用了柔性加工中心、桁架机械手、工业机器人、岛式智能工作站等，使得零部件加工与装配生产线数字化、智能化率达到60%以上。其中，装配线配备了近30%的自动化工位和超35%的在线质量检测点，提升了装配效率与质量，整线装配制造技术达到了国内行业领先水平。同时，针对发动机缸体和缸盖的精密清洗、去毛刺、表面损伤控制等基础工艺，使用工业机器人提升辅机工艺装备能力，提高工艺质量，全面提升了基础工序的一致性保证能力以及发动机的可靠性。

（2）基于"AGV+工业机器人"，打造自动化物流配送线

在智能制造工厂建设过程中，一拖股份采用了智能立体仓库、电子标签辅助拣选系统（Digital Picking System，DPS）、上料机器人、AGV、积放式自动输送线、成套配送（Set Parts System，SPS）等先进仓储物流方式，配合 WMS、SCM、AGV 智能调度系统，实现了物料无人配送的精准物流管理。装配管理系统（Assembly Management System，AMS）接收厂级 MES 系统下发的工单和工艺物料清单，WMS 依据托盘清单和工位要料请求，应用智能立体仓库和 DPS 拣货完成配料后，驱动 AGV 以 SPS 的方式按序配送托盘至相应工位（如图 3-2-14），最终通过工业机器人完成上料操作。此外，WMS 系统还接收厂级 SCM 系统下发的生产计划物料单，并将其同步给 AMS 系统，依据生产计划产品数量、各工序加工节拍、生产计划，在智能立体仓库、AGV、积放式输送线等设备的联动下实现自动化配送。基于此，一拖股份打造了全流程自动化的物流配送线，提升了物流与生产装配效率。

（3）应用先进生产设备与检测技术，有效提升产品质量

一拖股份在生产关键工序中应用了自动化的电动拧紧轴，使连杆螺栓、主轴承盖螺栓、缸盖螺栓、飞轮螺栓等关键部位螺栓能够自动拧紧。这些电动拧紧轴具有精度高、速度快、拧紧策略可自由调整的特点，能按标准力矩拧紧并有效保证了装配质量。在关键工序检测方面，一拖股份采用全自动在线检测设备，用于测量缸套凸出量、气门下沉量、活塞凸出量等，提高了产品质量。此外，工厂还配置了涂胶机器人，为发动机与油底壳结合面等关键和重要的密封面自动涂胶。相比传统涂胶模式，机器人涂胶更准确、迅速、可靠。此外，产线还利用 2D 相机进行胶线检测，保障

图 3-2-14　一拖股份 AGV 搬运小车

了涂胶质量，并确保位移精确度在±0.06mm。涂胶工艺全自动化，不仅提升了生产效率，还降低了三漏故障率。

在成品下线质检环节，一拖股份部署了"5G+AI"视觉质检平台，实现了对指定型号发动机的数十个瑕疵点的100%自动检出和告警（如图3-2-15）。工厂在质检点位布设多部机械臂，并配备工业相机，实现了对所有型号发动机的各个点位全方位、多角度覆盖的检测。

图 3-2-15　一拖股份"5G+AI"智能质检

不仅如此，一拖股份还将 AI 视觉质检系统完全融入整个生产系统中，为车间构建了一个可成长、自进化的智能发动机质检系统。这一系统能灵活适配工厂的产品规划，大幅缩短新特征的识别和验证时间，有效提高了实际缺陷的识别速度和检出率，极大降低人工劳动强度，提升产品检测效率，进一步提升了品控的标准化、自动化、无人化和数字化。从具体数据来看，一拖股份实现了工业相机检测点位 100% 覆盖，实现了由过去 100 秒内人工检测 30 个点位到自动检测 150 个点位的质的飞跃，这一突破带动了产品检测效率提升 500%，生产效率提升 20%，误检率下降 35%，产品良品率显著提高。即使是在高产月，产线也可以做到一分钟完成一台主机的下线检测，极大地提升了工作效率。

4. 关键指标改进效果

一拖股份柴油机智能制造工厂建成后，各项关键经营指标均有明显改善。

- 单台装配人工成本下降 20.8%；
- 员工劳动生产率提升 4.2%；
- 产品检测效率提升 500%；
- 产品误检率下降 35%。

点评

> 一拖股份成功构建了柴油机装配智能工厂，通过引入自动化、智能化装备与产线，提升工艺水平，降低了工人的劳动强度；应用数字化、智能化的检测技术，提高了产品制造精度，保证质量一致性。这些举措帮助企业缩短了产品的交付周期，提高了设备综合应用效率和制造响应能力，最终促成了高动态性、高生产率、高质量和低成本的数字化制造。

| 案例 3-13 |　　　黄石东贝：打造绿色创新智能工厂

黄石东贝压缩机有限公司（以下简称"黄石东贝"）是一家专业研发、生产、销售制冷压缩机的国家高新技术企业，"东贝"牌制冷压缩机产品有 15 大系列、200 多个品种，年产能达到 4600 万台。产品除国内销售外，还出口到亚洲、欧洲、美洲的 60 多个国家和地区，单一品牌产销量连续 17 年全国领先，连续 11 年全球领先。

1. 打破传统困境，向智能制造转型升级

压缩机制造属于劳动密集型产业，黄石东贝面临设备自动化水平不足、部分生产环节劳动强度大、员工流动性高、招聘难度大、人力资源成本逐年攀升以及员工变动带来的风险等多重挑战。为确保黄石东贝在行业内的领先地位，公司积极践行集团"提质、增效、降本、减人、易修、好用"的十二字方针，致力于逐步实现工厂自动化、信息化与智能化转型，建设东贝智能工厂。

基于此，黄石东贝结合自身特点与发展需求，依托"先试点后连线"的阶梯式思想，通过传统设备升级改造与新工艺新装备应用相结合的方式，逐步推进自动化改造。同时，通过建设集成的 CRM、PLM、ERP、SRM、APS、MES、WMS 等信息系统，实现了研、产、供、销全过程管控，并基于 MES 和能源管理系统对安环赋能，以点、线、面、体的立体逻辑，打造快速响应、柔性、绿色的生产交付体系，全面推进智能工厂建设。

2. 分段实施，循序推进智能工厂建设

黄石东贝智能工厂总体项目分四个阶段建设（图 3-2-16）：第一阶段以机器换人为基础提升设备自动化率，同时对旧设备接口进行改造，为设备互联和信息互通做准备。第二阶段致力于实现标杆线的信息化，主要任务是建设一条标杆生产线，并实现产线信息化集成，该产线可以自动采集

质量数据，并在发现异常信息时主动预警，确保及时干预和处理；此外，应用 RFID 技术将装配信息与铭牌关联，从而实现装配信息全流程追溯。第三阶段实现标杆线智能化，布局工厂级 MES 系统，实现从订单输入、排产、部件采购、制造过程、发货等全流程管控。第四阶段的目标是通过生产线的智能化升级，实现业务全面数据化，基于业务数据，打造东贝数据经营驾驶舱，以数据驱动业务发展。

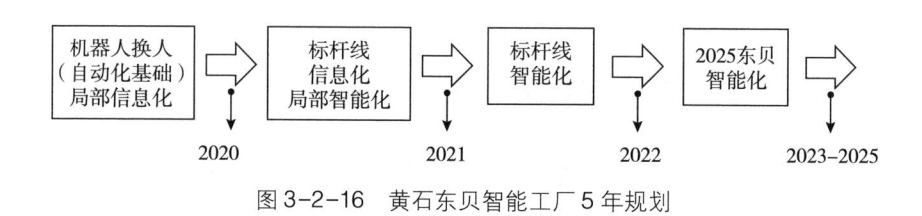

机器人换人（自动化基础）局部信息化 → 标杆线信息化 局部智能化 → 标杆线智能化 → 2025东贝智能化

2020　　　　　　　2021　　　　　　　2022　　　　　　2023–2025

图 3-2-16　黄石东贝智能工厂 5 年规划

3. 典型应用场景，透视黄石东贝智能工厂实践

黄石东贝结合行业特点与自身痛点，以自动化、信息化、智能化为主线，积极应用工业机器人提升自动化、智能化水平，开展绿色安全创新实践，助力企业实现整体智能化、绿色化水平行业领先。在黄石东贝的智能工厂建设中，形成了以下若干典型应用场景。

（1）基于"旧设备+工业机器人"的智能改造

在智能工厂改造过程中，黄石东贝以老旧设备技术改造、新工艺与新装备引用相结合的方式，逐步推进智能工厂建设。整个项目建设以"试点、连线、成面、结体"的立体思维方式逐步推进，对旧设备、旧产线全面改造，并实现产量与质量的双提升。此外，自 2019 年起，东贝陆续引进约 200 台工业机器人，通过 300 余项自动化改造项目，大幅减轻了一线员工的劳动强度，改善员工工作环境，提升生产效率，降低质量损失。

例如，在壳体凸焊线，黄石东贝以"单台旧焊接设备+机器人"的方式，应用六轴工业机器人对手动焊接设备进行试点改造，实现了单台设备的自动化升级，员工仅需完成准备待加工物料、转运加工完成的物料、调整机器人等工作即可，工作负荷大幅减轻。随后，黄石东贝推广应用成功的技改经验，对产线多台自动化设备进行串联，设备之间通过传送带或机器人连接，实现了自动化"连线"，扩大了改造收益。基于整线改造的成果，黄石东贝还将成功经验复制到同等或同类生产线，实现了粗加工生产区域的全面改造。此外，黄石东贝全面梳理生产线产品型谱，建设APS、MES、WMS系统，实现了对生产线的综合管理，包括快速下达生产计划、实时管控生产过程、生产能力的综合调配等，形成了完整的壳体凸焊智能化场景，并使得各个系统有机结合。

基于"旧设备+机器人"思路，黄石东贝已打造壳体凸焊线自动化标杆场景、气缸座粗加工标杆场景、曲轴活塞自动化标杆场景、装配车间自动化标杆线等，形成多个自动化平面（如图3-2-17）。此外，通过规划布局以ERP为数据中枢的集成信息化系统，以标杆场景为基础，黄石东贝对壳体、加工与装配三大车间全面整合，形成了一整套柔性的生产交付结合体。

图3-2-17 壳体凸焊自动化改造场景

（2）生产过程全流程管理

黄石东贝以客户定制的柔性化生产模式为主，以满足全球不同国家地区的不同设计需求。针对客户需求，通过对生产系统的全过程精细化管理，达成客户无差异化交付。同时，通过拉通、畅流、TPM、工时管理等精益工具，疏通生产过程，最大限度提升生产效率，清理系统执行过程中的阻碍，提升客户的交付体验。

例如，黄石东贝通过建设集成的 CRM、APS、SRM，实现了产供销一体化，工厂可以快速将订单转换成工单，并自动发起物资需求，灵活地组织生产；通过建设集成的 PLM、ERP、APS 构建快速的计划响应系统，该系统能够对工单进行多层次拆分、跨账套共享以及灵活的配件替换等复杂处理，确保工单快速、准确下发；通过建设集成的 APS、MES、WMS 构建柔性生产系统，实现全过程精细化管理，按需配送，按需准确投料，实时监控生产状态，进而实现上下游生产的全流程、实时透明管控，打造快速响应的生产交付体系。

（3）信息化赋能绿色安全

黄石东贝长期坚持走"绿色节能环保安全"的发展之路，利用信息化技术加强对安全、能源、环境管理的支撑，持续推动绿色节能，引领产业升级。

在安全环保方面，黄石东贝通过应用 MES 系统，打破传统的线下手工单据管理模式，建设完整全面的系统安全管控，实现设备、环境、工艺等在线风险辨识与安全检查，外部隐患整改，以及危废处理的在线跟踪闭环管理。依托 5G 技术，黄石东贝实现了污水站状态动态监控、废水数据快速获取、异常情况实时推送，为绿色生产奠定了基础。

在能源管理方面，黄石东贝应用电表数字化管理系统和 MES 系统，在线监控能耗数据，对高耗能设备重点关注，能耗走势直观可见。同时，黄石东贝投建储能系统"削峰填谷"、大规模投用高效变频节能设备代替低效设备，降低能源成本。

4. 关键指标改进效果

黄石东贝智能工厂建成后，各项关键经营指标均有明显改善。

- 生产效率提升 20%，产线换型时间下降 66%；
- 质量不良率下降 25%，订单准时交付率提升 15%；
- 库存下降 10%，库存周转提升 18%；

- 运营成本降低5%，人均产值提升10%。

点评

> 黄石东贝基于对自身的定位，依托传统设备升级改造与新工艺、新装备的引入相结合的方式，以点、线、面、体的立体逻辑，循序渐进推动智能工厂建设。公司积极探索智能工厂的应用场景，逐步实现工厂自动化、信息化、智能化，形成了多项引领行业的创新应用。未来，黄石东贝将继续坚持数字化转型的道路，深度应用5G技术，全面推进"业务全面数据化、数据全面业务化"，实现东贝智能制造2025"双标杆"。

| 案例3-14 |　　玫德集团：打造智能工厂，驱动制造转型

玫德集团有限公司（以下简称"玫德集团"）创立于1961年，是全球领先的流体输送产品制造商和解决方案专家，目前已发展成为以流体输送产品及服务为主的现代化、多元化跨国企业集团。其产品涵盖各类玛钢管件、沟槽管件、不锈钢管材管件、碳钢卡压管材管件、阀门、钢管螺旋管、不锈钢金属软管、电力金具、水电气热表、抗震支架、生铁、配重铁、灌浆套筒等。

1. 紧跟时代步伐，向智能制造转型升级

金属制品行业长期以来形成了以手工作业为主的传统生产模式，制约了企业转型升级的步伐。金属制品制造对精度的控制要求严格，但传统工艺往往存在品质不稳定、不良率高等问题，对生产效率和产品质量造成严重影响。玫德集团作为金属制品行业的典型代表，也面临巨大的转型压力。一方面，企业生产数据采集难，生产过程不透明，产品质量不稳定，

无法进行质量追溯；另一方面，物流、码垛、装箱等作业大量依赖人工操作，工作效率低，易出错，劳动强度大。

为此，玫德集团打造智能化生产体系，包括制造执行系统、质量控制管理系统、数字化生产装备、综合指挥调度系统、数据采集与监控等，逐步在流体连接件的铸造、加工、热表处理、物流仓储等方面打造了核心能力，将玫德集团科技园厂区建设成为拥有完整生态体系的智能工厂。

2. 全局规划，构建高端流体输送产品智能工厂

玫德集团自2008年以来有计划地推进生产自动化建设，并专门成立了自动化科室，致力于运用自动化、智能化科技与装备，实现机器换人、新旧动能转换。在国家大力推行智能制造的背景下，玫德集团通过应用MES、ERP、WMS等工业软件，提升了智能化和信息化水平，降低人工成本，提高生产效率，增强企业核心竞争力。

玫德集团高端流体输送产品智能工厂的整体规划架构如图3-2-18。

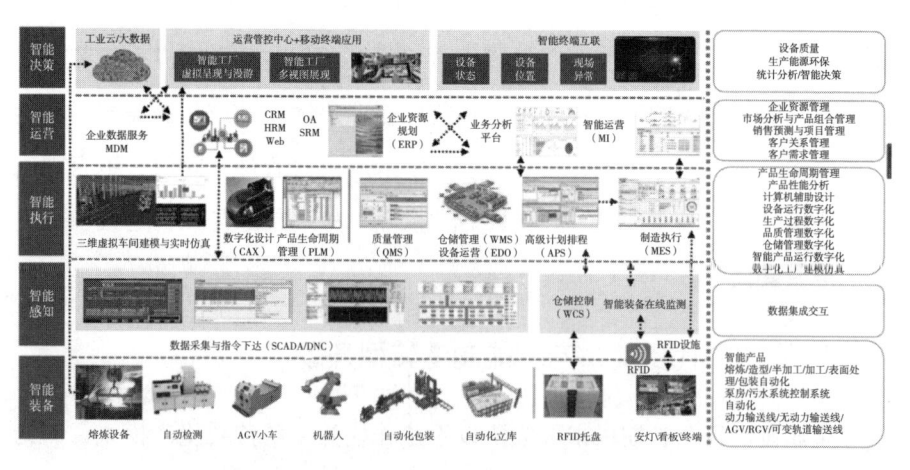

图3-2-18　玫德集团高端流体输送产品智能工厂架构

智能装备层：玫德集团配备了全自动配料系统、全自动底注浇注机、铁水自动输送线、自动混砂机等，并拥有多尺寸及多生产方式的柔性自动

化绿色智能造型生产单元、柔性自动化抛丸/平口/打磨生产线、无动力输送自动加工生产线、全自动开箱（袋）/封箱（袋）/码垛到全自动包装生产线等。此外，以自动化立体仓库为中心，玫德集团利用射频技术、传感技术、在线自动计量技术，以及电动自行小车输送系统（Electrical Monorail System，EMS）、RGV 和 AGV 小车、输送机、提升机等自动化技术与智能物流装备，实现了各生产线的联通。在生产工序，玫德集团还集成了机器人、桁架机械手，用于上下料和生产作业，进一步提升生产效率和自动化水平。

智能感知层：玫德集团采用了数据采集与监控系统，该系统对接物联网数据库及 ERP 数据库，并可以直接兼容当前的办公网，实现跨厂区数据采集。同时，厂区还可实现实时动态画面显示，监视工厂及产线的设备状态及各相关参数，并且每条生产线的数据采集后会存储在各自的数据服务器中，作为实时数据应用，互不影响。

智能执行层：玫德集团搭建各类生产、管理用软件、系统及辅助网络设备，并使系统集成互联，实现设备运行、品质管理、仓储管理等关键场景的数字化。核心系统主要有 PLM、QMS、MES、WMS、APS 等。

智能运营层：玫德集团建立了以订单驱动的业务全流程管理，订单信息贯穿订单管理、设计数据、BOM 计划分解、供应链计划及执行、物流仓储及财务供应链等业务流程，打造了销售、设计、制造、物流、成本、采购等环节一体化的工业互联网管理平台。依托此平台，玫德集团实现了企业资源管理、市场分析与产品组合管理、销售预测与项目管理、客户关系管理以及客户需求的管理。

智能决策层：玫德集团基于大数据、人工智能等技术，分析和处理从生产现场采集的数据，生成优化的控制指令，指导生产过程，实现复杂场景的实时决策和高级控制。

3. 典型应用，解析玫德集团智能工厂的创新实践

玫德集团结合产品制造特点和业务痛点，在智能工厂的建设过程中，着力提升产线自动化、智能化水平，应用工业软件实现工厂的"一个流"，并通过制造全过程数字化提升质量追溯能力，打造了以下典型应用场景。

（1）构建自动包装生产线，摆脱传统手工操作

玫德集团在包装生产线的改造升级中，成功部署双工位伺服码垛系统（图3-2-19）、自动装箱系统和自动计数装袋系统，实现了从手工操作向智能化包装的全面转型，涵盖自动开袋、精准缝包和高效码垛，显著减轻了劳动强度，率先在玛钢管件领域实现了包装作业自动化，树立了行业新标杆。

图 3-2-19　玫德集团双工位伺服码垛系统

其中，双工位伺服码垛系统引入码垛机器人，使码垛过程完全实现自动上下、左右、前后、旋转等动作，正常运转时无须人工干预，具有广泛的适用范围；自动装箱系统采用多轴伺服联动控制，结构紧凑、使用方便、运行可靠，能够保证纸箱定位和抓手定位精准，有效保证产品质量；自动计数装袋系统将下料斗、夹袋装置、电控系统、自动上袋系统、自动

缝包系统和输送系统等组合在一起，形成一条可计数包装封口的生产线。

(2) 以"工业立库+MES"为核心，实现产线物流自动化

在仓储物流方面，玫德集团以"工业立库+MES"为核心，集物联网、自动化、智能化深度应用于一体，开创了传统离散型生产企业智能物流的新模式，实现了工业化与信息化的深度融合。玫德集团采用传感技术、射频技术，以及精益生产模式下的电子看板、多种状态仓储产品的 WMS 以及 WCS 系统，实现了产品从半加工平口区到抛丸、整形、镀锌、加工、打压、包装、出入立体库到发货全过程的自动化物流控制。并且，各种状态下的物料均可存储于立体仓库，打破了传统仓储只存储成品的局限。

此外，在智能物流基础上，玫德集团依托 MES、ERP、WMS、WCS 系统，实现了立体仓库与全工序智能化车间的互联，将生产线的"一个流"集成为整个工厂的"一个流"，同时结合 AGV 和 RGV，实现了工序从毛坯到成品加工过程中不停滞、不堆积、不超越。

(3) 打造透明的产品追溯链，赋能产品质量管理

玫德集团的产品追溯系统（图 3-2-20）融合了条码与 RFID 电子标签技术，结合（PDA）、工业平板以及 ERP 可视化数据库软件，实现了从入库、移库、盘点至出库全过程的可视化追踪。

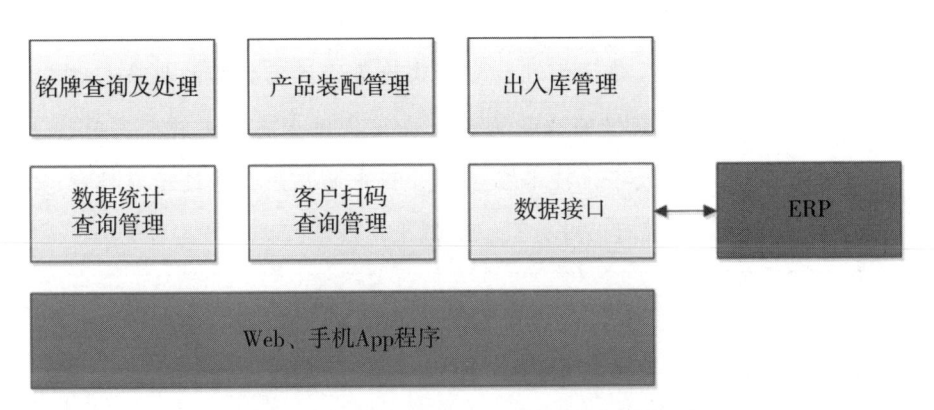

图 3-2-20　玫德集团产品追溯系统功能设计

在区块链防伪层面，产品追溯系统不仅为每件产品/零部件分配独特的区块号、所属链、业务类型及上链时间等信息，还借助区块链技术确保信息真实可靠、不可篡改，并提供真伪查询功能。在生产溯源层面，产品追溯系统能够实时追踪产品的生产过程，包括质量监控、工艺参数以及生产进度等关键信息，同时支持对生产时段、班组、操作人员及产品即时状态的追溯查询；用户还能够借助批次跟踪功能，追踪生产模型中定义的任意元素。此外，系统还具备对产品加工过程中的检验检测信息进行深度溯源的功能，为玫德集团的产品质量管理提供了坚实的保障。

4. 关键指标改进效果

玫德集团智能工厂建成后，各项指标均有明显改善。
- 生产效率提升约45%；
- 产品不良品率降低28%；
- 产线换型时间缩短50%；
- 库存周转率上升50%。

点评

> 在推进智能工厂建设的过程中，玫德集团注重数据的收集、整合与分析，利用大数据的力量为企业决策提供了有力支撑。同时，玫德集团积极推动数字化技术在生产过程中的应用，通过精准控制生产参数、追踪生产过程等方式，降低生产成本，提升产品质量。

| 案例3-15 |　　天加环境：打造中央空调设备智能工厂

南京天加环境科技有限公司（以下简称"天加环境"）创始于1991年，是集研发、制造、销售、服务于一体的洁净环境及热能利用的专业化公司，产品线包括洁净空气处理设备、离心机、螺杆机、多联机以及 OCR 低温余热发电系统等，拥有南京、天津、广州、成都、吉隆坡 5 大基地，在全球拥有 70 多个销售和服务网点。天加环境也是中国地铁最大的中央空调供应商之一，并在高端空气健康领域（电子半导体洁净室、GMP 认证药厂、医院手术室等）占据主要市场份额，其空气处理机组连续 13 年稳居中国市场占有率第一。

1. 消费升级，驱动流程协同制造能力和制造水平提升

随着消费不断升级，客户对于商用中央空调产品的需求逐步从基本的功能需求转向更注重使用体验，这也意味着大批量、少品种的传统制造模式已经无法满足客户需求，物料、计划、产供销、设计、工艺和制造等六大方面的协同，成为企业能否实现高效率、高品质和低成本的关键因素。

天加环境原有的传统生产制造模式存在诸多问题：从客户需求到产品开发、制造实现等的流程相互独立，新品上市周期慢；制造现场关键工序的信息以纸质资料存档，溯源难度大；部分工序劳动强度大，人机工程效果较差；企业高效决策所需的信息不全面、不及时等。

因此，天加环境迫切需要紧紧围绕从设计、工艺到制造的核心业务，打通信息流，实现企业资源信息实时、高效流动，并借助流程协同机制，提升制造能力和制造水平，打造具有柔性、智能、精细化生产能力的智能工厂——南京天加环境商用工厂。

2. 统筹规划，打造中央空调设备智能工厂

天加环境深刻认识到信息系统在规范流程、数据采集、数据分析、科学决策方面的重要作用，一直以来都非常重视信息化建设，并以信息化建设夯实智能工厂建设基础。天加环境信息系统规划架构如图 3-2-21 所示。天加环境自 2017 年起就开始信息化系统建设工作，用两年时间做好基础建设，随即启动"智能工厂"建设规划，并制定了整体建设方针。

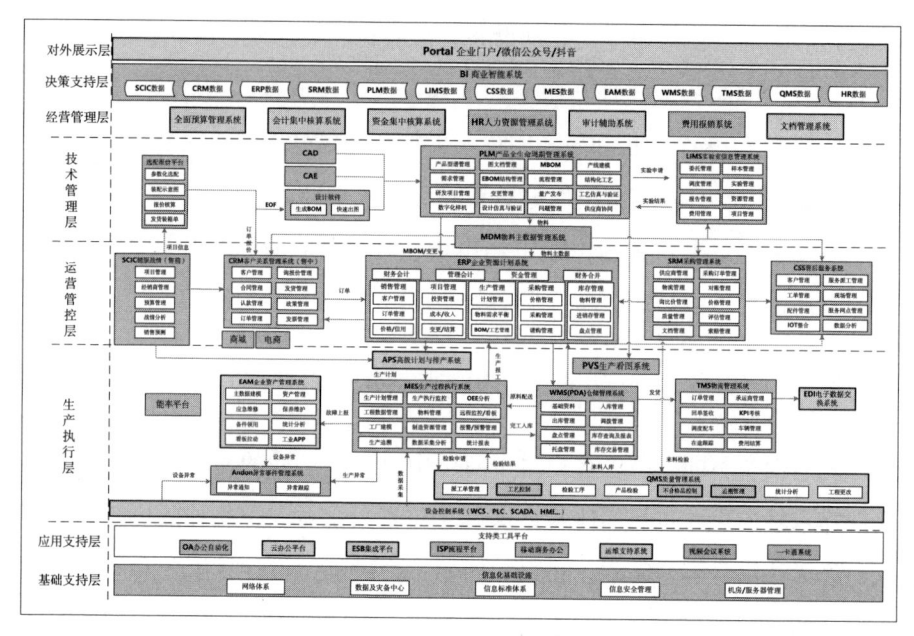

图 3-2-21　天加环境信息系统规划架构图

作为"一把手工程",天加环境的智能工厂建设的主要层级如下。

生产执行层:通过部署可编程逻辑控制器(PLC)、数据采集与监视控制系统(SCADA)、人机界面(Human Machine Interface,HMI)、仓库控制系统(WCS)等设备控制系统、企业资产管理系统(Enterprise Asset Management,EAM)、制造执行系统(MES)、高级计划与排程(APS)、安灯系统(Andon)、生产看图系统(PVS)、运输管理系统(TMS)以及质量管理系统(QMS)等,建立起生产追溯、工艺参数、质量管理体系与机制,实现了生产过程控制、调度与异常管理。

运营控制层:建设销服战情系统(SCIC)、客户关系管理系统(CRM)、企业资源计划管理(ERP)、采购管理系统(Supply Chain Management,SCM)以及售后服务系统(Customer Service and Support,CSS),实现对供应链、计划、采购、财务的统一管理与分析改进。

技术管理层:部署和应用选配报价平台、计算机辅助设计(CAD)/计算机辅助工程(CAE)等数字化设计软件、产品生命周期管理(PLM)

以及实验室信息管理系统（LIMS）等，推动数字化研发，提高设计研发效率。

经营管理和决策支持层：实施全面预算管理系统、会计集中管理系统、资金集中核算系统、人力资源管理系统（HR）以及文档管理系统等，建立集团统一的销售合同、财务、人事、质量等管理平台。同时，建设商业智能系统（BI），以数据赋能业务，实现数据驱动决策。

3. 特色鲜明，透视中央空调设备智能工厂建设亮点

经过多年的信息化建设和智能工厂建设，天加环境不断提升工厂自动化、数字化与智能化水平，建成了中央空调设备智能工厂，并形成诸多创新实践和亮点应用。

（1）基于 MES 系统实现非标产品生产的柔性配置

非标定制化产品制造过程需要根据客户需求进行柔性适配。天加环境在系统开发阶段就充分考虑了这一需求，部署的 MES 系统可以根据不同产品的工艺要求来配置和管理工艺路线。同时，操作人员也可通过该系统获取工艺指导和参数设置，灵活切换和调整工艺流程，避免客户需求变更导致系统不兼容。MES 系统功能如图 3-2-22 所示。

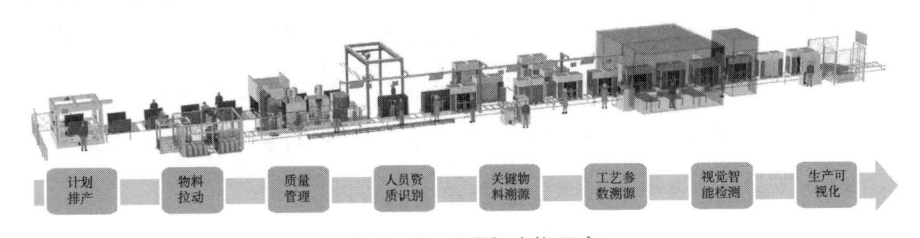

图 3-2-22　MES 功能示意

作为保障生产过程校验和追溯的基础，MES 系统能够与 ERP 系统的生产计划、BOM 及物料数据同步，并能结合 OA 系统运转流程，实现快速物料决策，并确保生产过程的物料使用和流程合规。同时，通过扫码采集产品及零部件的数据，MES 系统也实现了生产过程的透明化管理。此外，生

产执行看板能够及时、清晰地反馈计划执行情况、生产过程质量和工艺参数等信息，并可将生产过程中采集的数据形成图表，支撑可视化管理，让管理层及时有效地了解现场情况，做出合理的改善分析。各生产区域设置的电子大屏能够实时展示各产线生产状态，并推送紧急订单、生产进度、质量异常、设备异常和安全异常等信息。

（2）基于数字化系统，实现生产过程防错与追溯

天加环境借助 MES 和全流程条码溯源系统（图 3-2-23），对生产全过程的人员、物料和参数等信息进行采集和异常互锁，并在关键工序通过人脸识别"认证上岗"。同时，根据不同订单产品需求，对工艺参数实施差异化设定、系统关联和自动匹配。此外，天加环境的每条线平均质控溯源点达 100 项以上，实现了质控流转卡的电子化和 100% 异常追溯，全面支撑了企业的智能决策。

其中，MES 具有在生产过程中监控产品流转和品质的功能。通过对现场关键工艺设备的改造，结合条码来实现产品全工艺过程信息的实时反馈、自动化检验、工序互锁以及产品防错等；自动采集各岗位操作人员信息、关键设备及检测工序参数，自动判定是否合格，并通过产品条码信息进行关联，实现"人机料法环测"信息化溯源、产品全生命期透明可视，以及完备的批次管理与产品追溯。此外，产品全流程全生命期条码溯源管理系统通过企业资源管理（ERP）、制造执行系统（MES）、产品生命周期（PLM）、仓库管理系统（WMS）和售后服务系统（CSS）等获取市场、订单、生产、研发以及零部件等信息，实现从研发、生产、发货、开机调试到客户使用的全流程溯源管理，精准定位可改善点并进行改善，提升产品质量。

（3）基于定制化非标产品特点，打造智能物流体系

生产和销售能够满足客户差异化需求的定制化非标产品，需要标准化、敏捷化的智能物流体系。天加环境设计了一套从原材料采购到成品交付，具有高协同性的智能物流体系与运营模式，智能物流运营体系如图 3-

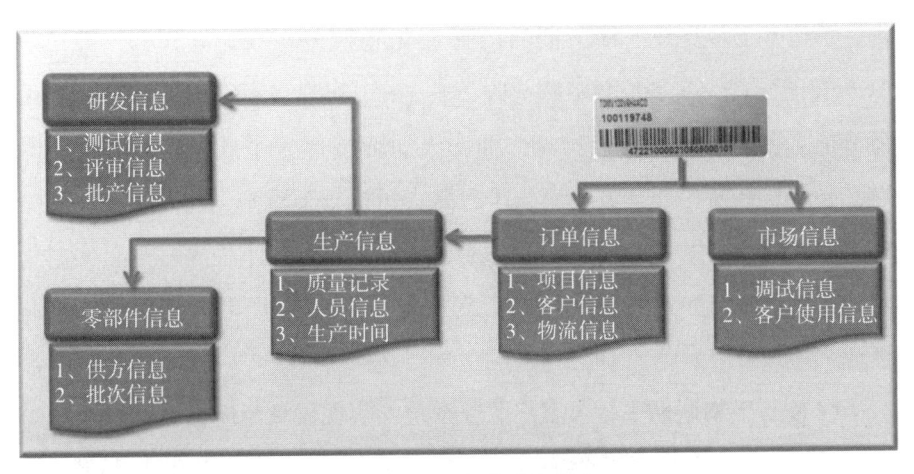

图 3-2-23 条码系统内容

2-24 所示。

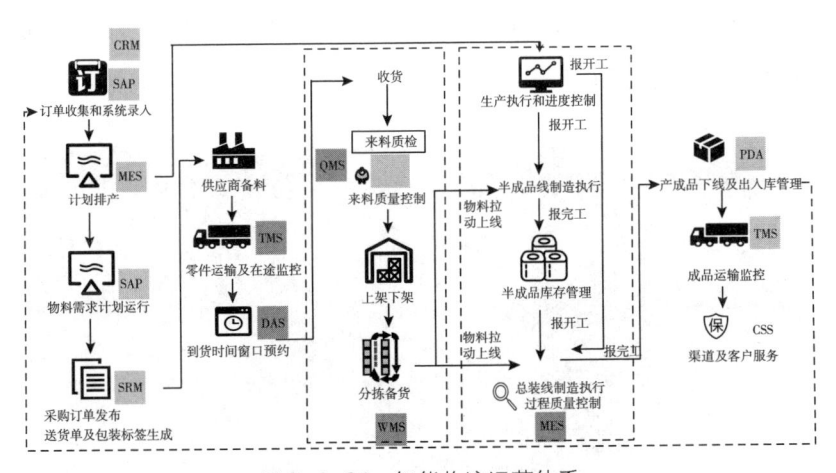

图 3-2-24 智能物流运营体系

从条码标准化设计开始，天加环境对物流区域、库区、库位条码、外购关键件本体条码、外购件包装条码、自制件生产条码和成品运输条码等进行标准化管理，应用于系统间的信息串联。供应商发货时，打印包含物料信息的条码并张贴于物料包装箱，用于物料从供应商至天加环境仓库的跟踪管控。同时，天加环境利用 WMS 系统打造了适合定制化非标产品的仓库管理模式，将原来的仓库员责任制，转变为以收货、组拖、上架、拣货、发运多工位，线上线下同步的标准化仓储流水线作业模式，并结合 AGV 智能配送，实现原材料物流收、发、存一体化流畅运行，满足生产线高节拍需求。在成品智能物流方面，天加环境部署了成品运输管理平台 TMS 系统，从货主、三方物流、承运商、司机直至客户，实现了一站式全链接。此外，TMS 系统能基于 PC 端、APP 端和微信小程序多平台实时协同，在途追踪，异常随时上报，实现从发货到签收订单全流程的标准化管理。

(4) **基于物联网平台与客户服务系统，实现质量闭环管理**

天加环境自主研发了产品物联网（IoT）平台（图 3-2-25）和客户服务系统（CSS），能够根据产品唯一条码，记录产品从发货、安装、调试、保养到维修全生命周期的使用数据。同时，通过搭载云监测模块和云监控平台与服务系统数据互通，变被动投诉为主动服务，实现了从客户投诉、根因分析到方案验证的质量闭环管理。

图 3-2-25　天加物联网监控平台

(5) **能源监控分析及环境检测，满足能源环保和安全管控要求**

通过部署天加综合能源管理平台（图 3-2-26），天加环境实现了厂内能源供需数据监控、能效优化分析、能源调度、输送配置管理以及能源消耗情况的可视化等。此外，综合能源管理平台还能实时展现各种能耗的分析图表，车间管理人员能快速发现能源使用异常并及时采取措施，降低损失。

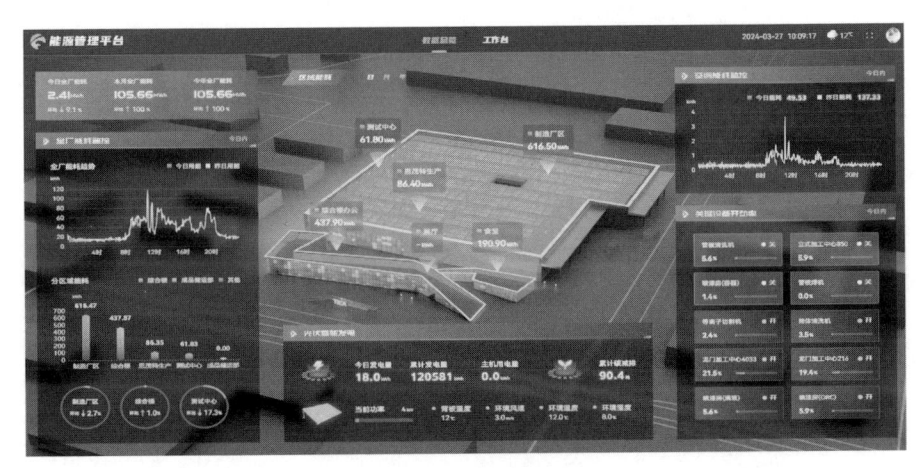

图 3-2-26　能源监控分析

同时，天加环境建设有厂区环境检测平台，能够监控重点生产区域的温湿度、PM2.5、PM10、可燃性气体、CO_2 和噪音等环境参数，实现环境参数数据收集展示、数据变化分析、周期性报表输出、实时偏离报警输出与记录等。此外，厂区污水总排口也部署了污染源自动监测监控系统，安装了污染因子自动监测监控设备，配备水质自动采样器、流量计、数采仪、分析仪和视频监控等，能够实时监测排污口水质达标情况，一旦超标就会发出预警，同时通过截止阀防止超标污水继续外排，保护水环境。智能工厂建成后，天加环境年消耗标准煤减少了 120 吨。

4. 关键指标改进效果

在开展智能工厂建设后，南京天加环境商用工厂的各项关键指标均有明显改善。

- 生产效率提升 12.6%；

- 原材料累计周转天数降低 20%；
- 订单准时交付率提升 20%；
- 质量失败成本率降低 15%；
- 产品不良率降低 30%；
- 人均产值提升 15%。

点评

> 天加环境针对中央空调产品生产制造过程中的换型频繁、配送复杂、品质难溯源、管理不透明等诸多问题，通过构建基于非标定制化产品的 MES 系统、智能物流运营体系、防错及追溯系统，以及基于物联网平台与客户服务平台的质量闭环管理体系等，建立起了具有天加特色的新生产运营模式，实现了非标定制化产品在选型、制造、物流和仓储环节的快速切换和柔性化生产。值得一提的是，为巩固空气洁净设备末端产品全球市场第一的地位，同时应对市场变化，实现从低成本向高差异的战略转型，天加环境也正在南京建立全新的非标定制产品智能工厂，并将作为标杆工厂复制到海外工厂。

| 案例 3-16 |　　中润液压：打造高端液压件生产智能工厂

山东中润液压机械有限公司（以下简称"中润液压"）成立于 2010 年，主要产品包括高压柱塞泵、多路阀、马达、减速机、变速箱等。自成立以来，公司在行业零基础条件下，整合自身产业优势资源，潜心研究，逐渐实现液压件的批量化生产，并在液压件国产化关键技术应用方面取得了突破，使得液压轴向柱塞泵、多路阀、回转马达等产品性能达到了国际同类产品先进水平。目前，公司产品生产与销售已实现多元化，实现了

大、中、小型挖掘机全系列应用，并已向徐工、三一批量供货，产品的品质、交货期赢得了客户一致好评，真正意义上打破了国际垄断。

1. 以工厂智能化为核心，引领企业高质量发展

液压技术作为传动与控制的关键技术，是工业领域广泛应用的核心技术和基础部件技术。液压件是工业强基工程中的核心基础零部件，但长期以来，国内液压件的工业基础比较薄弱，自主创新能力不强。近年来，我国陆续出台了相关政策，加快高端液压件的创新和产业化进程，支持国内自主品牌企业做大做强。此外，下游产业技术升级改造与日趋完善的环保法律法规，也推动液压元件朝着智能化、节能化、绿色化、高可靠、高质量、高稳定性等方向发展。

基于此，中润液压以"改革创新发展"为主线，以"创新驱动企业数字化转型，智能引领高质量发展"为目标，积极推进大数据、云计算、工业互联网、5G 等新一代信息技术应用，以数字化车间为载体，以工厂智能化为核心，利用先进智能制造技术改造传统产业方式，加快新产品研发速度，培植新的经济增长点，建成了高端液压件生产智能工厂。

2. 层层推进，中润液压智能工厂建设思路剖析

在智能工厂的建设和实施策略上，中润液压坚持"总体规划、分步实施、逐级推进、效益先行"的原则，在充分结合公司未来五年发展战略及产业定位的基础上，从信息基础设施建设、产品设计数字化、工艺过程数字化、运营协同数字化、生产过程自动化、经营决策智能化等多个方面重点规划，并采取"从点到线、由线及面、线面结合"的推进策略。中润液压智能工厂总体架构如图 3-2-27 所示。

信息基础设施建设：建设高性能、高可靠性、高安全、可扩展、可管理的统一网管系统及高可靠组播的统一网络，满足办公人员网络需求；针对核心业务信息系统建设私有云数据中心，实现弹性横向扩展，简化运营

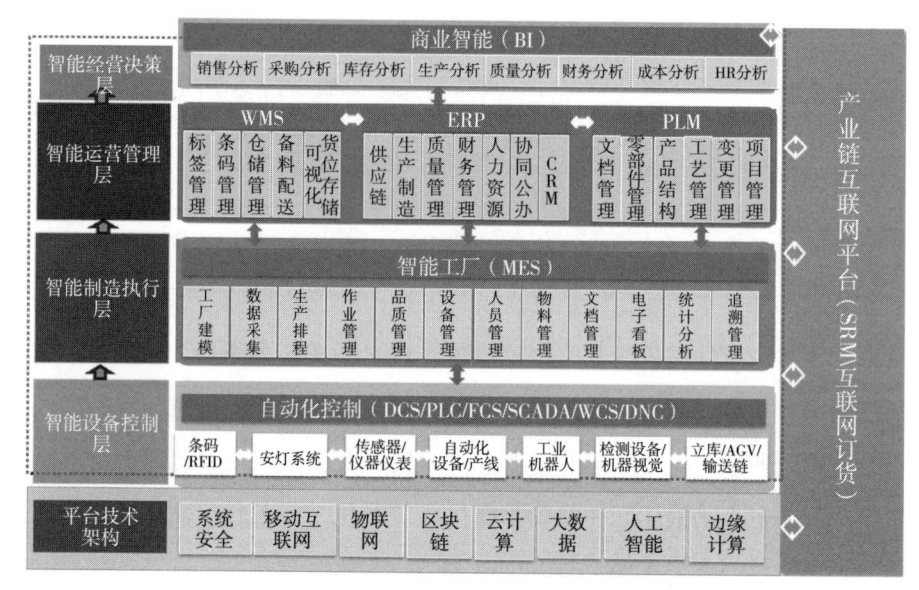

图 3-2-27　智能工厂总体架构

管理；规划并建设基于工业设备联网、数据采集的工厂内网连接平台，实现底层数据采集；加强信息安全建设。

产品设计数字化：实施推广三维设计软件应用，实现产品三维实体造型，提高产品设计质量及几何建模的自动化水平；对高端铸件、泵、阀、马达等高端液压件产品实现三维设计，实现产品三维数模的参数化、系列化，提高重用度，提升设计效率。

工艺过程数字化：在公司范围内建立统一的工艺电子数据及共享知识库，存放和管理与产品工艺管理相关的设计、工艺、工装、模具、生产制造等数据。同时在车间设备自动化、过程数据采集及数字化通信方面，实施推进 MES 系统，打造透明化数字化工厂模式。

运营协同数字化：在 ERP 系统基础上，规划并逐步实施财务、供应链、营销平台、生产制造、战略成本、资金集中管控等信息化管理系统，建立基于公司战略管控与业务单元独立运营的双重管控体系，促进企业管控模式创新。

生产过程自动化：聚焦劳动强度大并且重复、机械、危险的生产岗位，推动以机器换人为重点的智能工厂建设，实现人机交互、机器助人，提高生产自动化水平。

经营决策智能化：强化智能计划排产、生产协同、智能设备的互联互通、生产资源监测与管控、智能产品质量过程控制、智能大数据分析与决策等，打通产供销数据链，促进企业生产过程、运营决策管理、资源配置和产品全生命周期管理的优化。

3. 典型实践，中润液压智能工厂建设亮点透视

中润液压的智能工厂建设立足于高端液压件生产制造及服务运营环节，综合运用信息技术、网络技术、智能装备等先进技术手段，实现了研发、工艺、生产、检测、物流、销售、服务等环节的集成优化和智能化管理，打造了具备"设备自动互联、系统互通互享、业态集成互融"和高效、快捷特征的智能化工厂模式，并形成了以下典型应用实践。

（1）基于仿真建模技术，优化工厂车间及物流布局

在工厂整体布局及产能规划方面，中润液压依托国内专业机构，应用数字化工厂仿真软件，结合壳体线及变速箱线现有设备分布及加工能力参数，通过模块化及层次建模，利用系统对象库，建立产线仿真分析模型，并通过图形分析软件进行可视化。同时，借助实验评估，形成动态系统，对工厂及产线瓶颈进行逼真展现和分析，既能显示资源利用情况，也能暴露瓶颈及未充分利用的设备闲置情况，为优化设计提供参考。

在物流仿真应用方面，中润液压借助计算机仿真技术，对现实物流系统进行系统建模与求解算法分析。通过仿真实验得到各种动态活动及其过程的瞬间仿效记录，进而研究物流系统的性能和输出效果。不需要实际安装设备，就能形成相应的实施方案，并在此基础上分析问题，改进方案。例如，中润液压结合生产布局，特别是产品入库以及车间现场仓库布局，并根据各装配线多品种、小批次的配料特点，成功优化了 AGV 自动搬运线路。此外，AGV 通过与 MES 系统、呼叫 PDA 等集成，实现了自动叫料、

领料和搬运。

（2）基于智能装备应用及现有产线改造，提升生产效率

中润液压引入了国际领先的数控机床、检验及实验设备、壳体加工线、整体阀体加工线、变速箱生产线、伺服线生产线、发动机缸体/缸盖生产线等智能装备及自动化生产线，用以满足柔性自动化生产需求。同时，中润液压积极推动现有生产线换线改造，加强对液压铸件在熔炼、造型、制芯、浇注等生产过程中有关设备的集成应用，从数据采集、互联互通、检测、化验设备数据集成等基础环节改造入手，促进生产信息化系统与物理设备设施的深度集成，实现生产过程可视化呈现与产线全流程数字化管控。通过打造数字化产线，中润液压将设备设施单机作业模式改造升级为智慧协同生产模式，生产效率大幅提升。

（3）基于状态检测与寿命预测分析，实现刀具数字化管理

在数控机床刀具管理方面，中润液压首先建立了刀具编码管理标准，随后针对精密加工行业特点，规划并实施了刀具监测管理、刀具状态监测和寿命预测分析系统，采集主轴电流（负载）信号、位置信号、速度信号等30多个维度的数据信号，结合大数据流式处理等自学习处理算法和行业经验数据沉淀，构建了一套完整的刀具寿命预测和状态监控管理系统，实现断刀和崩刃100%监控以及磨损监控识别。同时，可提供基于刀具状态监测和寿命预测的异常停机控制，不仅使刀具成本节约30%以上，也100%避免了刀具异常带来的产品质量损失和异常撞击事故。

（4）基于工业互联网与人工智能技术，构建智能控制专家系统

中润液压利用工业互联网及人工智能技术，建立了基于液压件熔炼温度及投料控制的工业数据平台，并基于理论分析和实际生产数据，对中频感应电炉建模，实时计算感应电炉炉体上的电能损耗情况与铁水重量，自主开发构建了中频炉熔炼智能控制专家系统。智能控制专家系统在车间级特别是液压件浇铸工段负责现场数据实时采集、数据发送、数据浏览、指令下达、报警显示等工作，实现了对感应电炉运行状态的监控及优化控制。而且，该系统还能依据熔炼要求，按照牌号标准，以原材料综合成本最低为原则建立数学模型，在设定一个或多个要求后，自动生成符合条件的最优配料比例，人工只需微调和最终确认。配料计算流程如图 3-2-28 所示。

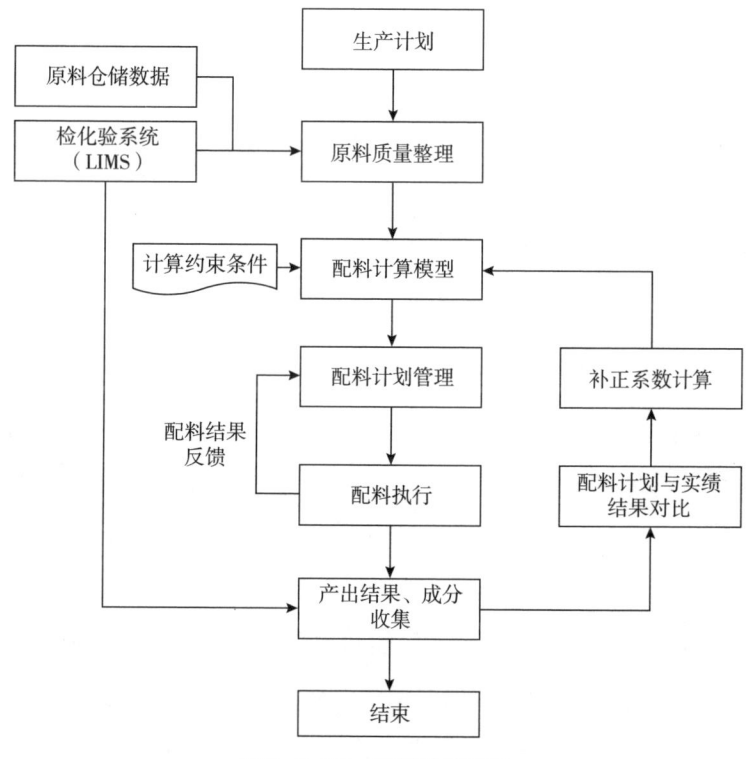

图 3-2-28 配料计算流程

(5) 基于"一键排查"安全巡检平台实现隐患排查治理

中润液压坚持"消灭一处隐患，就等于消灭一起事故"的原则，实施了"一键排查"安全巡检平台项目，不断深入、深化开展隐患排查治理工作。安全巡检平台集大数据存储、计算、分析、展示于一体，内置人工智能模型，进行模式识别、数理逻辑判断，实现对安全预警指标的高效分析和判断。安全巡检平台核心功能如图 3-2-29 所示。

首先，该平台重点解决安全隐患排查难题。员工通过 App 录入安全隐

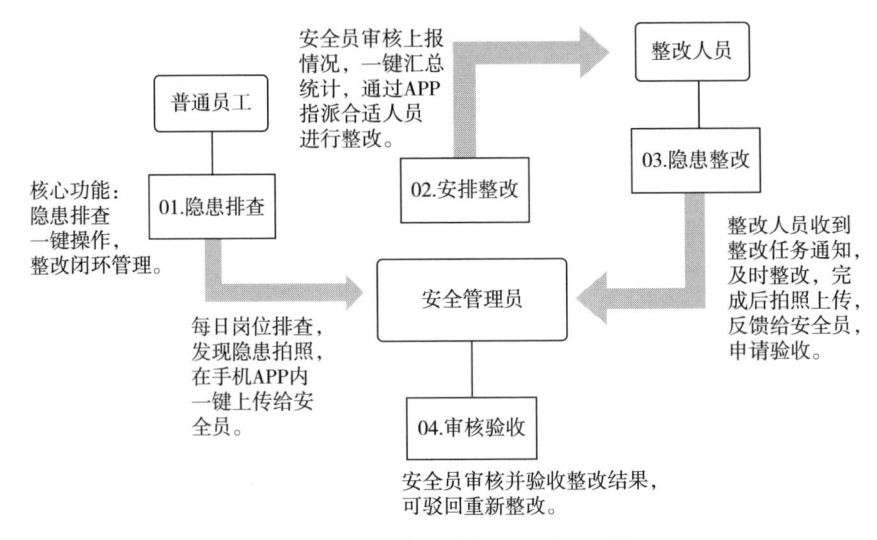

图 3-2-29 安全巡检平台核心功能

患图片和说明，实现全员"站岗放哨"；安全责任部门利用 App 进行汇总，统计当天危险源运行状况，做到及时发现、及时处理。企业负责人对审查验收事项进行现场验收，实现安全隐患"全程动态监管"的闭环管理，达到安全隐患实时"一键上传"、管理部门"一键指派"、安全生产责任在一线真正"落地有声"的目的。其次，平台实现政企"无缝对接"，全程动态监管，可一键下达整改任务，并能利用科学算法，生成企业安全指数，全面把控安全隐患，真正做到看得清、看得全。最后，借助安全巡检平台，固化安全管理流程和制度要求，真正实现安全隐患全过程管理及信息化、无纸化过程管理，防患于未然。

4. 关键指标改进效果

中润液压高端液压件智能工厂建成后，各项生产运营关键指标提升明显。

- 生产效率提升 33.6%；
- 设备综合利用率提升 10%；
- 研发周期缩短 36.8%；
- 库存周转率提升 5%；

- 订单准时交付率提升 5%。

点评

> 中润液压以"创新驱动企业数字化转型，智能引领高质量发展"为目标，积极推进大数据、云计算、工业互联网、5G 等新一代信息技术应用，通过整合车间智能化加工设备，建设集产品设计、工艺、制造、质量及供应链为一体的智能化系统，打造数据高度共享、信息高度集成的企业数字化平台，并以数字化车间为载体，以工厂智能化为核心，将产品设计、工艺过程控制、计划控制、生产管理、客户服务等业务有机统一，并加快新产品研发速度，提高新产品设计和制造质量，缩短生产订单交期，实现了由传统产业向高端产业的转型升级。

3.3 汽车及零部件

汽车制造行业产业链长、关联产业多、质量控制要求高、产品更新迭代快，且具有显著的个性化需求特征。因此，在智能工厂的建设过程中，汽车及零部件行业企业特别重视产品个性化定制、生产过程优化、供应链透明化、质量控制等能力的改善和提升。

在标杆智能工厂中，汽车及零部件行业企业普遍关注以下几方面。

一是个性化定制。构建强大的企业级 BOM 系统，实现不同配置条件的用户选配；利用大数据和 AI 技术深入了解用户的需求和喜好，为个性化定制提供数据支撑，同时通过用户画像、行为分析等手段，挖掘用户的潜在需求，为定制化产品提供方向；通过在线平台提供设计方案，让用户参与个性化定制，提高用户的满意度和忠诚度；收集用户使用数据，对汽车性能、安全和舒适度等方面进行评估，持续优化产品。

二是智能研发与创新。整车厂通过大数据和 AI 技术，深入挖掘分析市场需求、用户行为和企业竞争态势，为产品设计提供数据支撑；通过物联网、云计算等技术，采集和分析使用过程中的数据，赋能产品优化；借助数字化建模、仿真技术以及知识重用手段，实现研发及工艺的最优设计，缩短研发周期，降低研发成本，提高国内核心零部件产业链自主化程度；加速整合新型传感器、智能控制系统、先进驾驶辅助技术，推动智能网联汽车的研发设计创新；在产品上市后，通过大数据和 AI 技术持续收集用户反馈，对产品进行优化和升级，提高竞争力。

三是高度柔性自动化生产。按照模块化原则优化产线设计，实现多种产品的混线生产和快速换型；应用工业机器人及智能生产/检测设备，提高生产效率、质量稳定性，并减少人力；利用 5G 和物联网等技术实现数据实时采集、分析和可视化呈现，提高生产线的协同能力和响应速度；采用智能算法，优化生产排程和资源调度，与产线设备集成，实现柔性自动化生产；利用大数据和 AI 技术，对生产过程异常进行预测和预警，并通过自我学习和优化，使生产线能够智能调控和自主决策；利用物联网和 AR/VR 等技术实现设备的实时监控与远程诊断，减少设备的非计划性停机，保证高效运维。

四是数字化物流与供应链。在仓储与物流管理方面，企业通过自动化物流设备、自动拣选系统以及仓储管理系统（WMS）等的协同，精准管理仓库内物料，提高库存周转率和仓储利用率；通过物流大数据分析、路径优化、无人配送等技术，实现运输过程中的自动化调度、监控和优化；利用 RFID、传感器等技术，实现物流过程中的实时信息采集、跟踪和监控。在供应链管理方面，搭建供应链协同平台，实现企业与供应商、客户之间的信息共享和业务协同，提高供应链的响应速度和灵活性；利用大数据和 AI 技术，评估和筛选供应商，并对供应链各环节进行风险评估、预警和应急处理，使供应链更加稳定、可靠；应用电子采购平台和大数据分析技术，实现采购过程自动化、智能化，提高采购效率和成本控制能力。

在标杆智能工厂中，汽车及零部件行业的典型应用场景如图 3-3-1 所示。

汽车及零部件行业智能工厂典型应用场景		
数字化工艺管理	结构化工艺实现设计制造协同	基于知识与仿真的数字化设计
基于知识库的数字化工艺设计	运行数据采集赋能智能汽车研发	基于集成与知识重用的工艺数字化
基于虚拟仿真的工装夹具协同设计	基于数字孪生的数字化研发	基于AI的设计与工艺优化
数字化工厂仿真	AR/VR赋能作业培训和员工管理	基于AI的无人化检测线
基于数字孪生的产线虚实融合	基于机器视觉的防错防漏	基于AI的视觉检测
工厂仿真赋能产线优化	OTD大规模定制化生产	AI质检与根因求解
3D仿真用于工厂及产线布局规划	机器人用于故障自动检测与预警识别	机器视觉+AI
智能排产	生产实时数据集成与协同	AI+云边的质量监控
利用APS高效准确排产	智能化物料精准配送	数字化质量闭环追溯
基于自主算法的智能排程	软硬集成支撑物料按需自动配送	智能设备管理
基于AI的车辆智能调度	5G赋能自动化物流配送	设备预防性维修维护
基于AI的智能排程	数字化质量监控	设备性能实时监控、预警与诊断
数字孪生赋能智能化生产与产品性能优化	数字化在线检测	设备健康状态自动判定
数字化防呆防错	基于数字化的质量根因分析	基于AR的设备远程诊断
基于数字孪生的生产过程实时监控与优化	基于机器视觉的自动点检	AR/VR赋能设备管理与运维
基于数字孪生的产线优化	基于机器视觉的智慧品控	基于物联网的设备实时监控
基于AI的工艺调优	基于工业大数据的质量在线监测	热成像与视频技术赋能安全生产
基于AI与工业大数据的生产运营决策分析	基于AI的质量预测	基于5G+AI的安全管理
基于AI与工业大数据的工艺参数动态调优	基于AI的质检	
基于智能仓储优化库存	数字化供应链质量监控与协同	基于工业APP集成的掌上供应链
基于EDI的端到端供应链协同	数字化供应链	基于Saas的全供应链数字化赋能
数字化支撑产销一体化	数字赋能产供销平衡	基于5G的仓储管理
数字化物流追踪	基于供应链控制塔的供应链及风险应变	多系统协同的物流运输管理
基于线上线下一体化的精准营销服务	基于AI与大数据的需求预测	车辆数字化履历
基于数字化系统的订单执行可视	基于5G+AR的车辆远程诊断	
能耗监测与分析	能源在线监测与平衡利用	基于能源实时监控与多能互补的零碳工厂
数字化能源管理	基于产耗模型的能源优化与平衡利用	

图 3-3-1　标杆智能工厂中汽车及零部件行业典型应用场景

案例 3-17　渤海活塞：追求卓越品质，践行智能制造

滨州渤海活塞有限公司（以下简称"渤海活塞"）主要产品为高效率、高性能、低排放的内燃机活塞、活塞销、摩擦副等内燃机运动组件，是国内唯一一家能够全面生产供各种车辆、内燃机车、船舶、工程机械、农用机械、小型飞机等动力机械使用的活塞、活塞销等发动机运动组件的专业化企业。

1. 锐意进取，树立智能工厂建设目标

随着科技迅猛发展，技术革命和管理创新成为行业的迫切需求，而新兴技术的兴起则进一步压缩了传统内燃机行业的市场空间。与此同时，国际环境的不确定性，也给行业出口带来了巨大压力。

在此背景下，渤海活塞作为行业标杆企业，积极拥抱变革，加速推动新旧动能转换。其以"卓越品质，绿色智造"为使命，全面开展智能工厂的建设工作，全力将公司打造成轻量化、低排放的活塞、活塞销等发动机运动组件绿色生产基地，力求实现"三个三"的建设目标。

①三化建设：推进"生产制造智能化、仓库存储自动化、物流配送无人化"。

②三个覆盖：实现"智能工艺全覆盖、产品追溯全覆盖、电子记录全覆盖"。

③三个"一"：智能工厂建设实现"一人一线、一线一屏、一物一码"。即一条生产线一人操作，每条生产线配备一个PAD屏幕终端接受产品生产信息，一个产品一个二维码，实现全生命周期追溯。

2. 循序渐进，全方位构建智能工厂

渤海活塞的智能工厂建设按照总体规划、分步实施的思路展开。首先搭建智能工厂建设的总体框架，分纵横两个维度，横向集成供应商管理系

统、营销管理系统等多个业务系统，纵向分为基础环境、系统集成、业务应用和战略分析四层，如图 3-3-2 所示。

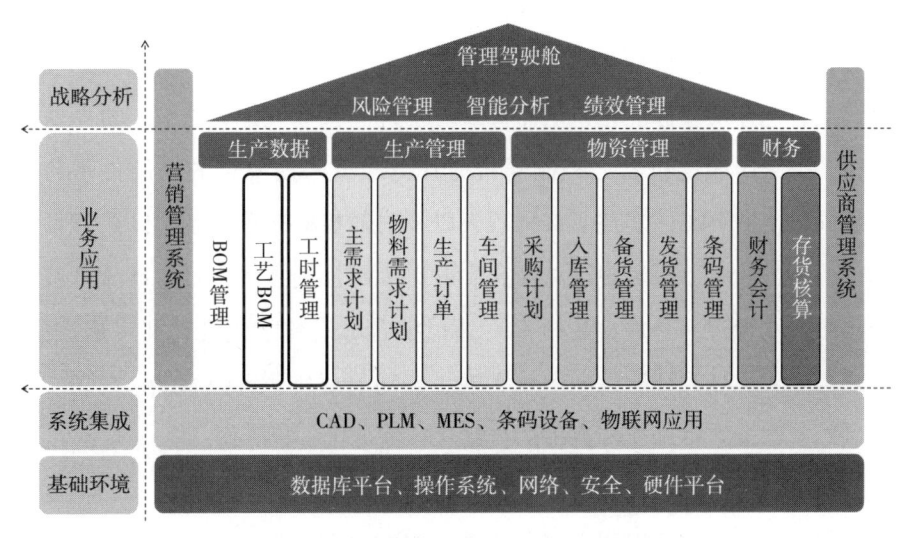

图 3-3-2 渤海活塞智能工厂总体架构

在智能工厂建设过程中，渤海活塞侧重将制造业与工业互联网深度融合，通过与工业互联网平台服务商的合作开发，整合公司现有信息化能力，利用外部客户市场需求拉动内部产品研发、生产、物料采购及仓储、发货物流等环节，并逐步上线 CAD、CAM、CAE、CAPP、PLM、ERP 及 MES 等软件。同时，辅以自动化、智能化设备及全自动产线，实现产品研发、工艺、生产和物流等全生命周期的数据集成。

3. 创新驱动，渤海活塞典型应用场景

在智能工厂的建设过程中，渤海活塞以智能制造为核心，以软件系统集成为手段，以大数据为平台，以工业互联网基础与信息安全系统为支撑，创造了多个创新的应用实例。

（1）灵活应用工业机器人构建柔性产线

渤海活塞充分结合自身工艺特点，将桁架式机器人和关节机器人融入

产线，并与数控机床等设备互联互通、协同作业，实现自动化、柔性化生产，提升了生产效率和产品质量。

渤海活塞采用了自主研发的桁架式机械手，构建了活塞桁架式机器人智能化生产线，并设计了标准化的工装夹具，在保证活塞加工精度的基础上，使各连接尺寸标准化，从而实现工装件间快速装配、工装与机床快速换模。整条产线的机器人控制系统采用开放式、模块化的软硬件平台结构，同时内嵌PLC，实现了多机器人以及与数控机床等设备之间的互联互通。控制方式上，采用现场总线和实时以太网控制技术，对整条生产线进行集中控制管理，合理分配资源。通过整合单元数字化设计和集成控制，活塞桁架式机器人智能化生产线实现了自动上下料、组合加工、自动在线检测以及物流与整个生产流程的自动化、信息化、智能化。

活塞加工过程中，上料、工位间衔接等环节对自动识别技术的精度要求极高，特别是需要识别活塞在圆周方向的角度。为此，渤海活塞还设计了结构紧凑、传动精度高、体积小、重量轻且带有标准接口的关节式机器人，提供精确的坐标参数，确保其准确夹持，提高整个生产线的装夹精度。关节机器人的应用，使得活塞生产高度自动化，作业人员与生产线之间、前后工序之间、生产线之间各个环节均保持高度协同。生产线按照统一的节拍连续运行，形成一个能够自我调节的柔性控制系统。这一系统确保生产节拍控制在28秒以内，也使整条生产线大为稳定、可靠。

（2）智能物流保证配送的及时率

为了提高配送及时率，渤海活塞建立了AGV智能物流配送系统。该系统与ERP、MES系统集成，结合活塞生产线的生产节拍，自动调度AGV小车配送生产物料。AGV小车能根据生产线的实际需求，将物料精准配送至各个生产线，实现生产过程中物流智能化配送管控，如图3-3-3。

同时，配送数据会实时反馈给生产管理系统，实现智能指令下达、智能生产执行、智能数据反馈。此外，渤海活塞还将物料管理模式由毛坯等料和拉料模式改为前置配送模式，减轻了毛坯拖运的劳动强度，提高了配

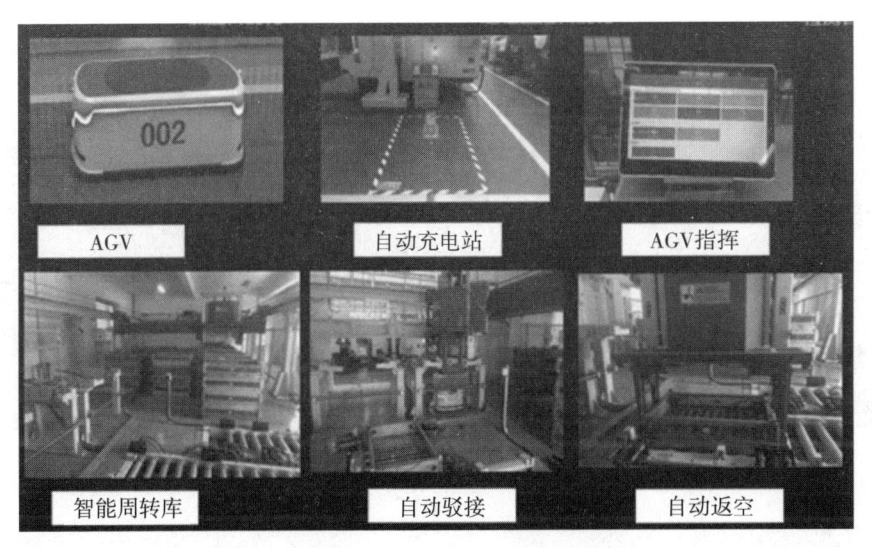

图 3-3-3　智能物流运行情况

送工作的效率。

（3）大数据采集中心辅助智能决策

渤海活塞建设的高精密产品生产线智能决策管理系统，通过全面采集机床、工业机器人、物流自动化设备以及生产过程中产生的各类数据，构建了一个全面、及时、规范、统一的实时数据中心。基于该系统，工厂对采集的数据进行全面质量分析、精益设备管理和数据趋势分析等，同时将车间的订单执行情况、生产线质量情况、设备运行情况等相关绩效指标通过数字化看板展示（图 3-3-4），实现了生产线的智能决策。

以能源监控为例，大数据采集中心实时收集、处理和分析渤海活塞产品生产和设备运行过程中的能源使用数据，包括工厂设备的能耗、生产过程中的能耗、能源使用效率等，形成全面、精准、实时的能源监控体系。在此基础上，渤海活塞深入挖掘和分析数据，清晰识别出能源使用中的瓶颈和浪费点，制定针对性的优化措施。同时，渤海活塞还建立了一套以数据为依据的能源消耗评价体系（见图 3-3-5），为企业的能源管理提供有力的决策支持。

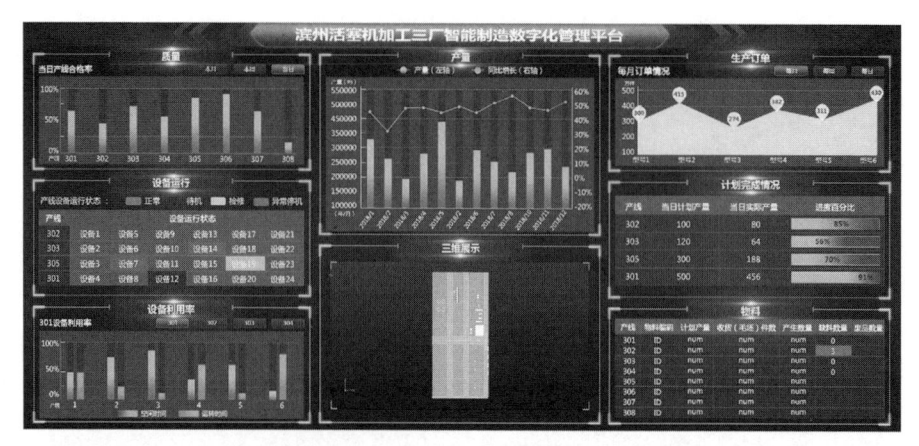

图 3-3-4 大数据采集信息中心数字化展示看板

图 3-3-5 渤海活塞用能总览

4. 关键指标改进效果

渤海活塞智能工厂建成后，各项指标均得到改善。

- 运营成本降低 20%；
- 数控化率达到 85%；
- 生产效率提高 20%；
- 能源利用率提高 13%。

点评

> 渤海活塞积极应对环境和市场的变化,将信息技术和制造技术深度融合,实现了研发、生产、物流等多个环节的优化管理,促进企业经营模式的创新,取得良好的成效,将渤海活塞持续打造成行业标杆智能工厂。通过智能工厂的建设,渤海活塞实现了"三个三"目标,总体智能制造水平提升,实现了对产品全生命周期数据实现了贯通管理,并基于此优化分析运营决策,提高了企业的核心竞争力。

| 案例 3-18 |　　蜂巢能源:打造高标准车规级动力电池智能工厂

蜂巢能源科技股份有限公司(以下简称"蜂巢能源")是一家专注于新能源汽车动力电池及储能电池系统研发、生产和销售的公司。蜂巢能源脱胎于长城汽车动力电池事业部,于 2018 年正式独立发展,致力于动力电池和储能两大业务板块。目前,蜂巢能源的主打产品包括电芯、模组、电池包及大型储能、单元储能、中型储能、家储及便携等全序列储能产品,为客户提供动力电池及储能产品的整体解决方案。蜂巢能源在江苏金坛成功打造了行业首家车规级 AI 智能动力电池工厂,为行业树立起动力电池生产制造的标杆。

1. 抢占先机,规划车规级动力电池智能工厂蓝图

相较于日韩,国内企业在数字化车间设计、产品创新研发、精益生产管理、信息技术与制造系统融合、制造装备与工业软件互联互通等方面仍有明显差距,特别是在锂电行业迈向 TWh(Terawatt-hour,万亿瓦时)时代的背景下,电池产品研制周期长、生产爬坡慢、服役安全性要求高等问

题愈发突出。

为此，蜂巢能源率先提出车规级动力电池 AI 智能工厂的建设蓝图，并以此为契机，全面推进 AI 技术应用落地。随后，蜂巢能源启动了长三角地区新能源行业首座灯塔工厂建设项目，核心目标是构建一个智能工厂技术支撑体系，实现更为智能的生产方式。此外，蜂巢能源将打造标杆示范的成果在集团的 12 个基地之间横向复制，形成了蜂巢能源智能工厂示范集群。同时，通过联合生态伙伴赋能行业上下游相关企业，快速推动了锂电行业的数智化转型升级。

2. 目标明确，探索车规级动力电池智能工厂的建设路径

蜂巢能源的车规级 AI 智能工厂围绕新能源汽车高性能动力电池设计、试验及工艺试制等产品研制阶段的主要过程，探索"集成化、数字化、网络化、智能化"的智能制造新模式，通过利用数字化仿真、AI 视觉算法、大数据分析及边云协同等先进技术，建立面向批量制造的中试研发体系，大大缩短新产品研制周期，提高了试验试制与批产工艺的一致性和稳定性，并且大幅度提高了生产效率与产品质量，持续降低了运营成本。主要建设内容如下。

数字化设计：通过研发管理系统，集成电池三维模型设计和性能仿真分析工具，实现对产品设计 BOM、设计流程、标准规范及设计过程文档的全生命周期管理。

数字化工艺：构建工艺设计与工艺知识管理系统，对工艺配方、工艺质量及作业指导书进行精细化管控。同时，标准工艺知识库的运用，有助于设计工艺高效协同工作。

数字化制造：集成各个信息系统，实现多级计划协同；通过工业物联网系统，可靠采集生产设备运行状态、检验结果和生产进度的数据；通过车间电子看板等工具进行综合集中展示和异常报警，使生产过程可视、透明，提高生产现场管控效率。

数字化质量：通过自动采集工序质量信息，蜂巢能源建立了质量全过程追溯系统，持续分析关键工序运行数据，为复杂质量问题提供多维分析手段和大数据深度挖掘支持。

数字化决策：通过构建数据中台，将研发、生产和经营数据变成资产，提供给业务决策使用；通过综合多种 KPI 以及分析和预测报表，提高洞察力和决策力，支撑企业级高层视角的作战指挥。

3. 聚焦业务，打造车规级动力电池智能工厂的标杆

蜂巢能源汽车动力电池智能工厂建设围绕多项业务活动展开，涵盖了工厂仿真、生产管理、质量管理、能耗管理和设备管理等关键环节，大幅提升了生产效率与产品质量，并形成了诸多行业领先的应用场景。

（1）应用工厂仿真技术，实现产线布局优化与虚拟调试突破

在工厂设计方面，蜂巢能源构建了各类设备、工作台和流水线等元素的 3D 模型库。基于这一模型库和工厂仿真技术，设计师能够通过拖、拉、拽的方式高效规划工厂产线布局。布局完成后，设计师利用工厂仿真软件对生产和物流系统进行验证与优化。通过仿真分析，蜂巢能源能够精准地掌握各种生产系统的产能、节拍和批量等关键指标，进而优化生产布局，提升资源利用率和整体物流效率。同时，这种仿真分析还能够帮助企业在考虑不同订单大小和混流生产的情况下，制定更加科学合理的生产和物流策略。

在产线设备设计阶段，蜂巢能源通过模拟生产制造系统，对设备运行动作过程进行模拟仿真，有效验证了干涉等问题，并对运动仿真、人机工程仿真等进行了深入分析和优化。此外，企业还可以基于工厂仿真软件与电气控制程序联通，在虚拟环境中进行虚拟调试，大幅缩短了现场调试时间，如图 3-3-6。

（2）基于数字孪生技术，实现工厂的智能运维

蜂巢能源基于数字孪生技术，构建了以几何模型、机理模型、数据模

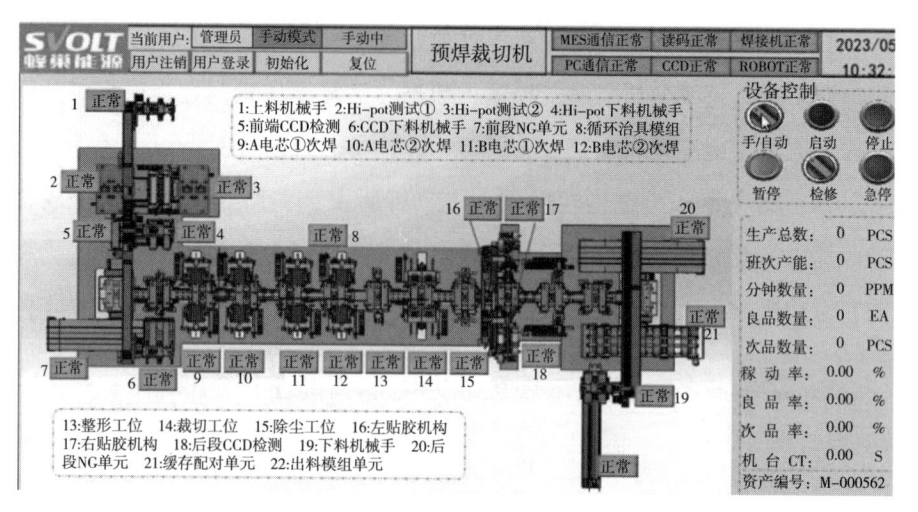

图 3-3-6 设备虚拟调试

型和业务模型为基础，集安全、生产监控和设备监控为支撑的数字孪生平台，并通过业务联动模拟仿真或预测，逐步实现工艺仿真、制造仿真验证和调试的目标。图 3-3-7 为蜂巢能源基于数字孪生的工厂智能运维总体规划。

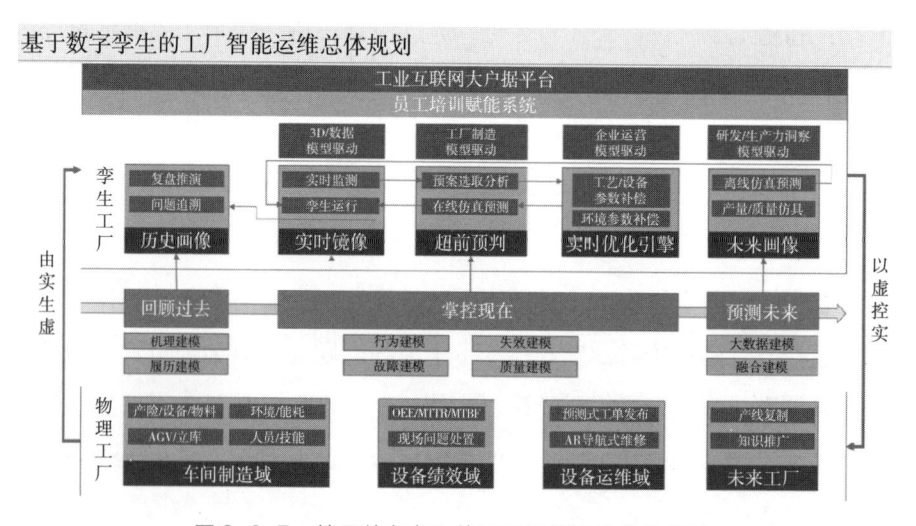

图 3-3-7 基于数字孪生的工厂智能运维总体规划

该数字孪生平台分为漫游和孪生两种模式。在漫游模式下，通过平板、手机或键盘鼠标操作，访客可以沉浸式参观产线，近距离查看设备的实时生产状态，了解产线、设备、产品、AGV 和环境等基本信息。在孪生模式下，通过大屏或电脑监控设备运行状态，工厂作业和生产管控人员可以及时了解产线与设备的运行参数和故障情况，并能够对设备故障进行追溯与分析。

（3）运用 AI 与大数据技术，实现产品高效质检与在线检测

在 AI 质检方面，蜂巢能源通过在生产线上安装大量传感器，实时探测生产设备的温度、压力、热能、振动和噪声等关键参数，利用大数据分析技术实时监控整个生产流程，一旦某个流程偏离标准工艺，大数据监测系统能够迅速告警并预判。结合 AI、机器视觉、工业大数据以及边缘计算等先进技术，蜂巢能源开发应用了一系列针对锂电制造特色场景的算法，包括涂布面密度调优（涂布面密度原因分析，见图 3-3-8）、涂布滤芯寿命预测、搅拌传动预测性维护、焊接质量检测等 20 余项 AI 和大数据分析算法，实现了智能化与制造系统的深入融合，制造资源利用率提升 20%，工序良率提升 5%，AI 检测不良品实现了零漏杀，大大提高了产品的质量。

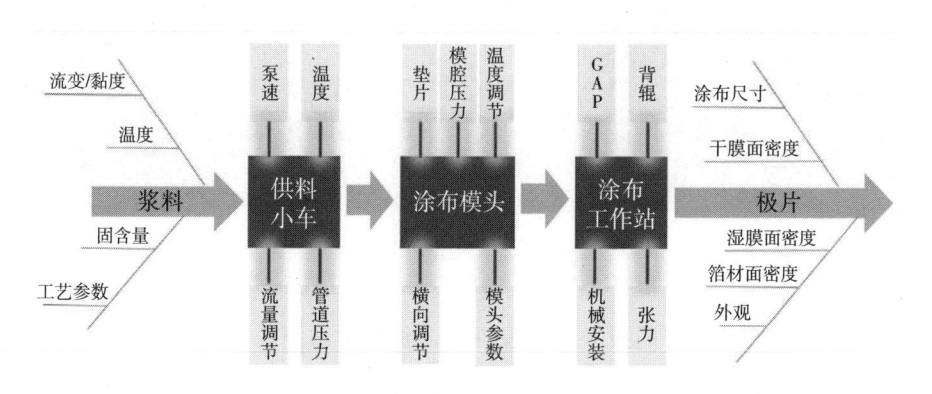

图 3-3-8　涂布面密度原因分析

在线检测方面，蜂巢能源的质量管理系统与化验设备无缝集成，使得检测过程更加高效和准确。蜂巢能源将统计过程控制（SPC）技术用于监控和分析生产数据，实现了产品质量全程追溯。

(4) 打破能源数据孤岛，实现设备能耗管理与优化

蜂巢能源根据制造特点和需求，部署了能源管理系统 EMS（图 3-3-9），对能耗数据进行自动采集、统计与分析。同时，通过 EMS 与 IoT 工业互联网平台的结合，企业打通了能源相关的光伏、储能、MES、MDM 和钉钉等系统，打破能源数据孤岛，实现能源数据的统一整合与统一管理。此外，通过在设备端安装计量仪表和传感器等，企业构建了传感网络进行能耗监控，以便合理调度能源，并开展能源分析。通过监控系统及生产系统获取各种能源介质的消耗和库存数据，蜂巢能源实现了能源消耗动态过程的数字化、可视化和可控化。

图 3-3-9　EMS 平台

(5) 利用云边协同技术，实现设备远程故障预测与诊断

电池产线工艺复杂，设备自动化程度高，一旦设备停机，造成的产能损失较大。为此，蜂巢能源建立设备预测性维护平台，实现对关键设备核心部件的远程监控和故障预测。同时，通过全面赋能"5G+设备预测性维护"的相关应用，蜂巢能源实现全方位、多角度的海量设备数据采集，推动了设备安全维护由被动向主动、粗放向精细的转变。基于预测性维护

SaaS 平台（图 3-3-10），蜂巢能源根据设备检测点的现场反馈，并利用大数据技术深度分析，发现设备运行的潜在问题并作预测。同时，把设备的实时运行数据同其特有运行模式比对，发现系统行为的细微差异，从而对设备可能存在的问题提前预警，帮助用户实现预测性运维。

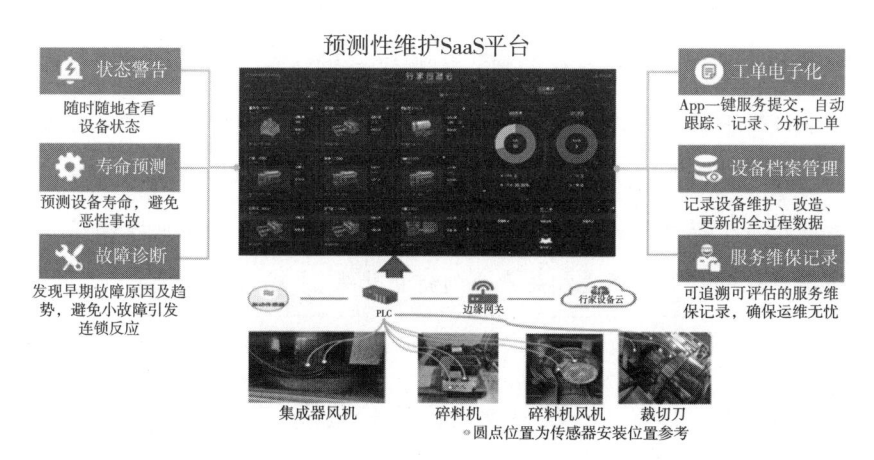

图 3-3-10　设备预测性维护总体架构

4. 关键指标改进效果

蜂巢能源车规级动力电池 AI 智能工厂建成后，各项指标均有明显改善。

- 生产效率提升 5%；
- 设备 OEE 提升 2%；
- 质量不良率下降 2%；
- 单位产值耗能下降 6%；
- 运营成本下降 5%；
- 人均产值提升 15%；
- 订单准时交付率提升 1%；
- 全员劳动生产率提升 5%。

点评

> 当前，新能源电池制造行业正面临技术升级、成本优化和市场竞争等多重挑战。为应对这些挑战，蜂巢能源积极推进智能工厂建设项目，采用工厂仿真、数字孪生、人工智能及大数据等前沿技术，实现全生命周期的智能化管理。这些技术的融合应用不仅提升了蜂巢能源自身的竞争力，也对行业内其他企业产生了积极影响，一方面，蜂巢能源智能工厂的成功经验可以推广复制，带动整个行业的智能化水平提升；另一方面，蜂巢能源智能工厂的实施也拉动了上下游产业的发展，促进相关产业创新和升级。

| 案例 3-19 |　　一汽—大众青岛分公司：智能工厂决胜之道

一汽—大众汽车有限公司青岛分公司是一汽—大众在全国第四个生产基地（以下简称"一汽—大众华东基地"），于 2018 年 5 月全面建成，规划产能 30 万辆/年，当前主要生产全新一代宝来、奥迪 A3 Sportback（两厢）、奥迪 A3 Limousine（三厢）等车型。华东基地是一汽—大众最先进的整车生产基地之一，拥有汽车智能制造的最新技术以及完整的整车制造四大工艺，打造了世界级的数智工厂典范，引领汽车制造业向更加高效、智能的未来迈进。

1. 自我超越是智能工厂升级的决胜密钥

一汽—大众华东基地一直以来面临来自"成本、效率、质量、体验提升"四大核心指标的压力，以及产线运行效率提升、生产工艺优化、生产成本控制、产品品质提高以及管理效率提升等挑战。同时，随着智能制造和双碳等国家战略的陆续走深向实，更需要制造企业主动出击，在数智化转型、节能减排、绿色制造等领域发力。因此，在中国一汽提出数智化转型大背景下，一汽—大众华东基地通过智能工厂建设项目提升公司自动化、数字化、智能化水平，打造华东地区样板智能工厂，并不断自我超越，提高生产效率，降低运营成本，减少污染排放，实现工厂数智绿色生产。

2. 深入布局是构建智能工厂的决胜策略

一汽—大众华东基地以打造世界一流的高品质、高效率"数智工厂"为目标，聚焦"智慧物流、智能制造、整车交付、质量管控、职能管理"五大创新中心建设，并依托企业资源管理层（ERP）、制造执行层（MES）、过程控制层（Process Control System，PCS）的"三位一体"系统架构，实现基于数据驱动的生产流程变革。一汽-大众华东基地智能工厂架构如图 3-3-11 所示。

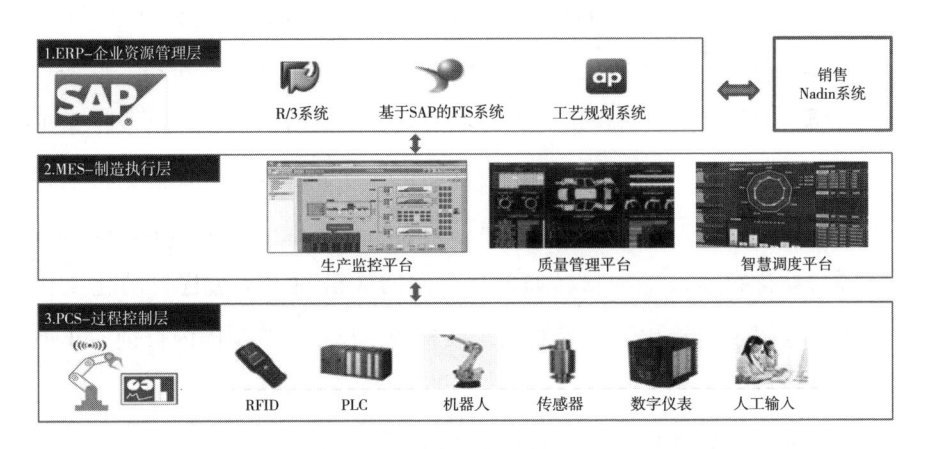

图 3-3-11　一汽—大众华东基地智能工厂架构

"数智工厂"建设以网络化协同、个性化定制、服务化延伸等新模式为抓手，推动设备数据互联互通、生产过程信息透明、现场管理安全可视、物料仓储智能调度、能源消耗智慧调节、客户需求敏捷响应，逐步实现从研发、运营、生产、物流到服务的全流程数字化管控。此外，通过系统的大集成，一汽—大众华东基地打通了"研发—规划—生产—发运—销售"的上下游产业链，实现了高效的协同合作，也进一步推动工厂向"数字经济+智能制造"融合的智慧工厂迈进。

3. 创新实践是探求智能工厂的决胜基石

一汽—大众华东基地通过采用数控技术、中央控制系统、机器视觉、人工智能等先进智能制造技术和管理模式，实现了研发、运营、生产、物流及销售服务的深度融合，展现了行业领先的智能制造应用实践成果。

（1）构筑高效自动化生产线

一汽—大众华东基地是行业内的标杆智能工厂，其冲压车间拥有目前世界上最先进的舒勒冲压伺服压机线，该生产线可实现100%自动冲压，最大冲程可达17次，并且能在3分钟内完成自动换模。华东基地的焊装车间使用了1036台机器人，焊接自动化程度达到100%，实现了自动点焊、自动螺柱焊、自动涂胶、自动冲铆、在线测量等。涂装车间则应用了139台机器人，使得输送和喷涂自动化，油漆车身在线自动识别缺陷、自动打磨。总装车间使用人机协作机器人，机器人和工人协同作业，其中拧紧工艺实现输送、拧紧、检测、目视化全自动化，拧紧工具校验及数据传输存档一体化。一汽—大众华东基地在推进智能制造过程中，在汽车行业首创了多项自动化技术改造项目，如焊装车间的天窗顶盖全过程自动化工作岛、涂装车间多功能PVC以及自动工装检查工作站等三项国内首创多车型柔性自动化技术。

（2）数字化赋能拧紧工艺的创新实践

螺栓拧紧是总装工艺中重要的装配工艺之一。在底盘结合工位上，一汽—大众华东基地采用了国内先进的整体式底盘结合方式，当车身到达拧紧工位后，高精度拧紧轴会对底盘进行自动定位，并在工位屏幕上显示当前的拧紧位置、要求以及所使用螺钉的零件号等作业信息。当拧紧网络系统接收到拧紧任务后，通过拧紧电枪实施作业，拧紧数据会自动储存并上传至生产控制系统（Fertigungs Informations und Steuerungssystem，FIS），同时将拧紧质量数据反馈在工位屏上，实现了螺栓拧紧过程的质量监控，也极大地提高了扭矩管理的效率，如图 3-3-12 所示。值得一提的是，拧紧数据在 FIS 系统中可保存 15 年，即使汽车在使用多年后出现问题返修，也能在 FIS 系统中查看历史拧紧数据，实现精准维修。

图 3-3-12　数字化拧紧

（3）应用 AGL 立库、AGV 等实现智能物流

通过建设卡车自动调度系统、AGL 立体库以及 AGV 物料自动运输系统，一汽—大众华东基地实现了零件上线自动化，不仅降低了人工成本，也提升了管理效率。图 3-3-13 为生产现场的物流场景。

入场物流-车辆自动调度 　　　场内物流-自动存放立体库 　　　场内物流-AGV小车配送到工位

图 3-3-13　智能物流场景实践

在入厂环节，通过卡车智能调度系统，基地实现了卡车从停车场到卸

货位的自动调度，既降低了现场人工工作量，也提高了现场卡车管理效率。

在存储环节，基地采用双深位货位和双托盘型号的设计，自主投资建设了物流自动化立体库，配置 11 台堆垛机、输送线和 7891 个高架仓位，并通过自动扫码和称重检验技术，实现了自动收货和出入库。

在零部件上线环节，基地应用了 AGV 物料自动运输系统，包括三组中控系统，牵引式、后牵引式、潜伏式三种型号的 AGV，以及与 AGV 对接的 51 组自动化机构。当生产网络下发配送指令后，197 台 AGV 小车按照 21 条路线将物料智能化配送到指定工位，场内物料配送全程智能化。

（4）"E 修"App 实现设备维修精细化管控

为解决设备维修面临的维护设备繁多、信息传递缓慢、成本管理粗放和作业量无法自动统计等问题，公司推出了创新的"E 修"App（图 3-3-14）对设备开展预防式维护保养。该 App 作为设备管家，汇聚了报修管理、预防维修、故障处理、安全管理、任务管理、交接班管理、设备知识档案及数据分析等多项功能，实现对设备维护工作的全面覆盖和高效管理。并且，公司通过在部分关键工位采集电流、温度等数据，同时利用故障大数据，探索实施了设备的预测性维修，既提升了维修人员的效率，又实现了设备维修的精细化管控。此外，该 App 还构建了维修人员技能提升的智能化平台，标志着公司维修体系的一次革命性创新。

（5）构建以客户为中心的大规模定制化生产模式

华东基地生产的车型，均可以利用一汽—大众超级 App 在线下单（图 3-3-15），可定制项目包括内饰、外饰、发动机等，大到车身颜色，小到轮毂样式等车型配置，均可以快速响应客户定制化需求。个性化定制订单需求到达工厂后，驱动 ERP、MES、PCS 的集成化运作，根据 PR 号匹配对应的配置进行生产，快速响应不同用户的不同需求，构建了以客户为中心的大规模定制化生产模式，实现了精准服务、定制服务和协同服务，提升用户购车、用车的全过程服务体验。值得一提的是，客户可通过视频查

图 3-3-14　E 修 App

看并了解定制车辆的生产工艺；在车辆生产完毕、交付物流之后，客户也可以通过 App 实时查看车辆的运输状态和送货信息。

4. 关键指标改进效果

一汽—大众华东基地智能工厂建设完成后，主要收益体现在产能提升、人员效率提升和成本优化等方面。部分指标提升如下。

产能提升：工厂整体产能提升 8%（每小时多生产 5 辆车），生产效率提升 9.7%，产品不良品率下降 0.5%。

成本优化：年运营成本降低 3500 万元。

人效提升：优化直接人工岗位 133 人，经智能工厂项目后，华东基地

图 3-3-15　超级 App

在汽车行业劳动生产效率达到全球前 30%。

点评

> 　　华东基地作为一汽—大众最先进的整车生产基地之一，为深化汽车行业数字化转型，正积极推动数字化场景的广泛应用，旨在构建行业领先的灯塔式场景，力求在人员效率、运营成本、工艺创新和产品质量等关键领域达到全球汽车行业的顶尖水平。华东基地以科技创新推动产业升级，汇聚了汽车制造的尖端技术，引领制造业未来发展方向。

| 案例 3-20 |　　奥托立夫：打造领先的汽车安全系统智能制造工厂

南京奥托立夫汽车安全系统有限公司（以下简称"南京奥托立夫"）

是全球领先的汽车安全系统供应商瑞典奥托立夫（Autoliv）集团在南京设立的专门生产汽车安全带的全资子公司，主要从事高端汽车乘员安全装置总成件和零部件的研发生产，产品包括卷收器、锁扣、烟火式预紧装置（Pyrotechnic Lap Pretensioner，PLP）、高度调节器、安全带总成、断电安全保护开关（Power Supply Safety Switch，PSS）等。奥托立夫于1990年在南京建厂，南京奥托立夫于2009年实现独资经营，主要客户包含国内外多家知名传统车企及主要新能源车企。

1. 迈向智造，变革制造模式让"智驾"更安全

近十年，中国汽车产业规模不断扩大，汽车产销量稳居全球第一，成为全球最活跃的汽车市场。汽车工业作为制造业代表性产业，在技术变革趋势中始终处于引领地位。与此同时，工业互联网、5G、人工智能等诸多新兴技术在汽车工业的发展过程中都得到了广泛应用，正在引发对产业形态、商业模式、业务运营、决策方式、组织形态、企业文化等各方面的深刻变革与影响。

而且，随着汽车的电气化和自动驾驶水平不断提高，不仅对汽车安全系统提出了新的要求，奥托立夫也迎来智能驾驶时代下对安全产品功能、舒适性和定制化的新挑战。为了应对这些挑战，奥托立夫需要与行业同仁共同努力，开发出更先进、更智能化的汽车安全产品，以满足多元化的市场需求，并契合行业发展的"电动化、网联化、智能化、共享化"新四化趋势。

基于此，奥托立夫近年来在中国大力推进数字化转型战略，并将集团在中国设立的第一家安全带工厂——南京奥托立夫，打造成为了满足产品可定制性、设计协作、供应敏捷性、制造灵活性、自我服务、决策与预测智能等目标的智能工厂。

2. 总体谋划，构建汽车安全系统智能制造工厂

南京奥托立夫智能工厂通过导入精益生产理念夯实了数字化、智能化基础。运用"六图法"，该工厂通过战略地图明确了发展方向与目标，通过业务地图梳理了企业实际业务并分解形成行动计划，通过需求地图分析了业务痛点与问题并提出满足业务需求的改进点、优先级及资源匹配，通过应用地图识别和应用数字化技术并形成了数字化项目，通过算法地图构建了数据模型实现了数据分析，通过数据地图打造了数据资产工具、建立了数据驱动的企业。这一系列方法论的应用，帮助企业打造了一套可执行落地的数字化、智能化建设方法体系，形成了南京奥托立夫智能工厂建设的总体方案，如图 3-3-16 所示。

图 3-3-16 南京奥托立夫的数字化、智能化工厂

这其中，南京奥托立夫智能工厂以"一核心一底座一闭环"构建工厂的核心数字化能力。

以数据为核心：通过集成工厂现场数据及各项业务应用，实时采集生产运营数据，通过多维度参数全局监控工厂运营水平，并能对异常实现快

速、精准决策与干预，打造数据驱动业务智能与高效的自主平台。

以工业物联网（Industrial Internet of Things，IIoT）**为底座**：通过物联网平台架构及机器对话（Make Machine Talk，MMT）系统、参数管理系统等，为设备提供边缘的数据采集与存储服务，并在边缘侧进行数据清洗、加密和传输，将生产相关数据可视化，实现设备远程故障监控、设备互联，让设备更高效、更智能。

打造工厂全流程信息闭环：在精益化和自动化的基础上，强调互联互通，通过IT与OT融合，实现信息流、物流和生产设备的互联互通，打通制造、供应链、质量、物流等核心业务，构建基于"人、机、料、法、环"的精益数字化工厂。

3. 亮点鲜明，透视南京奥托立夫智能工厂建设实践

南京奥托立夫智能工厂围绕精益驱动、自动化提升、数字赋能，以云计算、大数据、物联网、人工智能（AI）等技术为支撑，基本实现了IT与OT的深度融合；通过硬件、软件的智能化能力提升，借助PLM、智能报警监控系统（Advanced Telematics and Remote Alarm Monitoring System，ATRAQ）、精益执行系统（Leading to Lean，L2L）、管理报告系统（Management Reporting System，MRS）、参数管理系统（Parameter Management System，PMS）、统计过程控制（SPC）、AGV、WMS、供应链管理系统（Supply Chain Management System，SCMS）、供应商交互系统（Logistics Information System，LIS）、商业智能系统（BI）等的应用，建立了涵盖研发、制造、质量、销售、物流、服务六大环节的一体化智能工厂生态。同时，在建设过程中，南京奥托立夫智能工厂探索并形成了多项创新性的场景化应用与实践。

（1）应用智能装备及产线，实现设备智联

奥托立夫基于智能制造建设目标，从11个维度勾画出了智能产线的能力"画像"，包括自动化、状态监控、连通性、AI、任务管理、设备管理、

标准管理、XR、过程管控、物料管理、数据治理。基于此，南京奥托立夫于 2020 年开始实施自动化战略，在精益的基础上不断推进自动化设备和产线的建设以及其他线体的改造升级，并且分阶段引入 AGV 用于实现生产线工序间以及产线与仓库之间的成品、半成品、零件以及空箱的智能搬运，让产线更柔性、更智能、更高效，成本更节约。奥托立夫智能产线建设目标如图 3-3-17 所示。

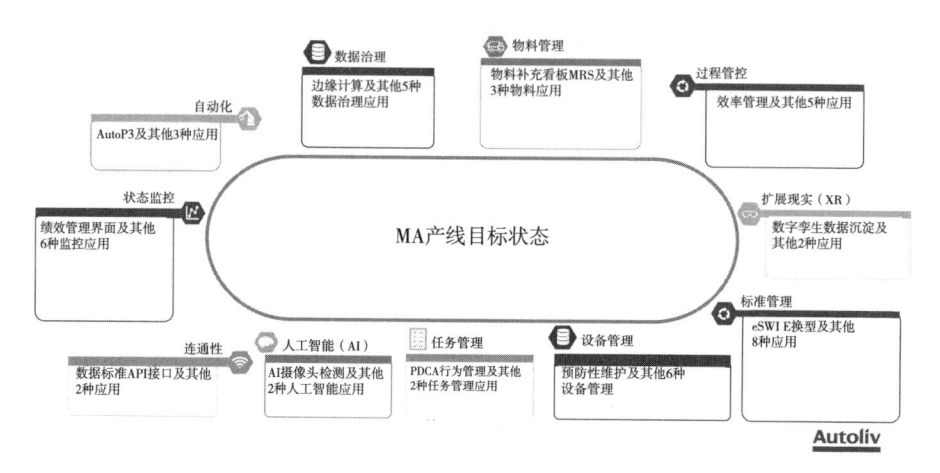

图 3-3-17　奥托立夫智能产线建设目标

在设备联网、监控与工业物联网（IIoT）的应用方面，南京奥托立夫自研了 MMT 和参数管理系统。通过物联网、工业网关、边缘计算等技术，将软硬件与底层自动化控制层连接，实现数字化系统与设备及生产线间的紧密联动，工厂能够直接采集设备运行参数和实时产量等相关数据并清洗，将设备状态与趋势、实时产量等数据以可视化的方式展示给现场各层级管理人员，帮助管理者实时了解生产状态，并为其提供决策依据。物联网平台界面如图 3-3-18 所示。

（2）数字化端到端供应链，实现智造协同

南京奥托立夫的数字化物流与供应链建设，贯穿了从客户到内部环节再到供应商的信息交互的方方面面，建设内容覆盖客户预测评估、中长周期产能规划、库存控制、采购计划及成本集约、供应商交付绩效、运输管

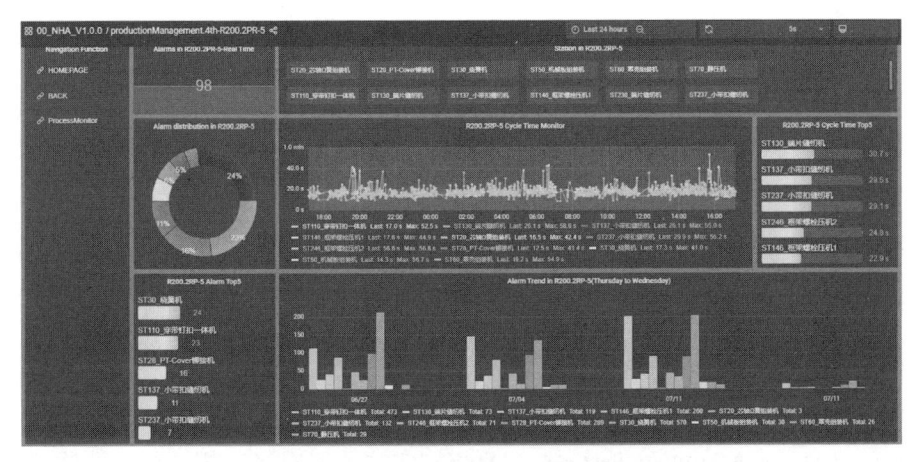

图 3-3-18 南京奥托立夫自研的物联网平台

理、包装管理等，并能够借由 AGV、仓储管理系统、数字超市、电子墨水屏等数字化技术的应用，实现精准拉动式物料管理，打通了仓库与生产现场，大幅提升了管理效率与库存周转率。物流系统架构如图 3-3-19 所示。

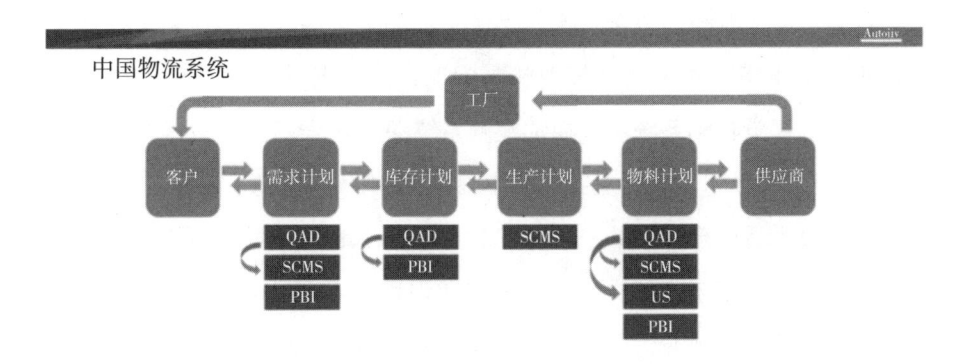

图 3-3-19 南京奥托立夫从客户到内部环节到供应商的物流系统

而且，基于 IT/OT 集成联动打造的统一数据平台，工厂还能够按照各层级管理需求，构建营销、采购、物流、制造、财务等业务数据的分析模型和可视化管理驾驶舱，并通过多维度全局监控工厂运营水平，对异常实现快速、精准决策与干预，实现了数据驱动的业务分析与智能决策。

围绕生产制造的关键环节，南京奥托立夫智能工厂还开展了参数管理系统、Auto SPC、智能报警监控系统（ATRAQ）、叉车安全等多项数字化应用实践，实现了供应链与智造的高效协同。其中，参数管理系统可以将现场设备中的参数值与数据库中的设定值进行实时对比，如有异常会实时报警并自动推送通知，并实现 100% 的参数变更控制。Auto SPC 则用于在生产过程管理中分析管理产线变化点，当数据发生异常波动时（如零件批次间差异/工艺设定参数改变/设备调整变化点等），能够通过与 L2L 平台的关联，自动发送信息给相应负责人。ATRAQ 系统实现了对物料、生产过程、包装的全面追踪。叉车安全借由工业车辆高级驾驶辅助系统（Advanced Driver Assistance Systems，ADAS）实现，可对叉车周围的人、物等实时检测、识别、跟踪并进行位置探测，在预测到潜在危险情况时进行声光电告警并输出信号进行控速，有效防止车辆碰撞等事故发生，避免因安全事故造成的生产延误。

（3）应用 AI 和 RPA 技术，迈向工业智能

针对产品检验较为复杂，普通摄像头性能无法满足复杂性要求，且专业的视觉工业相机成本较高等现状与问题，南京奥托立夫自研了一套经济、可靠的视觉检测系统。该视觉检测系统深度融合了传统机器视觉技术和 AI 深度学习技术，并在奥托立夫中国区 AI 团队的协助下建立了 AI 训练平台，通过大量生产数据的采集与实时更新，不断优化智能检测模型。它基于"普通工业相机+AI 平台"，采集和识别产品类别信息、缺陷位置、缺陷类别等检测结果并进行反馈，提出预警并控制现场设备进行处理，不仅抽样检测准确率达 100%，而且成本更低。南京奥托立夫人工智能系统架构及软硬件部署方案如图 3-3-20 所示。

在安防方面，针对仓库作业过程中的危险操作以及不规范操作行为，工厂通过高清摄像头、边缘计算及云的组合，进行高危动作识别，并通过 AI 实现动作模型训练，不断完善危险操作的识别精度，不仅提高了安全风险预警的实时性和准确性，也降低了人力成本。

此外，南京奥托立夫还积极探索和落地机器人流程自动化（Robotic

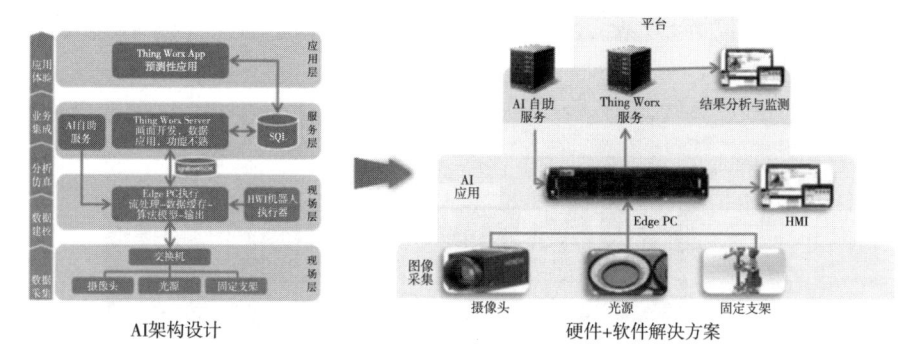

图 3-3-20　南京奥托立夫人工智能系统架构及软硬件部署方案

Process Automation，RPA）技术应用，用于抓取客户订单预测信息，并且 RPA 可以与 ERP 导出的预测数据进行比对和自动识别差异，从而提高了客户订单预测的准确性。同时，通过 RPA 的应用，公司还实现了自动整理数据表格和零件的快速查询，替代了人工查询的繁杂步骤。不仅如此，该技术还大量应用于考勤数据抓取、各类报告输出等智能办公场景，大大提升了办公效率。

（4）数字化能源监控，实现能耗节约

电和气是南京奥托立夫工厂最大的高耗用能源。为此，工厂一方面应用智能电表系统，为各主要部门提供设备电量消耗的基础数据，并为节能减排提供依据；另一方面应用气量管理系统（图 3-3-21），对关键设备如空压机进行气量监控，为各个空压机的使用效率提升以及产线跑冒滴漏改善提供依据。通过对电表与空压机进行数字化监控，工厂实现了能源利用高效化、能源消耗节约化。

4. 关键指标改进效果

南京奥托立夫积极拥抱数字化技术带来的成果相当显著，具体如下。

- 生产节拍提高 2.4s；
- 产能提高 30%；
- 空压机用气量降低 20%。

图 3-3-21　南京奥托立夫空压机气量管理系统

点评

　　事实上，南京奥托立夫的数字化、智能化建设起步较晚，于 2021 年才正式开启智能化工厂建设之路，但短短数年间在自动化、数字化、智能化建设上成效显著。这主要得益于南京奥托立夫坚持数字化转型战略规划与执行落地并重，以数据为核心、以 IIoT 为底座、以工厂全流程信息闭环打造工厂核心数字化能力，同时借助 AI、机器视觉、云计算及多种新兴技术的应用和整合赋能智能工厂迈向转型快车道。此外，在文化上，南京奥托立夫将精益与数字化"一体两翼"融入企业和员工血液，以"组织+人才+文化"保障智能工厂建设持续推进。依托数字化、智能化的推行，南京奥托立夫构建了 IT 与 OT 深度融合的数据驱动型企业，在多变的市场中赢得了主动和先机。

| 案例 3-21 |　　双环传动：引领齿轮智能制造的未来工厂

浙江双环传动公司（以下简称"双环传动"）成立于 1980 年，是全球领先的汽车零配件齿轮供应商。公司已形成涵盖传统汽车、新能源汽车、轨道交通、非道路机械、摩托车及沙滩车、电动工具、工业机器人等多个领域、门类齐全的产品结构。目前，双环传动已成为全球齿轮行业产销量、市场占有率最大的齿轮散件生产企业。

1. 打破传统桎梏，迈向智能制造转型之路

汽车齿轮既是安全件也是精密件，性能要求非常高。因此，产品的工艺设计复杂，设计周期较长，并且加工工序繁多，包括锻造、热处理、车削、滚/插齿、磨削等多个环节。这些工序对制造设备、加工工艺及能源供应提出了较高的要求，成为长期困扰行业的挑战。作为行业领军企业，双环传动也面临机加设备互联互通难，工序复杂生产调度复杂等问题。此外，物流信息化水平有待提升以及信息孤岛多等问题也是亟待解决的难题。

2. 整体布局谋划，打造齿轮制造未来工厂

双环传动未来工厂采用"1+4+1"的新模式，即建设一个企业智能大脑，打造数字化设计、智能化生产、绿色化制造、精益化管理四项能力，突出模型化发展模式，解决高精度制造技术与柔性生产、高效网络通信与安全、产品质量全周期管理等需求。双环传动围绕精益驱动与数字赋能，以 5G、边缘计算、工业互联网、数字孪生、大数据与人工智能等新一代信息技术为支撑，旨在达到 IT、ET、OT 的高度融合；通过产业链内外协同，建立集研发、制造、质量、销售、物流、客户服务一体的"未来工厂"生态体系，助力工业企业数字化转型，实现高质量发展。

双环传动智能工厂的整体规划架构如图 3-3-22 所示。

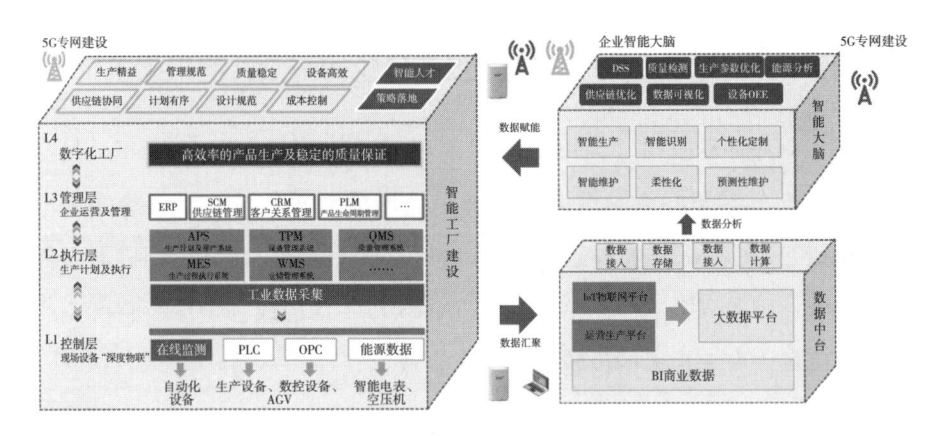

图 3-3-22 双环传动智能工厂架构

双环传动智能工厂将新一代信息技术与其先进的工艺、装备、制造技术相融合，通过物联网平台对工厂设备、能源、生产、质量等数据进行采集、分析与运算，并实现实时数据可视化，形成智能决策的企业大脑；通过数字孪生技术对工厂进行三维建模与仿真，实现虚拟与现实场景的映射。最终，双环传动实现了"产品-工艺-设备"和"业务-资源-现场"的企业全方位数字贯通，打造了智能化、绿色化、精益化、人本化、高端化的行业示范型智能工厂。

3. 典型应用场景，展现智能工厂卓越实践

双环传动结合行业特点与自身痛点，以 5G、边缘计算、工业互联网、大数据与人工智能等新一代信息技术为支撑，达到 IT、ET、OT 的高度融合，形成了以下典型应用场景。

（1）基于物联网技术的设备智能化管控

双环传动拥有高端精密设备 3000 多台，面临设备维护任务繁多、部分设备未联网、无法及时获取设备状态信息等问题。此外，设备点巡检、事故报修处理等主要依赖人工，严重影响了设备运维效率。基于此，双环传动构建了 IoT 物联网平台，实现了六个生产基地的设备互联互通，打破了信息孤岛。同时，通过与数控系统的实时通讯，平台可以同步获

取生产信息和加工参数,采集设备的振动和温度等数据。此外,平台还集成了多种数字信号处理和人工智能模式识别技术,对工厂设备数据进行全面的采集、传输、边缘计算、存储和治理。不仅如此,基于该平台,双环传动打造了设备维修管理、设备运行状态监控、设备保养管理、台账管理、备件管理等多个核心模块,实现了设备状态的实时监测和预警,以及设备预测性维修和健康分析,显著提高了设备的运维效率和可靠性。

(2) 打造基于数字孪生的自动产线

在新能源齿轮制造车间,双环传动通过物联网技术实时采集工厂数据,并应用数字孪生技术构建制造现场产线、设备、物料、半成品、成品、人员等物理实体的三维模型,同时使物理实体、虚拟模型以及生产制造相关的各种活动在运行中保持实时交互与同步,并将运行中产生的数据实时存入数字孪生系统。通过数字孪生系统,双环传动能实时获取产线生产情况、设备情况、物料情况以及质量情况等,实现了车间运行状态的在线监控和可视化,如图 3-3-23 所示。

图 3-3-23 数字孪生产线监控

(3) 全过程质量闭环追溯

汽车齿轮作为汽车传动系统的核心零部件,其质量至关重要。双环传动针对采购、生产、仓储、市场服务等关键环节的质量管理流程进行了梳理与优化。通过条码/二维码自动识别技术，有效采集物料或产品在生产、加工和检验环节的相关数据，记录其检验结果、存在问题、操作者姓名、时间、地点及情况分析，并在产品适当部位做出相应的质量状态标志，跟踪产品的采购、机加、热处理、检测、出入库、服务等环节，实现全过程可溯、可查、可追的闭环质量追溯（图 3-3-24）。此外，双环传动还结合大数据分析技术，对产品质量进行预警分析，品质人员能实时掌握产品加工质量趋势，形成各种质量分析报表。经过这一系统措施，双环传动对客户反馈的响应速度得到了极大提升，从原先的 1~2 天缩短至现在的 30 分钟内，显著提高了客户满意度和服务效率。

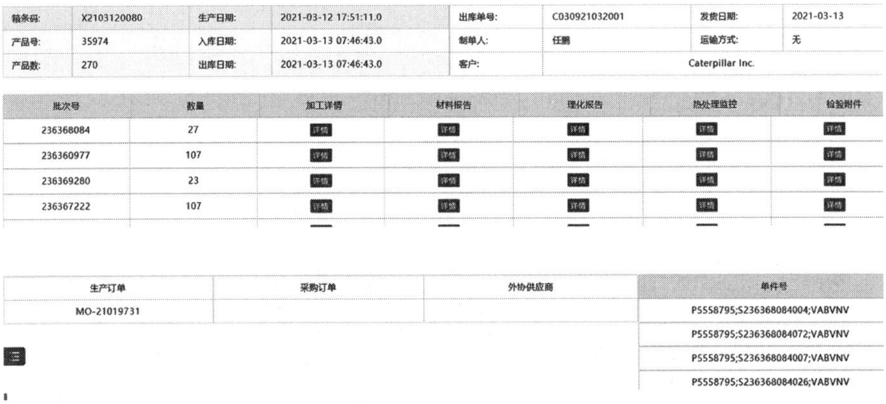

箱条码:	X2103120080	生产日期:	2021-03-12 17:51:11.0	出库单号:	C030921032001	发货日期:	2021-03-13
产品号:	35974	入库日期:	2021-03-13 07:46:43.0	制单人:	任鹏	运输方式:	无
产品数:	270	出库日期:	2021-03-13 07:46:43.0	客户:	Caterpillar Inc.		

批次号	数量	加工详情	材料报告	理化报告	热处理监控	检验附件
236368084	27	详情	详情	详情	详情	详情
236360977	107	详情	详情	详情	详情	详情
236369280	23	详情	详情	详情	详情	详情
236367222	107	详情	详情	详情	详情	详情

生产订单	采购订单	外协供应商	单件号
MO-21019731			P5558795;S236368084004;VABVNV
			P5558795;S236368084072;VABVNV
			P5558795;S236368084007;VABVNV
			P5558795;S236368084026;VABVNV

图 3-3-24　产品质量追溯流程

（4）基于大数据平台和 5G 技术的多场景应用

基于大数据平台和 5G 技术，双环传动在物流管理、质量检测、机器人交互、生产协同管理等领域展开了“5G+工业应用”的探索。

在物流配送方面，通过 5G 实现物流装备视频远程回传，后台分析产线需求及车流量等情况，下发配送指令给 AGV，满足快速生产物流调度需求。通过 5G 网络的超低延时和无死角覆盖，AGV 在 5G 网络上实现实时通讯（图 3-3-25）。同时，结合 AI 自动驾驶技术，AGV 的运输速度可灵活实时变化，运输路线也能灵活按需调整，这使得车间作业车流量极大提高，缓解了劳动力成本上涨带来的压力，提高了生产效率，降低了单位时间内的成本，使企业的整体效益得到提升。在质量检测方面，以生产自动化为基础，双环传动采用高精度的工业相机采集影像数据，依托满足超大带宽的5G网络将其上传至大数据平台，并通过人工智能技术处理分析数据和图像特征提取，最后进行反馈控制。

此外，在生产的各个环节，通过5G网络联动，实现智能生产与调度管理高效协同。例如，生产线上实时监控分析员工和设备的运行状态、设备故障排查、巡检路线与设备协同、在高危区域快速预警与反馈、安全及紧急情况介入与反馈等。值得一提的是，双环传动可以借助5G网络在线或远程对工业机器人做配置信息变更，并结合云计算的超级计算能力进行自主学习和精确判断，实现与工业机器人的交互。

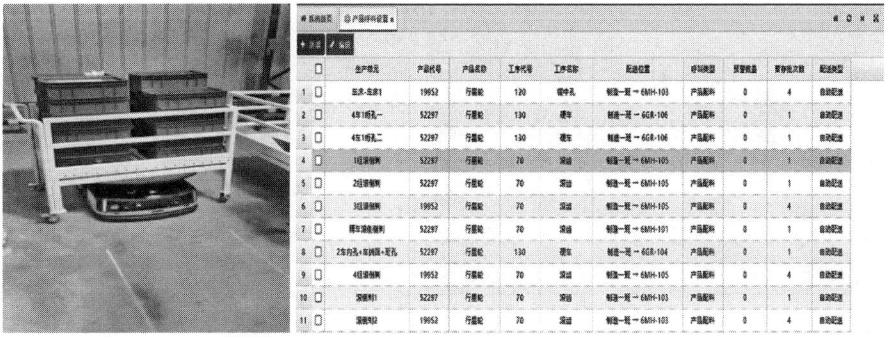

图3-3-25 双环"5G+小车"的精准配送

（5）深化节能减排，强化智慧能源

双环传动是国家级绿色工厂示范企业，已在各个车间配置了智能电表，可实时采集、监测车间及设备的能耗数据。同时，结合自主研发的能源管理系统（图3-3-26），双环传动实现了对智能电表数据进行实时采集，包括实时电流、电压、功率因数、有功功率、有功电能等。该系统具备能耗监控、状态监控、能耗分析、能源站监控、数据存储、数据互联等六大核心功能，能够精准地规划能源使用计划，实时监控能源消耗，统计能源使用情况，并分析能源消费趋势（图3-3-27）。此外，系统还能有效监测能耗的波峰波谷、电能的损耗率以及设备的占空比和产出率等关键参数，实现能源资源的可视化监测以及优化调度和有效管理。

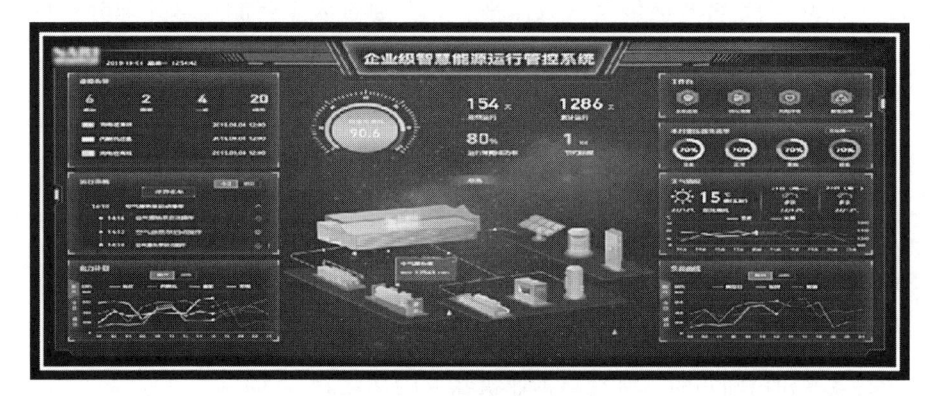

图3-3-26　双环能源管理驾驶舱

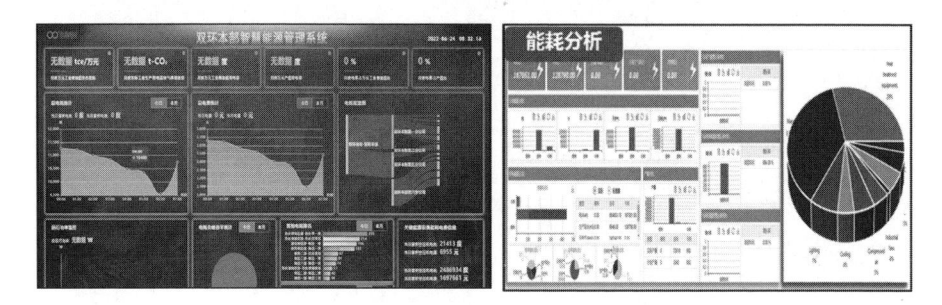

图3-3-27　能源管理看板与能耗分析

4. 关键指标改进效果

双环传动智能工厂建成后，公司本部制造基地生产效率整体提高40%，能源利用率提高15%，产品不良率降低19.6%，运营成本降低17%，产品研制周期缩短26.66%，设备利用率提高20%，实现企业绿色安全可持续的高质量发展目标。

> **点评**
>
> 双环传动在推进未来工厂的建设和实践中，不仅聚焦生产与制造技术的重大突破，还积极发掘并整合优秀的智能制造应用场景，从而取得了多项在行业内具有引领作用的创新应用成果。更值得一提的是，智能工厂的建设为联合培养智能工厂的创新型人才提供了肥沃的土壤，培育出了一支既精通数字化转型技术又擅长行业示教推广的复合型人才队伍。在此基础上，集团成立了数字化服务公司——环智云创，致力于推广先进的生产制造管理经验，以及为离散制造企业提供数智化转型优质服务。双环传动结合自身在制造业数字化升级方面的深厚积累，为汽车零配件上下游企业提供全方位的数字化转型升级解决方案，为驱动整个制造业的数字化转型作出了积极贡献。

3.4 电气设备

电气设备的设计与制造涉及电磁学、电子工程、自动化和信息技术等多个学科的融合，体现了高度的技术密集型特征，也对企业技术研发和创新能力提出了更高的要求。同时，电气设备在保障电力系统的稳定和安全方面发挥着关键作用，产品质量的标准也极为严格。因此，在节能减排和数字化转型的驱动下，企业正积极应对行业挑战，将物联网、大数据、人工智能、工业机器人等技术融入设计、制造、服务等环节，以实现生产过程的自动化、智能化和高效化，进而提高产品质量、降低生产成本。

在标杆智能工厂中，电气设备企业普遍关注以下几方面。

一是数字化设计和仿真工具的应用。通过机械CAD、电气CAD、CAE等数字工具实现高效、精确的电气产品设计，包括原理图绘制、印刷电路板（PCB）布局、机械结构设计以及电路仿真等一系列设计活动；基于模型的设计实现多专业、全三维的在线协同，通过电磁兼容仿真、热仿真等提前发现产品设计中的潜在问题；通过三维工艺仿真实现虚拟装配、制造人因工程的验证，提前识别制造风险；通过运维检修过程仿真，提高现场装机服务和检修服务的效率和质量等。

二是高效柔性的自动化生产。通过引入先进的自动化设备，如工业机器人、自动化装配线、智能检测及物流设备等，完成重复性高、精度要求高的生产任务；构建模块化、可重构的产线，支持多品种、小批量的定制化生产，满足市场多样化、个性化的需求；利用APS软件，结合生产数据、工艺流程和资源分配，根据需求交期、库存水平、齐套状况等约束条件，实现生产计划的自动化制定与优化，提升生产调度的灵活性和响应速度；将APS与ERP、MES等多个信息系统集成，获取生产实时数据，并根据这些数据自动调整生产计划，从而提高生产效率和响应市场变化的能力。

三是严格的质量管理与智能化检测。采用高精度自动化检测设备，如机器视觉系统、激光扫描仪、三坐标测量机等，对电气产品的尺寸、形状、位置、缺陷等进行精准测量和自动判断；利用人工智能和机器学习算法，对检测数据进行分析和模式识别，提高检测的准确率和效率；利用QMS实现全面、系统的质量数据收集、分析和监控，以实时追踪原材料入库、生产过程和成品检验等各个环节的质量数据，确保产品质量一致性和可追溯性；搭建电气设备质量追溯平台，实现从生产制造到测试验证以及售后服务全过程的追踪和记录，通过智能化的数据分析和挖掘，发现质量问题改进点，为质量管理提供决策支持。

四是智能化产品与服务。通过物联网、传感技术、大数据和VR/AR等技术，对产品应用环境数据进行采集、监测、统计、分析，并为产品打造远程监控、远程运维、故障报警、故障分析和快速定位等功能。售后服务上，通过服务可视化的数字看板，打通从发现问题到问题解决的整个服务过程，并实现多维度的数据分析，保障售后服务质量，提升客户满意度。

在标杆智能工厂中，电气设备行业的典型应用场景如图 3-4-1 所示。

电气设备行业智能工厂典型应用场景		
生产布局规划与仿真 工厂仿真	仿真驱动设计 智能产品创新	多维设计模式提高产品设计质量 透明可视化数字孪生工厂
智能化柔性生产单元 一键快速换型 设备实时监测与故障预警分析 柔性化生产 基于数字孪生的生产过程优化 基于物联网的设备实时监控 基于数据采集的生产可视化 基于5G+MEC的设备互联 工业机器人柔性自动化产线 智能排程 利用APS高效准确排产 基于APS的供应链计划管理 智能化物料配送	软硬件协同的智能化物流 基于IGV的智能物料转运 创新型智能物流系统 自动化检测 无人质检 无人包装 数字化质量监控 人工智能赋能在线检测 基于算法的正反向产品追溯 基于机器视觉的品质判断 基于RFID的质量追溯 基于5G+AI的缺陷检测与判定 机器人视觉提升质检效率与可靠性	工业机器人柔性自动化产线 基于MES的制造执行过程管理 "一站式"生产 WMS+AGV的自动化物流体系 Andon/MES/WMS整合的物流平衡 基于自动化设备的柔性化生产 基于物联网的设备实时监控 基于AGV的自动化物流 AP/VR用于员工培训与专家远程指导 PLC/SCADA/MES整合 5G支撑工业现场网络 基于5G+AI的缺陷检测与判定 基于5G+MEC的设备互联
数字化销售闭环管控 数字化客户服务闭环	基于AR/VR的设备远程 运维与维修培训 动力电池在线监控	订单物流实时跟踪
实时监测优化用能策略 零碳工厂 基于绿色工艺与能耗 监控节能降耗	基于AI的智慧安防 智能化能耗平衡与优化 能源在线监测与用能优化	工控网络防护安全体系

图 3-4-1　标杆智能工厂中电气设备行业典型应用场景

案例 3-22 ｜　菲尼克斯：打造电气行业智能制造标杆

菲尼克斯电气集团于 1923 年诞生于德国，是全球电气连接、电子接口、防雷及浪涌保护、电动汽车充换电技术、现场总线、工业以太网和工业自动化技术的市场领导者。菲尼克斯亚太电气（南京）有限公司（以下简称"南京菲尼克斯"）自 2001 年成立以来，始终坚持 100% 的本土团队和 100% 的本土管理，秉承"信任＝责任"的核心理念，致力于成为一个全球化的本土品牌，为当地产业发展和经济腾飞贡献价值。

1. 突破现状，向着智能制造标杆进阶

电气行业涉及电力、电子、通信、自动化等多个领域，是一个技术密集型行业。在当前全球化的背景下，电气行业的国际市场竞争愈发激烈，面临着来自多个维度的挑战。技术层面，电气行业的技术更新换代速度极快，许多企业缺乏自主研发能力，难以跟上技术的步伐，企业核心竞争力较弱；生产层面，电气行业往往面临流程优化不足、资源浪费等问题，生产效率难以进一步提升。此外，自动化技术的应用也受限于企业技术更新滞后、设备兼容性差等问题，使得电气行业企业在实现高度自动化的道路上步履维艰。

为应对时代带来的挑战，并为企业数字化转型升级奠定基础，南京菲尼克斯积极进行精益生产项目的实施、自动化产线的研发和使用，有效节省了空间，提升了生产线的利用率。然而，现有的空间资源已难以满足公司高速发展的需求。为此，南京菲尼克斯新建 IC 新工厂，通过整合企业现有的智能制造能力，旨在打造电气行业的智能制造标杆工厂，为公司的长远发展提供有力的支撑。

2. 全局规划，构建智能工厂

南京菲尼克斯在充分考虑了工艺与物流的合理分布的基础上，采用先进的智能工厂理念，从工厂整体布局总体设计着手，整合多种智能设备与产线，实现系统集成及互联互通。图 3-4-2 是南京菲尼克斯智能工厂的整体规划架构。

研发设计端以 PLM 系统为核心，实现产品的设计、仿真、验证、工艺等过程的整合与协同，确保流程的高效与规范。同时，南京菲尼克斯通过实施严格的权限控制，实现了信息的安全共享，并以三维模型为核心，展开生产活动的准备工作，确保生产过程的精准与高效。

业务端以 ERP 系统为核心，通过与 PLM 系统集成，承接来自研发的

图 3-4-2 南京菲尼克斯智能工厂架构

BOM 数据。后端通过与 APS 系统、WMS 系统、MES 系统等系统集成，实现了与供应商、客户、企业内部各部门的信息共享。

制造端以 MES 系统为核心，向上与 ERP 系统和 PLM 系统集成，承接计划数据和工艺数据，同时通过 MES 系统的应用，企业实现了对生产过程中计划、制造、物流、质量、资源等的集中管理，覆盖了完整的生产制造过程。向下与底层设备进行集成，实现了工艺参数、DNC 文件、计划直接下达到机台，以及制造工艺参数和完工状态的数据采集。

底层实现设备互通互联，主要包括自动化产线、数控机床、三坐标仪、视觉设备、计量设备等，并将这些设备与 MES 系统进行集成，实现数据的实时共享与传输。

3. 典型应用，南京菲尼克斯智能工厂创新实践

南京菲尼克斯通过积极应用先进的智能制造技术，提升产线自动化能力，增强了生产过程的数字化与透明度，并提高了系统的自适应能力。在智能工厂的构建过程中，成功实现了若干关键技术的重大突破，塑造了一系列典型的应用场景。

（1）引进自动物流线，实现物流配送自动化

南京菲尼克斯 IC 新工厂在物流配送方面采用物联网、边缘计算等技术，并引进技术领先的 SERVUS 自动物流线。其中，物流线 PLC 控制器均采用 Phoenix 产品，大大提高了物流智能化程度，实现了从收货现场到配送完成的全过程物流自动化。同时，自动化物流线支持与 WMS、MES 系统集成，能及时接收任务信息和反馈执行结果。图 3-4-3 是南京菲尼克斯物流配送自动化技术架构。

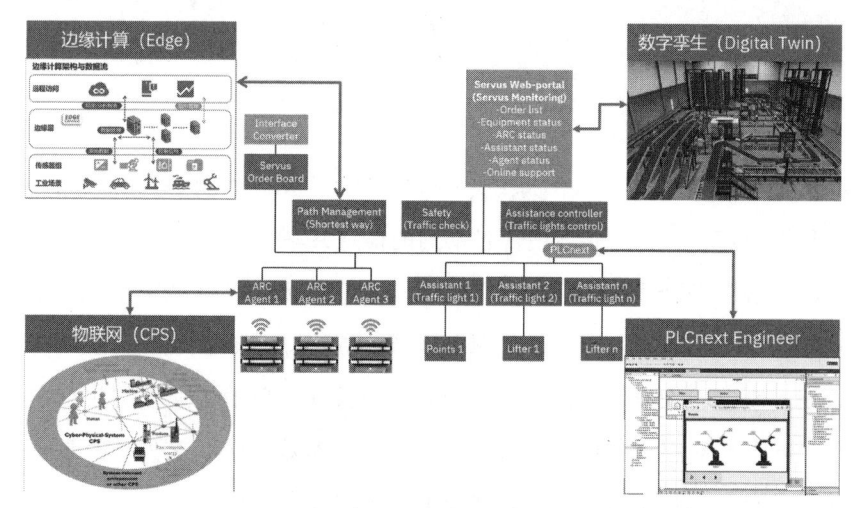

图 3-4-3　南京菲尼克斯物流配送自动化技术架构图

此外，南京菲尼克斯通过将自动化物流线与现场的 AGV 调度系统集成，实现了产线任务执行结果自动同步至 AGV 调度系统，进而精确指导 AGV 完成工厂内部的物流配送任务。值得一提的是，南京菲尼克斯的自动物流线支持使用人工模式、叉车模式、小火车模式等多种配送模式，保证了工厂整体物流配送的稳定性。

（2）建立生产周期档案，实现产品质量精准追溯

南京菲尼克斯 IC 新工厂建立了产品生产周期档案，档案中包含原料供应商、生产资源、生产班组、生产日期等相关信息，可用于质量追溯及分析使用。

产品生产档案的建立有两种主要方式。

对于自动化生产线，南京菲尼克斯通过生产线实时监控系统全面记录产线生产的信息档案。系统中不仅采集产品件号、生产总时间、实际运行时间、故障时间等关键数据，还记录自动化产线的报警内容和不合格品信息。产线上的每台设备都配备了打印机，自动生成带有批次追溯码的标签，通过这些标签可以追溯到产品的生产日期、操作人员及质检人员。此外，原料入厂时，WMS 会为每箱原料分配批次追溯码，这一追溯码信息会在 MES 系统叫料时一同发送，并与成品批次码信息进行关联，确保成品批次的可追溯性。

对于非自动化生产线，南京菲尼克斯的现场人员通过现场终端录入产线生产信息。这些信息包括产品件号、生产总时间、实际运行时间、生产数量及合格品与废品数量，同时录入人员信息。MES 系统会自动统计工装使用信息，并根据最小包装单元生成批次数据，并在包装盒标签中记录其生产信息和检验信息，从而确保非自动化生产线产品的信息记录与追溯的准确性和完整性。

基于产品生产档案信息，南京菲尼克斯建立了完整的质量追溯体系，当产品发生质量问题时，可通过包装盒上的条形码，查询与追溯该批次产品的相关信息，包括原料的批次号、生产班组及人员、使用的设备和工装等，进而分析该批次不良原因，并根据不良原因进行原料追溯、相关人员追溯、设备工装追溯等。

(3) 制定解决方案，保障工厂生产安全

安全生产工作是一项综合性、长久性的系统工程。为了保证工厂生产的安全可控，南京菲尼克斯制定了一套完整的生产安全解决方案（图 3-4-4）。

南京菲尼克斯生产安全解决方案包括：

物理隔离保护。IC 新工厂通过设置自动化产线、设备及工装的物理隔离护栏等措施，有效预防了安全风险的产生。

系统控制。南京菲尼克斯为所有的智能化设备加入了侵入保护程序。

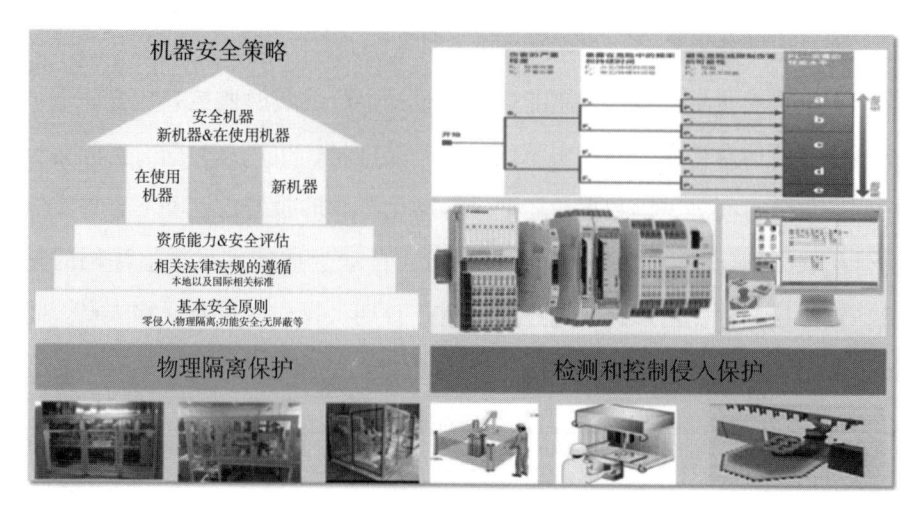

图 3-4-4　南京菲尼克斯生产安全解决方案

一旦设备检测到异常实物侵入，系统将立即触发报警机制，并自动停止设备的运行，从而及时避免可能的安全生产隐患。此外，南京菲尼克斯还针对不同安全场景设计了各类安全防护产品，如全覆盖的安全继电器和安全 PLC 等。

加强学习培训。通过定期、不定期举办会议、学习班等各种形式的学习，以及张贴安全宣传画、标语等方式，不断强化人员的安全意识，提高安全文化素质，增强防范意识，筑起牢固的安全生产思想防线。

责任落实。南京菲尼克斯将安全生产责任落实到人，各级安全管理机构认真履行其监管职责，定期、不定期举行安全生产检查，审计各项安全规章制度的执行情况。

建立安全生产体系，制定完善的规章制度。IC 新工厂将安全生产体系和规章制度作为信息化的一部分，纳入信息系统进行管理。

（4）应用智能楼宇系统，实现节能降耗与智能控制

南京菲尼克斯 IC 新工厂采用了自研的 Emalytics 智能楼宇自控系统（图 3-4-5），将传统楼宇控制技术与互联网技术相结合，实现建筑楼宇设备的信息交互、综合与共享。

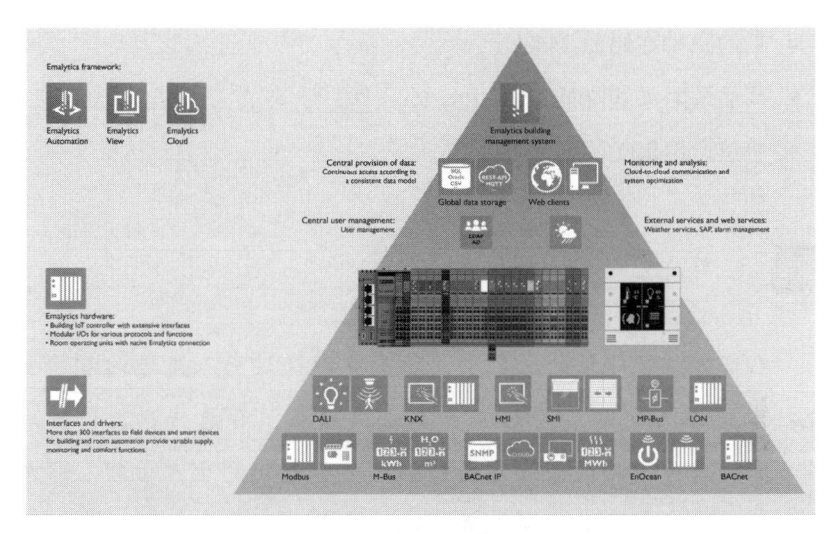

图 3-4-5　菲尼克斯智能楼宇系统架构

借助 Emalytics 系统，南京菲尼克斯 IC 新工厂实现了能源、空气调节、智能照明、气象站、监控和安防、太阳能光伏发电、门禁、智能遮阳百叶和充电桩的统一管理。并通过 EnOcean 无线技术的应用，IC 新工厂实现了照明、温湿度等环境数据的采集，覆盖了超过 2 万个数据点。同时，工厂还实现了中央空调系统、遮阳系统、光伏发电系统等气象信息的共享，以及对制冷机、风冷热泵、空压机、风机水泵变频器等核心设备的集中化、智能化管理。此外，IC 新工厂还应用边缘计算技术显著提高了能耗管理、设备管理等数据处理效率和实时响应能力。

南京菲尼克斯 IC 新工厂打破了传统建筑控制的界限，构建了建筑和能源管理的统一平台，实现了跨地域、多功能建筑的区域化集成管理，即使远在千里之外也可以实现楼宇控制。

4. 关键指标改进效果

南京菲尼克斯 IC 新工厂建成后，各项指标均得到改善。

- 产能提升约 30%；
- 生产周期由 7 天缩短至 5 天；

- 平均减少在制品 24%；
- 产品缺陷平均降低 18%；
- 单位产值能耗降低 10%。

点评

> 在智能工厂建设的过程中，菲尼克斯通过引入先进的智能制造技术和解决方案，注重应用工业机器人、智能传感器、物联网、云计算等，助力企业实现精益化、智能化的生产管理。菲尼克斯不仅关注设备的互联互通，还注重推进生产现场数字化和智能化建设，其成功的实践经验，有助于推动智能制造技术的广泛应用和产业升级。

案例 3-23　南瑞继保：电力保护控制装备领域智能工厂新标杆

南京南瑞继保电气有限公司（以下简称"南瑞继保"）主要从事电力保护控制、智能电力装备和工业过程控制的研发和产业化，是国内电力保护控制及智能电力装备领域最大的科研和产业化基地，也是全球五大电力系统继电保护设备供应企业之一。公司的"智能电网设备电子装联车间"和"电力装备智能调试车间"是江苏省示范智能车间，同时被评为南京市首批十家智能工厂。南瑞继保的核心产品连续多年在全国的占有率高居行业首位，广泛应用于国网、南网特高压骨干网架，以及三峡输变电、"西电东送"、北京奥运等重点工程。

1. 应对行业挑战，创新驱动智能制造升级

电力装备制造行业具有订单小批量、周期短、非标程度高、复杂程度

高等典型离散型制造的特点。南瑞继保从事电力保护控制装备领域 30 余年，在传统的制造业生产模式下，仍面临多项挑战：生产过程中大量的人工操作导致效率难以提升；受制于多种生产因素的影响，难以保证产品质量的稳定性；大量的人力资源需求，增加了企业的成本负担。此外，环境污染严重等问题也给企业发展带来了挑战。

为解决以上业务挑战，南瑞继保结合现有情况和未来发展规划，建立了智能工厂。通过生产要素数字化及生产设备的互联互通，南瑞继保智能工厂搭建了以自主研发的生产指挥系统为核心的统一平台，集成 ERP、APS、WMS、MES、QMS、SRM 等多个关键数字化管理模块，构建了一个全面覆盖的数字化管理体系，使生产和管理方式逐步向数字化、智能化、网络化、一体化和绿色化方向转变。

2. 超前规划，全面构建智能工厂

南瑞继保智能工厂建设结合两化融合标准，紧扣四大要素，围绕十二大能力域，大力探索新技术和自有研发技术的应用，并通过部署智能制造装备、打造智能柔性化生产体系、构建全厂级互联互通的一体化智慧运营平台以及部署智能物流与仓储设备，实现智能工厂的全面建设，整体达到智能制造能力成熟度四级标准。

南瑞继保智能工厂的整体规划架构如图 3-4-6 所示。

精益生产驱动的智能工厂建设：南瑞继保智能工厂以精益生产为核心，着力构建柔性生产模式。工厂全面应用价值流图（Value Stream Mapping，VSM）、准时化生产（Just-In-Time，JIT）等精益工具，不断优化业务流程，并利用数字化系统工具来固化精益成果。同时，利用三维仿真技术优化物流路线，识别生产瓶颈。通过自主研制的自动检测设备和模块化产线，实现了多品种自动化混线生产，从而构建了智能柔性化生产模式。

协同制造与智能制造技术提升：工厂强化协同制造，通过自主研发测试系统和智能管理系统，实现机器人、测试柜等设备的信息交互，大幅提

	精益化	信息化	自动化
供应链级	供应链协同精益管理	SCM供应链协同管理	供应链协同自动化
工厂级	多车间多组织协同精益管理	MOM生产运营管理、数据规范	自动化调试、智能仓储、智能物流TMS
车间级	产线协同精益管理	MES/WMS	自动化产线、AGV、设备互连MDC
单元级	单点精益改善	生产管理、质量管理、设备管理、物流管理	设备自动化数字化工具

图 3-4-6　南瑞继保智能工厂架构

升了产能。此外，新型网络的建设实现了工业设备的互联互通，为生产设备、生产线、工厂等之间的广泛连接提供了基础，并建立了企业信息安全体系。

一体化工作平台与系统集成：南瑞继保构建了以系统、服务、数据治理为基础的一体化工作平台，整合了生产运营管理的各个环节，实现了多工厂协同生产能力的提升。同时，南瑞继保围绕 APS、MES、WMS、QMS 建设生产指挥系统（图 3-4-7），使生产管控从工厂级逐步过渡到车间级，实现了多车间多组织协同的精益管理。

信息融合与新兴技术驱动数字化运营与产业变革：南瑞继保建立了生产运营数据分析系统，全面支撑数字化运营，通过集中数据采集、分析等功能，全方位展示实际生产运营情况。同时，公司积极利用物联网、人工智能、视觉检测、5G 通信等新技术，实现了生产全过程的智能化，推动了产业变革。此外，南瑞继保秉承绿色制造理念，采用光伏发电和储能系统，致力于推动可持续发展。

生产指挥系统架构图

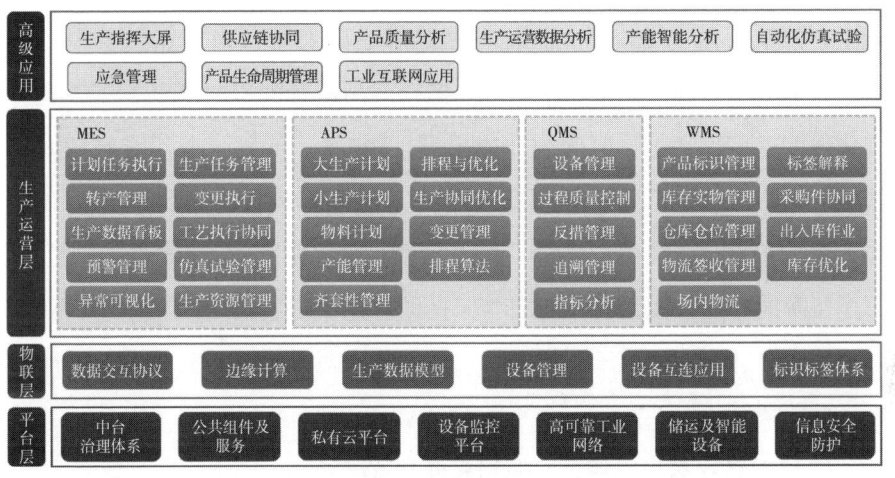

高级应用	生产指挥大屏	供应链协同	产品质量分析	生产运营数据分析	产能智能分析	自动化仿真试验
	应急管理	产品生命周期管理	工业互联网应用			

生产运营层

MES		APS		QMS	WMS	
计划任务执行	生产任务管理	大生产计划	排ド与优化	设备管理	产品标识管理	标签解释
转产管理	变更执行	小生产计划	生产协同优化	过程质量控制	库存实物管理	采购件协同
生产数据看板	工艺执行协同	物料计划	变更管理	反馈管理	仓库仓位管理	出入库作业
预警管理	仿真试验管理	产能管理	排程算法	追溯管理	物流签收管理	库存优化
异常可视化	生产资源管理	齐套性管理		指标分析		场内物流

物联层

数据交互协议	边缘计算	生产数据模型	设备管理	设备互连应用	标识标签体系

平台层

中台治理体系	公共组件及服务	私有云平台	设备监控平台	高可靠工业网络	储运及智能设备	信息安全防护

图 3-4-7　生产指挥系统架构

3. 聚焦场景，"解构"南瑞继保智能工厂

南瑞继保智能工厂充分利用物联网、人工智能、视觉检测、5G 通信等新技术，实现了从元器件入厂到产品出厂试验全过程的智能化生产，其柔性智能制造模式在人机协同制造、智能仓储、精准配送、质量精准追溯、在线运行监测等多个关键场景中得到了广泛应用，并受到上下游供应商的广泛借鉴与采纳。

（1）协同制造，不断提升智能制造技术水平

南瑞继保智能工厂自主研发了单板调试仪、整机测试柜，以及单装置智能测试系统、单板智能测试系统、高温老化智能管理系统、全自动化智能装配生产线等，建成了 7 条表贴流水线、9 条插装流水线、15 条自动化测试流水线，同时采用了 21 台机器人、15 台 AGV、265 台 FCT 测试终端设备，实现 90% 以上的插件、整机在线自动化检测，设备数据采集率超过 90%，全厂区智能调度转运效率提升 100%，打造了高水平的智能制造能力。其中，单装置智能测试系统实现了机器人、测试柜、上位机、PLC 等信息交互，完成了单装置的抓取、分拣、测试、回流上车的整个测试过程，并对系统内的设备运行情况实时监控，通过与 MES 系统的通信随时掌握生产订单的完成情况，对产品测试过程实时监控，对测试结果汇总分析。智能单装置测试系统的使用，在提升产品质量的同时降低人工成本与工作强度，将正常工作时间内产能提升了 100%。此外，工厂还利用人工智能、机器人、机器视觉等新型技术，完成智能装备与人员的交互和协作，实现了表贴、检验、装配、调试、老化等全过程的人机协同作业。通过多年智能制造技改创新，南瑞继保在同行业中一直处于领先水平，并获得了国家智能制造示范工厂、国家制造业单项冠军、江苏省工业互联网标杆工厂等荣誉。

（2）构建智慧物流体系，实现精准高效配送

南瑞继保通过自主设计开发物流智能管理系统，并集成 WMS 系统、MES 系统、RDS 调度系统，将订单条码与 AGV 牵引车关联，根据订单信息自动分析产品状态，调用物流路线，预估物流开始运行时间并测算送达目的地时间，实现产品的全自动物流转运，形成精准、高效、智能的物流配送体系。

其中，采用 SLAM 和激光制导技术的地面搬运 AGV，能够自动转运托盘、插件车、装置车等多种类装载工具，并解决了楼层间的物流转运问题；此外，通过开发库位自动呼叫和 PAD 呼叫模式的 AGV 车辆调度系统，南瑞继保智能工厂实现了多库位、多站点的车辆呼叫和调度，提高了车辆的灵活性和调度效率。

（3）新兴技术提升产品质量可靠性

南瑞继保智能工厂充分应用物联网、人工智能、视觉检测、5G 通信等前沿技术，全面提升产品质量可靠性。例如，应用 PCB-Checker 软件，针对性提高焊接异常的检出率，对检测过的图片进行分类统计并实现可追溯；对大量焊接异常和焊接正常的样本图像进行深度学习，不断训练优化，找出故障发生的关联性，攻克质量瓶颈点；基于线性回归、矩阵、马尔科夫链等模型，对产品在各工序发生质量问题的风险计算并展示出来，并基于马尔科夫链分别对装置级和板卡级的质量可靠性进行预测。

(4) 节约能源消耗，提升能源综合利用率

秉承绿色制造理念，南瑞继保建立能源管控系统，实现对危险源、污染源以及水电气的在线实时监控和管理，并建立相应模型，关联能耗和生产，提高产区能源管理水平；通过建立集成平台，实现跨子系统的联动，将不同地域的设备和子系统统一管理，平台内的信息点和受控点都可以建立联动关系，实现了企业能源集中管控。同时，南瑞继保智能工厂采用楼顶光伏发电、钠硫电池储能以及智能控制单元共同组成微电网系统，使企业能源综合利用产生直接经济收益达 1000 万元以上。

4. 关键指标改进效果

南瑞继保通过建设智能工厂，全面提高了企业在生产制造、物流配送、能源管理等各环节的智能化水平，各项指标得到明显改善。

- 生产效率提升约 90%；
- 产线换型时间降低 50%；
- 质量不良率降低 71%；
- 质量损失率下降 4%；
- 库存下降 80%。

点评

> 南瑞继保智能工厂的总体规划展现了超前的发展眼光，在持续的产业智能化升级改造中，实现了生产过程的精细化和透明化管理，提升了产品质量可靠性，打通了跨工厂和供应链之间的数据链路。同时，南瑞继保智能工厂严格遵守安全、环保和节能减排的要求，构建了一个可持续发展的智能工厂，具有典型的示范意义。

| 案例 3-24 | 金盘科技：打造数智制造样本

海南金盘智能科技股份有限公司（以下简称"金盘科技"）成立于1997年，是全球电力装备供应商，专注于干式变压器系列、储能系列等产品的研发、生产及销售，并致力于为离散制造业提供全生命周期数字化工厂整体解决方案。金盘科技以数字化、低碳化、智能化的方式持续推动产业升级，将新一代信息技术与传统制造技术深度融合，突破传统制造模式，以数据驱动发展，先后在海口、桂林、武汉基地成功打造了数座数字化工厂，实现了由传统电气设备制造向智能制造通用平台的转型升级。

1. 主动求变，开启数字化转型之路

变压器制造行业的产品种类繁多，生产线和检测线复杂多样，车间自动化、信息化和智能化程度不高，生产效率不高，产品质量不稳定，流程标准不统一，这些一直是行业面临的共性问题。随着金盘科技快速发展，订单数量持续增长和生产规模迅速扩大，传统的制造模式已无法满足新订单的生产要求，其在研发设计、生产管理、设备管理、质量管理等方面，也存在诸多痛点：传统的设计和验证方法效率低下，设计周期长；计划排产高度依赖人工，难以应对紧急插单，生产计划变更频繁；设备运行数据无法在线查看，设备异常处理滞后；质量检测受人为因素影响大，质量问题无法快速准确解决等。

鉴于此，金盘科技痛定思痛，积极围绕"三大基础，两大仿真"展开数字化、低碳化、智能化战略转型升级。企业综合应用数字孪生、物联网、大数据、云计算、人工智能等新技术，通过 ERP、PLM、APS、MES、WMS、数字化集成管理系统（Integrated Management System，IMS）等系统集成建设，打造数字化工厂，实现制造全过程的数字化控制，进而实现降本减存、提质增效，驱动绿色、高质量、可持续发展。

2. 统筹规划，打造互联互通的数字化工厂

金盘科技依托 20 多年的发展基础和智慧积聚，组建了一支专业的数字化团队，并统筹规划，实施了"智能制造+智慧服务"的转型升级。企业以客户体验及企业共赢为导向，通过核心业务模式构建，优化管理模式、工作流程，依据 VDI4499 德国标准打造了互联互通的数字化工厂，实现了"三大基础，两大仿真"，即产线自动化、物流自动化、信息流自动化，以及设计仿真、生产工艺过程仿真。

金盘科技数字化工厂基于自研的工业互联网云平台 JST DFPlat，完成了 21 个系统的集成，并实现了智能化设备无缝接入。图 3-4-8 是金盘科技海口高端干式变压器数字化工厂业务架构。

数字化营销及服务	数字化研发	数字化生产	数字化管理
销售服务	产品设计	工艺规划	生产制造	计划控制
询价 | 合同 | 售后	设计BOM | 性能仿真	零件工艺规划 | 装配工艺规划 | 工艺BOM | 工艺仿真	物料采购 | 高级排程 | 生产执行 | 物流配送	进度控制 | 成本控制 | 质量控制 | 流程审核
CRM	PLM/CAPP	SRM/APS/MES/WMS	ERP/OA/IMS
JST业务架构			

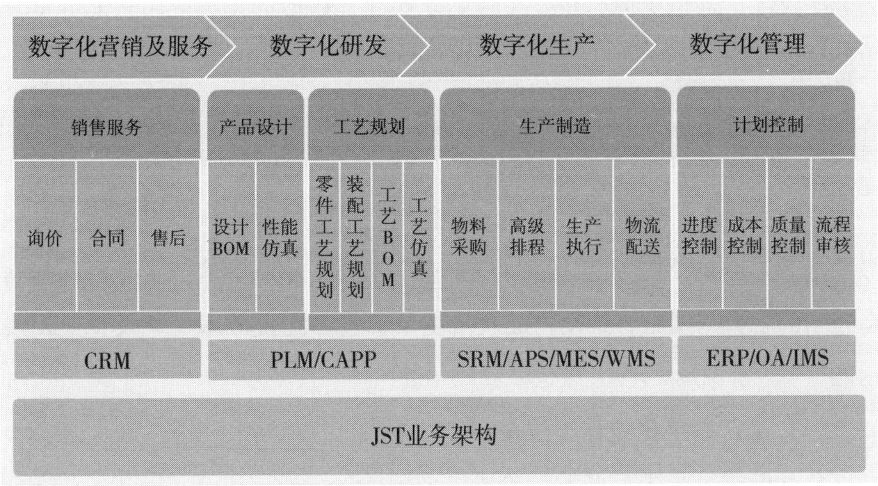

图 3-4-8 金盘科技海口高端干式变压器数字化工厂业务架构图

数字化营销及服务：通过 CRM 和 IMS 实现客户需求分析、精细化管理，提供主动式客户服务，提高客户满意度、盈利和忠实度，寻找扩展业务所需的新的市场和渠道。

数字化研发：通过 PLM、仿真系统和智能设计工具，对产品数据信息进行管理，支持与产品相关的协同研发、管理等，显著提升设计效率和产

品质量，缩短产品研发周期，降低研发成本。

数字化生产：应用 APS、MES、WMS 等，通过自主研发的中间件 Vportal 实现系统间的互联互通，有效提高计划合理性、生产及时性、设备利用率及产品交付及时率，降低不良品率。

数字化管理：通过 BI、IMS、ERP、SF、OA 等数字化管理系统的集成应用，对业务进行精准指引，实现核心业务一体化、全过程数字化管控，优化资源配置，提升业务协同的敏捷性。

金盘科技应用边缘智能、异构计算、互联互通和微服务等多项关键技术，自主研发了服务于数字化工厂核心系统的边缘计算平台——EC-Plat。该平台由边缘控制器、边缘网关和边缘云三大部分组成，实现了设备连接的统一管理，支持不同厂商不同协议的适配，并简化了复杂的网络编程，为数字化工厂提供敏捷联接、实时业务处理、数据优化和应用智能等全方位的智能化服务。

3. 典型场景，解锁金盘科技数字化工厂

在数字化工厂建设的实践中，金盘科技结合行业特点与自身痛点，积极拥抱 5G、物联网、大数据、人工智能等技术，深入研究工业互联网与制造技术的融合与实践，推动产品质量变革、资源配置效率变革及企业发展动能变革。

(1) 工厂数字化设计与仿真

金盘科技在产线布局设计阶段，采用 Tecnomatix Plant Simulation 进行工厂仿真，通过遗传算法优化产线平衡布局，并分析物流储送、人员负荷及最大产能等。通过渲染三维模型，动态、逼真地展示工厂实际情况，如图 3-4-9。企业通过离散工厂虚拟仿真，统筹考虑人、机、料、法、环等因素，科学、高效地解决了产线产能平衡、物流储送畅通、人员负荷合理、产能估算等问题。

在工艺设计阶段，金盘科技采用基于时间的工艺过程仿真技术，设计生产单元布局及工艺序列，规划设备运转轨迹，并进行虚拟调试，以评估产线运转的干涉性以及产线设计的合理性。此外，企业通过生产工艺过程仿真，能够进行产线产能分析和产线虚拟评审，分析是否存在物料等待现象，是否能按时到达工位，并根据波峰波谷情况，对产线进行柔性调整。

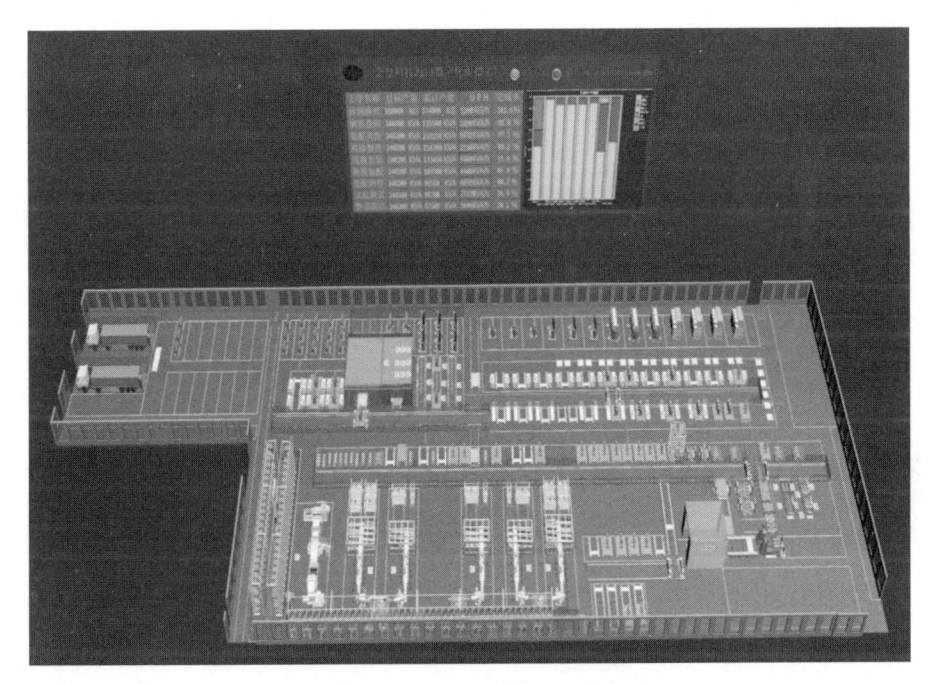

图 3-4-9　金盘科技工厂仿真

（2）产品数字化设计与仿真

金盘科技基于 Infolytica 的电磁场仿真分析软件系统，进行二次开发，构建了变压器产品的数字化仿真平台。该平台集成了 INVENTOR 三维设计软件，能够在产品设计环节，对产品的电气、机械、热力学等方面进行仿真验证，从而优化产品性能，如图 3-4-10。

金盘科技通过应用数字化建模与仿真平台，实时展现产品在设计仿真过程中的特性，实现变压器产品的绝缘强度验证，阻抗、损耗、磁密分布、电密分布等电气性能模拟，各种复杂振动工况下的机械强度验证与疲劳分析，冷却系统下的散热特性分析，以及复杂工况下的噪声仿真分析。

此外，该平台还可整合单项仿真技术，进行多物理场耦合仿真，研究极端复杂工况下的产品性能。通过产品设计仿真平台，金盘科技实现了产品设计性能从物理验证到虚拟验证的跨越，有效缩短了产品设计周期，降低了验证成本，提升了产品合格率，同时规避了产品设计失效的风险。

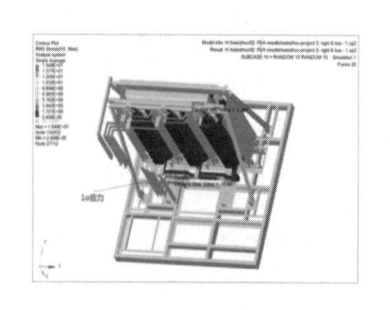

图 3-4-10　金盘科技产品数字化设计与仿真

（3）车间智能排产

金盘科技的干式变压器以定制为主，品种多、批量小，生产计划编制难度大，且在短时间内变更频繁。为解决这一难题，金盘科技利用多种排程约束和粒计算方法，构建了人工智能神经网络决策模型。该模型通过不断学习和训练新的实际生产约束，进行自优化。基于该模型，金盘科技智能排产系统对线绕、箔绕、铁芯加工、装配等主要生产工序进行排程，并将结果（计划开始和计划结束时间）推送给生产计划仿真系统进行仿真。仿真结果确认后，智能排产系统将再次优化排程，获取最优的排程方案。

金盘科技利用智能排产系统，迅速应对紧急插单，降低了计划变动，提升了计划的准确性。通过智能排产系统，企业强化了生产过程中前后工序及并行工序的联动，解决了瓶颈工序问题，大幅缩短了制造周期。此外，企业通过优化生产计划的排程，实现了不同产品混线生产及资源配置优化，提高了资源利用率，提升了整体生产效率。

（4）设备在线监测与故障诊断

金盘科技通过集送系统解析底层系统数据协议，调度和控制各设备的运转与衔接，并实时采集设备运行数据，实现设备在线运行监测，为设备运行状态判定、性能分析和故障预警提供数据保障。同时，MES 系统设备管理模块与集送系统集成，将采集到的设备数据进行故障机理分析，以判定设备运行状态、分析性能并预警故障，还可通过设备状态报表、OEE 报表、故障异常信息报表等多种形式进行展示。

金盘科技通过对生产设备的实时在线监测，能够在故障发生前进行预测，减少设备非计划性停机，提升设备综合效率。设备运行数据的实时监测，为设备在线故障诊断、在线运维、远程维护提供了基础，面对设备突发故障，金盘科技能够迅速诊断，定位故障原因并提供相应的解决方案，有效提高设备运维效率。

（5）质量智能在线检测

金盘科技通过检测系统对产品质量进行在线检测（图 3-4-11）。该系统集成了多个试验项目，通过软件控制硬件实现了线路的自动切换，支持空载损耗和空载电流测量、短路阻抗和负载损耗测量、感应耐压试验和局部放电测量等多项试验。该系统的控制操作基于 PLC 及计算机软件交互界面完成，PLC 具备网络远程故障分析及诊断功能，并配备了全面的保护措施，包括过压、过流、联锁、零起升压、过量程保护等。

金盘科技通过检测系统与 MES 系统之间的交互，实现了产品质量的在线检测。检测系统能够自动获取产品信息和质量策划信息，并应用智能质量检测设备，结合变压器试验理论模型，自动采集、计算和处理检测数据，自动判定检测结果，生成检测报告。MES 系统收集产品的基本信息和位置信息，并通过自主研发的中间件平台 vportal 与检测系统进行数据交互。检测系统将结果传递给 MES 的同时，MES 系统通过接口控制 RGV，实现已检验产品的自动流转，检测效率显著提高。

4. 关键指标改进效果

金盘科技经过数字化工厂的建设，实现了运营全过程的数字化、可视

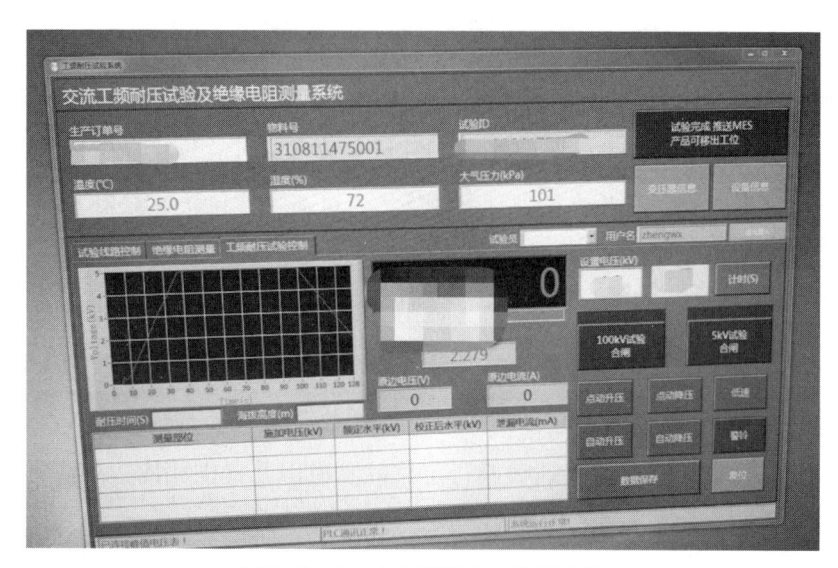

图 3-4-11　金盘科技产品检测系统

化、透明化、规范化。在产品开发、排产效率、设备综合效率、检测效率等方面取得了显著改善。

● 应用数字化建模与仿真平台，研发效率得到大幅提升，有效降低了产品开发成本。

● 应用基于 AI 算法的智能排产系统，不仅排程效率得到提升，而且提高了资源利用率和计划的统一性，缩短了订单交付周期。

● 通过对设备的实时在线监测，减少设备非计划性停机，设备 OEE 显著提升。

● 通过应用产品质量的在线检测，提高检测效率，有效降低了人为因素对产品质量的影响。

点评

　　金盘科技将数字孪生、物联网、大数据、云计算等先进技术与输配电及控制设备制造技术进行深度融合，实现生产线自动化、物流自动化、数据信息流自动化，以及产品设计仿真、生产工艺及过程仿真，形成了全面数字化制造模式，实现了从经营管理到数字智造的全面提升。更重要的是，金盘科技基于自身的技术积累和数字化工厂建设经验，对外输出数字化工厂整体解决方案，实现了其"智能制造"与"智慧服务"的融合创新发展。

| 案例 3-25 |　　良信电器：对标工业 4.0 打造全球领先的数字化制造基地

良信电器（海盐）有限公司（以下简称"良信海盐工厂"）是上海良信电器股份有限公司在浙江海盐建设的"未来工厂"及行业内全球领先的数字化制造基地。上海良信电器股份有限公司成立于 1999 年，定位于"智慧电气解决方案专家"，专注终端电器、配电电器、控制电器、智能家居等领域的研发、生产、销售和服务，产品及解决方案广泛应用于从发电端、输配电到用电端各场景，公司业务覆盖信息通信、新能源、建筑地产、电网、发电、工控、工业建筑等 9 大行业，30 多个细分行业，2014 年在深圳证券交易所挂牌上市。

1. 谋划"两智一新"，引领行业发展

我国低压电器行业处于成熟阶段，总体上呈现平稳运行、稳中求进的态势。市场上形成了实力较强的跨国公司与各国本土优势企业共存的竞争格局。同时，由于市场需求多元化和高端化，而行业内企业产品同质化现象严重，导致市场竞争异常激烈。在这样的市场环境下，叠加环保和节能压力、供应链不稳定性、原材料成本波动、技术壁垒、人才短缺等挑战，企业必须具备足够的竞争力，才能在激烈的竞争中获得优势，这对企业的产品质量、技术创新、成本控制、品牌建设和市场营销等方面都提出了很高的要求。

良信电器作为低压电器市场的龙头企业，其产品种类多元，业务范围广泛，覆盖了地产、电网、工控、新能源等多个板块。尽管如此，公司仍面临着激烈的市场竞争和行业技术竞争，需要不断提升自身产品的技术含量和市场竞争力。为了应对当前数字化和低碳化发展趋势下的市场挑战和机遇，良信电器制定了"两智一新"的战略（"两智"是配电智能化和人居智慧化，"一新"是新能源电气技术），旨在通过技术创新和市场需求的紧密结合，推动公司的持续发展和行业地位的提升。

2. 创新建设模式，打造"未来工厂"

2019年，为满足运营升级与扩张需求，良信电器启动"未来工厂"——海盐智能生产基地建设项目。良信海盐工厂总投资达到23.8亿元，含18个车间、159条（半）自动产线、70条精益线，实现年产值100亿元，覆盖模具、冲压、焊接、电子、装配、检测、包装、仓储物流等全业务。

良信海盐工厂以打造智能低压电器百亿产值、全产业链为目标，从园区规划与基建、智慧园区建设、数字孪生运营以及多类参观路线建设等四个方向入手，通过建模和仿真技术，采用了"先建模，再建设、实施、优化完善"的建设方法，对园区、物理工厂布局及工厂物流进行建模、数据采集和分析、模拟仿真等，完成了18个车间功能区布局规划、11条自动化线详细设计、8条精益线体设计方案等工厂现场布局设计以及车间物流方式规划、物流频次分析与规划、物流动线及通道、线边仓规划等物流规划，实现工厂场景建模，构建虚拟工厂，并实现迭代优化。

总体规划上，良信海盐工厂以工业互联为基础，建立智能化工厂、智能化物流、智能化生产及智能化供应链，最终实现精益化、自动化、信息化深度融合的数字化全流程智能制造示范工厂。良信海盐工厂利用物联网、数据自动采集与预测管理等技术，建立精益智能制造体系，重点构建

7大核心系统（即SAP、CRM、PLM、MES、WMS、QMS、BI），搭建6大支撑平台（即企业门户平台、财务管理平台、人资管理平台、混合云平台、大数据分析平台和集成管理平台），建立2大管理体系（即IT治理体系和信息安全体系），全面支撑公司智能制造建设（如图3-4-12）。此外，良信电器在2022年8月更新了公司LOGO，其中一层意思就是代表从内到外，积极地去拥抱数字化世界，这也从一定程度上说明数字化、智能化已经逐渐深入良信电器的企业文化血液中，这也成为智能工厂建设的重要保障。

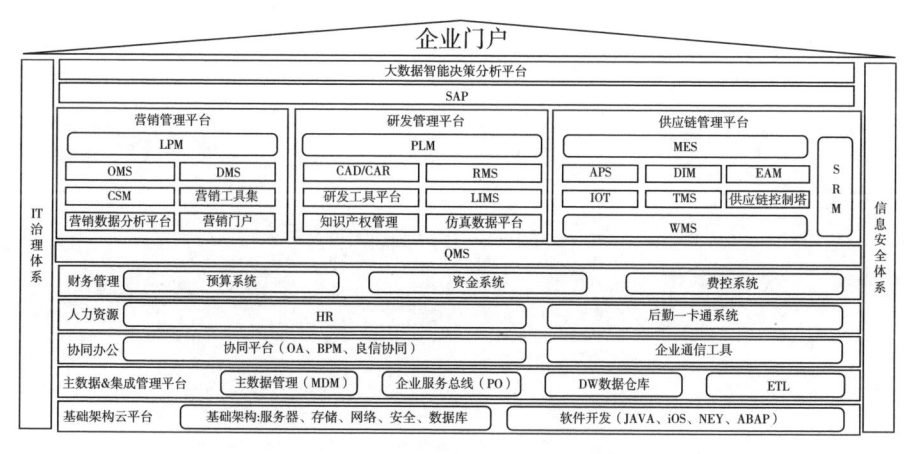

图3-4-12 良信海盐工厂总体架构

3. 全面拥抱数字化，领启智慧电气新时代

在双碳未来和数字化的新形势下，良信电器将良信海盐工厂打造成为数字化制造基地。该工厂通过高精度自动化设备、智能物流仓储配送系统、工业互联网平台等，借助5G、物联网、数字孪生、大数据、机器人、人工智能等技术，以数字化设计、智能化生产、数字化管理为基础，实现业务、数据和运营等方面数字化升级转型，建立智能化工厂、智能化物流、智能化生产及敏捷供应链，大幅降低单位能耗和成本的同时，积极探索未来工厂更多的数字化应用场景。

(1)"先进智能装备+设备互联"打造透明可视化数字孪生工厂

智能装备全面升级与物联网平台构建：良信海盐工厂是目前亚洲单体规模最大，智能化集成度最高的低压电气生产基地。生产设备方面，工厂斥资引进先进的西门子高端 SMT 贴片设备、德国埃莎波峰焊设备、7 条全自动点焊生产线等设备，结合精益装配生产线、自动喷涂线等，实现精益生产和透明化管理。智能物流设备方面，引用业内领先的双工位堆垛机、多层双伸穿梭车、智能化 AGV、拆码垛机械手、自动分拣线等。通过设备与制造系统的高效连接，不断优化生产工艺、升级制造技术，实现工业化与信息化高度融合。图 3-4-13 是良信海盐工厂生产设备及 OTS 自动化生产线。

图 3-4-13　良信海盐工厂生产设备及 OTS 自动化生产线

基于数据采集的数字孪生工厂管理新模式：良信海盐工厂依托工业互联平台，实现了 3000 多台设备的联网，以及 7 人信息系统与设备信息集成，每秒更新数据 20 多万次。通过设备联网和设备数据实时采集，实现工厂的透明化生产制造。基于数字孪生技术，真实有效地对车间生产、工厂能源、车间环境及各类车间设备进行虚拟场景 3D 展现，通过实时数据采集与各个终端数据同步，建立工厂数据模型，实时展示工厂运作详情，进行风险预警，如图 3-4-14。

基于个性化定制的柔性化、智能化生产：利用工业互联网、数字技术、人工智能改变传统工业的生产与管理方式，结合智能化设备、工装的

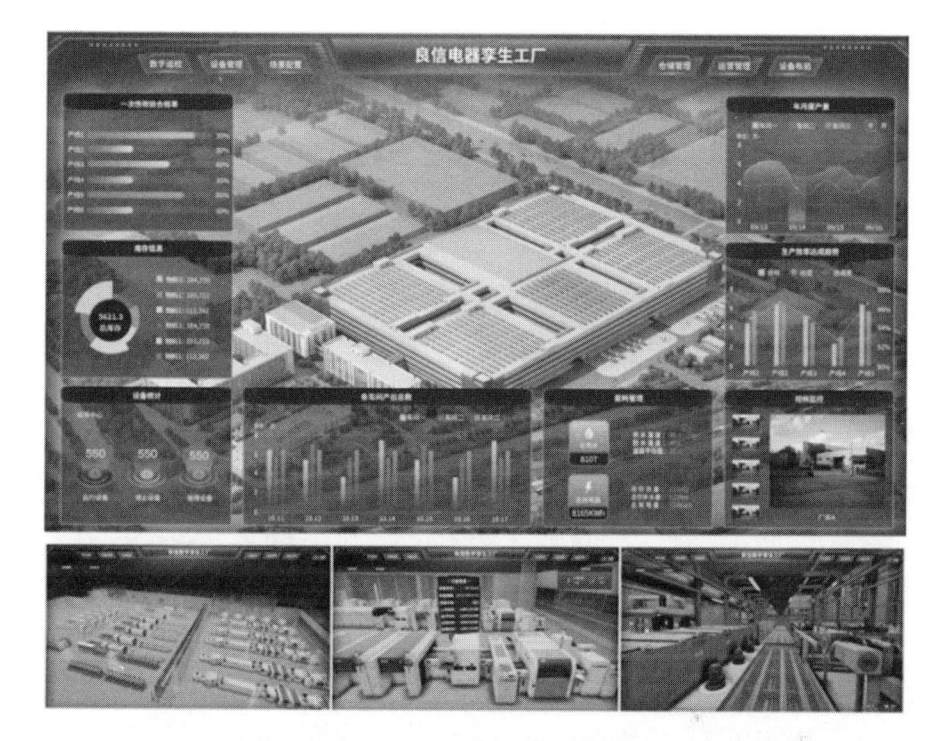

图 3-4-14 良信海盐数字孪生工厂

应用，让"个性定制""快速换型"成为可能。基于自主开发的供应链数字化平台，良信海盐工厂实现了从营销、研发、采购、制造、仓储物流等整个供应链业务节点的覆盖。通过 7 大核心系统建设的加强，建设支持供应商协同、质量检验前移、供应链透明管理和订单跟踪与反馈等生产运营机制，打通"营销—采购—生产—交付"全流程，实现订单驱动，按单生产，端到端可视，缩短需求交付周期，如图 3-4-15。

（2）软硬结合的智能化物流与供应链体系提升端到端能力

供应链数字化平台：良信海盐工厂利用大数据、AI、5G、物联网、数字孪生等技术，通过连接 PLM、SAP、OMS、SRM、APS、MES、WMS、QMS、TMS 等系统，打通数字化管理系统与各业务环节，形成供应商、良信、客户间系统协同运作模式（图 3-4-16）。基于供应链数字化平台，客户可以通过 OMS 选配下单以及个性化定制，工厂内部也可以实现订单驱

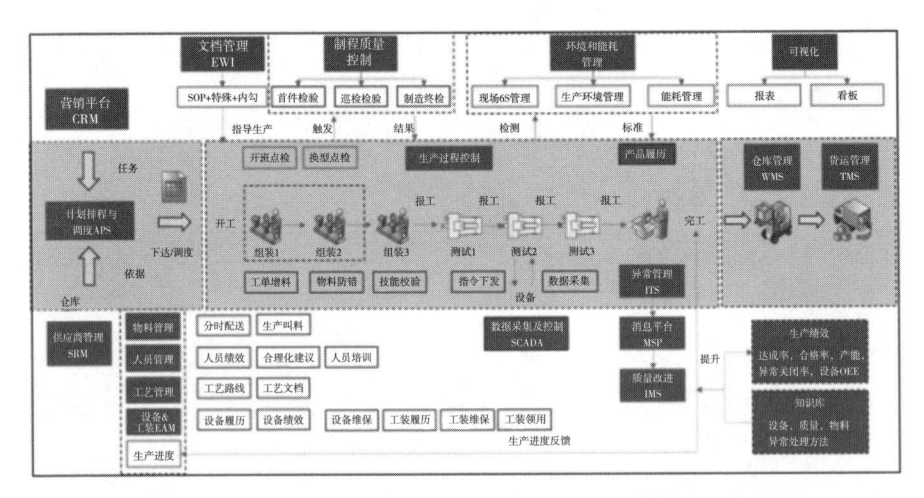

图 3-4-15　基于 MES 的制造管控、协同运营管理平台

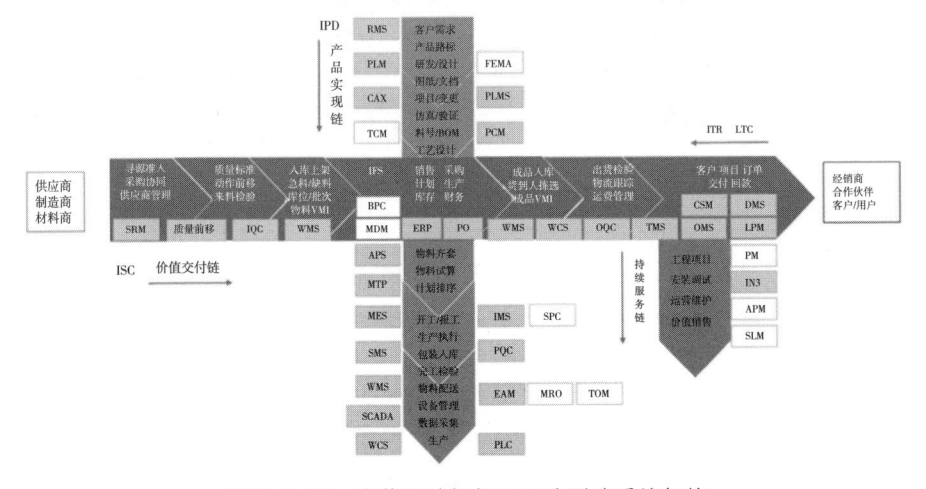

图 3-4-16　良信海盐智能工厂端到端系统架构

动、按单生产,缩短需求交付周期,提升计划、生产、物流效率。通过数字化手段,实现与客户、供应商、物流商线上协同、信息共享,打造高效、安全、稳定的供应链协同平台,保障柔性快速交付。

创新型智能物流系统:物流装备方面,良信海盐工厂大量应用双工位堆垛机、多层双伸穿梭车、智能化 AGV、拆码垛机械手、自动分拣线等智能物流设备,以中央立库为核心,通过连廊输送线与 4 栋厂房以及各个车间相连，并根据生产需要配送至车间线边库，实现物料的精准配送。软件方面，良信海盐工厂以 WMS 软件为核心，辅以良信已有供应商协同管理平台（SRM）、企业资源计划平台（SAP）、生产制造执行系统（MES）、质量管理平台（QMS）、高级计划与排程系统（APS），以 PO 平台为支撑，辅以仿真建模，高度集成托盘库、箱线、多穿库、AGV 等多套 WCS 系统，打造自动存储、自动分拣、自动包装、自动搬运、自动拆码、自动提示、自主决策的智能化物流系统。图 3-4-17 是良信海盐工厂立体仓库数字孪生画面。

图 3-4-17　良信海盐工厂立体仓库数字孪生画面

（3）差异化竞争策略下的智能化产品与服务能力构建

数字化客户服务闭环建设：良信电器以客户为中心的从问题到解决（Issue to Resolution，ITR）流程，打通从问题发现到问题解决的整个服务过程，以端到端的方式打造标准化的服务闭环，图 3-4-18 是良信客户自主下单平台。通过营销运营平台（LPM）、经销商管理系统（DMS）打通内部沟通路径，实现端到端客户服务的运作模式；通过售后管理系统（CSM）打造企业自有的售后服务体系，实现营销全链条数字化管理；通过服务可视化的数字看板实现多维度的数据分析，实现资源的合理分配，保障客户满意。

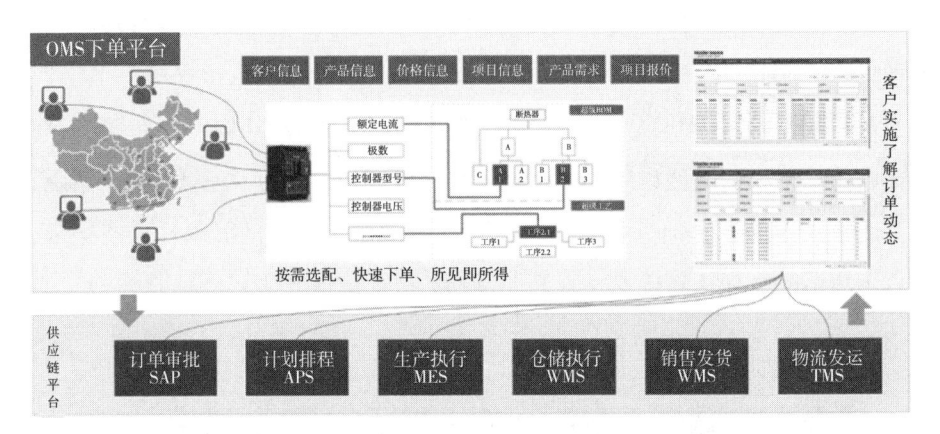

图 3-4-18 客户自主下单平台建设

智能产品创新：良信电器利用现代化物联网技术、网络技术、传感技术、云平台技术、大数据分析技术，将智能化产品与智能云配电系统（图3-4-19）对接，通过智能云配电系统对用电设备及配电环境数据进行监测、远控、集抄、统计、分析和运行管理。同时，该系统可以实现配电云端展示、远程监控、远程运维、故障报警、快速定位、故障分析等功能。良信智能云配电系统具备采集、监控、分析、预测、指导等功能，系统通过底层良信智能配电元器件及智能传感器，采集项目配电线路状态、故障、电量、健康及环境等信息，使用边缘计算网关对数据处理，并运用多元通信技术上传，通过智能云配电 Web 端及 App 软件数据分析，实现配电就地站控、本地、云端管理。

图 3-4-19 良信智能云配电系统

4. 关键指标改进效果

良信海盐工厂建成后，各项指标较传统工厂均有明显改善。

- 打通上下游产业链，制费成本降低 15% 以上；
- 利用车间线边库实现拉动式生产，库存周转天数降低 35%；
- 通过数字化设计、仿真、在线协同设计，减少样机费用 30%，新产品可靠性提升至 99%；
- 通过 PLM 系统，产品研发整体效率提高 30%，标准化程度提高 20%，物料重用率提升 8%；
- 通过 MES 系统，产品直通率提升 30%，人均小时产能提升 8.9%，工单及时交付达成率提升 17.9%。

点评

> 良信海盐工厂是目前亚洲单体规模最大，智能化集成度最高的低压电气生产基地。公司制造基地先后入选"国家级绿色工厂""上海市智能工厂示范单位"。一直以来，良信电器都注重技术创新和管理创新，不断提升设备智能化、生产过程智能化、服务智能化、产品智能化、软件应用智能化，加速业务优化升级和创新转型。随着"双碳"政策实施，良信电器正加速"两智一新"全新战略布局，深化智能配电、智慧人居、新能源电气技术发展，在不断提升自身智能化能力的同时，还打造了工业互联平台服务于低压电器制造领域，引领智慧电气新时代。

| 案例 3-26 | 天正电气：解码低压电器智能工厂之道

浙江天正电气股份有限公司（以下简称"天正电气"）是国内低压电

气行业的龙头企业。自1999年成立以来，天正电气始终专注于工业电气领域，主要从事配电电器、终端电器、电源电器、控制电器、智能仪表、变频器、中压电器为主的工业电器产品的研发、生产、销售，为新能源、电力、通信、石油石化、机械制造等行业提供高品质的解决方案。

1. 迭代升级，从精益生产到智能制造

目前，发达国家的低压电器制造业已经完成了自动化、数字化、信息化的升级。相较之下，我国低压电器制造业整体尚处于传统生产方式向自动化生产的过渡阶段，尽管部分头部企业已在进行数字化转型并积极探索智能化生产，但总体水平与国外相比仍有一段差距。

天正电气正视差距，从2008年开始，率先在业内推进精益生产，从单件流到连续流，从"U型线"到低成本自动化，从内部生产到全价值链流程改善，经历了三轮系统性升级。随着信息技术快速发展，天正电气结合自身产品与产线特点，引入数字化与自动化应用，并采用小步快跑、迭代升级的模式，稳健而快速地提升了公司智能化水平，走出了一条有自身特色的精益智造之路。2020年，天正电气获评"浙江省智能工厂"荣誉。

2. 面向未来，打造低压电器制造业的"头雁工厂"

天正电气智能工厂项目遵循国家智能制造标准和浙江省未来工厂建设导则，以智能工厂建设为核心，以智慧供应链为平台，融合了先进制造技术与新一代信息技术。该项目旨在打造高效、互联、共享、敏捷的集群示范型"头雁工厂"，同时，通过高价值智能化产品推动企业高质量发展，图3-4-20是天正电气智能工厂蓝图。

天正电气智能工厂主要建设内容包括：

①根据产品工艺特点采用新工艺和新材料，全面推进高端数控装备、自动化产线、工业机器人、智能监测等新型装备的应用，提升制造技术和制造模式。

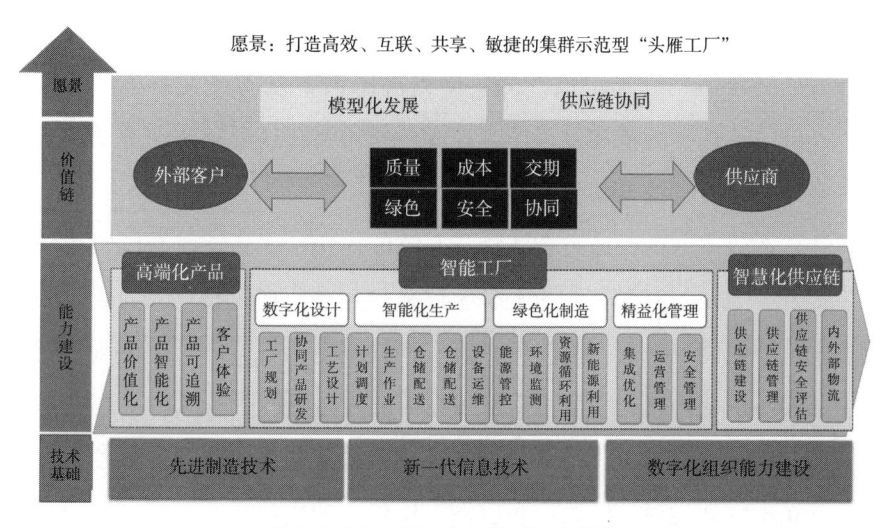

图 3-4-20　天正电气智能工厂蓝图

②通过设备联网、数据采集和可视化技术,实现生产的精益化和智能化。

③建设智能立体仓库,实施 WMS 系统,应用 AGV 进行 JIT 准时配送,构建自动拣货、核验、配送的智慧物流体系。

④在企业已有的信息化系统建设基础上,搭建企业数字化管理平台,实现多个系统的深度集成,建设企业数字大脑,提升企业数字化管理、智能化生产和智慧化运营。

3. 融合创新,树立低压电器制造业多场景标杆示范

基于不懈探索,天正电气成功建设了智能工厂,并形成了智能仓储、车间智能排产、精益生产管理、能源综合管理监测、智能在线检测等核心应用场景,不仅提升了天正电气的生产效率与产品质量,更在行业内树立了智能工厂的新标杆。

(1) 依托智能仓储,实现高效协同与全流程自动化

天正电气依托托盘立体仓储系统、箱式立体仓储系统、自动拆托拣选系统、货到人拣选系统、复核包装及分拣系统、平库仓储系统等,打造了

自动化、数字化、智能化的仓储物流体系，实现了成品仓储、拣选及发运各环节的高效协同。天正电气的仓储物流体系不仅满足了复杂需求下入库、仓储、拣选、分拣和发运作业等业务的需要，还通过与业务的有机结合，实现了全流程的自动化与智能化。

在作业效率方面，通过仓储物流系统的应用，天正电气仓储物流作业效率提升了50%，存储能力也提升至原来的4倍。通过核算人力成本和仓储成本的节约情况，天正电气预计投资回报周期为5.6年，考虑到实际运营中的多种优化因素，实际投资回报周期可能会更短。

（2）优化生产模式与排产流程，实现高效智能生产与及时交付

天正电气通过对前端物流和后端工厂建立的供需关系关联，结合按订单生产（Make To Order，MTO）与按库存生产（Make To Stock，MTS）两种生产模式，实现了需求管理的细化；通过建立预测模型和优化算法，完善了安全库存模型与库存计划模型，综合考虑了生产效率与订单交付，动态计算，实现智能化、柔性化的自动排产。

企业通过推行"T+2"（T代表当天，"+2"为提前2天）锁定计划模式，确保生产能够按照计划有序进行。"T+2"锁定计划取代了原先由计划员自主决策的生产备库模式，利用系统规则精准响应市场需求，有效减少了因供需不匹配带来的库存损失。此外，天正电气通过与供应商建立网络化协同机制，采用"月预测+日订单"协作模式，减少了供货不及时导致的停工待料现象。

这一系列举措不仅摒弃了传统人工排程和调度的方法，解决了其固有的准确性低、周期长等难题，还突破了传统方式在实时匹配和预测产能方面的局限，提升了生产稳定性。同时，有效规避了任务延迟、紧急插单等生产扰动，显著提高了及时交付率。

（3）突破多个自动化难题，实现生产作业精益化管理

天正电气采用多轴机器人、声光电一体化技术、CCD视觉检测系统等，成功攻克了绕焊一体、冲焊一体、在线老化等一批工艺的自动化难

题，实现了自动化在线检测和多工艺集成的"一个流"生产方式。同时，公司借助天正 IIoT 平台，利用 SCADA 和 DNC 实现产线控制，通过 PLC/CNC（Computer Numerical Control，计算机数控）采集、网关、串口采集等多种方式，实时采集生产过程中的产品和设备数据。此外，天正电气通过 MOM 制造运营管理系统整合 ERP、SCP（Supply Chain Planning，供应链计划）、APS 等系统的业务流程与数据，打破了各系统之间的信息孤岛，实现了数据的全面互联和共享，从而实现精益化管理。目前，天正电气主导产品的生产设备自动化率高达 95%，生产率实现同比提升 25%。

（4）构建能源综合管理监测，实现实时监测与智能化管控

天正电气建立了公司级能源综合管理监测系统，并引入可通讯的智能采集器，对水、电、气等主要能源使用进行实时的数据采集、在线监测、报表统计，实现能源在购、配、储、用等环节的全联接，有效解决了精细计量、智能处理、动态分析、实时评估等关键问题。

公司通过智慧园区综合管理系统平台项目，完成了设备的改造升级，并实现了对各项能源使用的管控，提高了智能化、数字化、绿色化生产水平，公司万元产值能耗降低 2.86%。

（5）采用智能在线检测，提升产品合格率与检验效率

在智能制造场景中，为确保小型断路器、交流接触器、电子组件板等产品的制造质量，天正电气采用了工业相机或激光器扫描仪等质检终端，并通过内嵌 5G 模组或部署 5G 网关，实时拍摄产品质量的高清图像。随后，通过与训练的深度学习模型比对，AI 能够识别图像中的细微差异和特征，判断物料或产品是否合格，实现缺陷实时检测与自动报警，并有效记录瑕疵信息，为质量溯源提供数据基础。此外，工厂还引入自动传感视觉检测等新技术，实现在线自动检验，提升检测效率与准确率。这些举措不仅让产线关键质量特性的自动检测率达到 100%，有效节约了人力成本，还显著提升了产品出厂的合格率。

4. 关键指标改进效果

天正电气智能工厂建成后，各项指标均有明显改善。

- 生产效率提高 26.25%；
- 制造过程运营成本降低 26.1%；
- 质量损失率降低 11.11%；
- 库存降低 30%；
- 库存周转率提高 34.78%。

点评

> 当前，智能化正迅速成为未来制造业发展的关键趋势，对推动工业向中高端迈进具有重要作用。低压电气行业是离散型制造业的典型代表，具有系列多、产品外形差异大、客户需求多样的特点，对于智能制造提出了更高的要求。作为低压电气行业智造标杆企业，天正电气凭借在智能制造领域的提前布局，以智能工厂建设为核心，应用先进制造技术与新一代信息技术，在仓储物流、计划调度、生产作业、能源管理、质量管理等多个关键场景实现了创新突破。通过这些创新举措，天正电气全力提升了企业的智能制造水平，打造了高质量国产化产品，未来将为推动低压电气行业的可持续发展贡献更多力量。

| 案例 3-27 | 新能科技：构建一二次融合成套产品智能工厂

山东电工电气集团新能科技有限公司（以下简称"新能科技"）成立于 2014 年，是中国电气装备集团有限公司所属山东电工电气集团有限公司的全资控股公司，是国内知名的配电物联网解决方案及系列产品提供商，

智慧配电物联网行业的领军者。公司专注于智能型、节能型配网产品，主营业务涵盖电力物联网产品、一二次融合断路器和环网柜产品、配电自动化产品、电能治理类产品、充电及储能产品、电力电缆隧道综合系统等产品的研发、生产、销售及服务，是集产品研发、生产、服务和销售于一体的国家级重点高新技术企业。

1. 智造缘起：市场竞争激烈驱动电力装备制造模式变革

一二次融合成套产品是电网建设中输配电的主要设备，具有广阔的市场发展前景，同时市场竞争也尤为激烈。电力装备制造企业需要提高一二次融合成套产品的设计、制造水平，以高效的内部运作和敏捷的制造响应能力，来应对变幻莫测的市场。

与此同时，电力装备制造企业也迫切需要提高制造车间的可视化水平，不断优化资源配置、优化生产过程，加强车间执行、控制过程的高效管理和控制，实现由上至下的信息集成，提高快速制造响应能力。基于此，新能科技以其制造车间为基础，从车间生产管理的全局出发，打造了国际一流的一二次融合成套产品智能工厂。

2. 总体规划：一二次融合成套产品智能工厂建设思路透视

新能科技一二次融合成套产品智能工厂主要从工业网络建设、数字化系统集成、安全生产水平提升三个方面开展建设，旨在通过集成资源管理、生产执行、供应链管理，以及现场控制等模块，构建一二次融合成套产品全生命周期的统一数据平台，实现一二次融合成套产品的研发、生产、销售业务流程的相互衔接、协调和执行，并对物流和生产流程进行全过程实时控制。

工厂工业网络建设：建设具有高水平的智能型、灵活性的车间工业网络架构（图3-4-21）。该网络整体上由生产制造中心部门交换机与中心机房主交换机相连的内外网架构组成，网络信号覆盖整个车间，以支撑底层生产数据的全面采集和信息集成，实现管理层对工厂现场的实时在线监视。

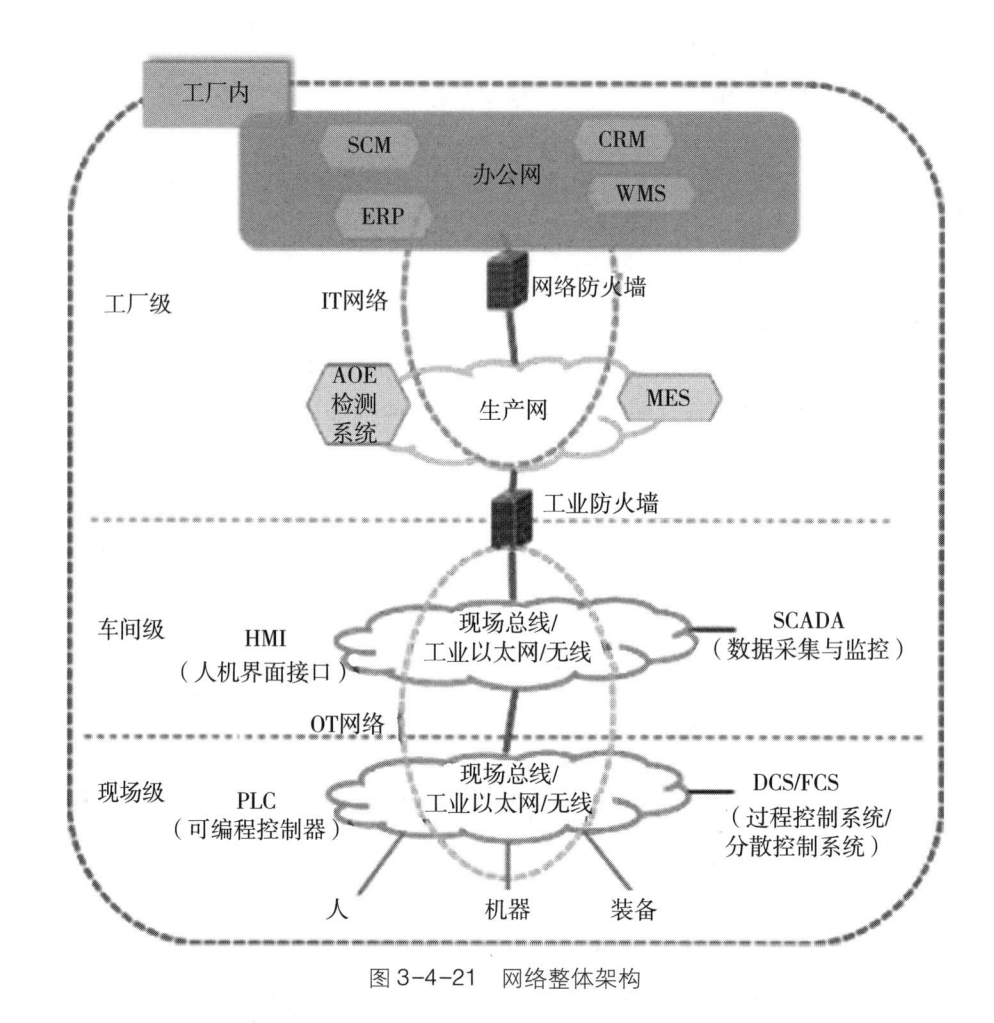

图 3-4-21　网络整体架构

数字化系统集成：以制造车间为基础，通过集成应用企业资源计划（ERP）、制造执行系统（MES）、产品生命周期管理系统（PLM）、仓储管理系统（WMS）、质量管理系统（QMS）、供应链管理（SCM）、客户关系管理（CRM）等数字化系统，以及现场控制等模块，实现从研发设计、制造决策、制造执行到现场控制的闭环。

安全生产水平提升：通过采用机器人作业岛、有轨制导车辆、自动磨合室、自动化检测线等先进的数字化、自动化装备，替代人工生产作业、搬运、检测，降低生产过程中的安全隐患，提升工厂和车间的安全生产水平，同时规避工控网络风险对工厂生产过程的威胁。

3. 创新实践：一二次融合成套产品智能工厂建设亮点剖析

新能科技一二次融合成套产品智能工厂具有装备自动化、工艺数字化、生产柔性化、过程可视化、信息集成化、决策自主化的特点，并成功落地了多项创新性实践与应用。

（1）数字化改造与集成，满足柔性制造需求

针对生产制造过程，新能科技一二次融合成套产品智能制造工厂进行了信息物理系统的整体规划：在数据采集层和网络层部署 RFID、智能传感器、网络设备等物联网基础节点；在执行设备层引入工业机器人、数控机床等智能制造装备；在控制层和管理层引入管理与控制系统（如 MES、ERP、PLM 等），同时搭建各种开放的信息服务平台，共享数据资源，不断夯实智能制造的数据基础。各系统间的集成共享如图 3-4-22 所示。

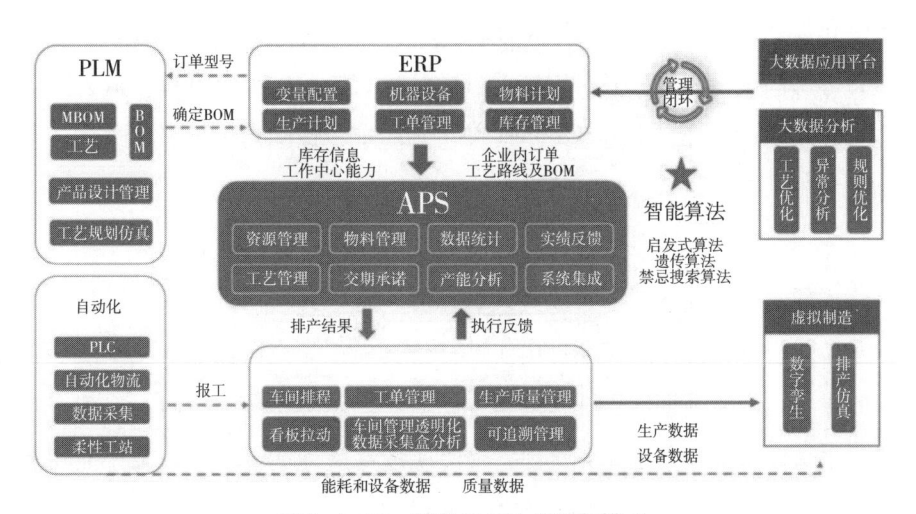

图 3-4-22 智能工厂生产运行模式

在此基础上，新能科技围绕一二次融合成套产品的生产工艺流程，重点对极柱装配机器人工作站、机械特性调试、磨合试验、耐压试验、局放试验和一二次融合成套产品联调等六大部分进行数字化改造，并重点深化PLM、ERP、MES三大系统的应用与集成，构建了一二次融合成套产品全生命周期统一数据平台，以实现对一二次融合成套产品的研发、生产、销售业务流程的相互衔接、协调和执行，并对物流和生产流程进行全过程实时控制。通过数字化改造与系统集成，新能科技打通了人机互联、机物互联、机机互联、人人互联的信息通道，满足了人、机器、生产线的随需交互，实现了物联网、互联网和务联网三网融合相通，进而实现了对产品全生命周期的全数字化管理。同时，柱上断路器智慧生产线、标准化融合终端等智能化生产线以及数字化排产的应用，也变革了传统的生产模式，实现了柔性化生产。

（2）建立数字化样机，实现仿真驱动设计

在一二次融合成套产品研发阶段，新能科技采用计算机辅助设计（CAD）、计算机辅助制造（CAM）、计算机辅助工程（CAE）、计算机辅助工艺规划设计（CAPP）等专业软件建立产品的数字化样机，来实现产品数字化设计与工艺设计。数字化样机用于支持总体设计、结构设计和工艺设计等协同设计工作，同时支持项目团队进行产品的并行开发。此外，新能科技基于虚拟样机进行系统集成和仿真验证，以缩短工期，实现仿真驱动产品设计和创新。

除了研发设计阶段，在生产线的设计过程中，新能科技同样采用专业软件来建立数字化产线，实现仿真驱动的产线设计。通过利用先进仿真系统对工厂设计、生产系统在投运前进行仿真模拟研究，新能科技实现了在实际投入生产之前即能在虚拟环境中仿真、测试和优化。同时，在生产过程中也可同步优化整个业务流程，最终实现高效地柔性生产以及产品快速创新与上市。而且，新能科技还通过对加工过程中所获得的数据进行分析，了解关键工艺参数变化对产品质量产生的影响，以优化加工工艺，提升产品质量，并通过反复迭代，最大限度地降低设备布局调整和加工策略调整带来的风险。

（3）建立自动化产品检测线，实现智能化质量检测

新能科技一二次融合成套产品智能工厂的自动化产品检测线，主要由自动扫码录入、自动耐压测试、自动功能测试、自动贴标单元、自动机械手下线设备等设备组成。这些设备的应用让产品检测线实现了质检数据自动采集，减少了人为因素影响。通过物料条码、二维码等的应用，检测线可以关联产品生产过程数据、质量数据，实现生产和质检过程数据的高效记录和传递，这不仅让生产计划、派工、报工更加便捷，也使得项目信息、工艺文件、生产进度、质检过程更清晰。此外，该检测线还实现了生产过程、质量检验过程的无纸化，以及异常处理的智能化。产品自动化检测线还建设完成了电源断相、后备电源管理、数据采集与处理、遥信遥控、对时守时、参数调阅与配置、故障检测与处理、历史数据存储、故障录波等功能测试项目，实现了产品生产过程中的磨合测试、耐压局放测试等全程自动化运行，保证了产品各项性能指标符合生产要求。图3-4-23为自动化磨合测试。

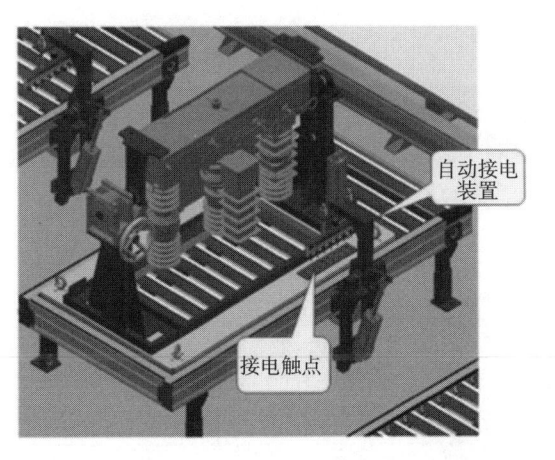

图3-4-23　磨合测试

（4）实现物料配送自动化，提高物料周转效率

新能科技一二次融合成套产品智能工厂构建了智能仓储物流系统，它由出入库输送线、自动化立体仓库货架、堆垛机、自动识别系统（传感器、条码、扫码器等）、AGV叉车系统等组成。原材料通过传输机自动输送进立体仓库，立体仓库自动读取相关信息，同时仓库管理系统（WMS）指定相应库位。堆垛机则根据指令将货物放到指定货位，待入库成功，仓库管理系统（WMS）即更新库存数据。

在物料配送调度需求方面，新能科技采用了人工呼叫和制造执行系统（MES）相结合的方式。当检测线体有配送需求时，MES系统会生成对应的任务调度指令，并下发至机器人及自动化设备统一资源调度系统（RDS），由RDS系统调度自动导引运输车（AGV）完成运送任务。同时，呼叫系统可以将任务指令下达给全自动伺服穿梭车（RGV），从而将产品壳体自动运转到产品生产线各工位，实现自动配送。此外，立体仓库与WMS系统、AGV叉车、手持终端（PDA）等智能设备配合，实现了物料智能出库、转运和精准化派送，提高了物料周转效率。图3-4-24为AGV调度系统及配送管控流程。

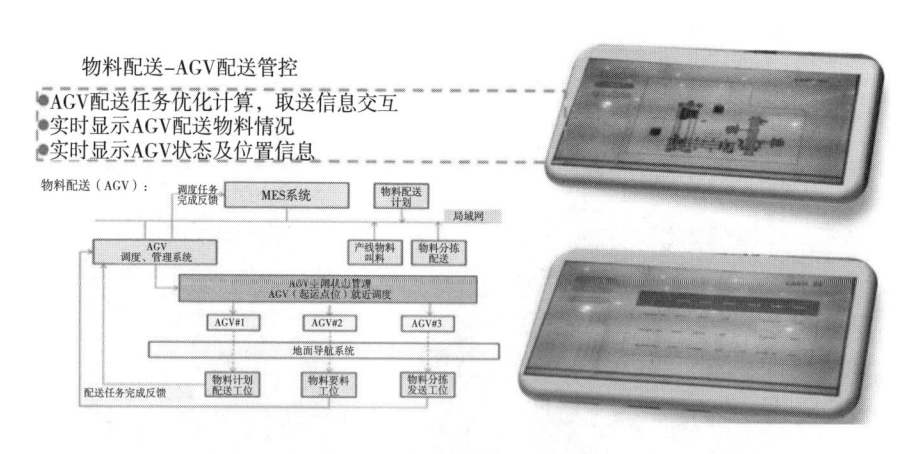

图 3-4-24　AGV调度系统

4. 关键指标改进效果

新能科技一二次融合成套产品智能工厂建成后，各项指标均有明显改善。

- 研发周期缩短 39%；
- 生产效率提升 54.46%；
- 设备综合利用率提升 35%；
- 产品一次检测合格率提升至 99.8%；
- 产品质量提升 35%；
- 库存周转率提升 55%；
- 物流成本占比企业运营成本降低 26%；
- 订单准时交付率提升 25%。

点评

> 新能科技一二次融合成套产品智能工厂综合运用信息技术、网络技术、智能装备等先进技术手段，以制造车间为基础，通过引入 PLM、MES、ERP 等数字化系统，并集成资源管理、生产执行、供应链管理，以及现场控制等模块，加强对重点生产加工业务的有效管理，解决了信息孤岛、应用孤岛和资源孤岛问题，实现了研发、设计、工艺、生产、检测、物流等环节的集成优化和智能管理决策，实现了生产效率提高、产品质量提升、研发周期缩短、物流成本降低等明显的经济效益，同时对同类企业开展智能工厂建设具有明显的可复制性和示范价值。

3.5 石油化工

石油化工行业属于典型的流程制造行业，具有链条长、产品种类繁多、产业链上不同位置的产品差别比较大、生产规模大、生产过程连续性强、工艺流程复杂、设备种类繁多、安全生产要求高等特点。因此，在智能工厂的建设过程中，石化行业企业需要不断提升生产的智能化水平、设备管理能力、能源管理水平以及质量管控能力等，以实现稳定、持续的安全生产，在提高生产效率和产品质量的同时，降低成本，增强企业的市场竞争力。

在标杆智能工厂中，石油化工行业企业普遍关注以下几方面。

一是建立数字化交付模式。建立以工厂对象为核心的涵盖工程设计、采购施工、试车开车等全过程的数字化交付，在建设实体工厂的同时，搭建一座依托于数据、文档、三维模型，以及它们与工厂对象关联关系的数字化虚拟工厂，打造智能工厂的数据孪生底座。基于数字孪生技术构建虚实映射的智能工厂，进一步实现对产品和工厂设计、开发、生产、服务、运营等过程的全生命周期管理，实现实时监控、预测和优化。

二是智能化生产运营。在关键工艺环节广泛应用智能化装备，实现生产过程的智能控制；通过智能调度系统应用，对生产作业计划进行制定与优化，实现对异常情况的自动决策和优化调度；应用大数据分析、先进过程控制（APC）等技术，开展实时优化系统（Real-Time Optimization System，RTO）建设，实现装置生产运行参数的动态优化、调节；借助大数据分析和人工智能技术，对生产过程中的海量数据进行挖掘和分析，建立生产作业数据分析、生产工艺优化、质量数据算法等模型，实现生产作业数据的在线分析，生产过程异常的预测报警及质量追溯。

三是装置与设备管理。建立贯穿设备资产运行、检维修、改造、报废的生命周期管理体系，应用AR、5G、大数据、AI、巡检机器人等技术，通过实时采集核心设备的运行工况和工艺参数等关键数据，实现设备运行状态和关键绩效指标（如设备OEE）监测；构建装置预警预测模型，实时分析设备运行数据，实现装置健康评估及异常预警；基于深度学习、知识图谱等算法，建立设备故障分析模型与设备故障知识库，实现设备故障智能分析和诊断，设备的预防性维修和预测性维护。

四是产品质量管控。引入先进的检测设备,应用智能监控系统及物联网技术,实现半成品和产成品的在线检测;通过质量相关数据的实时采集,实现生产过程异常预警以及质量的精准追溯;建立智能实验室,开展产品性能测试、质量分析、安全性评估等,实现试验过程的自动化、智能化和高效化,通过对试验数据的分析,实现产品质量优化;利用大数据分析和人工智能技术,对产品质量数据进行挖掘和分析,并通过对历史数据的学习,预测潜在的质量问题,提出预防措施,同时将反馈信息应用于生产控制环节。

五是供应链管理。建立面向市场需求、销售调配、采购优化等领域的业务模型,打造销售、采购、生产、仓储、物流等运营一体化管理模式,降低原料采购成本、统筹资源配置,实现供应链全过程价值增值,推动企业从传统的经验型决策向数据驱动的智能型决策转变;应用5G、物联网等技术及数字化仓储设备、配送设备与信息系统的集成,构建仓储模型和配送模型,实现库存和路径的优化,实现厂内运输、仓储、搬运等关键物流环节的智能化水平提升;实现产业链上下游企业业务协同及资源优化,提升产业链供应链韧性,推进产业链上下游协同制造。

六是能源与环保管理。基于AI及工业大数据技术的应用,综合统筹水、电、汽、风等能源介质使用,监控和优化各类节能设施的运行状态,实现多介质能源优化与能源梯级利用;建立能源介质优化模型,实现能源的供应、生产、输送、转换、消耗全流程的精细化管理和在线优化;建立环境排放智能监测与管控体系,从源头、过程到末端实现对装置及储运系统的废水、废气、固废的全过程管理,及可视化监控及智能分析和溯源,通过大数据分析,在预测生产排放的同时,自动提供生产优化方案。

七是安全生产管理。结合HSE管理体系,运用物联网、大数据、5G、AI等技术,结合对各类感知层数据的获取及分析,在危险源辨识、危险预测、危险应急处置等方面,实现各类异常事件的实时识别,以及事前提前预防与事后快速处置,增强石油化工行业企业安全生产的感知、监测、预警、处置和评估能力，实现安全生产。

在标杆智能工厂中，石油化工行业的典型应用场景如图 3-5-1。

石油化工行业智能工厂典型应用场景		
基于数字孪生的工厂建模 工艺流程仿真优化		
组态平台赋能分析与优化生产操作 装置多变量协调优化控制 数字化生产绩效实时统计分析 生产数据实时采集监测与报警预警 设备联网与数据互通 基于流程模拟模型的数字化管理 生产实时监控与远程智能调度 基于APS系统的智能排程 工业大数据赋能生产全流程打通 智能化物流配送 基于大数据的智能服务	智能取送样机器人应用 智能点检管理 无人值守智能计量 基于视觉检测与深度学习的外观检测 基于AI的在线质量检测 机器人替代人工作业 基于数字化采购平台的全流程数字化追溯 无人巡检小车危险区域巡检 基于AI的在线质量检测	数字化物流追踪 基于自动化和物联网的黑灯智能仓储 基于RFID的共享托盘系统
数字化技术赋能工业电商发展		
能源在线监测与用能优化 危险源与污染源在线监控与预警	基于大数据的能耗优化 数据采集与监控实现全厂安全管控	智能污水处理系统 基于在线自动监测的节能减排

图 3-5-1 标杆智能工厂中石油化工行业典型应用场景

| 案例3-28 | 多氟多：三智工程助力高质量发展

多氟多新材料股份有限公司（以下简称"多氟多"）是一家致力于深入研究氟、锂、硅三种元素内在规律及其相互作用，并实施产业化的国家高新技术企业，也是我国第一家无机氟化工行业上市企业、国家创新型试点企业、国家技术创新示范企业。公司产品涉及高性能无机氟化物、电子化学品、锂离子电池及材料等多个领域，其中，自主开发的国家级新产品晶体六氟磷酸锂，成功打破了国外技术垄断，实现了进口替代，并批量出口至韩国和日本，连续多年产销量位居全国乃至全球首位。

1. 需求引领，推进智能化改造升级

随着多氟多的快速发展，原有的生产方式及管理模式已无法满足企业

向高质量发展的需求，主要体现在以下方面。

①生产过程自动化程度与产品品质提升矛盾凸显。六氟磷酸锂的生产工艺本质上属于流程型，但其原料上料和成品装桶环节却呈现离散特征，原有生产方式人为参与较多，极易对原料和成品造成污染，从而影响产品品质。

②生产控制智能化水平薄弱。生产过程控制主要采用 DCS 系统，且系统的操控仍然高度依赖人工干预。这导致生产过程中的反应终结点控制不够精确，产品稳定性相对较低。

③生产管理数字化、网络化欠缺。生产过程中除 DCS 系统以外的控制单元/终端均无法实现数据采集，生产过程中的数据采集及利用存在断层，导致生产管理任务繁重和效率低下。

为了进一步提高公司在氟化工板块的核心竞争优势，提升行业地位，多氟多围绕"五个一"（一眼看全、一眼看穿、一眼看透、一目了然、一竿子到底）的方针，启动了"智能制造、智才聚集、智慧企业"的"三智工程"。多氟多四分厂作为主导产品晶体六氟磷酸锂的主要生产基地，被公司作为智能化改革的试点，率先着手建设智能化升级。项目目标是通过过程自动化、管理精益化、平台数字化，集成一系列自动化核心技术装备，并配合 ERP、DCS、MOM、PLM、能源管理、质量分析系统等管理软件，实现六氟磷酸锂生产的标准化、自动化、数字化、网络化、智能化。

2. 战略驱动，加速数字化转型进程

在公司智能化改造升级的强烈需求下，多氟多将数字化转型上升到战略层面，制定了数字化转型的整体思路和 IT 规划（图 3-5-2），加速数字化转型进程。

在经营管理方面，多氟多计划用三年时间搭建起以 ERP 为核心的经营管理平台，打通员工以及供应商、客户、税务、银行等信息渠道，实现办公协同、招采协同、订单协同、交货协同、结算协同、对账协同等。基于

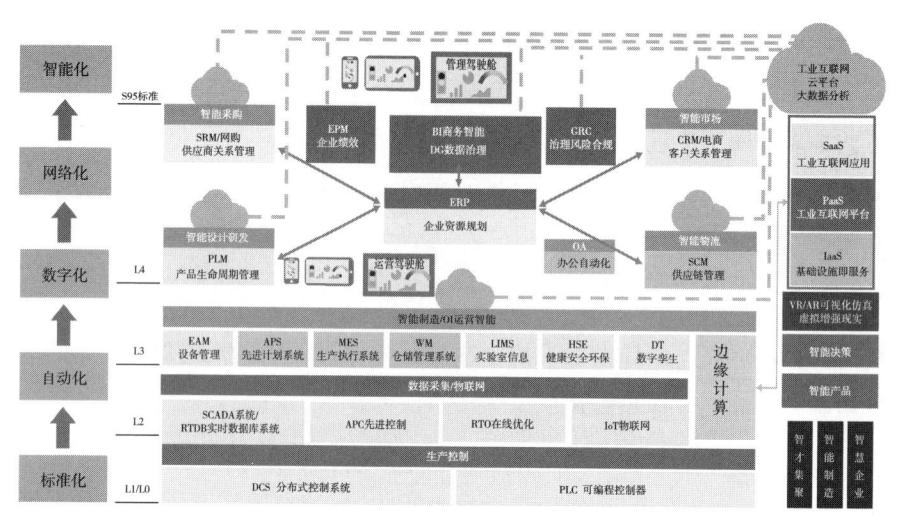

图 3-5-2 多氟多智能制造系统架构

积累的经营数据，多氟多打造决策支持平台，包括报表平台（BO）、数据仓库（BW）、企业驾驶舱、数据挖掘分析（DA）和企业绩效管理（EPM）等，实现数据驱动决策。

在生产制造方面，多氟多围绕生产、设备、能源、安全四个维度，建立一个平台、两个中心、N 个应用场景的生产管理体系。其中，一个平台为六氟磷酸锂数字孪生平台，两个中心为工控数据中心（RMIS）和应用数据中心（Data station），N 个应用场景涵盖生产过程自动化控制、质量追溯、点巡检（包含但不限于设备点巡检、流程点巡检、设施点巡检、物资点巡检）、能源计量、人员识别和定位、车辆定位、无人磅房、智能安全双预控、智能监控等。通过一个平台、两个中心、N 个应用场景的建设，实现生产全过程的透明化和智能化。

3. 软硬兼施，打造行业标杆智能工厂

多氟多的智能工厂建设从硬件完善、算法优化、系统建设三方面着手，具体包括现有装备升级、总部生产网络改造和生产运营控制中心建设。同时，算法层面重点放在控制逻辑优化，在线自整定和先进控制算法

应用。系统建设方面则涵盖了 LIMS 系统、六氟磷酸锂包装追溯系统等，软硬兼施开展工厂智能化建设。

（1）基于先进控制算法，实现生产过程控制智能化

为了实现生产过程控制精准化、智能化，多氟多采用了 PID（Proportional Integral Differential，比例—积分—微分）、APC（先进过程控制）等先进控制算法，并在基础设备完备、运行稳定的前提下进行控制算法优化升级。通过应用 PID 算法，多氟多实现了所有 DCS（分散控制系统）参数的在线自整定，大幅提高了自动控制回路的投用率，显著提升了控制的稳定性和产品的一致性。同时，APC 算法的应用也满足了复杂、特殊生产工艺以及高精度控制的需求。

目前，多氟多的氟化工生产装置共配备了 25 套 DCS 系统，涉及 3 个不同厂家和 6 个不同版本。为了实现对生产装置的集中操作，增加工艺连续性，并减少操作点的数量，企业根据数据采集的需求，对 DCS 系统进行了升级，将相同版本的系统加以合并。此外，为了解决六氟磷酸锂产品生产终结点无法监测、生产控制点不精确等问题，多氟多运用边缘计算技术，对现场需要实现 PID 控制的各环节进行了整合，优化了控制闭环，不仅减轻了 DCS 系统数据存储和传输的压力，提高了生产数据的安全性，还实现了产品生产过程的在线自整定，提升了产品品质。图 3-5-3 是多氟多生产运营驾驶舱。

（2）建设数字孪生平台，实现生产全面透明化

多氟多利用六氟磷酸锂数字孪生平台，辅助生产部门对生产过程中的人员管理、能源使用、安全监管和设备运维等关键流程进行优化和重构，实现了过程数据和业务流程的可视化。虚拟车间与现实车间的设备及生产过程实现同步联动，为现场管理、客户参观、员工培训和工作汇报提供了 3D 可视化数据展示。数字孪生平台全面展示了计划排产、过程管控、安全预警、环保态势、设备状态、能源分配、人员动态、物料信息和质量信息等生产环节数据，为企业构建了一个可扩展的生产管理信息化平台，实现

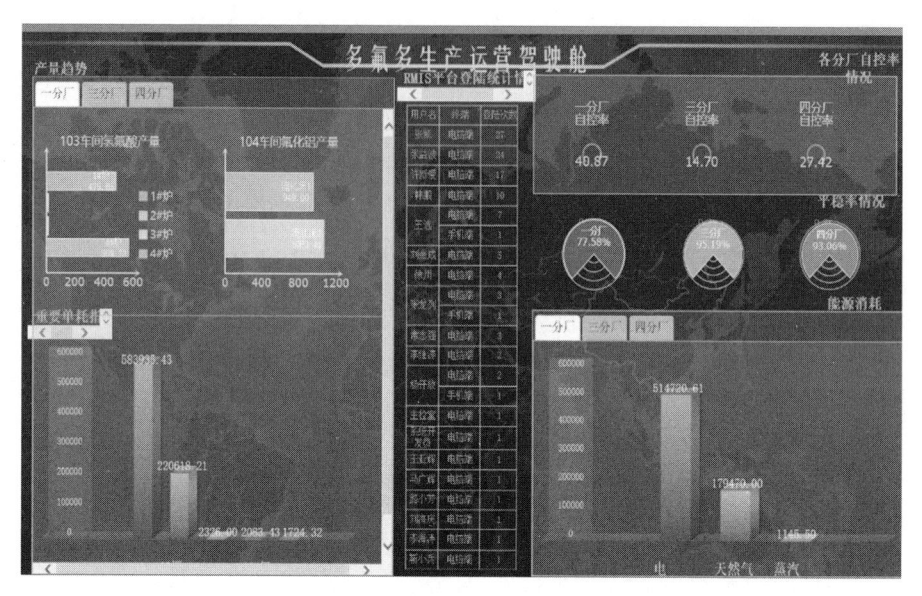

图 3-5-3　多氟多生产运营驾驶舱

了生产过程的透明化。图 3-5-4 是数字孪生平台架构。

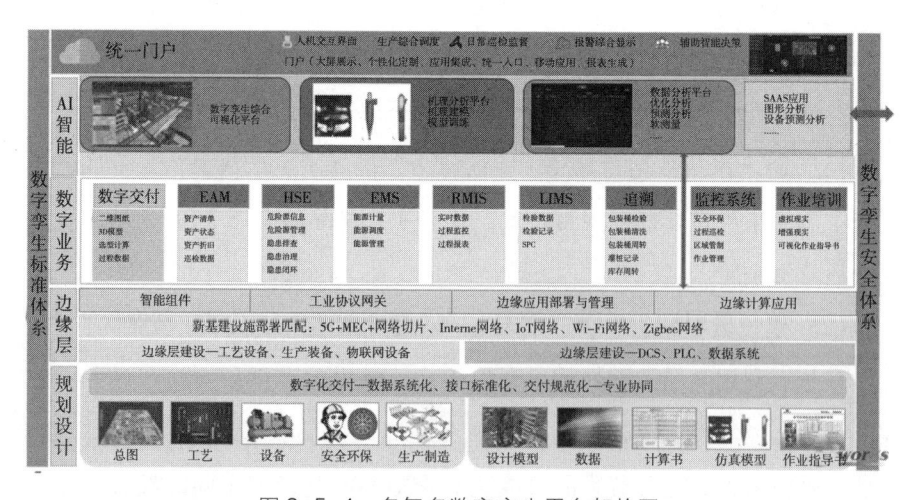

图 3-5-4　多氟多数字孪生平台架构图

数字孪生平台将物理产线与虚拟产线一一映射，大量实时数据将原本隐秘的生产过程以形象直观的方式呈现，使得隐性过程变得显性化。数字孪生平台嵌入数据分析功能，通过异构要素的互联互通，实现对生产过程的全方位感知，并能够预测干扰因素对生产过程的影响。同时，基于采集的生产过程数据，多氟多构建了生产过程与产品质量分析模型，通过大数据分析技术进行"黄金批次"的分析，寻找六氟磷酸锂生产中的最优参数，并加以复刻，从而减少个人主观因素对生产的影响，提升产品的一致性，提高设备平稳率，降低产品单位能耗，降低产品综合生产成本。

此外，多氟多管理人员可以借助 Web 端和手机 App，在线查询生产现场实时数据，并通过状态流程图、趋势、报表和综合图表等多种方式展示，实现现场的可视化和无纸化管理，实现高层了解生产一线数据从"听"到"看"的转变。

（3）LIMS 与包装追溯系统的应用，实现产品全过程质量管控

为了实现对六氟磷酸锂成品品质的高效管理，多氟多建立了一套集检验业务流程管理、计量校准业务流程、全面资源管理、质量数据管理、认证认可管理、移动平台和仪器采集等功能于一体的实验室信息管理系统（LIMS）。该系统与 ERP、OA 等系统集成，实现了从检验任务下达、样品编码、样品登录、结果录入、分析数据审核及样品留存等全过程的跟踪。此外，LIMS 可以实现检验报告的自动生成、传输、审核与发放，支持自动判等、样品审核、不合格样品处理的跟踪，以及合格证的自动生成、分析数据 WEB 发布等的全过程管理，从而减少人为传递的差错，提高数据的准确性。

六氟磷酸锂晶体包装采用锂盐桶，容器质量要求高、成本高，为了有效管理所有锂盐桶的状态及位置信息，多氟多实施了锂盐桶追溯系统。通过与设备连接，系统实现了对自动清洗过程中锂盐桶的条码信息、露点信息、保压区地磅重量信息、灌装车间地磅重量信息等的实时采集、集中监控与闭环反馈。通过锂盐桶追溯系统，工厂可以实时采集锂盐桶从洗桶到进库全过程的人、机、料、法等数据，实现锂盐桶进库时的批次、编码、质量数据与库位信息的绑定，使得锂盐桶的流转过程透明、高效、可追溯。

（4）探索 AR/VR 技术，赋能设备远程运维

多氟多采用"5G+AR"技术，现场工人通过 AR 眼镜扫描设备二维码，进行高效便捷的现场巡检工作。并且，AR 设备能够提供设备的实时数据、操作步骤和故障分析，运维人员一旦发现异常，可以直连相关工程师获得远程指导，有效提升了维护工作的准确性和效率。此外，多氟多对现场关键复杂生产设备建立了 3D 可视化模型，模型叠加操作培训、安全教育和考核等内容，并通过 VR 进行直观展示，为员工快速赋能。

（5）依托系统提升预警机能，精准防控安全风险

在对风险进行科学评估的基础上，多氟多制定了风险和隐患的管控流程，建立了安全管理系统。该系统打通隐患排查、整改、复查、闭环的管理流程，利用移动互联技术对隐患数据进行实时抓取、预警分析。基于采集的数据和双预控安全规范要求，系统对可能引发重特大事故的重点区域、重点部位和关键环节，进行远程监测、自动化控制和自动预警。例如，企业根据储量不同，对生产原料氢氟酸储槽制定了不同的控制防范等级。通过对储槽的储量、温度及压力等数据的实时采集，系统自动对氢氟酸储存风险进行评级，并将评级结果发布至安全管理人员。安全管理人员根据系统提示，及时采取相应防护措施，实现安全风险的精准防控。

4. 智能制造，助力企业提质降本增效

多氟多以业务为导向，以数字化、可视化为核心，推动氟化盐标准化、自动化向智能化发展。通过智能工厂建设，不仅在综合效率、成本、品质、能耗、安全方面取得了一定的成效，还为氟化盐行业向智能制造模式转型升级发挥了示范效应。各项指标提升具体如下。

- 综合管理效率提升 10%；
- 单位产量成本降低 8%；
- 品控及时性提升 22%，准确性提升 5%；
- 装置平稳率提升 10%；

- 能源利用效率提升 6%;
- 非授权人员误闯发生率降低 70%。

点评

> 多氟多基于自动化技术,借助数字化手段,成功打造了六氟磷酸锂智能工厂。企业通过监控和可视化模型,实现工厂全域一眼看全;通过传感器、机理模型、流程模型、信息模型等,实现生产过程状态、化学反应机理、业务流程、设备原理的全流程"一眼看穿"。同时,结合动态感知、大数据分析、人工智能、决策辅助等智能化系统,实现企业全价值的"一眼看透"。在看全、看穿、看透的基础上,达到管理和控制"一目了然、一竿子到底"的目标。

| 案例 3-29 | 恒逸石化:"两个中心"打造全流程智能工厂

浙江恒逸石化有限公司(以下简称"恒逸石化")致力于发展成为国内领先、国际一流的石化产业集团之一。公司通过实现资源共享、产业协同,全面提升综合竞争力。目前,恒逸石化已逐步形成以"涤纶+锦纶"双纶驱动的石化产业链为核心业务,石化金融和石化贸易为成长业务,以及化纤产业大数据和智能制造为新兴业务的"石化+"多层次立体产业布局。多年来,公司综合竞争优势一直位居行业前列,主要产品包括精对苯二甲酸(PTA)、己内酰胺(CPL)、聚酯(PET)切片、瓶片以及涤纶预取向丝(POY)、涤纶牵伸丝(FDY)、涤纶加弹丝(DTY)、短纤等差异化产品。

1. 直面行业挑战,实现企业综合效益和竞争力提升

化纤工业是我国具有国际竞争优势的产业,是纺织工业整体竞争力提

升的重要支柱产业,也是战略性新兴产业的重要组成部分。然而,化纤工业也面临产能结构性过剩、高附加值和高技术含量产品比重低等问题。近年来,随着下游纺织服装企业的个性化需求日趋增加,在生产批次增多、批量减少、柔性生产要求提高的新形势下,对于连续流程性的化纤工业而言,要在提高市场需求响应速度的同时保证产品品质的一致性,必然要求化纤企业率先解决生产过程中预测能力欠缺、人工抽检难度大等问题。与此同时,化纤工业上下游长期处于"信息孤岛"状态,下游面对的客户是大量中小型、高度分散的纺织服装企业。因此,实现产业链上下游从产品研发、原材料采购、仓储、生产到销售、物流以及客户服务等环节的数据互联互通,实现信息共享和资源优化,对于化纤工业企业十分重要。

为了应对这些挑战,恒逸石化致力于提高生产效率及产品质量,实现化纤行业的大规模定制,并带动整个供应链的效率优化。基于化纤产业云端开放共享开发环境,恒逸石化打造了柔性化的智能工厂,加强研发、采购、生产、销售、物流等各个环节以及与上下游业务过程的协同,全面提升企业综合竞争力。

2. 围绕"两个中心",打造全流程智能化工厂

恒逸石化智能工厂基于化纤工业互联网平台,以恒逸海宁基地为样本,集成了基于大数据的智能化分析与决策支持技术。在生产端,通过智慧制造执行系统,串联各种自动化、智能化设备,实现智能化生产、管控、决策;在营销端,打造供应链一体化系统,实现客户从商城下单、营销订单管理、智能仓储拣配、智能园区物流,到物流配送的全供应链一体化管理,完善以客户为核心的下单、排产、物流、服务供应链体验,降低综合成本。

(1) 围绕"两个中心",实现全流程智能化管理

在智能工厂的建设过程中,恒逸石化围绕"两个中心"的思路展开:一是以客户智能服务为中心,二是以生产数字化转型为中心。

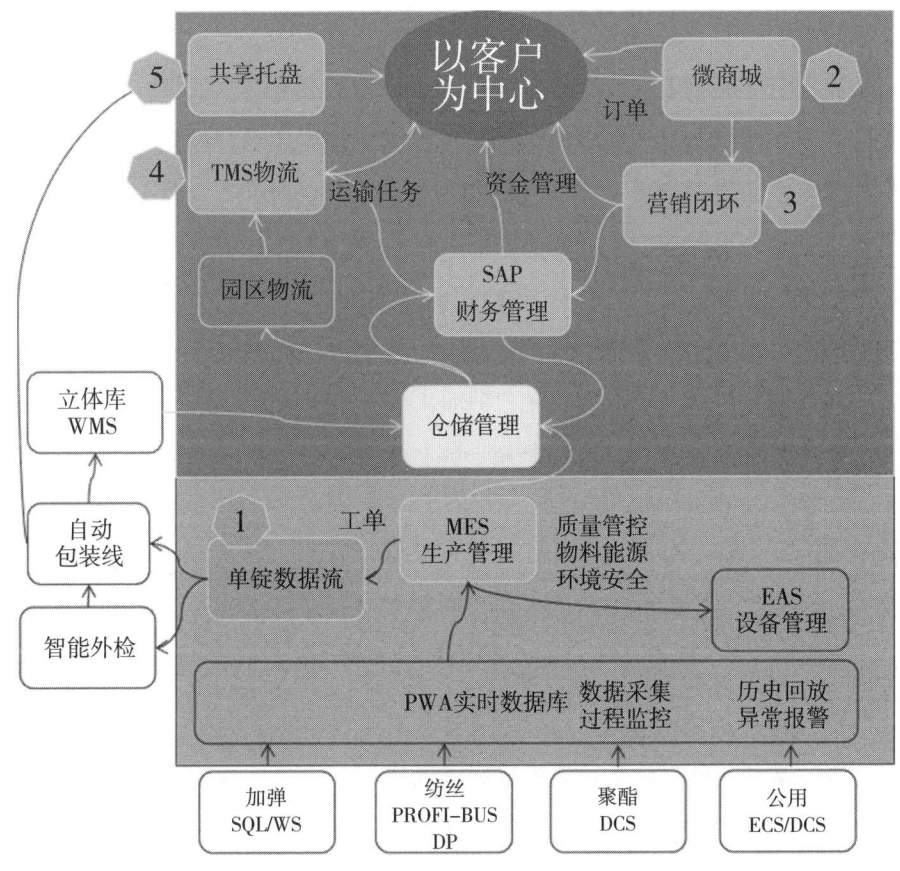

图 3-5-5 围绕"两个中心"，实现全流程智能化管理

以客户智能服务为中心：将原内部业务流程为导向的信息系统群升级成以客户自助下单、自助服务为导向的供应链一体化系统，并为客户提供一系列移动端的信息服务，提升客户服务效率。同时，通过大数据分析客户画像，为客户提供定向服务，以提升客户满意度。

以生产数字化转型为中心：承接微商城客户订单信息，触发生产订单，并基于以产品单锭数据流为核心的 MES 精细化生产管理执行系统应用，实现丝锭全流程无人接触生产以及产品下线后厂区内全流程智能储运，在提升良品率的同时，降低工人劳动强度，大幅提高生产效率。

（2）推广应用行业首创、自主品牌的智能装备

恒逸石化通过合作研发、委托开发、定制开发等方式，推广应用了一批拥有自主品牌、自主知识产权、全球聚酯化纤首创的创新型技术产品和智能装备，如自动落筒线、AGV丝箱转运系统、智能外观检测装备、丝箱平衡库、自动包装线、加弹车间智能上丝及下丝系统、加弹车间丝车平衡库及包装线、智能成品立体仓库等。在通过"机器换人"有效实现降本增效的同时，工厂实现了以单个丝锭为最小管理单元的智能制造模式，提升了产品柔性化、个性化、定制化和精细化的生产响应能力。

（3）软硬件集成，实现端到端一体化管控

恒逸石化通过智能化的生产、检测、物流装备的应用，以及MES、ERP、EAM、数字营销平台、集团工业互联网平台、恒逸智慧大脑及供应链一体化系统等工业软件的深度融合应用，结合智能传感技术及遍布全厂的窄带物联网，实时采集生产过程中的环境、能源、设备等信息，实现人、机、料的互联和集成。此外，通过对工业大数据的分析应用，恒逸石化实现了端到端的一体化智能管控和辅助决策，不仅实现生产工艺和质量的优化，还通过链接产业链上下游，深挖服务价值。

3. 践行创新战略，探索化纤行业领先应用场景

恒逸石化围绕企业发展的实际业务需求，落地了行业内首个数字化标杆工厂、行业内首套100% AI智能检测项目，打造了EAM、MES、数字营销平台、集团工业互联网平台、恒逸大脑等多个项目，完善以客户为核心的下单、排产、物流、服务供应链体验，实现厂区的智慧管理和柔性化生产，大幅提高生产效率，降低综合成本，稳定产品品质。

（1）行业首创基于工业大数据的"单锭数据流"

恒逸石化在行业内首次提出了单锭数据流的管理理念，采用"智能制造总体规划→确定技术方案→关键技术研究→自动化设备项目实施/软件项目实施/系统集成→应用验证及完善"的实施推进步骤，研制建成以单

个丝锭为最小管理单元的智能制造新模式。

恒逸石化各个子公司基于单锭数据流，在卷绕机络筒时每个丝锭都被赋予了唯一的身份证，它贯穿生产过程的每一个环节，并在各个生产环节不停地增加属性，如功能、场内位置等。此外，这些数据还进一步与销售订单（客户、业务员、销售属性）、厂外物流（车辆信息、司机、发运时间）等信息实现互联互通，在降低每道工序误操作率的同时，也便于质量追溯和改进。此外，通过实现单锭数据流，恒逸石化实现了生产数据的资产化（图3-5-6）。通过对单锭27个维度的数据采集，结合每个车间、每条线、每个工位的单个丝锭的生产数据，以及叠加在生产过程的每道工序上所产生的大量的、实时在线的数据，为恒逸石化进行大数据分析和运用打下了坚实的基础，让企业经营过程由不透明转为透明，实现数据驱动生产作业、数据驱动运营管理、数据驱动战略决策。

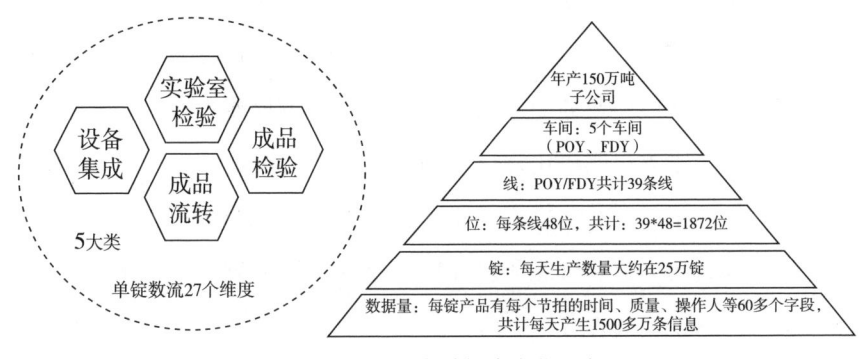

图3-5-6　生产数据资产化示意

（2）基于视觉检测与深度学习的智能外观检测

恒逸石化引入AI技术，打造出"智能外检"系统，并通过工业视觉图像检测技术和深度学习算法的结合应用，实现了丝饼外观缺陷的自动化工业视觉检测，使产品的外观质量缺陷检测率达到99.9%以上。同时，智能外检系统还具有自主学习的能力，可不断积累实际生产过程中的外观缺陷数据，逐步提升检测算法的识别精度，实现智能产品等级判断，避免不同等级产品混包。应用智能外观检测系统后，恒逸石化现场品检人员数量缩减80%，实现了减员增效的目标。

(3) 基于"数据+模型"实现燃煤优化

化纤行业属于高耗能行业，为了实现绿色低碳发展目标，恒逸石化引入AI及工业大数据分析技术，对锅炉燃烧状态数据进行多维度监控和分析。同时，基于深度学习、随机森林等算法，恒逸石化建立了煤耗优化模型，能够输出最优的调节参数并实时反馈给锅炉中控操作人员，以提升燃煤效率。在保证现有设备、动力煤等外界条件不变和不影响生产及烟气环保指标的前提下，恒逸石化已经实现4台锅炉月平均单位蒸汽量的标准煤耗节约2.5%及以上的目标，大幅节省燃煤成本。

(4) 基于微商城的数字化营销服务体系

基于工业互联网平台，恒逸石化推出微商城应用，打造了以客户自助下单、自助服务为导向的供应链一体化应用，形成了"一纵三横"的业务模式（如图3-5-7）。在纵向业务上，恒逸石化为上下游客户提供撮合交易及代销服务。在横向业务上，恒逸石化提供三方面服务：一是提供价优高效的物流配送服务，解决化纤行业物流信息不对称的问题；二是通过大数据平台，将询价、交易、物流、评分、客服等每天产生的数据整合成大数据，供恒逸石化自身、行业客户分析并作为决策依据；三是供应链金融服务，依赖大数据平台为合作下游客户建立企业画像，并依此设立客户等级及授信体系，帮助下游企业解决资金短缺问题，同时平台从中获取相关收益。

(5) 基于RFID的共享托盘系统

在自动包装及物流运送环节，恒逸石化建立了基于RFID的共享托盘信息管理系统，实现了共享托盘全程流转过程的可视化、可查询、可追踪（如图3-5-8）。同时，恒逸石化试点国内运营商的NB-IoT网络覆盖度，用以实现共享托盘的可定位，从而优化托盘流转管控过程。此外，共享托盘采用塑料托盘替代木托盘，不仅节约工厂的包装材料成本，减少资源消

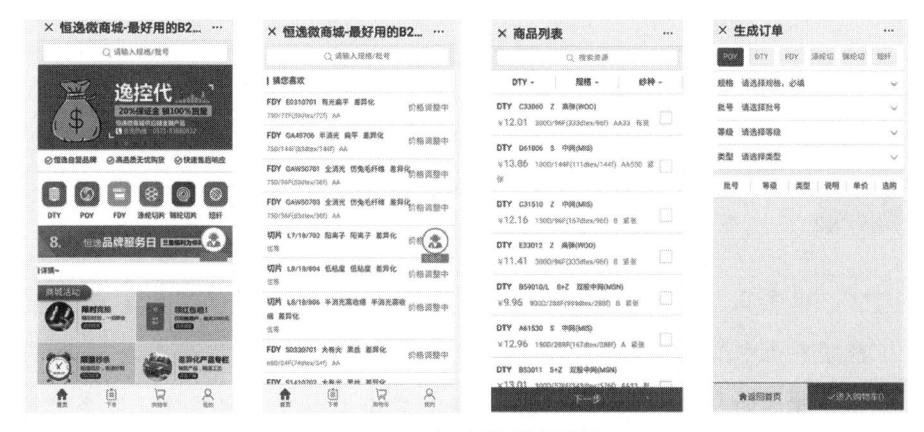

图 3-5-7　恒逸微商城界面图

图 3-5-8　共享托盘系统示意图

耗，优化企业资源，还降低了自动包装线故障率，减少物流过程中因木托盘损坏导致货物破损的客诉。

4. 关键指标改进效果

恒逸石化智能工厂建成后，各项指标均有明显改善。

- 生产效率提升 0.5%；
- 设备 OEE 提升 0.8%；
- 产品质量不良率降低 0.06%；
- 单位产值能耗降低 12%；

- 清洁能源使用占比提升 1%；
- 人均产值提升 12%。

点评

> 恒逸石化基于聚酯化纤行业特点及实际需求，围绕"以客户智能服务为中心，以生产数字化转型为中心"展开建设，通过对纵向生产领域的硬件和软件布局，实现工厂全自动化；利用物流服务、营销闭环、辅料生产等横向领域的资源和数字化集成，形成数字化供应链；通过各种应用软件平台，对产业链内各个软件端口进行集成，形成数字化价值链，实现了化纤长丝智能化生产新模式。同时，恒逸石化在以单锭数据流为主线的系统集成、质量智能控制、智能清板机器人、人工智能外观检验系统等方面属于聚酯化纤行业全球首创，在全自动智能纺丝落丝线、全自动智能包装线、AI、工业大数据平台等方面处于行业领先水平。

案例 3-30　海科集团：打造国际领先的高端油品智能工厂

山东海科控股有限公司（以下简称"海科集团"），始建于 1988 年，现已发展成为集石化能源、特种化学品、新能源材料、医药、金融物流、国际贸易等为一体的综合性大型跨国企业集团，专业服务于全球范围内的石化能源、新能源材料、特种化学品、消费与医药化学、国际贸易等多个领域。

1. 智造转型，支撑制造与运营管理能力变革提升

目前，成品油市场竞争已趋于白热化，且伴随着环境保护要求越来越高，石油类能源消费增速进一步放缓，成品油标准也在不断提高。我国石

化工业呈现出产能过剩、市场疲软、效益下滑、投资萎缩的总体发展态势，同时面临着生产安全、环境保护、节能减排等各方面的严峻挑战。尽管近五年来，地方炼油企业在国内炼油行业中占据越来越重要的地位，但其智能化平均水平相较于国有企业仍存在较大差距，以滞后、割裂、被动为特点的传统工厂模式，既无法适应白热化的竞争环境，也难以满足生产安全、环境保护、节能减排等方面的要求。因此，地方炼油企业需要依据自身特点，主动求变，不断追求高品质、高效率的精益生产模式。

海科集团作为一家迅速崛起的地方性化工企业，其主营业务规模不断提升，企业规模也在不断扩大。随着多元化发展策略的实施，公司急需通过信息化、智能化的手段来支撑自身生产制造能力、运营管理能力等的变革和提升。因此，海科集团与国际知名咨询公司合作，制定了集团整体的五年智能化建设方案。该规划旨在用五年时间初步建成决策支持、运营管理、经营执行、智能生产、技术支撑五大平台，打造应用标准体系和治理管控体系两大体系，形成促进海科集团企业转型和发展的综合能力（简称"521工程"）。通过"521工程"的实施，海科集团的工厂智能化水平将继续保持国内领先，智能化能力达到行业领先，同时在安全、效率与优化等特定领域达到国际领先水平。

2. 全局谋划，打造国际领先的高端油品智能工厂

海科集团高端油品智能工厂应用架构以数字化基础为支撑，以管理体系为保障，对工厂的设备、控制、生产过程、经营管理、分析决策等进行了全方位设计，图3-5-9为海科集团数字化、信息化体系架构图。

在智能生产层面：通过领先的管理理念，结合制造执行系统（MES）、实时数据库、先进过程控制（APC）等先进技术，对生产过程进行控制，及时调整工艺方案，以保障按计划平稳生产。

在客户服务层面：以企业资源计划（ERP）、"海科优油"电商平台为核心，建设智能计量、物流调度、实验室信息管理系统（LIMS）、可视化交付平台等系统，实现客户自助下单、自助计量、自助装车等功能，实行

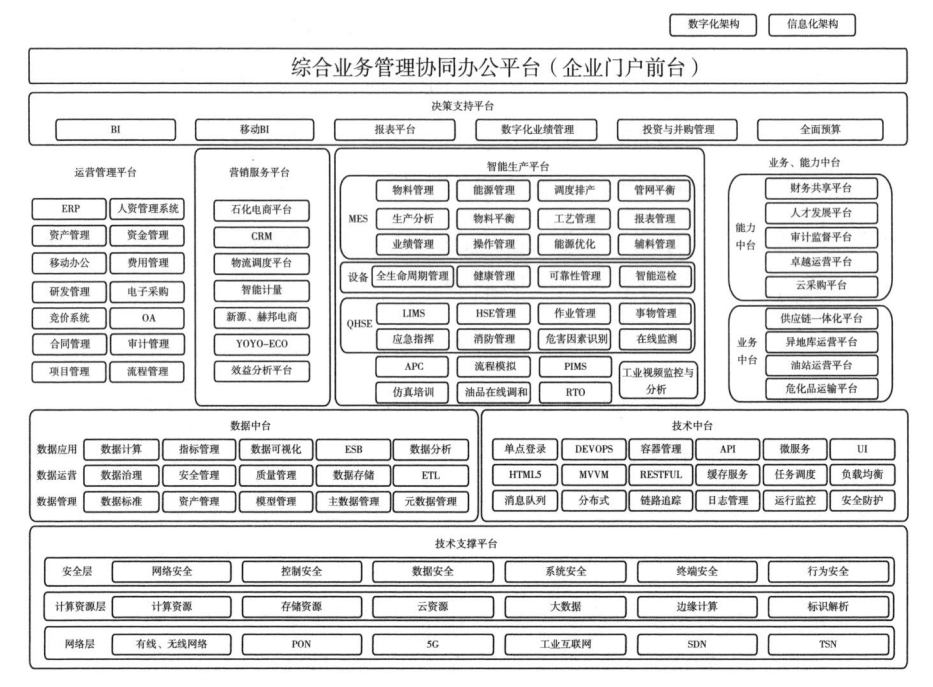

图 3-5-9　海科集团数字化、信息化体系架构

产品交付全流程可视化，对客户交付进度实时提醒，在行业内树立以客户为中心的五星级客户服务体系标准。

在决策支持层面：基于大数据和商业智能（BI）技术，打造服务不同层级的决策支持应用，建成覆盖全业务领域的综合数据仓库，实现战略、采购、生产、销售、人才等运营数据线上实时分析、趋势预警，为企业生产、营销和管理提供决策支持。

3. 亮点突出，透视海科集团智能工厂建设实践

在高端油品智能工厂建设过程中，海科集团构建了一套以智能化组织、智能化操作规程、智能化应用评价、智能化改进提升为内容的智能化应用标准体系。同时，集团还建立了以战略定位、管控模式、绩效评价、流程制度为内容的信息化治理管控体系，旨在保障支撑集成智慧制造平台高效运行，最终形成了具有全面感知、协同共享、分析优化、预测预警特

征的工业4.0智能工厂核心智能制造能力。此外，海科集团还开展了诸多创新性的应用实践，帮助工厂实现了从"数字化"向"智能化"的转型升级。

（1）采用自动驾驶技术，实现机器人智能取送样

海科集团与国内知名自动驾驶技术产品提供商合作，引入了智能取送样机器人，如图3-5-10所示。该机器人采用L4自动驾驶技术，可代替人工进行样品运送工作。这一创新应用不仅降低了送样人员的工作强度，缓解了人员工作量过饱和的问题，还减少了人员外出频次，从而降低了发生交通事故的风险。此外，智能取送样机器人也实现了样品送取的准时化，避免了人为原因导致的送取时间长，确保了数据的及时性等。该解决方案在化工行业的应用尚属首例。

图3-5-10 智能取送样机器人

（2）应用APC、流程模拟及生产仿真系统等，实现生产过程管理与优化控制

海科集团建立了包含装置及公用工程在内的全厂流程模拟模型，作为先进控制、实时优化、生产计划优化、仿真培训的基础性支撑。通过这一模型，海科集团实现了对生产流程、产品方案、装置潜力及瓶颈的分析与诊断，促进了全厂生产装置的优化运行。同时，海科集团还建设和应用了先进过程控制（APC）、生产仿真系统和黑屏系统，以实现对生产过程的管理和优化控制。

海科集团 APC 系统（图 3-5-11）按照"总体规划、分步实施、效益优先、成批推广"的建设原则，首先选取重油催化裂化装置进行试点。该系统采用先进的建模、多变量预估控制、软测量技术等手段，对装置或工艺单元进行多变量协调优化控制，减少过程变量的波动幅度，使之能更接近其优化目标值，从而实现生产装置的卡边控制，最终达到增强装置运行的稳定性和安全性、保证产品质量均匀性、提高目标产品收率、增加装置处理量、降低运行成本、减少环境污染等目标，大幅提高了炼油化工装置控制水平。

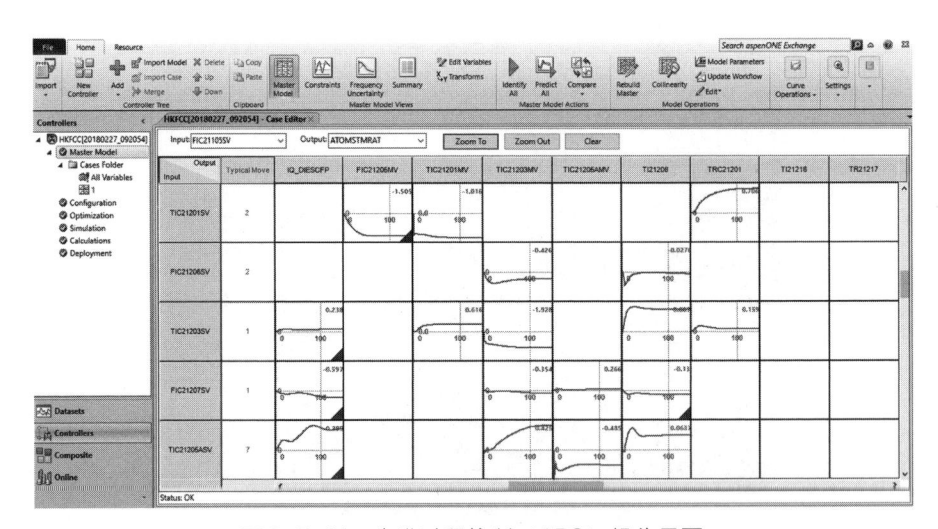

图 3-5-11　先进过程控制（APC）操作界面

生产仿真系统依托全厂实际生产工艺流程建立模型，通过在线模拟演练实际生产，指导高端油品的实际生产。通过应用生产仿真系统，工厂不仅能对员工进行模拟操作培训，提高生产操作员工的操作水平，也提升了整体的操作安全、熟练水平和平稳度。

黑屏系统项目建设内容主要包括自控平稳率监控、报警操作及黑屏时长监控两个平台及智能隐屏系统（图 3-5-12）。该项目的实施分为两个主要阶段：第一阶段对装置进行比例积分微分控制算法（PID）整定，设置各个参数的最优控制范围，提高装置运行稳定性；第二阶段通过 DCS 系统对参数范围进行可视化的定义，设定参数阈值及报警点，实现黑屏操作。通过黑屏系统应用，大大增强了对装置运行的把控能力，实现了生产正常状态下操控台黑屏、生产异常状态下系统自动精准警示，从而降低了劳动生产强度，提高了应急响应速度和处理能力。

图 3-5-12　智能隐屏系统运行画面

（3）可视化交付平台打通信息壁垒，实现数据驱动决策

海科集团可视化交付平台核心功能包括排队可视化、鹤位可视化、异常可视化、车辆可视化、流程可视化、流程节点管理、预警异常管理及数据分析管理等，旨在打通各业务系统间的信息壁垒，实现底层业务数据共享，优化现有流程，主动服务客户，实现全流程可视化，并整合数据资产，实现数据驱动决策，如图 3-5-13 所示。

可视化交付平台的应用，不仅提高了全流程流转效率，提升了外部客户体验，显著提升了发现与处理问题的及时性，也推动了数据分析驱动的卓越运营。可视化平台能够实现分油品、分时间段、分环节的工作进度详细分析，可清晰地分析出各部门业务效率的现状及变化趋势，为业务部门开展卓越运营提供数据支持，帮助业务部门准确发现业务改善的重点，从而有利于问题的解决及改善效果的追踪。

图 3-5-13　可视化交付平台的全流程可视

（4）应用智能计量系统，实现厂区发运业务无人值守及装卸车效率提升

海科集团智能计量系统利用信息化技术对整个厂区的发运业务进行管控，并与企业资源计划（ERP）、电商和物流等多个系统集成。该系统充分利用了设备管理服务器、高度集成的智能化终端、LED 大屏幕、语音系统、IC 卡系统、车牌识别系统、环境摄像系统、红外对射及道闸系统等设备，通过工业互联网实现现场设备的自动信息化采集、存储及监控。这使得下单、派车、装卸车、结算和仓储业务实现全面的智能化管理，为提高整个业务流程的自动化和信息化水平，以及业务的规范化管理起到了关键性作用。智能计量系统的应用不仅有效实现了地磅称重的无人值守管理，加快了装卸车效率，加强了装卸车全过程可视化监控，而且也形成了同行业发运业务信息化的示范点，对上下游客户、供应商乃至省内相关产业的信息化建设和两化深度融合起到了借鉴和推动作用。

（5）引入 HSE 系统及安全信用积分，提升整体安全管理水平

为全面提升整体安全管理水平，海科集团上线了安全信息管理

(HSE）平台。该平台运行一年多，累计记录隐患数量80679个，事故568项，隐患整改率达到99%。此外，海科集团还投资建设了全厂火灾报警系统，该系统使生产调度室成为全厂应急处置中心，实现了全厂火灾报警信息的实时显示，并将应急指挥反应时间缩短了40秒以上，为事故处置赢得宝贵时间。而且，借助安全平台，海科集团还打造了安全信用积分体系，为每一位生产员工量化安全行为、安全知识和安全意识，统计员工的安全信用积分，并将其作为员工职业晋升的评价指标之一，这也促进了安全管理水平的提升。

4. 关键指标改进效果

海科集团高端油品智能工厂建成后，各项指标均有明显改善。

- 生产效率提升13%；
- 设备OEE提升6%；
- 质量不良率降低1%；
- 全员劳动生产率提升14%；
- 客户投诉率降低0.3%。

点评

> 海科集团作为国内领先的地方炼油企业，在"521工程"战略的指引下，成功打造了具有国际领先水平的高端油品"智慧工厂"。而且，海科集团也正在着力打造"1+N"智慧产业生态圈。一方面，通过对标辅导、平台复制、模型推广等方式，输出自身智能制造先进模式，积极为区域炼化企业提供智能制造方案；另一方面也在与云厂商合作，实施AI赋能。此外，海科集团还通过建设"危品汇"供应链一体化平台，积极拓展上下游服务。

3.6 其他行业

家用电器行业市场面临多样化和个性化的消费趋势，同时，提供卓越的用户体验成为关键竞争要素。为应对这些挑战，家电企业采取了一系列策略：通过智能化生产调度和自动化生产线，快速响应客户定制化需求；通过与供应链上下游的供应商和合作伙伴紧密合作，保障供应链的稳定和高效；通过用户数据分析，精准定位消费者需求，指导产品策略，增强用户体验。此外，还采用智能客服、远程诊断等技术手段，提升售后服务质量，以实现快速响应和高效解决问题，进一步优化客户体验。

食品饮料行业是满足人们日常饮食需求的产业，涵盖食品、饮料的加工、生产和销售。行业特点包括：产品种类多样，市场需求变化快；产业链长，涉及多个环节；法规约束多，包括食品安全、质量标准等。因此，通过统一配方管理平台提高配方管理效率、缩短上市周期，并有效降低安全风险，满足监管要求；通过实施生产管理系统，实现生产计划的制定、生产过程的监控、生产数据的采集和分析，以便控制生产成本、保持产品质量稳定；通过生产质量管理系统，实现生产许可、产品检测、标签标识等环节的闭环管理，实现对食品安全信息的实时监控和追溯，确保产品的安全性和合规性；通过供应链管理系统，实现供应商信息的整合、采购计划制定、库存管理优化，有助于企业降低库存成本，提高供应链的响应速度，增强对市场的适应能力；通过仓储系统，有效满足先出后进（First In, First Out，FIFO）、定期检查、分类管理、责任到人的物料管理要求，确保食品安全。

钢铁冶金行业生产工艺流程长，作业连续性强，作业环境复杂，危险作业多，能耗高污染重，行业企业的智能工厂建设更加关注安全生产、工艺优化、设备管控、节能减排等。企业通过对生产过程中的关键环节进行建模、仿真，评估生产效率、资源利用率等指标；通过综合调整生产策略、优化资源配置，实现生产过程的多参数目标优化；实时监测设备运行状态、关键工艺参数，结合生产过程建模、仿真、优化、预测，实现对生产过程的智能化控制；采用智能视频监控、智能安全帽等，保障安全生产；利用大数据、物联网等技术实现能源数据的综合监测、调度和平衡优化，达到节能降耗的目标。

能源电力行业正面临着能源产业结构加快调整，新型电力系统和新型能源体系建设加快推进以及"双碳"战略深入实施带来的如何推动数字技术与能源电力行业发展深度融合，加强传统能源与数字化智能化技术相融合的新型基础设施建设，如何平衡绿色低碳转型与能源电力供应保障等新挑战。为应对这些挑战，能源电力行业企业采取了一系列策略：在工厂设计、工程建设、生产运营等阶段开展数字孪生技术应用，通过虚实联动实现工厂规划建设、运营管理的数字化和智能化；深度融合 AI、工业互联网、先进控制等技术，实现设备及工艺系统故障自动诊断及预警、复杂工况下自动适应和趋优等功能，逐步代替操作人员自主进行机组的监控和运行；通过人员定位安全管理、行为与故障视频识别、三维可视化、机器人巡检等新技术的应用，实现对员工的不安全行为及对物的不安全状态自动分析与预警，确保生产运行过程安全稳定；引入 AI 大模型和大数据分析等技术，通过对能源数据的深入分析和建模，提高能源资源的利用效率，降低能源消耗和运营成本。

光纤光缆行业作为通信技术领域的重要组成部分，具有技术创新要求高、市场竞争激烈、成本控制严格、客户服务至上、品质保障为核心的企业运营管理特点。因此，需要在生产制造过程中尤其注重产品质量的控制，同时避免客诉、延迟交付等现象的产生。基于此，光纤光缆行业采取了一系列行之有效的措施：通过提升生产线设备的智能化程度，增加各类传感器以便采集速度、长度、重量等数据，从而保证稳定地生产出新的产品；通过运用统计过程控制（SPC）工具、在线气泡检测仪、在线外径测试仪、在线气体流量计、在线温度传感器等在线设备，实现实时的生产数据分析功能，从而及时发现并解决潜在的质量问题；借助制造执行系统（MES）优化生产调度和设备管理，提升生产效率、产能利用率、沉积速率、拉丝效率等生产运行核心指标；引入物联网（IoT）技术，实时监控生产作业状态，有效解决设备运维管理与故障预警难题，提升生产作业的透明度与响应速度，降低因设备运行不稳定造成的光纤强度报废、光纤丝径报废等问题出现的概率；积极利用5G、AI等先进信息技术，着力解决生产制造过程中的能耗问题，旨在降低能源消耗，有效控制生产成本。这些举措的实施，为光纤光缆行业企业的持续健康发展提供了有力保障。

建材行业在发展过程中一直面临高耗能、高成本、低效率等问题，同时近年来也面临着个性化定制兴起以及资源环境约束趋紧等带来的新挑战。为应对这些挑战，建材行业企业采取了一系列策略：引入工业机器人和自动化控制设备等，利用物联网、大数据分析等技术，实时采集监测设备运行状态和生产数据，对生产过程进行实时调整和优化；打造数字化供应链平台，强化与供应商、合作伙伴的紧密协同，实现供应链的全程可视与可控、资源共享和协同，提高供应链响应速度和效率；推进三维协同设计，缩短产品开发周期，快速响应市场和客户个性化定制需求；基于生产过程智能控制，优化生产工艺，减少不合格产品、废品、废料的产生；强化能耗智能监控，优化能源消耗，提高能源利用率，减少生产过程的碳排放和环境污染，实现绿色环保低碳生产。此外，通过打造高效的智能物流体系，规范和完善全流程质量管控，推进智慧安防管理等，进一步向数字化、智能化升级。

随着全球化市场的形成和电子商务的蓬勃发展，家具企业正面临着市场竞争加剧、个性化和定制化需求日益增长、成本上升、供应链管理复杂化等多重挑战。企业亟需通过数字化、智能化技术，加速产品设计，提高生产效率，优化供应链管理，实现可持续发展。具体包括：利用互联网技术，结合模块化产品设计和柔性生产方式，实现C2B模式（消费者驱动的生产模式），最大限度满足消费者的个性化需求；通过实时数据分析和预测，优化库存管理和物流配送，提高供应链效率和响应速度，并通过加强与供应商和合作伙伴的数字化连接构建一个协同创新的生态系统；与电商平台打通，打造线上线下融合的全渠道销售网络；利用 VR/AR 技术，为消费者提供沉浸式购物体验，如线上展示、虚拟家居设计等；通过数据分析，洞察消费者需求和市场趋势，指导产品开发和营销策略；将 AI 技术应用于客户服务、智能推荐及开发智能产品等，不断提升用户体验。

造纸行业是资本和技术密集行业，面对资源依赖程度高、原料成本波动、环保要求严格以及市场竞争压力大等挑战，造纸行业企业采取了一系列举措：通过用户数据分析，深入洞察客户需求，指导产品创新，提升品牌竞争力；打通产业链上下游各个环节，实现产业信息共享，优化资源配置，实现数据驱动生产；应用 AI 及大数据分析技术，建立工艺 AI 模型，优化工艺流程，提升产品质量；研发及应用先进制造装备，建立柔性自动化产线，在快速响应客户需求的同时优化生产流程，降低资源及能源消耗，减少废弃物排放；应用能源管理系统，通过大数据分析，实现制浆与纸机的整体能源优化应用，实现用能调度以优化生产成本。此外，还采用机器视觉和工业机器人，用于纸张质量检测、分类和搬运环节，提高生产精度和效率。

在标杆智能工厂中，各行业的典型应用场景如图 3-6-1、图 3-6-2 所示。

智能工厂典型应用场景		
家电行业	数字化研发平台支撑产品个性化定制设计 用户驱动产品和制造创新 基于智能算法的智能排产 柔性自动化产线 基于5G和工业PON的数据采集 混合柔性制造 自动化和无人化生产 基于条码和MES的生产全过程可视化 基于数字孪生和大数据技术的黑灯车间 基于5G网络支撑的柔性生产 自动化物流配送 拉动式智能物流配送 3D视觉分拣 基于AI的仓库调拨网络优化及智能动态补货 全程无人化物料配送 智能灯光拣选 智能化设备运维管理	设备远程故障监测 基于5G+边缘的生产设备监控 基于多技术融合的智慧检修 数字化跟踪与追溯 基于机器视觉的损伤检测 新型视觉检测系统 数字化质量自动判定与结果分析 AI质检与根因分析 5G+AI赋能质检 数字化能源管控 基于5G的安全态势感知 智能化服务管理 端到端数字化采购 数字化用户服务 一体化供应链 数字化全球订单调度
食品饮料	3D虚拟技术赋能设备及工艺数字孪生 应用智能算法优化生产工艺 多个环节"一键式生产" 柔性生产单元与产线 利用物联网与人工智能实时监控 生产过程实时监控与可视化 资源决策在线优化 基于人工智能的工艺调优 自动化包装 基于标识解析的全流程追溯 数字化精准配送体系 5G+智能分拣精细化作业 基于TMS与GPS的数字化物流 基于数字孪生的仓储可视化 物流运输实时监控跟踪 基于5G+机器视觉的质量检测	WMS+AGV的自动化物流体系 智能化在线检测 基于高速扫描成像的自动缺陷检测 基于二维码的全流程质量追溯 基于机器视觉的外观检测 数字化能源管理 危险源实时监测预警 基于物联网的污染源数字化管理 能耗实时监控与可视化 基于AI的生产安全预警 基于AI的智慧安防 基于IT/OT融合的智能生产 基于图谱的智能客服机器人应用 数字化渠道洞察 贯穿全流程的数字化营销
钢铁冶金	污染源精细管控与智能治理 基于AI的生产工艺优化 数字孪生用于生产过程实时监控 物流无人值守计量 智能化安全管理监控与预警 数字化工艺配料管理 机器换人 3D扫描和机器人应用于智能取样	散料无人行车应用 基于5G+AI的无人操控 边缘智能赋能工况智能诊断与优化 数字孪生用于制造过程实时监控 VR辅助人员培训 生产线实时监控、预测与优化控制 设备实时监控与故障预警、诊断 产线远程工况诊断与优化

图 3-6-1 标杆智能工厂中各行业典型应用场景

第 3 章　典型行业智能工厂能力构建　　295

智能工厂典型应用场景	
能源电力	基于定位技术的人员安全　　　　　　基于5G+AI的缺陷检测与判定 基于AI视觉识别的工厂安防　　　　　基于AI的智慧安防 基于物联网的设备实时监控　　　　　基于绿色工艺与能耗监控节能降耗 智慧能源系统　　　　　　　　　　　利用数字孪生优化工艺设计 生产布局规划与仿真　　　　　　　　数字化售后服务报价核算 仿真技术提升工厂建设效率　　　　　动力电池在线监控 机器人视觉提升质检效率与可靠性　　AR/VR用于员工培训与专家远程指导 基于RFID的质量追溯
光纤光缆	大数据应用于配方及产品优化　　　　基于5G的智能仓储 基于数字模型实现三维工艺仿真　　　设备数字化运维管理与故障预警 基于5G的数据动态实时采集与分析　数字化客诉系统与产品优化协同 关键数据感知和拟合预测　　　　　　5G+AI赋能碳足迹的跟踪 生产过程在线检测　　　　　　　　　设备远程点检与预测性维护 多厂区、多车间柔性制造协同　　　　AI用于工业安防及精准动态作业 数字化质量数据监控　　　　　　　　5G+全光工业互联网融合通信
建材	多装置、多产线高级排程　　　　　　　　设备全生命周期的数字化、透明化管理 高级生产计划排程　　　　　　　　　　　智慧能源管理 生产执行一体化智能控制　　　　　　　　重点耗能设备能效管理 厂内生产执行的软硬件一体化智能控制　能源调度优化 车间生产情况可视化　　　　　　　　　　智能物流管理 工厂透明化精细化管理　　　　　　　　　物流运输的在线管理 基于传感器的智能设备管理　　　　　　　厂外物流的管控与优化 智能巡检系统　　　　　　　　　　　　　精细化配料管理
家具	基于AR/VR的产品设计互动　　　　　基于MES的生产过程监控与调度 端到端的个性化定制设计与生产　　　基于ERP的供应链高效协同和管理 虚拟现实（VR）体验　　　　　　　　基于大数据的市场趋势洞察与分析 数字化产线　　　　　　　　　　　　环保监测 立体仓库　　　　　　　　　　　　　基于物联网的粉尘控制系统 基于条码的标识和追溯 智能分拣
造纸	机械臂搬运与投料　　　　　　　　　基于AI的用能优化 基于DCS的多产品混线柔性生产　　 基于VR的员工生产培训 数字化工厂仿真　　　　　　　　　　基于物联网及标识系统的原料自动化出入库 基于仿真技术的设备实时监控　　　　工业AI模型指导生产 基于WMS+自动化精准物流体系　　 制浆过程多目标用电调度模型 基于机器视觉的质量检测　　　　　　干燥部蒸汽流量控制模型 基于AI的在线质量检测　　　　　　　纸张质量预测模型

图 3-6-2　标杆智能工厂中各行业典型应用场景（续）

| 案例 3-31 |　　贝特瑞：打造高效运营的智能工厂

贝特瑞新材料集团股份有限公司（以下简称"贝特瑞"）成立于2000年，隶属于中国宝安集团股份有限公司。贝特瑞以技术创新为引领，凭借其技术优势、全面的产品及产业链布局，以及国内外主流客户均衡发展的策略，专注于以锂离子电池负极材料、正极材料及新型材料为核心产品的新能源材料的研发与生产。同时，作为国内最早量产硅基负极材料的企业之一，贝特瑞硅基负极材料出货量国内领先。

1. 战略引领，驱动制造运营转型升级

锂电负极材料制造属于资金、技术双密集型的化工流程性行业，长期面临着资金设备投资多、新品研发投入大等问题。同时，由于负极产品的原材料多为粉状且种类繁多、加工工序复杂、生产流程长，导致生产过程难以管控，不仅会影响产品质量的稳定性，也可能带来安全和环保方面的问题。贝特瑞作为新能源材料行业全球领军企业，在经历了规模积累和快速增长以后，面临着对分布在不同地域的多工厂生产制造过程有效管控的挑战。

因此，为打造一体化、标准化、智能化、规模化、绿色化、全自动化、全产业链负极材料行业标杆，贝特瑞借助数字化手段，对生产过程和关键要素进行全流程透明可视的管理与监控，从而及时准确地指挥、掌握各个环节的生产情况，有效协同人、机、料、法、环、测等各个生产要素。这一举措已成为贝特瑞提升生产管理水平与公司软实力，向高质量发展转型升级的必由之路。

2. 全局规划，打造高效运营智能工厂

贝特瑞基于集团化、多业态、多工厂的管理特点和企业转型升级的高质量发展需求，携手亚控科技打造了集团级生产管控平台，实现了公司现

有企业计划层和生产车间过程控制层之间的管理，业务计划指令实时传达到生产现场，同时生产过程数据实时处理并反馈至业务，形成了闭环的制造过程信息集成纽带，打造了高效运营的智能工厂。

贝特瑞闭环的管控一体化业务体系架构如图3-6-3所示。

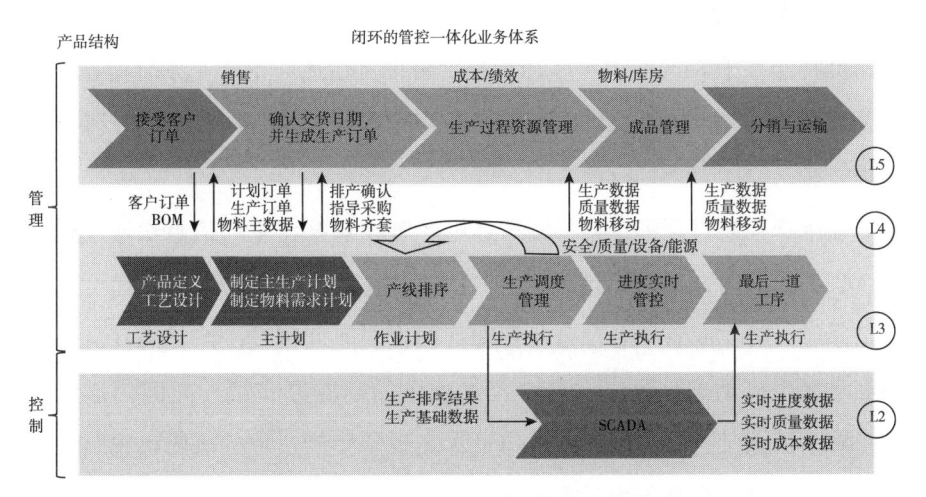

图3-6-3　贝特瑞闭环的一体化业务体系

控制层：主要部署SCADA系统对生产设备进行数据采集与监视控制，将生产进度、生产质量、生产成本等数据实时传递至生产执行层，并根据反馈生产排序结果与生产基础数据进行生产过程的控制与调度。

管理层：基于亚控科技数字化工厂管控平台KingFactory打造集团级生产管控系统，构建生产、设备、质量、仓储物流四大业务环节管理能力，并与ERP、CRM、PLM、OA系统集成，提高了计划调度与现场综合管控能力。

3. 典型应用，探索贝特瑞智能工厂实践

贝特瑞结合锂电材料行业特性、自身生产实践痛点与企业长期发展需求，以亚控科技WellinOS云操作系统为数字底座开发了KingFactory生产管控平台。基于KingFactory蕴含的新数字孪生技术和内置的大量工厂生产活

动数据、业务模型，贝特瑞快速构建了适配自身业务规则的集团化总分架构，并基于该架构建设生产管控系统，以打通上层计划与下层控制之间的信息流，实现了统一的生产管控、库存管理、质量管理和设备管理等功能，并构建了若干创新场景和应用实例。

(1) 基于数据的生产可视化管理

贝特瑞基于 KingFactory 生产管控平台来灵活适应生产业务流程和生产工艺流程的变化调整，使得企业可以对生产全过程进行更加精细化的管理。

在生产控制过程中，贝特瑞通过生产管控系统将生产信息快速下达到生产现场；同时，基于 SCADA 实时采集大量生产过程数据并传递至生产管控系统，为车间管理者及企业管理部门提供车间现场生产信息，从而帮助其掌握生产动态，及时发现生产过程中的问题并在第一时间内进行处理，减少了人工抄表、制表的工作量，实现了生产过程的透明可视与生产历史的可追溯，提高了生产管理的效率。

(2) 打造精细化库存管理模式

此前，贝特瑞一直依靠 ERP 的库存管理模块和线下台账辅助进行仓储管理，库存管理功能不够完善。

为此，贝特瑞通过应用 KingFactory 生产管控系统的库存管理模块，结合 ERP 的库存管理功能，在物料管理上实现分工配合、协同管理。ERP 负责收货、出货指令的下发和账务的处理，生产管控系统则基于统一的条码管理负责实物入库、出库、盘点、调拨等具体执行操作，并支持仓储实况的可视化，提供更为精细化的库存管理。此外，基于生产管控系统的安全库存/库龄预警功能，贝特瑞可实现对在库物料情况的监控，提醒员工及时进行补料或者呆滞料处理，从而有效改善仓库物料周转水平。

(3) 构建全周期设备维护管理

贝特瑞在 KingFactory 生产管控系统中设定设备的维保策略以及关键管控点，系统会自动发起对应任务以及推送相关提醒，提高维保效率；在车间配备 PDA、手机等移动终端，员工可以移动化办公，并将原本纸质的单据实时转换为线上的电子单据，由生产管控系统自动将电子单据进行归档、统计，避免了因人工上报导致统计不精确的情况发生；通过对设备过程历史数据进行统计分析，全面展现设备的运行效率、故障发生频次，从而对设备健康进行管理。同时，通过在生产管控系统中建立备件仓，由系统对备件仓的库存、备件的位置进行实时监控，备件出库需要在系统中申请，备件的领用记录、领用人以及对应的维修单据在系统中关联，从而实现了可追溯的备件防漏防丢管理，有效降低备品备件成本。

（4）基于 SPC 提升产品质量管理

贝特瑞构建了系统化的取样检测流程与规则，可以根据生产计划推算质检计划，从而准时发起取样检测申请。同时，检测项目生成样品条码，指导员工进行分样操作，检测项目分派到指定机台检测，实现了检测执行过程数字化，并支持执行过程追溯、关键节点时间统计，避免样品呆滞、漏检；待检测完成后，检测结果实时同步给技术、生产等相关部门，品质异常可得到快速处理，确保了产品质量的稳定可靠。此外，贝特瑞通过统计过程控制系统 SPC 的在线动态分析功能，结合实时采集的工序参数，科学地区分出生产过程中产品质量的偶然波动与异常波动，发现过程异常并及时告警，以便生产管理人员及时采取措施，消除异常，恢复过程的稳定，从而实现了产品质量的提升。

（5）能源管理助力企业节能降耗

作为高能耗企业，贝特瑞积极推进绿色制造以助力节能降碳。为提升能源管理水平，贝特瑞通过建设 SCADA 和生产管控平台，实现了能耗数据和集中管控，有效满足了能源管控需求。

基于 SCADA 系统，贝特瑞实现了厂区各能耗监控点的线上采集和实时监控，从而辅助业务部门快速定位能耗异常点，并实现以日、班次、机台为颗粒度的生产消耗即时统计；同时，生产管控系统的报表查询、报表统计、仪表维护、异常分析功能帮助贝特瑞建立了基础的能源信息管理，实现了能耗计划、仪表台账、报警阈值等信息的线上化管理，并可快速为业务部门提供所需的数据报表，提高了能耗统计与分析工作的效率，提升了企业能源管理的整体水平。

4. 关键指标改进效果

贝特瑞闭环管控的一体化业务变革成功实施后，各项关键绩效指标均有明显改善，产生了如下价值。

- 实现了生产过程的透明可视与闭环管控，提升了异常问题的快速反应能力；
- 实现了库存实时管控与风险预警，改善库存周转水平，提升了业务协同效率；
- 建立了全周期的设备维护管理模式，提升了设备维护管理效率与响应速度；
- 完善了产品质量检测作业流程与规则，提升了产品质量检测效率与准确度；
- 实现了全链能源管理的监控、分析、优化，促进企业节能降耗。

点评

> 贝特瑞在打造高效运营、闭环管控的智能工厂过程中，注重生产与制造的技术突破，积极开发及整合数字化工厂的应用场景，打造了工厂生产过程和关键要素全流程透明化、数字化的管理与监控模式，构建了精细化的库存管理与基于设备全生命周期的维护管理模式，并积极探索节能降耗，确保产品质量稳定与交付柔性的同时，提升了企业的一体化运营能力，有效增强了企业的竞争力。

| 案例 3-32 |　　　　华新水泥：树立水泥行业智能制造新标杆

华新水泥股份有限公司（以下简称"华新水泥"）始建于 1907 年，被誉为中国水泥工业的摇篮。经过百年风雨沧桑，华新水泥从一家地方性水泥工厂，发展成为在全国十余个省市及海外拥有 300 余家分子公司的全产业链一体化的全球化建材集团，主营业务从以水泥为主，拓展到涉及水泥、混凝土、骨料、环保、装备制造及工程、新型建筑材料等领域。近年来，华新水泥围绕"传统工业+数字化创新"战略，以工业智能、商业智能和管理智能为抓手，长期高效地推进数字化建设，赋能企业的高质量发展。

1. 产业升级，建设水泥行业智能工厂势在必行

水泥是基础设施建设不可或缺的建筑材料，水泥工业也成为经济发展状况的晴雨表。然而，在"双碳"的背景下，传统水泥行业被贴上"高耗能、高污染、资源型"的标签。在供给侧与需求侧的双重压力下，水泥行业面临激烈竞争，企业利润空间被不断压缩，企业需要通过优化创新获得核心竞争力，应对市场挑战。因此，通过数字化技术推动产业优化升级迫在眉睫。华新水泥认为智能工厂不仅意味着工业智能升级，包括提升生产能力、优化生产工艺、提高品质稳定性，还能打通工业，有助于解决工厂运营过程中的效率和成本问题，同时减少能源和资源消耗、降低污染和排放，实现绿色生产。

2. 深度解析，描绘华新水泥智能工厂全景

华新水泥根据水泥行业的生产与运营特点，构建了以工业智能、商业智能、管理智能为核心的数字化建设构架（图 3-6-4）。依托强大的自主研发能力，华新水泥持续建设和完善了工业智能、商业智能和管理智能三大智能平台。三大平台以营销计划为驱动，通过智能的管理运营推动生产

层面的执行。同时，利用已形成的数据资产，打破业务和管理界限，实现监控预警与指挥调度，最终形成横向价值网络的协同能力，实现产销平衡、快速决策、降本增效的目标。

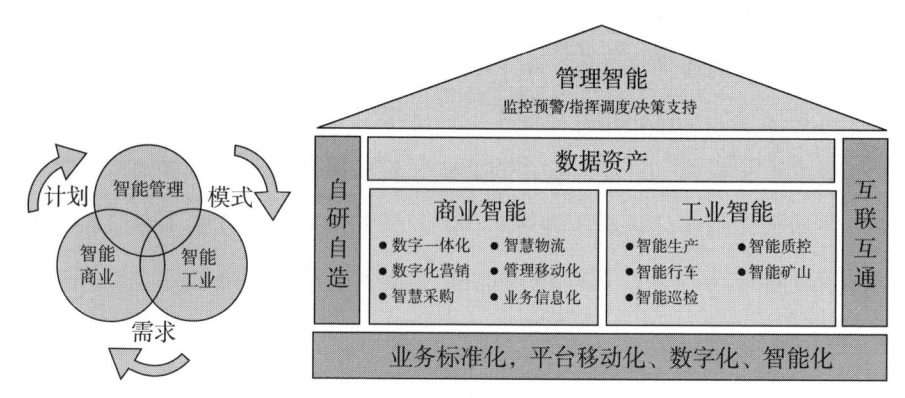

图 3-6-4 华新水泥数字化建设架构

在商业智能方面，华新水泥开发并应用营销数字化、智慧采购、智慧物流一体化的数字化集成平台，实现了采购、订单、生产、物流、销售、结算各环节在数字一体化平台中的规范、高效运行。

在工业智能方面，华新水泥已建成水泥生产业务的智能平台，涵盖智能矿山、智能生产、智能发运、智能质控、智能巡检等方面，覆盖骨料、混凝土、环保、装备制造等主营业务。

在管理智能方面，华新水泥建成数字化管控中心，覆盖营销、物流、采购、水泥、混凝土、骨料、环保七大业务板块，实现数管中心集中监控与生产运营管理的无缝衔接。此外，通过各层业务数据的采集与数据展现，公司实现业务监控预警及推送，推动公司管理和运营模式的创新。

3. 融合革新，多场景透视华新水泥智能工厂实践

基于水泥行业的生产运营特点以及自身的不断探索，华新水泥智能工厂建设稳扎稳打，目前已经成功打造了多个行业领先的落地应用场景，包括无人行车改造、生产控制、质量管控等。

(1) 开发无人值守智能行车系统,大幅缩减一线员工

为了提高生产效率,减少人力成本,华新水泥利用自己的软件开发团队对传统行车进行了自动化改造,构建了智能行车系统,如图 3-6-5。该系统采用库区 3D 扫描技术,能够准确识别联合储库中各种原材料、煤和矿石的具体位置。改造后的行车,不再需要人工驾驶。当生产需要某种材料时,系统会根据生产计划,通过 DCS(分布式控制系统)自动向行车发送的指令,使其自主前往指定的位置,精准投放所需的材料。基于这些措施,华新水泥的原材料配比工作更加高效和准确,同时,改造后的行车系统可以 24 小时不间断地自动作业,而每班只需要安排一名工作人员来监控和协助,实现了显著的减员增效。

图 3-6-5 智能行车系统功能图

(2) 构建水泥生产控制系统,确保生产稳定高效

针对水泥生产过程中原料的均质波动、设备控制难度大以及替代燃料使用不稳定等问题,华新水泥采用了先进的 APC 技术,并结合 AI、专家策略、模型预测控制(Model Predictive Control,MPC)和 PID 等多种控制方法,打造了一整套水泥生产智能先进控制系统 HIAC(图 3-6-6)。在 HIAC 系统的运作过程中,一级控制器负责直接控制喂料量、头煤、尾煤等关键参数,确保生产过程的稳定。二级控制器则通过智能算法判断工艺参数的变化,对各个控制点进行自动调节,实现自动化设备的智能自动控

制。最终，该系统的应用取得了显著效果，燃煤替代率提升了5%以上，产品能耗降低了4%以上，产品质量波动性降低了5%以上。

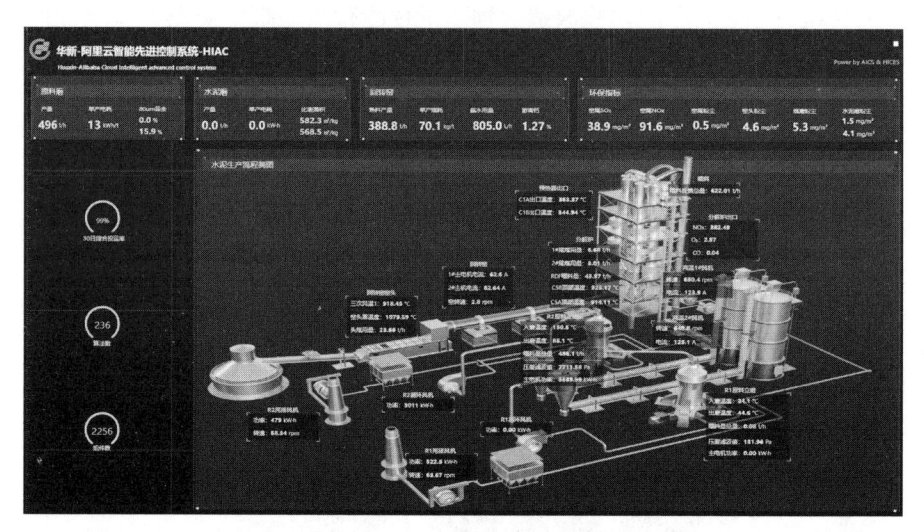

图 3-6-6　华新水泥生产先进智能控制系统

（3）基于数据库及质控平台，实现质量闭环管控

在水泥的生产过程中，会存在大量的物理变化和化学过程，捕获这些变化过程中的质量数据将能有效反映出水泥的质量状态。华新水泥自主研发了 TES 系统（图 3-6-7），集成了 TIS（技术信息系统）和 EMS（能源管理系统），构建了一个数据处理和质控平台。该系统能够处理和分析来自各个设备的数据，并通过引入在线检测设备，实时收集水泥生产过程中的关键数据。此外，华新水泥还开放了压力机、工业分析仪、量热仪、定硫仪等化验室设备的数据端口，实现水泥强度和煤热值数据自动上传到 TES 系统中，并且系统会自动生成样品检测工单，工作人员可以清晰地看到样品检测数据的关键指标以及各个仓库的库存值。基于这些措施，华新水泥不仅可以节省大量的人工录入时间，有效解决人为错误和数据真实性等问题，还可以通过数据的互联和共享，实现质量的闭环管控。

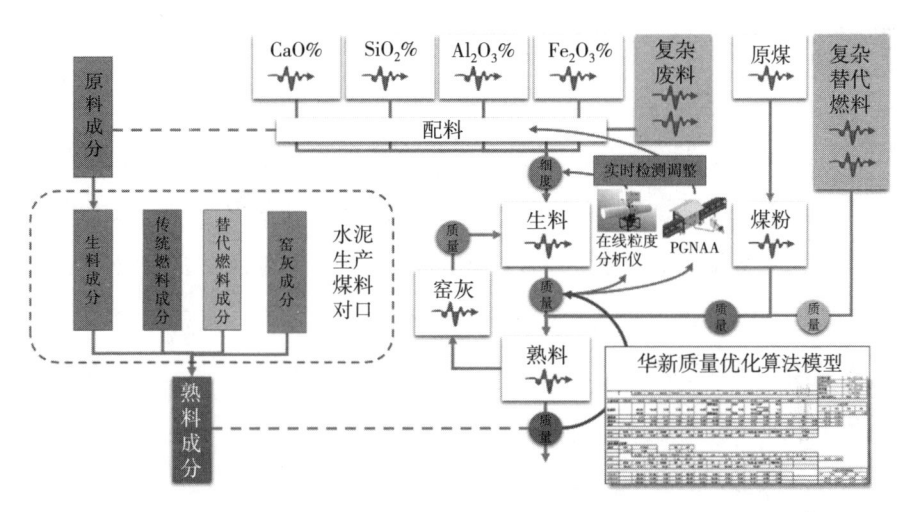

图 3-6-7 基于 TES 系统的智能化熟料-生料-原料双闭环控制

4. 关键指标改进效果

华新水泥的智能制造示范工厂建成后，其关键运营指标均有明显改善，降本增效远超预期。

- 生产效率提升约 15%；
- 水泥综合能耗下降约 4%；
- 熟料质量稳定性提升约 10%；
- 设备运转率提升约 3%；
- 采购综合成本降低 10%~20%；
- 发运效率提升 43%；
- 客户满意度提升 16%。

点评

在探索智能制造的道路上,华新水泥形成了独树一帜的发展模式:创新性的融合 IT 与 OT 部门,设立数字化创新中心为一级业务单元,并坚持战略引领和自主掌控,在旗下多个智能工厂成功实施了无人行车改造、生产智能控制、智能质检等项目,显著提升了生产效率,实现了人员的优化配置,进一步降低成本,进一步提升华新水泥的核心竞争力,为工厂创造了可观的经济效益。在水泥行业下行周期中,华新水泥逆势上扬,以远超行业平均水平的业绩脱颖而出,为公司建设世界一流跨国企业的长期愿景奠定了坚实基础。同时,华新水泥智能工厂的成功建设也为整个水泥行业的转型升级提供了示范,引领行业从传统制造向智能制造转型,推动行业的可持续发展。

案例 3-33 长虹美菱:5G 智能工厂探索冰箱智能制造新范式

长虹美菱股份有限公司(以下简称"长虹美菱")是我国重要的电器制造商之一,1983 年诞生于合肥,拥有合肥、绵阳、景德镇和中山四大国内制造基地,以及印尼和巴基斯坦等海外制造基地。目前,长虹美菱已基本完成了综合白电的产业布局,覆盖了冰箱柜、洗衣机、空调、厨卫、小家电等全产品线,同时进入生物医疗等新产业领域。40 年来,长虹美菱始终坚持"自主创新,中国创造",一直矢志不移地专注家电行业,"美菱"品牌被列入中国最有价值品牌之一。现如今,长虹美菱系产品已远销东南亚、欧美等 130 多个国家和地区。

1. 消费升级，驱动家电制造模式转型升级

近年来，伴随着消费者对家电产品的时尚化、品质化、高端化、多样化、个性化和智能化等需求越来越强烈，客户需求正从消费端向生产端逆向传导，从而推动着家电产品制造朝着智能化、高端化、个性化定制等方向迅速发展。家电制造企业急需升级制造系统，以满足消费者对高端、智能、个性化、可定制化的产品消费需求，同时提升品牌价值，增加用户黏性，从而获得更大的家电市场份额。

然而，与国际先进智能制造相比，长虹美菱的数字化、网络化和智能化基础还相对薄弱，因此需要通过实施智能工厂改造，推动企业的IT化、扁平化、柔性化和智能化，从而打通信息孤岛、数据烟囱，形成数据自下而上快速准确传递、信息自上而下有效精准管理，实现公司的研发、制造和服务之间信息互联互通、数据共享及资源最优化配置，构建起部门协作实时化、制造响应敏捷化、资源配置动态优化、车间生产透明化的服务型供应链管控体系，降低研发设计、产品运营、生产管控各个环节的成本。基于此，长虹美菱对其合肥制造基地进行升级改造，打造了家电行业领先的智能制造工厂——美菱冰箱智能制造基地（合肥）。

2. 统筹规划，打造家电行业领先的智能工厂

长虹美菱合肥基地从内网改造、数字技术应用和多功能融合的集成系统三个方面开展建设，致力于实现基于产销研一体化供应链协同管理的智能制造，促使整个制造系统向精细化、数字化、智能化转变，对内提升人员和设备效率、降低库存、提升品质等运营效率，对外快速响应市场需求、满足用户个性定制需求。

内网改造：通过工业以太网改造内网，实现自动化设备、人工智能（AI）检测、3D识别、传感器、控制系统、管理系统（如OA、PLM、ERP等）、工厂应用系统（如MES、WMS、CAPP）等关键要素的泛在互

联互通，内网改造总体架构，如图 3-6-8 所示。

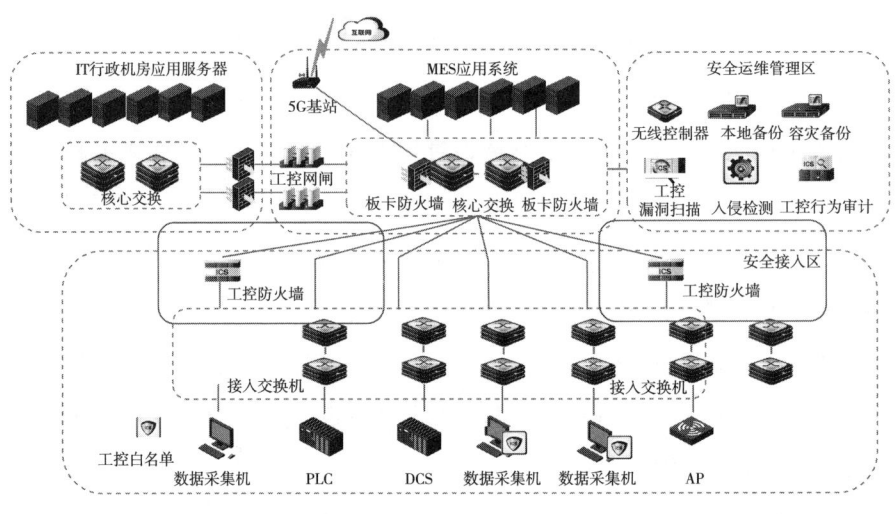

图 3-6-8　内网改造架构图

数字技术应用：以精益化、自动化、信息化为 3 大支柱，聚焦效率提升、品质改善、成本节约、柔性制造 4 个目标，通过数字技术应用，全面提升设备自动化、工厂透明化、物流协同化、制造柔性化、决策数字化等 5 大能力水平，形成智能制造"345 模式"。

多功能融合的集成系统建设：建设以制造执行系统（MES）为核心，基于制造执行系统（MES）、数据采集与监视控制系统（SCADA）、仓库管理系统（WMS）、企业资源计划（ERP）、计算机辅助工艺规划（CAPP）等系统的协同化云平台，实现信息的有效集成、实时传递和充分共享，从而实现生产现场、业务管理及领导决策三层信息的上下贯通与流程控制，提高数据的准确性和实效性，解决生产调度信息不全面、信息反馈滞后等问题。企业管理者只需登录集成后的信息管理系统，就可在权限范围内了解数字化车间整体生产情况，从而对生产、销售等过程的产、供、销、人、财、物进行全面有效管理。多功能融合的集成系统的总体建设思路如图 3-6-9 所示。

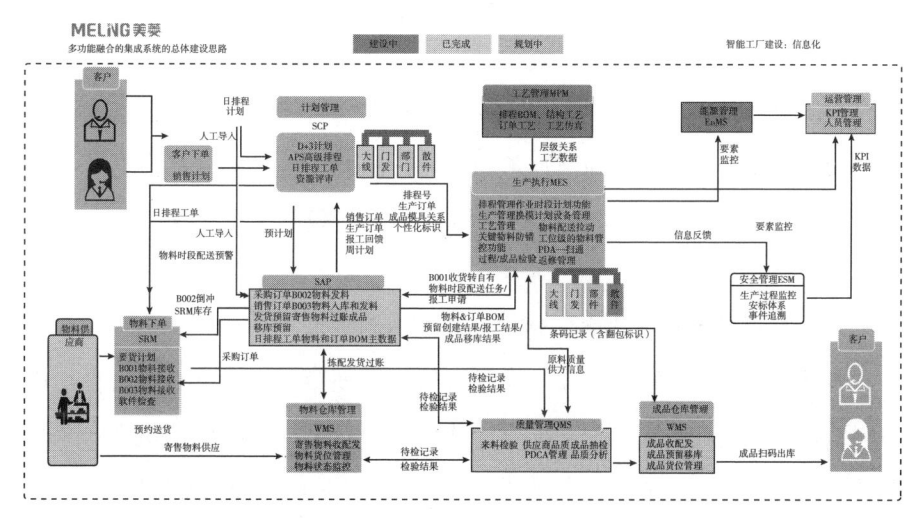

图 3-6-9　多功能融合的集成系统的总体建设思路

3. 亮点纷呈，透视长虹美菱智能工厂建设实践

长虹美菱基于行业特点与自身痛点，构建基于产销研一体化供应链协同管理的智能制造新模式。该模式以用户需求驱动制造智能化升级，利用智能柔性生产为客户提供更好的服务，实现了智能制造与用户服务的融合发展。

（1）采用先进技术，构建柔性自动化产线

长虹美菱通过应用 5G、MEC、RFID、柔性夹具和各类工业机器人等，构建柔性自动化产线，支持多品类产品的混线生产、装配或检测；应用柔性制造系统（FMS），实现机加工、钣金加工等典型工序的无人化；通过多机器人协作或人机协作，实现了装配、焊接等典型工艺的自动化。

同时，长虹美菱通过5G CPE（一种新兴的5G终端设备，融合了Wi-Fi低成本和5G大带宽的优点，能够将基站发送的5G信号转换成Wi-Fi信号或有线信号），对穿衣机器人、U壳机器人、门体运转等进行自动化改造，数据经过MEC边缘计算引流至MES系统进行数据交互，实现生产制

造过程自动化、智能化，解决了传统制造过程中人力因素较多、效率低下和产线转换成本较高等问题。其中，U 壳下线机器人可实时对部件型号进行智能识别、判别型号的工艺规格等。自动穿衣机器人可在后台高速锁定产品以及零部件规格，高速实现不同客户产品的精准套袋。目前自动穿衣机器人已实现了 3 种不同规格产品的无人化高效自动"穿衣"，为业内首创。

（2）打造智能研发平台，适应大规模定制需求

为适应大规模定制开发需求，便于用户深度参与，设计出更适合用户的产品，长虹美菱全面使用三维设计软件进行三维绘图与模拟仿真，并与 PLM 系统高度集成，形成智能研发平台。利用 NX 软件嵌入开发的 MBD 技术，提供了辅助建模、尺寸标注、工程图等多种 NX 原生功能中无法实现的功能，建立了包括零件优选库、模板库、设计特征库等知识库，开发了产品设计流程工具集，实现了从项目创建、主体结构参数编辑、设计任务指派/接收、零件标准化率统计等功能。

通过部署智能研发平台，长虹美菱的产品研发设计效率提高了 30%~50%，相同操作过程用时压缩 50%以上，产品设计人为差错率降低 80%以上，设计质量得到了有效保障。同时，建立了美菱产品设计知识库，通过产品设计专用流程工具，规范了设计业务流程，并实现了研发设计数据源的一致性。

（3）基于 5G CPE 技术，打造新型视觉检测系统

传统的人工视觉检测，受限于个体素质的高低，会带来检测结果的个体性差异，难以保证产品质量的一致性，同时容易造成漏检和效率低等问题。长虹美菱通过 5G CPE 设备对视觉检测系统进行了改造。改造后的新型视觉检测系统，能够将图片等数据传输到安装在本地机房的多接入边缘计算（MEC）平台，通过 MEC 平台进行相关 AI 运算判断，并将判断结果与上游的 MES 系统相糅合，最终将综合的运算反馈给现场设备，现场设备根据反馈结果进行相关控制动作，从而完成自动判断和过程防呆。基于 5G CPE 打造的新型视觉检测系统，不仅降低了人员的运维难度，也实现了产品一次检出率提升 32%。

（4）端到端的采购业务全面管理，充分发挥协同效应

长虹美菱充分发挥协同效应，基于信息流、实物流、资金流三流联动，打通采购业务各环节，打造了全过程数字化管理的采购供应链信息化平台（图 3-6-10）。在销售端，突破传统的销售下单制，围绕以客户为中心理念，兼顾市场需求预测与制造端产能特性，构建面向需求管理和供需匹配的协同。在研发端，基于采购供应链的信息化平台，实现供应商的准入、审核和评价管理以及业务层面的采购策略、招标定价和订单合同等的管理，提供产品研发阶段的支撑，实现研发、供应商以及业务层面的协同。与此同时，在品控端，寻求原材料溯源的突破，以期从产品端实现来料质量和过程质量的回溯与管控。除此之外，长虹美菱也实现了供应商管理、业务协同和需求协同的横向拉通，并能结合结算场景，对接供应商和物流，并基于采购供应链信息平台实现过程和结果的分析与应用。

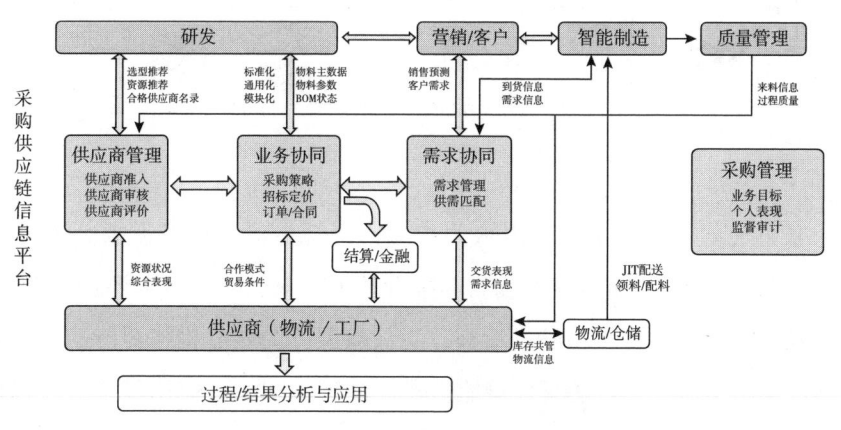

图 3-6-10 采购供应链信息平台

（5）基于智汇家 IoT 平台，构建动态产品服务模式

为提升公司品牌形象和客户服务体验，拓展自营电商业务，并解决产品、用户、数据、品牌等服务问题，长虹美菱打造了包含品牌宣传、产品展示、线上营销、用户互动、产品控制、售后服务等功能应用的 IoT 平台——智汇家。智汇家平台包括统一用户中心、统一数据中心、统一服务中心,以及第三方云管理中心(包括阿里、京东、苏宁、小米、华为等主流物联网平台),为用户打造全屋的智能家居解决方案,提供智能控制、智能诊断、线上报工等一体化的智能服务,如图 3-6-11 所示。

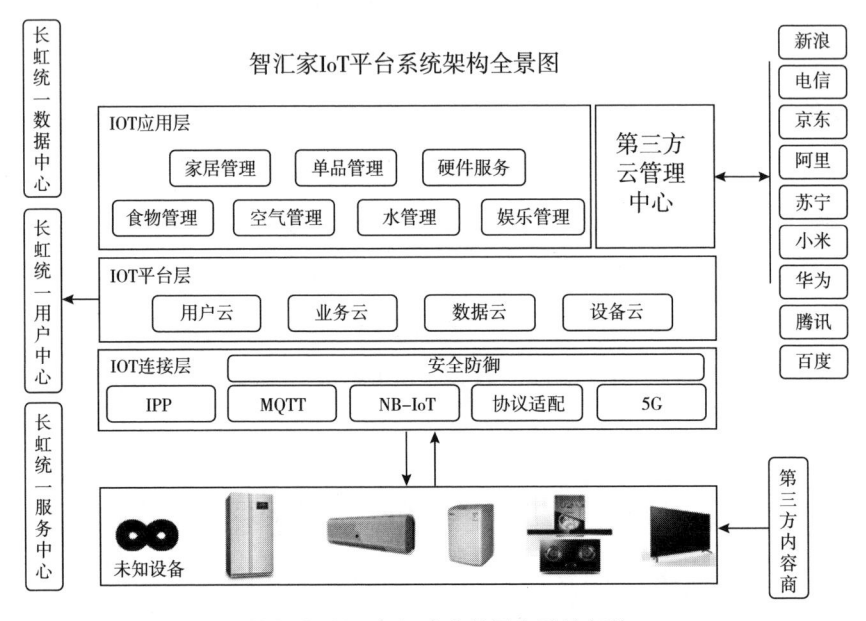

图 3-6-11 智汇家 IoT 平台系统架构

长虹美菱智汇家生态圈以人为中心,围绕生活中的各重要元素(食物、空气、水等),重点建设食物健康管理生态圈、空气健康管理生态圈、水健康管理生态圈三大核心生活圈,以健康服务为核心构建智能购、快乐厨房、空气管理、能源管理、健康饮水、洗护管理六大应用模式,并提供食品管理、饮食管理、饮水管理、空气社交分享、生鲜电商等服务。通过构建智汇家平台,连接企业和用户,培养用户的品牌认同,长虹美菱逐步从产品经营向用户经营转变,并构建起动态的产品服务模式。

(6)应用安全态势感知平台,应对未知网络威胁与攻击

鉴于近年来针对制造业的网络攻击事件越来越频繁,而现有的网络安

全策略存在滞后性，大部分只能应对已知网络攻击，难以应对未知网络攻击，长虹美菱建立了基于 5G 网络的安全态势感知平台。该平台具备全流量分析、网络预警、全流量回溯分析、威胁监测分析等功能，能够实现"未知威胁"的感知，发现未知威胁，检测已知威胁，预测安全风险，实时了解网络安全态势，从而为企业正常的生产运营保驾护航。

4. 关键指标改进效果

美菱冰箱智能制造基地（合肥）建成后，各项指标均有明显改善。
- 产品研发设计效率提升 30%~50%；
- 生产效率提升 15%；
- 质量不良率降低 1.29%；
- 质量损失率降低 0.4%；
- 订单准时交付率达 99.5%；
- 运营成本降低 10%。

点评

> 当前，制造业普遍面临多品种定制化生产模式兴起，订单交货期越来越短，紧急订单越来越多，客户对产品的质量要求越来越高，企业利润空间越来越小，原材料和生产成本持续上涨等问题。长虹美菱基于新型网络技术能力，打造了产研销一体化的供应链协同管理的智能工厂。从最基本的生产线组织模式变革开始，以精益化、自动化、信息化为支撑，促使整个制造系统向精细化、数字化、智能化转变，既提高了生产和运营效率，也适应了定制化生产的发展需求。这一创新的智能工厂建设实践，不仅为冰箱生产制造企业及冰箱上下游产业链配套企业的转型升级提供了典型样本，对于其他离散型制造企业的技术创新和智能化改造同样具有参考和借鉴意义。

案例 3-34　　华信藤仓：打造基于 5G 的智能工厂

南京华信藤仓光通信有限公司（以下简称"华信藤仓"）成立于 1995 年，是由烽火通信科技股份有限公司、日本藤仓株式会社、江苏省电信实业集团有限公司、南京第三代通信科技有限公司共同投资组建的技术企业。公司主要致力于光纤、光缆和 FTTH 解决方案的研发、生产、销售及服务，目前已成为中国最大的光纤、光缆生产基地之一。工厂现有三个厂区，占地面积 13.3 万平方米，产品覆盖国内外数十个国家和地区。

1. 以智造推动制造

随着数字经济的持续深化和 5G 技术的规模化应用，光通信产业迎来了飞速的发展，市场需求日益旺盛。光通信产业作为典型的面向订单生产的离散型制造行业，对柔性化制造和动态交付能力需求较高，通过建设智能工厂和车间，可有效增强企业应对市场变化的韧性。此外，在绿色可持续发展的全球背景下，绿色制造将是制造业升级的必由之路。

华信藤仓早年已开展了一系列的数字化转型工作，应用 PLM、三维工艺仿真、MES、CRM、WMS、ERP、SRM、配方数据管理（Recipe Data Management，RDM）等系统，覆盖了产品研发、制造、物流、售后服务等产品的全生命周期，并逐步完成了设备的关键数据采集接入和大数据价值的挖掘利用。

为有效提升工厂灵活制造和快速响应能力，同时保证大数据处理的高并发、高速率、高安全性，公司基于 5G 工业互联网技术打造"5G 智能工厂"，并开展碳足迹跟踪，采集重点能耗设备数据和环境参数纳入双碳管控平台，同时结合各项绿色制造措施实现绿色可持续化生产。通过这些努力，华信藤仓获批国家绿色工厂，并通过"1650 先进产业链"的链主企业身份拉动了产业链协调发展，获批国家绿色供应链管理企业。

2. 夯实 IT 基础，有序推进智能工厂建设

华信藤仓在智能工厂的总体规划中，首先建立了企业数字化依赖的网、云、集控、平台等基础设施，其次从全流程数字化管理、局部智能化等方面选取稳定性、先进性、适用性强的场景组成完整的方案。

基础设施建设包括：5G 专网建设，即基于"5G+MEC"组网架构（图 3-6-12），将 5G 网络独立划分，带宽满足 10Gbps，并建立硬件级的安全隔离，确保数据的安全。内网改造，为确保公司内部信息不受内部、外部、自然等因素的威胁，在技术方面以 IT 运维管理系统为中心，实现对网络、服务器、云平台、存储、员工终端等设备的统一管理。网络安全防护，在互联网出口部署防火墙，实现整个外网的全面安全防护；内外网部署全网行为管理，对所有人员（包括外来访客）的上网行为进行管控与审计；建立工业安全隔离与信息交换系统，用于边界网络的安全防护。

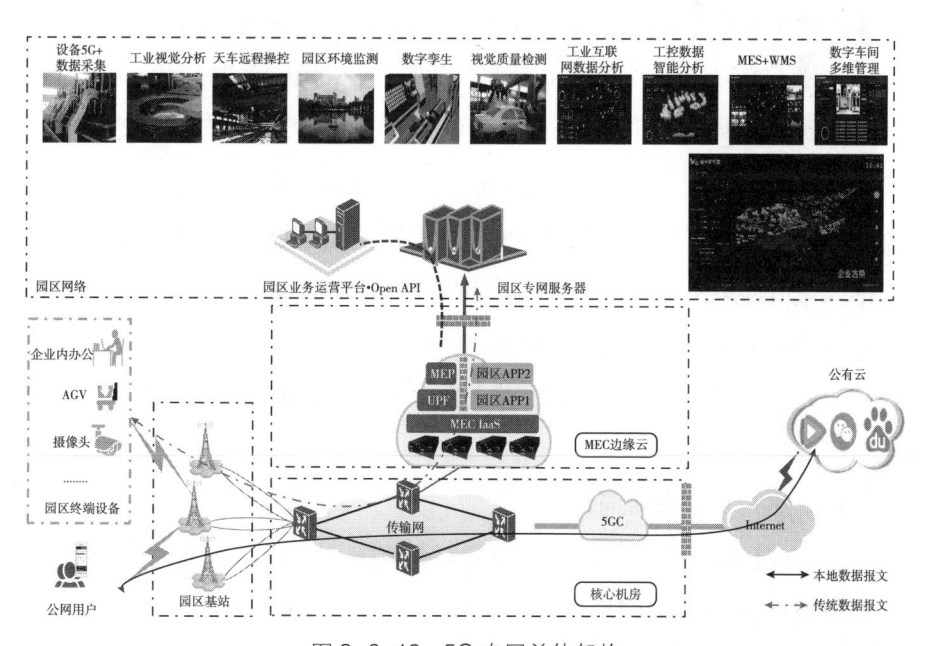

图 3-6-12　5G 专网总体架构

在此基础上，华信藤仓开发了具备自主知识产权的大数据应用平台，实现产品全生命周期的关键数据感知和拟合预测，加快研发与验证的效率和准确性，获得了江苏省重大技术改造专项奖励和江苏省智能示范车间的认定。同时，建立产品、制造、运营等大数据中心，构建全方面的企业知识库与业务分析模型，实现产品运行自诊断、客户需求配置参数化、按需设计与制造，实现"智慧华信"。同时，从数据驱动转型和生产管理业务重塑等纬度进一步推进智造工厂的建设。

3. 新兴技术加持，打造多元创新应用场景

华信藤仓 5G 智能工厂建设以 5G 技术为引领，综合利用自动化、物联网、云计算、大数据等技术，形成了多个创新应用。

（1）5G 数据实时采集与安全管控

华信藤仓工厂原数据采集方案的弹性扩展能力有限，尤其在部分空间受限区域布线难度大。为满足高速生产的实时数据采集，华信藤仓与中国移动共建了 5G 数据采集系统。该系统采用下沉 MEC（边缘 UPF）组网架构，实现了数据的实时无线采集，并将采集的数据实时存储到大数据分析平台的数据库中。

另外，为了提升 5G 工业网络的安全性，华信藤仓构建了一套工业安全隔离与信息交换系统，该系统部署在网络边界，旨在将工业网络的应用实例分布在不同的安全域内。通过这种布局，有效地阻断了通用网络协议的使用，大大提高了工业网络的安全性。图 3-6-13 是华信藤仓工厂工业安全隔离与信息方案架构。

（2）多厂区制造协同

华信藤仓建有多个厂区，生产需要实现不同厂区和车间之间的协同。通过梳理三个厂区周边基站资源，借助切片技术合理规划无线配置，依托 5G 专网成功实现了厂区间的无缝互联互通及安全隔离，确保了数据传输的高效性和安全性。这种动态的资源配置策略，使华信藤仓能够在控制成本

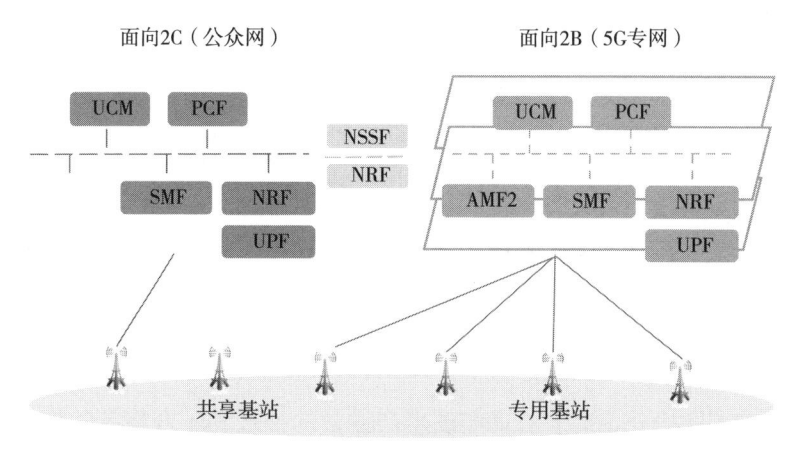

图 3-6-13　工业安全隔离与信息方案架构

的同时，有效推动制造设备的智能化协同，进一步提升企业整体竞争力。图 3-6-14 是华信藤仓不同工厂协同合作的模式。

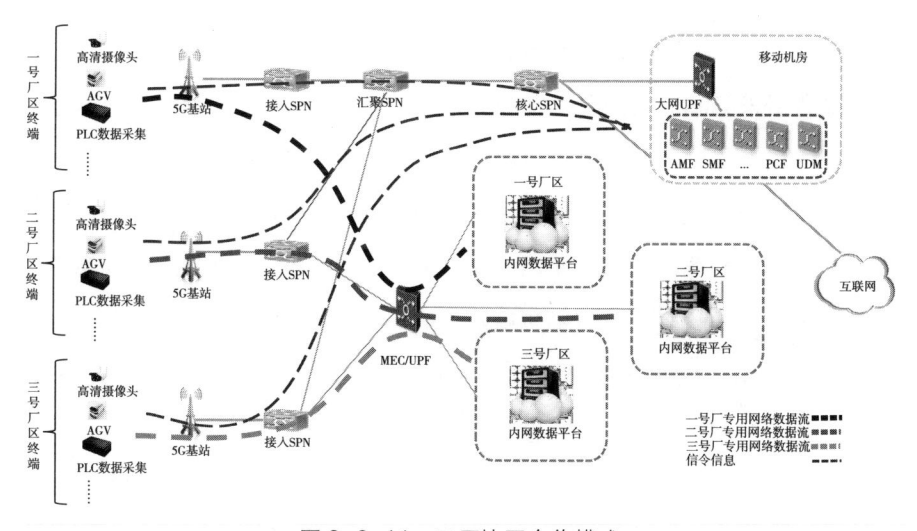

图 3-6-14　工厂协同合作模式

（3）大数据赋能产品质量改善

华信藤仓产品质量的自动诊断分为生产工艺的自动化分析和产品品质的自动化分析。生产工艺的自动化分析是通过每条生产线上的数百个传感器，实时采集每件产品的全生产过程的各项参数变化，利用大数据清洗分析后定期形成工艺参数与产品品质的比对，建立优化拟合公式指导生产工艺的逐步改善。产品品质的自动化分析是利用大数据平台定期对不同维度的产品检验数据进行分析，形成相应的技术处理手册和各种报表的输出。产品品质分析还同时会将预警信息实时推送至各个相关制程。

工厂还将高速采集的数据用于实时的产品在线全检，包括通过安装在生产线上的数据采集系统，对生产过程中的产品进行实时监控和检测，并结合大数据平台，即时提供关于产品是否符合既定标准的反馈。当检测到生产异常或不合格品时，自动实现生产异常的推送和不合格品的划分。异常信息推送到厂区各个楼层，其他制程通过移动终端实时推送到机台操作人员，避免产生批量不合格产品。

（4）大数据应用于配方及产品优化

在生产过程中，光纤光缆产品配方通常涉及原材料的选择、比例以及生产工艺等多个方面。为生产出高质量的光纤光缆产品，华信藤仓通过实时在线数据采集和分析拟合，及时调整生产参数。并结合检验数据进行产品配方优化，优化后的配方形成新的版本远程覆盖 MES 中的原配方。

产品生产制造完成后，华信藤仓通过大数据分析平台完成生产过程数据与检验数据的分析、客户使用反馈信息之间的匹配分析和追溯，并通过客诉系统，传递给生产、质量工程师。同时，依据 PLM（图纸工艺、BOM 确认等）、ERP（进货检验记录等）、MES（产品生产过程数据等）、SRM（供方资质及供货信息等）中相关产品质量数据，在客诉系统中进行 PDCA[①] 分析，同时从客诉系统中导出缺陷类型，并按照项目、产品多维度分析，帮助质检和研发人员完成产品优化，改进产品谱系。

（5）"5G+AI" 赋能碳足迹跟踪及设备预测维护

作为国家级的绿色工厂，华信藤仓工厂通过自建"5G+AI"双碳管控

---

① PDCA，质量管理的四个阶段，Plan（计划）、Do（执行）、Check（检查）和 Act（处理）。

平台（如图 3-6-15）对关键设备实现碳足迹跟踪，结合光传感温场监控与 MES 系统实现碳排放优化、用电效率提升和波峰波谷的排产均衡。

华信藤仓在 2021 年已经实现主要设备的碳足迹跟踪和 5G 采集试点。结合 MES 系统和现场实际情况，工厂能够自动实现设备的休眠关机和优化排产，从而提高了电力使用效率。另外，通过在关键公共设备上加装数据采集传感器，结合外部宏基站，华信藤仓实现了公共设备的自动巡检、远程无人化点检、设备故障预测、产品不良预测等。各类异常可通过数据采集自动触发相应的安灯报警以及分级推送。

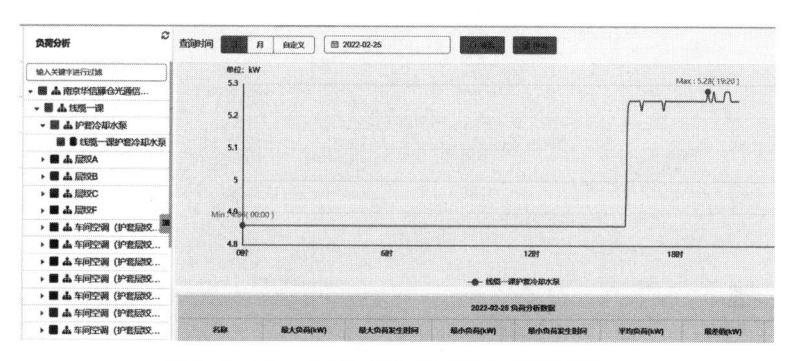

图 3-6-15 "5G+AI"碳排放能耗管理平台

（6）AI 用于工业安防及精准动态作业

华信藤仓工厂要求无尘洁净的环境，灰尘、水汽、温度等对产品的品质有较大的影响。华信藤仓通过 AI 视频监控，采用本地化部署 GPU 服务器，实现 24 小时不间断监控，以确保能及时发现并识别外来人员、异常着装、危险动作、烟雾、明火等潜在风险，并报警推送和存档追溯。此外，AI 视频监控在实现现场精准动态作业的同时也确保了本地化数据不外传，保障了信息安全。

> **点评**
>
> 华信藤仓基于5G绿色智能工厂的探索实践，解决了离散型制造业的通用痛点，尤其是采用业内领先的超低时延技术，实现数据实时无线采集，为企业在"智改数转网联"建设中快速低成本实现设计指标提供了样板。

第4章

智能工厂生态体系建设

智能工厂并非孤立的存在，而是一个相互联系、协同发展的生态体系。本章旨在深入探索智能工厂生态体系，揭示和谐健康的智能工厂生态体系如何通过跨界融合推动产业的繁荣与共生。

4.1 智能工厂生态体系

在当今全球化背景下，制造业竞争日益激烈，智能工厂生态体系作为推动我国制造业转型升级的重要引擎，正逐步成为行业关注的焦点。这一体系以制造企业为轴心，紧密联结解决方案供应商、政府与行业协会、研究机构与高校、咨询服务机构等多方参与者，形成了一个复杂而有序的网络（图4-1-1）。

智能工厂生态体系的核心价值在于，通过信息共享、技术合作与市场对接，促进智能制造技术的研发、应用与推广，从而加速制造业的智能化进程。

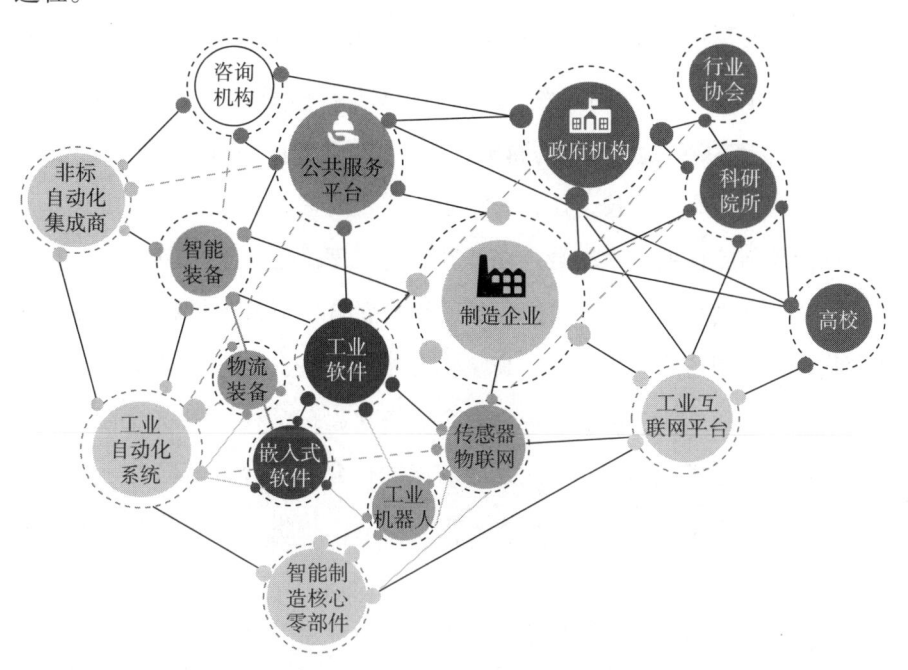

图4-1-1　智能工厂生态体系

在这个生态体系中，各参与方通过紧密合作与协同创新，实现互利共赢。一个和谐健康的智能工厂生态体系，有赖于技术、人才、服务等多个关键要素的支撑。

从技术的视角来看，智能工厂生态体系融合了物联网、大数据、人工智能、云计算、机器人等前沿技术。制造企业作为技术的应用者和受益方，通过整合先进技术与制造工艺，推进生产过程的自动化、数字化、网络化和智能化，从而显著提升生产效率、产品质量及市场响应速度。在这样的智能工厂生态体系中，制造企业能够快速获取智能制造的最新知识，借鉴同行经验，降低试错成本，提高项目实施的成功率。

解决方案供应商扮演着智能制造技术提供者的角色，他们提供从硬件到软件、从咨询到实施的一站式服务，助力制造企业跨越技术障碍，降低改造成本，沉淀 know-how，快速构建出符合个性化需求的智能工厂。根据智能制造技术服务范畴，e-works 将智能制造解决方案供应商划分为九大类，包括：智能工厂非标定制自动化集成、通用智能装备、工业机器人、智能制造核心零部件、智能物流装备及集成服务、工业自动化产品、工业软件及服务、智能嵌入式软件系统、工业物联网与传感器等。这些供应商在生态体系中，能够更好地与需求方精准对接，实现业务拓展和风险分散。

研究机构与高等院校，作为智能制造技术的创新源泉，凭借其深厚的科研积淀与前瞻性的技术视野，在基础研究和理论创新上不断突破。他们与制造企业紧密合作，实现了产学研的深度融合，有效促进科研成果快速产业化，推动制造业向智能化、高端化发展。这些机构不仅是技术的孵化器，也是人才的摇篮。他们联合制造企业搭建起跨学科、跨领域的综合性交流平台，促进理论知识与实践技能的深度整合，培育了一批批理论基础扎实、实践经验丰富的优秀专业人才，为智能工厂生态系统的繁荣发展注入强劲动力。

政府与行业协会作为政策制定者和行业引导者，通过出台政策、制定标准与规划，引导智能制造的发展方向，优化资源配置，推动产业协同进步。政府是政策制定的核心主体，能够通过财政补贴、税收减免、研发资助、市场准入便利等一系列措施，为智能制造的健康发展营造良好的外部环境。行业协会作为行业内部的代表性组织，与政府紧密合作，共同制定和完善智能制造相关标准体系。这些标准不仅包括了产品、技术、服务等方面，还涉及数据安全、隐私保护、互操作性等关键领域，为智能制造的规范化、标准化进程提供有力支撑。

咨询服务机构则扮演着桥梁和纽带的角色，连接技术的供给侧与需求侧，为企业提供专业的咨询、监理、评测等服务，助力企业的智能制造项目投资效益最大化。这些机构通过长期的研究和深厚的服务经验，帮助企业准确识别自身在智能制造进程中的优势与短板，量身定制智能工厂战略规划，并在技术选型、流程优化、资源配置、风险控制以及评测验收等方面提供专业支持。此外，咨询服务机构还致力于成为产学研深度融合的催化剂。通过搭建合作平台和组织交流活动等方式，促进技术研发与市场需求的有效对接，加速科技成果向现实生产力的转化。

一个相互依存、可持续的智能工厂生态体系，不仅能够整合各方资源，还能有效地推动生态体系中各方参与者的互动与整合，其动态的融合过程将促进产业生态的创新重构和持续升级，为制造业的转型升级和高质量发展持续注入强劲的推动力。

4.2 典型的智能工厂服务商

作为智能工厂生态体系的关键一环，服务商扮演着技术创新与落地实践应用的角色。在智能工厂的建设过程中，服务商以其在自动化、信息化、数字化乃至智能化领域的深厚积累与前瞻洞察，持续推动制造业的转型升级。

本节精选智能工厂服务领域的代表性企业，旨在通过介绍他们的解决方案、独特优势及典型案例，为企业选择智能工厂合作伙伴提供参考。

4.2.1 默佩德卫软件技术服务（上海）有限公司（MPDV）

1. 公司介绍

总部位于德国 Mosbach 的 MPDV 集团，业务遍及全球 13 个国家和地区，包括德国、中国、卢森堡、马来西亚、瑞士、新加坡和美国等。MPDV 拥有超过 500 名员工，致力于推动制造业的数字化转型。默佩德卫软件技术服务（上海）有限公司是 MPDV 在中国的全资子公司，其服务领域覆盖研发设计、生产作业、计划与排产、仓储物流、营销与服务等环节。

作为来自德国的隐形冠军，MPDV 不仅稳居制造业 IT 解决方案领域的领导地位，更在行业标准制定和新兴技术倡导方面发挥着先锋作用，连续多年荣登德国最具创新力企业 100 强榜单，并斩获多项殊荣。在 MES（制造执行系统）这一术语尚未流行时，MPDV 已推出了领先的生产执行管理软件。通过与世界知名厂商的紧密合作，MPDV 在 2007 年汉诺威工业展上首次向公众展示了智能工厂的实际应用案例。

2. 主要产品与服务介绍

（1）典型产品

MPDV 产品和解决方案以标准化和模块化为特色，能够根据客户的具体需求组合形成个性化解决方案，助力企业高效优化生产流程，从而在激烈的市场竞争中占据先机。典型产品包括：

①**HYDRA X：打造智能工厂-超越传统 MES**

HYDRA X 是 MPDV 的核心产品之一，它提供了一整套创新的制造执行系统解决方案，帮助企业在生产管理、人力资源绩效管理和制造质量管理领域实现精益生产最佳实践。HYDRA X 的功能超越了传统 MES 的功能范围，涵盖支持生产流程的众多功能，如复杂装配生产中的内部物流或工人管理。基于制造集成平台（MIP）构建的 HYDRA X，功能扩展轻松自如，且能够与第三方系统无缝集成。

②FEDRA：生产规划简单、动态、精准、灵活

FEDRA 是基于 MIP 平台的创新型生产计划软件，它运用包括人工智能（AI）在内的尖端技术，优化资源分配，实现快速灵活的排产。FEDRA 能够跨工厂进行多资源的生产规划，帮助跨国企业持续管理其全球生产网络，实现对市场变化的快速响应。

③MIP：制造 IT 的生产应用程序（mApp）生态系统

MIP 平台为合作伙伴提供广阔灵活的合作空间。在这个开放的制造集成平台上，不同供应商的 mApp 基于共同的数据基础进行交互操作，消除了接口难题，实现了数字孪生体的统一。不同供应商的 mApp 可以任意组合，避免了依赖单一供应商的风险，创造了一个多元化的解决方案生态系统，让制造企业、开发商、系统集成商和设备制造商都能从中受益。

（2）核心服务

MPDV 作为中立的软件供应商，拥有近 50 年的项目经验，对各行业生产运作的内在机制有着深刻洞察。公司能够依托行业内的最佳实践，助力制造企业实现数字化转型的战略目标，共同构建智能化、高效率的工厂环境。MPDV 核心服务包括：

总体方案设计

总体方案设计不仅包括 ERP/MES 集成、制造业 IT 的架构构建、设备的互联互通，还涉及项目可行性的深入分析、依照 VDI 指南 5600 进行 MES 模块规划，以及技术规格书的撰写等关键环节。

项目实施

MPDV 拥有一支由行业专家组成的团队，他们凭借深厚的行业背景和实战经验，能够提供全方位的项目实施服务。除了标准化功能之外，MPDV 还提供灵活的定制开发服务，以满足客户的个性化需求。

培训和认证

MPDV 拥有专业的培训师团队，致力于向用户传授实用的操作技能，

助力企业迅速提升系统使用效率。此外，企业员工所获得的知识和技能，能够通过 MPDV 的专业认证体系得到认可。

运维

系统部署完成后，MPDV 提供持续运维服务，包括但不限于定期维护和专业的技术支持。MPDV 推出的服务包和持续的技术支持，旨在确保系统稳定运行，并及时更新，以适应不断变化的技术环境。

3. 服务的客户群体

MPDV 为不同规模及行业的制造企业提供全方位智能制造服务。MPDV 的客户群体涵盖中小型制造企业到跨国工业集团，并活跃服务于各个行业，包括但不限于：设备和机械工程、汽车零部件、印刷和包装、电气工程/电子、精密机械/光学、塑料/橡胶、医疗技术/制药、金属加工、家具和木材加工、食品饮料、日用消费品等。

4.2.2 恩柏科软件（上海）有限公司（Epicor）

1. 公司介绍

Epicor 专注于为寻求卓越的制造商提供一系列企业级解决方案，以确保其全球业务的连续性。这些解决方案经过精心设计，旨在满足客户的独特需求，并具备灵活适应性，以应对市场的不断变化。五十多年来，Epicor 凭借其丰富的行业知识和经验，助力企业客户在实现增长、转型以及提高生产力和效率等方面取得了坚实的进步。同时，Epicor 在制造、分销、零售和服务等多个行业积累了深厚的客户信任。

凭借其全球云 ERP 解决方案，Epicor 在 2023—2024 连续两年荣获 Gartner 以产品为中心的企业云 ERP 魔力象限的领导者称号，并连续多年被 Nucleus Research 评为 SMB ERP 价值矩阵的领导者。

2. 主要产品与服务介绍

（1）主要产品

Epicor 的产品线囊括了一系列高效的企业管理软件，包括 ERP（企业资源计划）、MES（生产管理软件）、SCM（供应链管理）、BI（商业智能分析）、财务管理等。这些产品旨在为企业提供全方位的业务流程支持和智能化管理工具，助力企业实现卓越运营和可持续发展。其中，ERP 是 Epicor 的核心解决方案之一。

Kinetic 是专为制造商量身打造、致力于服务制造商的全球云 ERP 解决方案，它融合了实时商业智能并内置协作模块，包括项目管理、高级计划排程（APS）、生产执行系统（MES），旨在助力制造企业最大限度地提高盈利能力。借助 Epicor 在行业领域的深厚专业知识，Kinetic 具备了驱动现代化、面向未来业务的核心能力，它能够随时运用数据资源，推动企业的数字化转型和持续创新。Kinetic 产品具有以下特点。

专为离散制造和订单生产而设计，能够满足制造企业的个性化需求；

作为一款以云技术为中心的创新解决方案，可提供灵活的部署选项，包括本地部署、云部署以及混合部署；

通过单一平台和供应商，提供全面的端到端解决方案，确保无缝安全保障。

（2）解决方案优势

①依托卓越的员工团队，显著提升业务效率

凭借 Epicor 在个性化、灵活性与洞察力方面的强大能力，Kinetic 赋能员工以更智慧、更安全、更卓越的方式开展工作。具体体现在：

通过数据的整合、迁移与应用，全方位增强操作性能；

借助直观易用的系统和数字化团队协作，引领采用率和创新能力的全新高度；

运用认知型 ERP 系统中以人为中心的人工智能预测和管理中断。

②打造弹性与可持续的供应链，拓展收入来源

Kinetic 通过可视化工具协助企业提高供应链的弹性和可持续性，以满足客户预期，助力企业增加收入。主要体现在：

利用高级工具如预测分析、物料需求计划（MRP）、高级计划和排程以及采购管理等，精准管控需求和供应；

通过站点间的透明度和更加可持续的货物运输方式，在全球扩展的企业网络中实现业务目标；

将财务报告与分析功能作为 ERP 系统的核心，确保运营绩效的持续优化；

通过可配置的产品配置器（CPQ）和电子商务解决方案，充分利用数字化手段，提升客户体验。

③借助智能制造技术，实现降本增效

通过依托物联网进行数据采集的制造执行系统（MES），实现对工厂车间设备、效率和质量的实时监控，以提升车间生产效率；

AI 融合的 ERP 帮助企业分析大量数据，提供可操作的意见，评估风险，加快决策，使企业专注于核心业务；

结合人工智能的洞察力和数字孪生技术的分析，助力企业在不断变化的市场环境中迅速适应、稳步发展，并保持行业领先地位；

通过自动化的持续改进流程，不断提升企业的生产力和运营效率。

（3）基于云平台的全球化业务管理，助力中国制造商成功出海

Epicor 云安全保障能够通过深度防御战略，实施多层重叠安全，通过每条链的连接保护数据；

Epicor CSF（本地财务包）能够在任何需要的应用程序中，基于在标准 Epicor 财务管理功能的基础上构建的附加本地功能，提供各个国家/地区对法律、特定行业或广泛使用的本地流程所需的一系列功能的访问，帮助企业在全球开展业务；

Epicor 支持多地点、多账簿、多公司、多币种、多语言管理，依托全球化部署及全球支持团队，助力中国制造商高效拓展全球业务。

3. 服务的客户群体

Epicor 主要聚焦离散型制造，服务的行业覆盖电子和高新技术、工业机械、医疗器械、橡胶塑料、金属制品、汽车零部件等。典型用户有：欧伏电气、欧派厨电、豪利士集团、上海建科、西默塑品等。

EPICOR

Epicor 为追求卓越的企业提供企业级解决方案，紧跟世界持续发展的速度。Epicor 公司建立于 1972 年，50 多年来，Epicor 服务过的客户来自于制造、分销和零售行业。他们始终坚信凭借 Epicor 的解决方案能够帮助他们更好地开展业务。Epicor 的创新解决方案经过精心策划，以全面满足客户的需求，并能够灵活地响应他们快速变化的现实场景。Epicor 凭借资深的行业知识和经验，加速了客户在发展、转型、提高生产力和效率方面的雄心壮志。

全球业务概览

1972 年
Epicor 公司建立

奥斯汀，美国
公司总部

4600+
名公司员工

150+
多个国家设立办事处

客户概述

27000 多个
客户

2300000 多个
Epicor 每日活跃用户数量

250000 多个
每日云用户数量

13 年
客户平均续订年限

服务行业

汽车零部件

电子高科技

工业设备

金属加工

医疗设备

其他离散制造业

Epicor Kinetic 制造业信息一体化解决方案

- AI 融合的 ERP

- 全面的业务管理

- 智能工厂核心（内置 MRP+APS+MES）

- 提升生产效率

- 增加投资回报率

Kinetic

商业智能和分析
治理风险和合规性
云业务平台
全球商业管理

- 财务管理
- 客户关系管理
- 销售管理
- 产品管理
- 项目管理
- 计划和排程
- 供应链管理
- 生产管理
- 服务和资产管理

4.2.3 北京虎蜥信息技术有限公司（Anoleintel）

1. 公司介绍

北京虎蜥信息技术有限公司（Anoleintel），2004 年 6 月成立于北京，是国家高新技术企业、专精特新中小企业、中关村高新技术企业、北京市创新型中小企业。在业务基础软件平台研发与应用、制造业信息化系统定制及落地实施，以及 IT 咨询服务等多个领域，虎蜥均展现出卓越的竞争力，并作为先行者投身于新一代管理软件体系架构的研究与技术开发。

面向航空、航天、船舶、军工等装备制造领域，虎蜥致力于为客户全生产过程业务管控提供信息化及智能制造体系的业务规划、系统研发及实施服务；在复杂离散型制造执行系统（MES/MOM）、车间作业智能协同与调度、基于信息驱动的制造物流优化控制等方面具备丰富实践经验与落地能力。

2. 主要产品与服务介绍

虎蜥致力于复杂离散制造业 MES 系统的研究与实践，深知通用 MES 产品搭配二次开发的传统实施方法并不足以满足离散制造业的特定需求。虎蜥坚信，只有基于离散型 MES 平台，结合针对特定行业的专业知识与丰富经验，以及为客户提供深度定制化的服务理念，才能确保项目的成功实施。

（1）主要产品

ABP-MES：基于 ABP 平台的离散行业制造执行系统，主要包括：

ABP-MES（ASB-A）：航空装配—制造执行系统；

ABP-MES（CMP）：机加离散型—制造执行系统；

ABP-MES（ASB-E）：电子装配—制造执行系统；

ABP-MES（SLL）：机加流程型—制造执行系统；

ABP-MES（SHIP-P）：船舶管加工—制造执行系统。

(2) 技术特点和优势

①平台化。ABP-MES 及其相关基础信息系统，是全面构建在 ABP_J2EE 敏捷平台之上的。该平台具有开放、灵活和敏捷开发的特点，为系统开发提供坚实的技术支撑。

②个性化。依托 ABP_J2EE 平台的高效特性，实现了系统的快速开发与灵活适应，显著减轻了技术人员的劳动强度。

③无纸化。ABP-MES 实现生产车间全流程无纸化管理，包括计划导入、排产、进度监控、资源配送、质量检验和绩效考核，取代了传统纸质媒介。

④可视化。ABP-MES 通过车间内的 LED 屏、液晶看板、工控机、桌面终端和移动终端，实现了生产进度、问题和质量状态的实时可视化展示。

⑤透明化。利用条码技术，ABP-MES 实时采集工序进度、资源配送和车间问题反馈，为计划部门提供有效的生产决策支持，打造透明化车间。

⑥集成化。ABP-MES 的开放软件平台确保了与 ERP、PDM、CAPP 等系统的无缝集成，实现数据实时交互，打造统一的智能制造信息化平台。

(3) 服务类型

虎蜥以"行业 MES 解决方案+定制"的模式向制造企业提供服务。以行业典型、成熟的解决方案为实例，借助离散制造业丰富的业务设计经验，结合用户个性业务需求，虎蜥为客户提供 MES、MOM、智能制造等业务系统的咨询、规划、系统研发及实施落地服务。

(4) 行业解决方案

虎蜥智能 ABP-MES 系列产品及解决方案，聚焦于航空航天、船舶、军工等离散装备制造领域，系统经 10 多年行业典型用户管理实践与应用磨合，可很好适应于离散型机加、钣金、热表、线束、管加工、复合材料、标准件、装配等各类生产车间的管理模式。

3. 服务的客户群体

虎蜥（Anoleintel）的典型客户如下：沈阳飞机工业（集团）有限公司、中国商飞上海飞机制造有限公司、浙江中航通飞研究院有限公司、航天科工第三研究院某厂、航天科工沈阳航天新光集团有限公司、航天科技北京空间飞行器总体设计部、渤海造船厂集团有限公司、沈阳沈飞民品工业有限公司、长城电工天水电气传动研究所、沈阳沈飞国际商用飞机有限公司、沈阳航空制造有限公司、沈阳沈飞线束科技有限公司、沈阳沈飞民机工业有限公司。

Anoleintel 虎蜥智能

离散型制造业 MES应用专家

虎蜥智能
专注航空、航天、船舶、装备制造领域的智能制造服务商

2004年6月成立于北京，是国家高新技术企业、中关村创新示范软件企业。在业务基础软件平台研发与应用、制造业信息化系统定制及落地服务、IT咨询领域是最具竞争力的企业之一；也是最早致力于新一代管理软件体系架构研究的技术领导型组织。

公司基于自主的低代码业务软件平台（ABP_J2EE），面向航空航天、船舶、军工等装备制造领域，为企业生产过程业务管控提供信息化及智能制造体系的业务规划、开发及实施服务；在复杂多变、离散型业务场景的制造执行系统（ABP-MES）、车间作业智能协同与调度、基于信息驱动的离散制造生产物流优化控制等方面具备丰富实践经验与落地能力。

ABP_J2EE 低代码业务软件平台
ABP-MES 虎蜥MES业务平台
C&R&I 咨询、研发与集成

典型的数字化智能生产线布局规划

- 实现制造资源"一物一码"的单件作业流精细化全生产过程作业管控
- 基于"多级计划"的生产排程，逐级驱动生产资源的采购、准备和配送
- 基于单件流工序级的质量信息采集，实现单件质量管控与精准追溯
- 工序作业信息驱动所在制件自动流转与智能物流调度

典型案例

| COMAC 中国商飞 机加MES | AVIC 沈飞集团 全业务类型MES | CASIC 航天新光 机加MES | BSIS 渤船集团 管加工MES | AVIC 沈飞国际 装配MES | AVIC 沈飞民机 MES | 中国航天 航天科技五院 智能生产管控平台 | TEDRI 长城电工 变频器装配MES | 中国航天 航天科工三 机加MES |

4.2.4 鼎捷数智股份有限公司

1. 公司介绍

鼎捷数智股份有限公司（股票代码：300378），自1982年成立以来，业务版图已拓展至中国大陆、中国台湾、越南、马来西亚、泰国等多个国家和地区。公司目前在全球拥有45家分支机构，员工总数超过5300人，其中包括超过1800名研发人员和1800余名实施与服务人员。迄今为止，已累计服务客户逾50000家。

历经四十余载的深耕与发展，鼎捷数智专注于制造与流通两大产业领域。在"智能+"的全面战略规划下，公司不断追求成为数据与智能解决方案的行业领导者。公司积极推进云计算与工业互联网领域的创新研发，助力企业革新运营模式，加速实现数智化转型。近年来，公司屡获殊荣，包括"中国工业软件上市公司30强""中国智能制造年度领军企业"、"上海软件和信息技术服务业百强"等多项荣誉称号。

在工业软件领域，鼎捷数智持续深化布局，全面覆盖制造业数字化转型的关键环节。公司致力于构建数字化工厂，通过智能车间的高效精益管理，以及IT与OT数据的深度集成融合，依托云计算、人工智能等前沿技术，积极开发与行业深度结合的创新应用，显著提升了制造企业的运营管理效率。

2. 主要产品与服务介绍

鼎捷数智的产品系列以"鼎捷雅典娜-新型工业互联网平台"为数智底座，覆盖研发设计类、数字化管理类、生产控制类以及AIoT类四大类领域。

鼎捷雅典娜平台

以知识封装+数据驱动为两大核心优势，完整建构的企业级PaaS平台，是支撑企业数智化转型的数智底座。

图 4-2-1　鼎捷数智产品方案架构图

研发设计类

以新一代 PLM 软件为代表，技术对标世界先进水平，可全面支持数字经济背景下的中国企业自主创新，加速实现国产化替代进程。

数字化管理类

亚太区最早提供 ERP 服务，产品涵盖企业的不同发展阶段及不同运营领域，打造企业智能营运核心平台。

生产控制类

通过全面的智能制造产品布局，高效支撑制造业智能制造关键场景的应用实践与技术集成，打造数字工厂。

AIoT 类

打通 IT 层与 OT 层，将工业机理与应用场景结合，重新封装到硬件中，实现工业软件与工业设备无缝融合。

3. 服务的客户群体

鼎捷主要服务的行业包括但不限于：装备制造、汽车零部件、半导体、电子、印刷包装、IC 设计等。

典型客户有：金石机器人、泰禾智能、上海晶丰明源、芯洲科技、敏实集团、新吴光电、盈华材料、音品电子等。

鼎捷数智
领先的数据和智能方案提供商

鼎捷数智股份有限公司（股票代码:300378）成立于1982年，业务经营区域覆盖中国大陆、中国台湾、越南、马来西亚、泰国等多个国家与地区，拥有45家全球分支机构，公司现有员工5300多人，其中研发与开发人员超过1800人，实施与服务人员超过1800人，累计客户超50000家。

成立逾40年，聚焦制造、流通两大产业领域。在"智能+"整体战略布局下，向成为领先的数据和智能方案提供商不断迈进，积极推进云领域与工业互联网领域的创新应用研发，助力企业变革运营模式，实现数智化转型。近年来，鼎捷多次被评为"中国工业软件上市公司30强"、"中国智能制造年度领军企业"、"上海软件和信息技术服务业百强"等荣誉称号。

行路致远，砥砺前行。
鼎捷数智与制造企业携手共赴数智化转型征程，
用数据和智能技术创新生产力！

- **5300+** 鼎捷人
- **39** 个中国大陆地区服务网点
- **45** 家集团分公司与子公司
- **50,000+** 家客户

辐射亚太覆盖中国台湾地区/越南/马来西亚/泰国等地

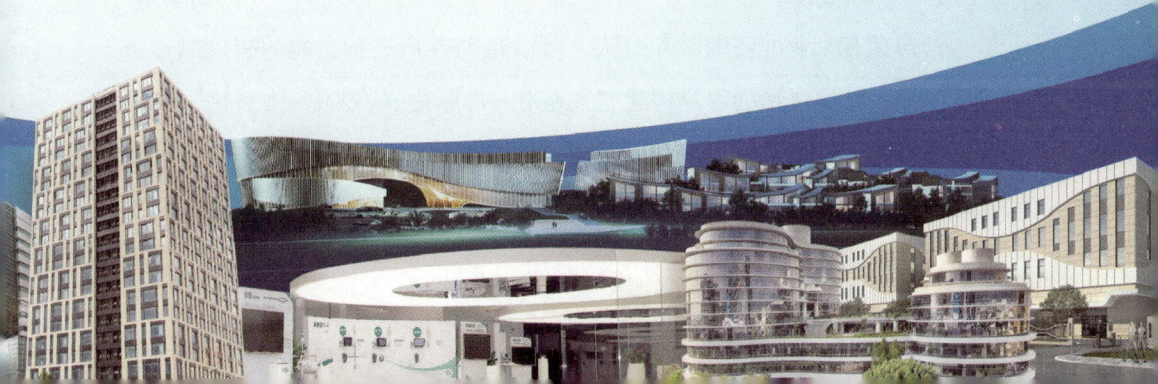

4.2.5 武汉佰思杰科技有限公司

1. 公司介绍

武汉佰思杰科技有限公司成立于 2012 年，专注于为中国制造业的 500 强企业（集团）提供智能制造核心解决方案、产品和服务，是中国领先的智能制造整体解决方案提供商。作为国家高新技术企业，佰思杰承担着国家科技创新基金和科技部国家重点研发计划课题，并为多个国家级智能制造试点示范项目提供关键技术支持，已获 CMMI L3 级证书。公司产品支持信创，曾连续荣获国家级工业软件优秀产品（MES/MOM 类）、国家级特色工业互联网平台、工业互联网试点示范等荣誉。此外，佰思杰还入选湖北省工业软件十大优秀应用案例，被列入武汉市工业产品推广应用指导目录。

2. 主要产品与服务介绍

（1）主要产品

佰思杰 Nebula 工业互联网平台业务范围涵盖了销售管理、合同履约、项目管理、技术准备、生产规划、计划物控（PMC）、采购管理、仓储管理、物流执行、高级排程、生产执行、设备管理、质量管控、包装发运、安装调试、运维服务等全业务链，并提供工业物联、数控联网、数智孪生等支撑模块，帮助企业实现跨地域、跨专业、跨组织的平台一体化敏捷协同。

（2）竞争优势

公司拥有专业的咨询服务团队，可以帮助客户进行全面的智能制造成熟度评估，并通过帮助客户构建"规范化-指标化-模型化-体系化"的运营指标框架，打造灵活、高效、敏捷的生产运营和协同供应链体系，实现管理模式迭代升级，助力企业业务全链互联、全态可知、全局可视、全效可评，实现客户业务全过程的数字化、精益化、智能化、敏捷化，持续提升核心竞争力，帮助客户实现从数字化运营到数字化经营，最终到数字化战略的全面转型升级。

(3) 典型行业解决方案

①国防军工行业。该行业生产模式采用科研与批产混合，注重多阶段技术状态管理。解决方案包括通过 BOM 结构编制计划网络，支持跨部门组织协同；基于结构化质量规范，实现全过程质量控制；建立统一数据标准和安全传输机制，支撑多网业务协同。

②航空航天行业。该行业采用按订单、多品种小批量生产模式，要求快速应变和严格质量控制。解决方案包括计划管理优化，实时监控物料状态，提升生产协同和可执行性，实现全程质量控制和追溯，增强企业运营和制造现场的管理协同。

③重工装备行业。该行业的项目型生产面临复杂协同、长周期、严格成本控制等挑战。解决方案包括构建集团级信息化架构，实现多级计划管控下的高效协作；以制造云为核心，协同多云体系，提升企业制造运营效率和产品交付能力。

④电力装备行业。该行业采用订单驱动的离散制造模式，面临物料协同和物流配送挑战。解决方案包括以销售订单驱动生产计划，提升物料齐套和物流配送效率；实时跟踪生产过程，实现透明化管理；采集质量数据，智能防错，实现产品质量全程追溯，降低返工率。

⑤特种机械行业。该行业面临产品种类多、工艺复杂、生产批次小、周期长等挑战。解决方案旨在缩短制造周期，增强订单响应能力，提高生产过程可控度，降低成本和资源消耗，提升物料配送正确率和产品质量，提高车间无纸化程度。

⑥电子通信行业。该行业产品生命周期短，品种多，品质要求高，技术更新频繁。解决方案为全过程物料管理，涵盖自计划排程至总成包发，并通过设备的深度集成实现生产过程透明化；通过条码技术实时采集生产

数据，提供生产全程可追溯管控，从而实现"溯源制造、透明制造、敏捷制造"的目标。

⑦轨道交通行业。该行业按订单生产，产品结构复杂，零部件多，加工工序繁多且复杂。解决方案以工位制节拍化为核心，实现制造要素的精益管理，打通业务信息化链条，形成协同一体化的生产管理模式，实现物流和信息流同步，高效精细化的生产管控。

3. 服务的客户群体

武汉佰思杰科技有限公司为中国制造 500 强企业（集团）提供智能制造核心解决方案、产品和服务，已与航天科技、航天科工、中航工业、中国航发、中核集团、中国工程物理研究院（CAEP）、中国电科（CETC）、中国电子、中国船舶、兵器集团、东方电气集团、中国一重集团、西电集团、上海电气集团、中煤科工集团、哈电集团、华锐重工、瓦轴集团、南瑞集团、正泰电气、中车集团、铁建重工、中国电建、中国水电、陕鼓集团、烽火通信、中信重工、湘电集团、中国石油、中储粮集团、道道全等 50 多家大型集团企业建立长期战略合作关系，打造了一百多个国内领先的智能制造标杆案例。

BSG 佰思杰

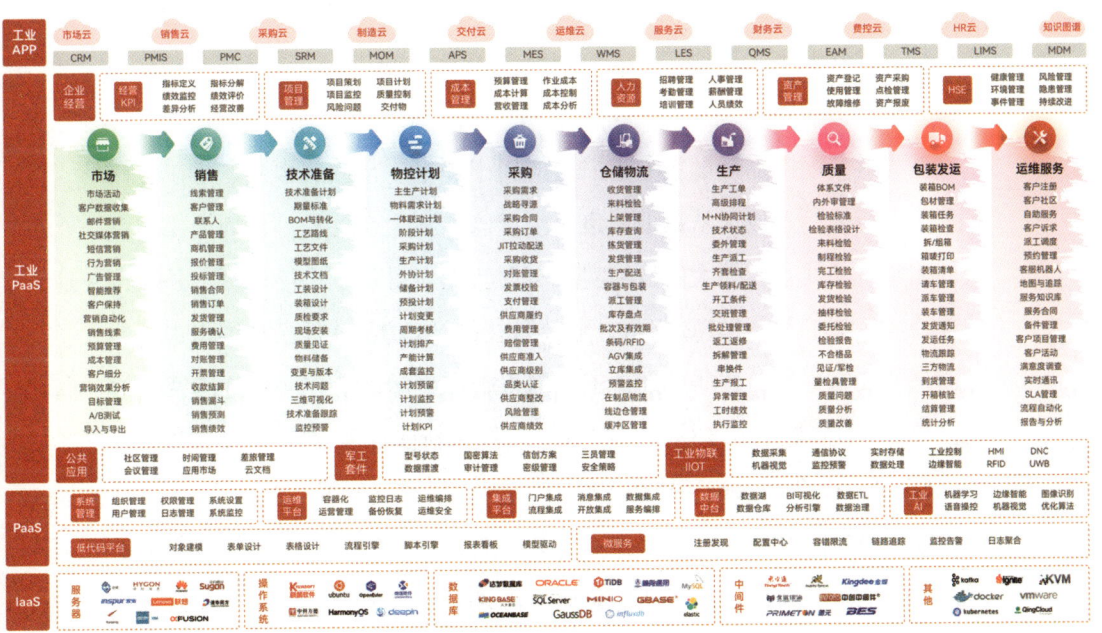

中国领先的高端装备工业互联网平台

随需组配　　一体集成　　精益协同　　智能管控

工业APP

市场云	销售云	采购云	制造云	交付云	运维云	服务云	财务云	营控云	HR云	知识图谱
CRM	PMIS	PMC	MOM	APS	MES	WMS	LES	QMS	EAM	TMS	LIMS	MDM

企业经营

经营KPI	项目管理	成本管理	人力资源	资产管理	HSE
指标定义 绩效监控 差异分析	指标分解 绩效评价 经营改善	项目策划 项目监控 风险问题	项目计划 质量监控 交付物	预算管理 成本计算 营收管理	作业成本 成本控制 成本分析	招聘管理 薪酬管理 培训管理	人事管理 考勤管理 人员效	资产登记 使用管理 故障维修	资产检修 点检管理 资产处置	健康管理 环境管理 事件管理	风险管理 隐患管理 持续改进

工业PaaS

市场 — 市场活动 / 客户数据收集 / 邮营销 / 社交媒体营销 / 短信营销 / 行为营销 / 广告营销 / 智能推荐 / 客户保持 / 营销自动化 / 销售线索 / 预算管理 / 成本管理 / 客户细分 / 营销效果分析 / 目标管理 / A/B测试 / 导入与导出

销售 — 线索管理 / 客户管理 / 联系人 / 产品管理 / 商机管理 / 报价管理 / 投标管理 / 销售合同 / 销售订单 / 发货管理 / 服务确认 / 费用管理 / 对账管理 / 开票管理 / 收款管理 / 销售返利 / 销售预测

技术准备 — 技术准备计划 / 期望标准 / BOM转化 / 工艺路线 / 工艺文件 / 模型图纸 / 技术文档 / 工装设计 / 装配设计 / 质量要求 / 现场安装 / 物料创建 / 变更与版本 / 技术问题 / 三维可视化 / 技术准备源

物控计划 — 主生产计划 / 物料需求计划 / 一体联动计划 / 阶段计划 / 采购计划 / 生产计划 / 外协计划 / 储备计划 / 预投计划 / 计划变更 / 周期考核 / 计划排产 / 应用提升 / 产能计划 / 成套套配 / 计划监控 / 计划管理

采购 — 采购需求 / 战略寻源 / 采购合同 / 采购订单 / JIT拉动配送 / 采购收货 / 对账管理 / 发票校验 / 支付管理 / 供应商管理 / 费用管理 / 赔偿管理 / 供应商接入 / 供应商级别 / 品类认证 / 供应商评价 / 风险管理

仓储物流 — 收货管理 / 来料检验 / 上架管理 / 库存查询 / 拣货管理 / 发货管理 / 生产配送 / 容器与极具 / 原工管理 / 拣选管理 / 批次及有效期 / 条码/RFID / 供应商接入 / AGV集成 / 立库集成 / 预算控 / 品类认证 / 供应商评价 / 线仓管理 / 跨区管理

生产 — 生产工单 / 高级排程 / M+N协同计划 / 技术状态 / 委外管理 / 生产派工 / 齐套检查 / 生产领料/配送 / 原工管理 / 开工条件 / 工艺派工 / 物料跟踪 / 批次管理 / 拆解管理 / 在制品管理 / 生产工艺 / 齐套工单 / 工时绩效 / 异常管理 / 执行监控

质量 — 体系文件 / 高级排程 / 内外审管理 / 技术检验 / 检验合格设计 / 来料检验 / 制程检验 / 完工检验 / 库存检验 / 发货检验 / 制程检验 / 检验报告 / 不合格品 / 见证/监检 / 警备具校准 / 质量问题 / 质量问题跟踪 / 质量改善

包装发运 — 装箱BOM / 包装管理 / 装箱服务 / 装箱配件 / 拆/组箱 / 三方物流 / 装箱清单 / 道车管理 / 发货管理 / 发货跟踪 / 发运任务 / 物流跟踪 / 三方物流 / 到货跟踪 / 开箱检验 / 结算管理 / 统计分析

运维服务 — 客户注册 / 客户社区 / 自助服务 / 客户诉求 / 派工调度 / 预约管理 / 客服随人 / 地图与追踪 / 服务知识库 / 服务合同 / 客户项目管理 / 客户活动 / 满意度调查 / 实时通讯 / SLA管理 / 流程自动化 / 报告与分析

公共应用

| 社区管理 | 时间管理 | 差旅管理 | 军工套件 | 型号状态 | 国密算法 | 信创方案 | 三员管理 | 工业物联IIOT | 数据采集 | 通信协议 | 实时存储 | 工业控制 | HMI | DNC |
| 会议管理 | 应用市场 | 云文档 | | 数据源 | 审计管控 | 密级管理 | 安全策略 | | 机器视觉 | 数据处理 | 边缘智能 | | RFID | UWB |

PaaS

| 系统管理 | 组织管理 | 权限管理 | 系统设置 | 运维平台 | 容器化 | 监控日志 | 运维编排 | 集成中心 | 门户集成 | 消息集成 | 数据集成 | 数据中心 | 数据湖 | 即时视化 | 数据ETL | 工业AI | 机器学习 | 边缘智能 | 图像识别 |
| 管理 | 用户管理 | 日志管理 | 系统集成 | | 运营管理 | 备份恢复 | 运维安全 | | 流程集成 | 开发集成 | 服务编排 | | 数据仓库 | 分析引擎 | 数据治理 | | 语言服务 | 机器视觉 | 优化算法 |

| 低代码平台 | 对象建模 | 表单设计 | 表格设计 | 流程引擎 | 脚本引擎 | 报表看板 | 模型驱动 | 微服务 | 注册发现 | 配置中心 | 容错限流 | 链路追踪 | 监控告警 | 日志聚合 |

IaaS

服务器 / 操作系统 / 数据库 / 中间件 / 其他

重要客户

中国航空发动机集团 | 中国航天科技集团有限公司 | CASIC 中国航天科工 | 航空工业 | 中国工程物理研究院 | XD 中国西电集团公司

DEC 东方电气 | CHNT 正泰 | ShaanGu 陕鼓集团 | 上海电气 | NARI 南瑞集团 | DHHI 大连重工

中国兵器 | CSSC 中国船舶集团有限公司 | CETC 中国电科 | CEC 中国电子 | CNNC 中核集团 | 瓦房店轴承集团有限责任公司

中国中车 CRRC | FiberHome | 中信重工 | 中国电建 POWERCHINA | 中国铁建 | 中国水电 SINOHYDRO

哈尔滨电气集团有限公司 | XEMC 湘电集团 | SINOGRAIN 中储粮 | 道道全 | 中国石油 | 金麒麟

使命

让制造更智慧 Making Intelligence

4.2.6 北京亚控科技发展有限公司

1. 公司介绍

亚控科技自 1997 年创立以来，便深耕于工业自动化和信息化软件平台领域。公司总部设在北京，同时在日本、韩国、新加坡等多个国家设有分支机构，并在北京、天津、西安等地设有研发中心，专注于国产工业软件的研发、营销与服务。

亚控科技的产品及解决方案广泛应用于锂电、市政、水务、煤矿、汽车等多个行业，形成了从数据采集、生产监控到生产管控，再到云操作系统的完整产品线。其强大的技术实力与创新能力得到了广泛认可，并保持快速稳健发展。根据 ARC 报告，亚控科技的 SCADA 软件已在国内市场超越西门子和施耐德，位居前列；工控网报告亦显示，亚控科技连续两年蝉联国内 SCADA 监控市场榜首；在航空航天和新能源领域，美国 IDC 公司的 MES 报告指出，亚控科技在 MES 市场占有率中位列第三。

亚控科技秉承"科技创新振兴民族工业、以客为尊服务民族工业"的理念，多次荣获先进企业、守信企业、优秀企业等荣誉，产品亦屡获优秀产品和最具竞争力产品大奖，解决方案及案例多次被评为行业最佳方案和最具影响力工程。亚控科技的战略目标即为客户提供优秀的自动化软件产品和优质的服务，推动新型工业化的发展。

2. 主要产品与服务介绍

（1）工业数字工厂管控平台 KingFactory

KingFactory 是亚控科技自主开发的生产管控一体化解决方案，基于云边端一体化操作系统 WellinOS 平台开发。它专注于离散制造行业的数字工厂生产管控，业务范围广泛，排除财务模块及 CAD/CAE 特定专业领域外，已全面覆盖生产管控的各个环节，包括销售订单、产品工艺设计、生产排产、物料、库房、车间、质量、设备和能源管理等九大业务子系统，实现了企业运营和生产管控的全方位、精细化管理。

KingFactory 平台具备显著的技术优势，包括低代码的界面组态与轻量级 App 开发环境，为用户提供了高效便捷的定制化服务。通过创新的数字孪生技术，KingFactory 能够构建不同时态的工厂模型，实时、准确地模拟与预测。此外，平台还提供零代码拖拽式工厂工作流程创建功能，自研的工作流编辑器技术，显著提升了业务流程的开发效率。在排产优化方面，KingFactory 基于有限的物料供应和生产能力，建立了一套 APS 辅助排产优化理论，有效提升了生产计划的合理性和可执行性。最后，通过全面融合的 ERP、PDM、APS、MES、SCADA、IoT 等系统，KingFactory 形成了一套先进的端到端全业务流程生产管理解决方案，为企业提供了全面、高效、智能的生产管理支持。

图 4-2-2　KingFactory 解决方案

KingFactory 数字工厂管控平台拥有十大产品特点，具体如下。

①全面生产管控业务。除财务及 CAD/CAE 相关业务外，覆盖所有生产管控业务，降低了实施费用，系统整合能力突出，彻底消除传统整合困

境，为企业带来高效便捷的管理。

②覆盖空间范围广。既能驾驭集团级庞大复杂的多层网络架构管控系统，实现全面统筹，又能精准部署至单个车间，构建高效管控子系统，确保精细管理。

③无缝对接已有系统。能够与企业已有的软件系统无缝对接，不会让原有系统作废或重构，保护企业已有的投资。

④智能管控精准交付。基于有限采购能力和产能约束，构建了逐层分解、实时反馈、闭环管理的计划管控体系，保障订单按期交付。同时实现从订单到设备工艺参数的全面数据融合，支持质量可持续改善；此外，精细化管控生产成本，减少车间浪费。

⑤快速实施与低成本。集成四百多种工厂模型和工业 App，实施只需开发少量个性化 App，以周为单位完成开发。系统仅需安装 WellinOS 和 KingFactory，无需其他软件或插件，确保了低成本和稳定可靠的质量，避免了底层的二次开发。

⑥提升数据容灾能力。企业的各类业务数据在总分架构下进行分层冗余存储，能够在面对突发状况时快速切换备份数据层，确保数据的连续性和完整性，实现业务数据永不丢失的承诺。

⑦即插即用扩展方式。通过可在线扩充硬件的特性，动态增强系统的处理能力和容量。不仅能够避免系统停机维护，还保证了系统功能的连续性和稳定性，有效提升系统整体运行速度和响应效率。

⑧全面而集成的功能设计。内置了多种核心组件，包括数据管理模块、灵活的中间件服务以及强大的应用支撑平台，实现了功能的自我完备，用户无需额外购买数据库、中间件等，降低了系统建设成本和后续运维负担。

⑨支持云架构，随用随扩。云环境提供了丰富的 API 和集成服务，允许资源根据实际需求动态分配和调整，有效消除了系统性能的瓶颈，且部署成本低。

⑩业务工程师可自由扩展和维护系统功能。采用"元语言+时空数据库"的开发模型，无需第三方软件实施商开发，业务工程师便可以随时随地根据业务需求开发、调整和部署个性化 App，推动业务创新。

（2）亚控工业云操作系统 WellinOS

亚控工业云操作系统 WellinOS，作为亚控科技历经十二年精心研发的工业数字底座产品，是一款全新的工业 App 全生命周期管理一体化平台。WellinOS 不仅体现了云边端一体化的设计理念，更以其卓越的可靠性、安全性和可维护性，为工业 AppDevOps（应用开发、运行、测试、运维、交易）提供了全方位的解决方案。作为一款分布式工业云操作系统，WellinOS 赋予了工程师们前所未有的便捷性，使得他们能够独立完成工业应用程序的开发，极大地推动了工业数字化的进程。

WellinOS 产品具有如下四大特点。

①极大简化开发流程。WellinOS 工业云操作系统屏蔽了各种单机操作系统的差异，使开发者无需手动分配与调度计算机资源，也无需考虑容器技术或数据同步的问题，从而实现了跨平台无缝部署与运行，极大地降低了开发 App 的技术门槛，更缩短了开发周期。

②新一代四合一时空数据库，有效解决了企业数字化转型过程中面临的"数据孤岛"（即"白雪公主+300 个小矮人"现象）所带来的困扰和挑战。该数据库融合了关系型数据库与非关系型数据库的优势，基于模型和对象理念，能够快速适配业务变更，构建数字化工厂。此外，还支持云端多份存储，支持多种压缩技术，降低运维成本。其面向对象查询的机制，使得非数据库专业人员也可实现全局对象轻松访问，极大地提升了数据访问效率与灵活性，进一步促进了数据的共享与利用。

③元语言，降低了开发的技术门槛。亚控独创的编译型语言，兼顾解释型语言的简洁与编译型的高效。它采用中文编程，通过零件化、标准化开发模式，促进灵活交易与组件重组，功能独立且能快速适应需求变化。其标准的功能模型可以实现跨项目、跨产品、跨企业的复用，简化工业 App 开发。

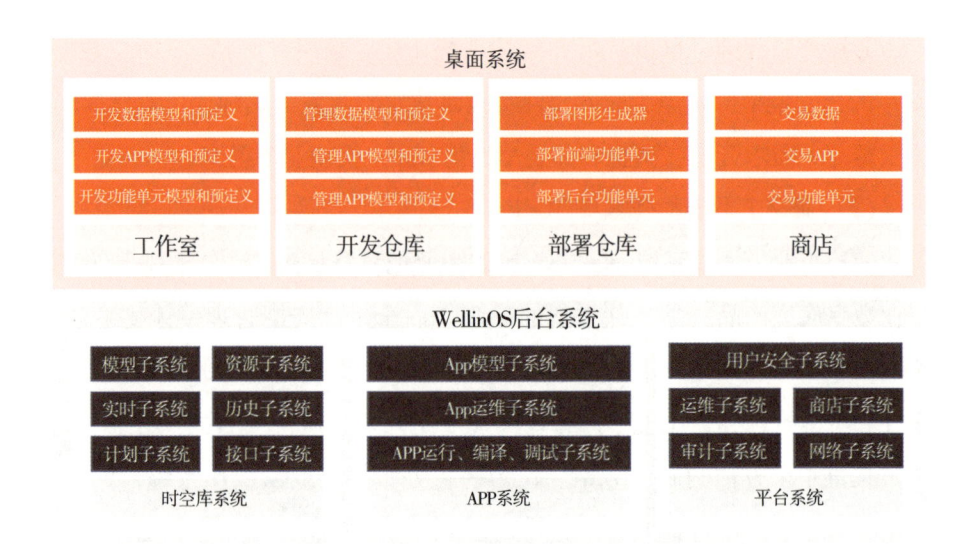

图 4-2-3 WellinOS 工业云操作系统

④基于"孪生六法则"构建的新数字孪生体系，精准破解工厂生产过程中的数字孪生挑战。该体系深度融合时空特性，打造了一个高度灵活的建模平台，全面覆盖工厂对象的全生命周期、生产全业务流程及组织人员模型的构建，支持模型的快速组装与传播，显著简化了建模流程与复杂度，助力企业实现数字工厂对物理工厂的全面感知与精准控制。

3. 服务的客户群体

锂电行业：深圳贝特瑞集团、湖南中科星城、河北尚太集团、江西壹金、江苏龙蟠集团法恩莱特电解液生产基地；

矿山行业：云南锡业集团大屯锡矿；

供热行业：山西忻州热力集团；

给排水行业：江苏省苏州高铁新城污水处理厂、连云港市自来水公司海州水厂；

通用设备行业：大连冰山集团、无锡普天铁心股份有限公司；

制药行业：江苏天士力集团；

汽车行业：中国汽车工业工程有限公司；

船舶行业：中国船舶工业集团；

电子行业：富士康集团。

亚控科技 WellinTech

KingFactory
亚控数字工厂管控平台

亚控工业云操作系统生态产品，重新定义MOM/MES软件平台

全配制平台

| 某印染信息化系统 | 某锂电信息化系统 | 某机加信息化系统 | 某汽车信息化系统 | 某烟草信息化系统 | 某工厂信息化系统 |

某信息化系统
KingFactory运行环境

标准模式 功能配制 →

KingFactory标准功能模块
- 销售计划模块
- 主生产计划模块
- PDM模块
- MES模块
- xx模块

行业功能模块
- 报表模块
- 生产追溯模块
- xx模块

工程配置与组态
KingFactory配置态
- 时空配置
- 规则数据配置
- 组织人员配置
- 部署配置
- 权限配置
- 功能单元配置
- 数据对象配置
- 传输配置
- 用户配置
- 运维管理工具

← 行业模型 运维配置

KingFactory配置环境

自主开发 →

APP数据建模
- 图形建模
- 人员数据建模
- 商店下载
- 组织数据建模
- 物数据建模
- 接口数据建模
- 事数据建模
- 枚举数据建模

← 商店下载

WellinOS

亚控科技——国际领先的工业云操作系统供应商

4.2.7 易盼软件（上海）有限公司（Eplan）

1. 公司介绍

Eplan 成立于 1984 年，隶属于洛飞腾集团，是全球电气、流体和过程控制软件及服务的领跑者。公司深度聚焦电气自动化设计、机电一体化工程设计、数字信息化集成三大业务领域，致力于为客户提供软件解决方案和工程设计咨询服务。Eplan 产品在全球范围内得到了广泛应用，横跨设备制造、盘柜制造、过程行业、能源电力、汽车工业、食品饮料、海事船舶以及楼宇控制等行业。

作为国际化解决方案提供商，Eplan 提供集成、实施、培训与支持服务，致力于提供高品质软件与服务，持续保持技术领先，保障客户长期投资的价值。Eplan 目标明确而坚定：成为世界领先的工程解决方案供应商，提供高端流程优化咨询服务。公司始终秉持"保证客户成功，成就自己成功"的原则，不断拓展国际市场，探索新行业，以最大化客户收益为使命。凭借其卓越的性能和广泛的应用范围，Eplan 的业务已经遍布全球 50 个国家，为超过 6.5 万客户提供电气设计相关解决方案，且其授权使用数已突破 17.3 万，彰显了其在行业内的领军地位。

2. 主要产品与服务介绍

Eplan 平台主要包含 Electric P8、Pro Panel、Harness ProD、Smart Wiring、PrePlanning、Fluid 等产品，应用于电气、流体、工艺工程、三维盘柜设计及线束设计领域。

Eplan Electric P8

Eplan Electric P8 是一款符合 ECAD 标准的电力电气规划和工程软件工具，具备快速原理图设计、多种报表自动生成、工程项目管理等功能。它可自动生成用于生产、装配、发货和维修的报表，并提供专用接口与其他

CAE 软件交换项目数据，确保数据在整个产品开发流程中的一致性。

Eplan Pro Panel

Eplan Pro Panel 是一款专注于三维控制柜、开关柜设计的 CAE 工程软件。该软件所提供的功能主要包括：电气或流体控制箱柜内的三维布局设计；虚拟的三维布线或布管；数控加工所需数据的自动生成；线缆预装配和自动线缆加工所需数据的提供；三维的配电母线系统与折弯铜排的设计；与生产制造流程的完全集成等等。创新性的 Eplan 平台，将电气、流体工程设计与三维控制柜的设计、生产与装配的流程完全融为一体，极大提升项目的品质，并加速整个工程流程。

Eplan Smart Wiring

Smart Wiring 是一款专为盘柜制造设计的智能布线软件，它利用 Eplan Pro Panel 中的数字化布局和接线信息来辅助机柜的手动接线过程。支持 PC 或平板电脑操作，通过直观交互式接线辅助快速、准确完成布线，提升接线效率，并提供实时工程进度信息，助力提升工程质量和进度。

Eplan Harness ProD

Harness ProD 是一款三维布线软件。该软件能够在 3D 机械模型上高效设计和记录布线，不仅支持将机械设计和电气技术设计相结合，还能优化并数字化典型的布线工作流程，包括为预配置的电缆组装提供完整的文档支持。

Eplan Preplanning

Eplan Preplanning 是一个专为设备和工厂的预设计提供的 CAE 软件解决方案。它同时支持图形化和数据库驱动的工作方式，确保数据能无缝传输到跨专业的详细设计中。通过该软件，工程师能够在项目早期阶段就实现工程流程的初始设计活动，此外，后续的电气原理图设计以及高层功能的详细规划也可以在 Eplan 平台中实现，保证了设计的一致性和连贯性，从而大大降低成本，同时提高项目质量。

Eplan Fluid

Eplan Fluid 作为一款高效、自动化的流体工程设计报表生成工具，严格遵循最新的流体工程设计标准 ISO 1219，确保设计准确、合规。基于 Eplan 平台，Eplan Fluid 能够与其他工程专业无缝集成，使得流体相关的工程设计能够与其他工程领域紧密协作，实现不同工程设计任务的并行处理。这种集成化、协同化的设计流程极大地加速了整个工程执行过程，提高了工程设计的效率和质量。

3. 服务的客户群体

易盼（Eplan）服务行业覆盖机床制造、盘柜制造、元器件制造、汽车工业、食品饮料、流程工业、能源工业、海事船舶、建筑行业等。

典型客户：比亚迪、上汽、宁德时代、三一重工、中冶赛迪、中车浦镇、经纬纺机、中烟机、浙江中控、伊顿、南瑞、正泰、ABB 等。

易盼软件(上海)有限公司

EPLAN Software (Shanghai) Co., Ltd

EPLAN 云解决方案　　EPLAN Cloud

自动化工程	预规划设计	流体设计	电气设计	3D布局布线	3D线束设计
Automated Engineering	EPLAN Preplanning	EPLAN Fluid	EPLAN Electric P8	EPLAN Pro Panel	EPLAN Harness proD

Mechanical Engineering — 机械工程

Software Engineering — 软件工程

通用设计模型

ERP / PDM

EPLAN

4.2.8 无锡雪浪数制科技有限公司

1. 公司介绍

无锡雪浪数制科技有限公司（简称"雪浪云"）成立于2018年，总部设立在无锡雪浪小镇，是国家级双跨工业互联网平台。雪浪云是一家面向高端装备领域的智能制造数字底座、工业大模型与工业软件解决方案服务商，提供设计试验一体化、虚拟制造与实时优化、工业大模型智能体方向的新型工业软件与工业 AI 工具，专注于帮助企业通过数字化手段应对复杂性，推动制造业的持续创新，并长期深度参与工信部与科技部重大项目，服务国家战略。

2. 主要产品与服务介绍

（1）雪浪 OS 智能制造数字底座

数字底座是融合计算、数据和模型的工业应用开发与运行一体化软件平台，以**计算资源分布式动态调度**、**数据高速高质量检索**、**模型高效精准计算**等创新技术为核心，向下连接并汇集复杂高端装备、工业信息系统的海量运行和过程数据，向上支撑工业智能化应用软件的快速开发与运行，承载海量工业经验与知识模型，为高端装备的设计、制造和运维全生命周期管理提供统一技术架构与统一基础平台。

（2）雪浪河图·工匠大模型（Meta LM）

雪浪云自主研发的工业级大模型——雪浪河图·工匠大模型 Meta LM，集成了先进的软件服务平台与高性比的硬件服务设备，致力于面向制造业提供大模型应用开发服务、企业级智算中心服务、行业大模型训练服务以及工匠智能体服务。目前已成功在多个领域实施行业大模型项目，涵盖高端装备标书制作、桥隧施工方案辅助、集成电路技术规则与 CBB 检索问答、AutoCAD 辅助建模、工艺数据分析知识平台共建以及核电站数字运维

（3）MetaM 工厂仿真与实时优化软件

基于雪浪 OS，雪浪云联合华中科技大学国家智能设计与数控技术创新中心打造离散仿真与产线孪生工具箱，研发了工厂仿真与实时优化系统——MetaM，用于离散行业不同层级生产系统（工厂/车间/产线/制造单元）的建模仿真、分析和实时优化，让成千上万用户在虚拟环境中协同设计、仿真、预测和优化极其复杂的制造系统。

（4）META D-MDO 多学科设计优化软件

基于雪浪 OS 打造的一款面向复杂装备研发过程的多学科设计优化软件，软件提供建模/仿真软件接口、试验设计（DOE）算法、设计优化算法、模型降阶算法等关键工具，支持灵活搭建多学科联合仿真、复杂仿真流程自动化、集成模型分析与设计优化等业务，提升仿真分析及设计优化效率。

（5）META D-TDM 智能试验数据管理软件

MetaD-TDM（Test Data Management）软件是基于雪浪 OS 研发的新一代国产化智能试验数据管理与分析系统，用于企业实验业务流程规范、试验数据统一采集解析存储、智能清洗处理、可视化、多场景拓展协同数据服务等，帮助实验人员统一管理分散多样的试验数据、挖掘分析提高数据利用率、提高试验业务流程效率和质量。

（6）Sim-RTO 流程模拟与实时优化软件

基于雪浪 OS，雪浪云联合国家流程制造智能调控技术创新中心打造流程模拟与实时优化软件 Sim-RTO，突破了先进过程建模与智能优化领域关键技术，构建包含流程模拟、数据接口、稳态检测、优化引擎、优化算法、模型管理六大功能模块，应用于煤化工、石油化工、水泥等流程制造业，实现节能降耗、提高产品质量、降低碳排放。

3. 服务的客户群体

航天航空：中国商用飞机有限责任公司、中国航空工业集团有限公司、中国航空发动机集团有限公司、中国航天科技集团有限公司；

机械装备：中国中铁股份有限公司、中国铁建股份有限公司、徐工集团工程机械股份有限公司、潍柴动力股份有限公司、中国中车股份有限公司；

能源电力：中国核工业集团有限公司、国家电力投资集团有限公司、国家能源集团、山东能源集团有限公司；

汽车及摩托制造：吉利汽车集团有限公司、安徽江淮汽车集团股份有限公司、浙江春风动力股份有限公司；

集成电路：中国电子科技集团有限公司及其下属各研究所。

雪浪云国家级"双跨"工业互联网平台

面向高端装备领域的**智能制造数字底座、工业大模型**与**工业软件解决方案**服务商

雪浪云企业介绍

无锡雪浪数制科技有限公司（简称"雪浪云"）成立于2018年，由王峰（雪浪云创始人、董事长&CEO）联合雪浪技术指导委员会创立，总部设立在无锡雪浪小镇，是国家级双跨工业互联网平台。雪浪云是一家面向高端装备领域的智能制造数字底座、工业大模型与工业软件解决方案服务商，提供设计试验一体化、虚拟制造与实时优化、工业大模型智能体方向的新型工业软件与工业AI工具，专注于帮助企业通过数字化手段应对复杂性，推动制造业的持续创新，并长期深度参与工信部与科技部重大项目，服务国家战略。

雪浪云产品框架

工业大模型研发的雪浪范式：智能制造数字底座+基础大模型+行业训练

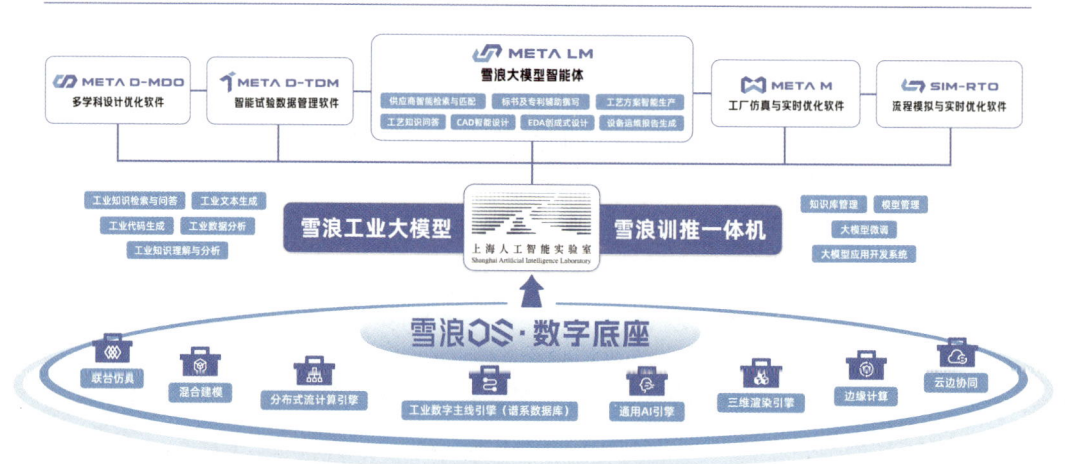

- META D-MDO 多学科设计优化软件
- META D-TDM 智能试验数据管理软件
- META LM 雪浪大模型智能体
  - 供应商智能检索与匹配
  - 标书及专利辅助撰写
  - 工艺方案智能生产
  - 工艺知识问答
  - CAD智能设计
  - EDA创成式设计
  - 设备运维报告生成
- META M 工厂仿真与实时优化软件
- SIM-RTO 流程模拟与实时优化软件

工业知识检索与问答 / 工业文本生成 / 工业代码生成 / 工业数据分析 / 工业知识理解与分析

雪浪工业大模型 — 上海人工智能实验室 — **雪浪训推一体机**

知识库管理 / 模型管理 / 大模型微调 / 大模型应用开发系统

雪浪OS·数字底座

联合仿真 / 混合建模 / 分布式流计算引擎 / 工业数字主线引擎（谱系数据库）/ 通用AI引擎 / 三维渲染引擎 / 边缘计算 / 云边协同

雪浪云提供的服务

| 大模型应用开发服务
- 多模态数据解析和管理
- 多源大模型适配和运维
- 可视化模型开发和API服务

| 企业级智算中心服务
- 区域级算力中心
- 集团级智算中心
- 训推一体机

| 行业大模型训练服务
- 训练数据集标注
- 基座大模型选配
- 训练资源运维监控
- 微调方法选择
- 模型评测
- 模型部署

| 工匠智能体服务
- 高端装备标书智能体
- 桥隧施工工法智能体
- 工业知识中台智能体
- 工业编程助手智能体
- 基于工业大模型的BI智能体
- 流程优化智能体

后记
榜样的力量

回顾中国制造业的发展，从最初的筚路蓝缕，到如今的全球瞩目，每一步跨越都凝聚着无数先驱者的智慧与汗水，成就了一段从基础加工到精密制造，从依赖外部技术到自主研发崛起的壮丽篇章。而今，智能制造的浪潮正以前所未有的力量，推动中国制造业向高质量迈进，智能工厂的建设更是如火如荼，成为推动转型升级和经济腾飞的关键力量。

然而，征途并非坦途，技术选型的迷雾、系统集成的难关、数据孤岛的壁垒、人才短缺的困境，以及回报预期的未知，如同一座座高山，横亘在我们面前。这些挑战，考验着中国制造业的智慧与勇气，也呼唤着引领者和榜样的出现。

本书的编撰目的在于，汇聚行业内顶尖智能工厂建设的宝贵经验，通过深入分析他们卓越的运营管理、创新的业务模式、全面的能力构建以及与生态体系的深度整合，为广大制造企业提供一个可借鉴、可复制的转型升级路径。这些被收录的智能工厂，不仅是技术创新的先锋，更是中国制造业转型升级的鲜活样本，他们将作为榜样，激励更多的企业勇于探索、敢于创新，推动整个制造业向更加智能化的方向发展。

我们坚信，标杆工厂的示范效应，将如同燎原之火，点燃整个制造业的创新激情，推动企业突破发展瓶颈，实现新质生产力的全面提升。

在榜样力量的引领下，中国制造业将绽放更强大的竞争力、更卓越的创造力、更广泛的影响力！